Biddle, Stephen D.

Military Power : Explaining Victory and Defeat in Modern Battle

Copyright ©2004 by Princeton University Press

Simplified Chinese translation copyright©2024 by Social Sciences
Academic Press(China)

MILITARY POWER

斯蒂芬·比德尔（Stephen Biddle）—— 著

陈波　夏明　主译

军力
现代战争的胜败解释

Explaining Victory and
Defeat in
Modern Battle

社会科学文献出版社
SOCIAL SCIENCES ACADEMIC PRESS (CHINA)

献给安娜·艾玛琳·比德尔

目　录

序　言

在许多现代人眼里，未来的战争将会与过去截然不同。新技术的发展、冷战的结束，以及正在兴起的针对全球恐怖主义的战争，这一切似乎都昭示了一个即将到来的"军事革命"以及很可能随之而来的广泛影响。

当然，变化不可避免。但连续性也是一直存在的。然而，今天的政策辩论系统性地夸大了前者而轻视了后者。本书将指出，自1900年以来的主要战争发生的实质变化远比现在绝大多数人认为的要小得多，而未来的连续性也将远超过许多人的预期。事实上，自1917～1918年以来，在战场上获胜的真正原因惊人地相似，且很有可能持续到至少21世纪头几十年。对军事领域中一场尚未成型的改革的期待既是对现代军事史的严重误读，也是给当今防务政策开出的危险"处方"：这容易导致对新技术或激进的作战原则的过分强调，而激进的作战理念可能会削弱而非加强美国的军力，并削弱未来美国在战场上获胜的能力。

学者们也误解了军力的本质。大部分国际关系理论家聚焦于兵力的数值：他们认为国际政治力量的核心是物质资源的多少。另一些人则看到技术的钟摆使战争状态由进攻主导转向防御主导，最终塑造了国际政治。许多历史学家认为，世界大战主要是工业生产或技术创新的竞争，抑或二者兼有。然而这些观点并不合理，战争的真正结果并不能仅用物质来解释，实际上，物质因素与胜负的历史模式仅有微弱的联系。为了理解国际政治背后的军事因素，我们需要对物质因素和非物质因素如何相互作用并最终塑造战争的结果进行系统分析。

本书对此给出了解释。本书认为独特的非物质变量——用兵，或者说在战斗中军队实际使用的作战方针和战术至关重要，它影响了物质因素在战争中的作用，也往往预先决定了战争的胜负。而且，作者发现，随着技术变化，兵力部署创新的关键时期早在 1917～1918 年的西线战场就已出现，在此之后，如果忽视 20 世纪前几十年的经验教训，就要付出更高的代价。

兵力部署的重要性不言而喻。然而，迄今为止，对这一众所周知的不稳定变量到底如何影响战争结果，却一直没有系统且可验证的解释，这导致许多外显理论仅关注易处理的物质因素。因此，这里提出针对兵力部署的作用的系统性解释，并通过主动检验对其进行证实。

为达此目的，书中使用史学编纂、形式化理论、基于档案的案例研究、大样本统计分析以及国防部仿真模型实验检测等多种方法。综合多种方法可将兵力部署这类"软"变量置于严格的研究框架中，弥补单一方法的不足。

其中一些方法在技术上是复杂的。不过，本书特意让那些非技术而只关注定性问题的读者，可以不被数字细节所困，只要选择略过一些量化研究的章节，就能抓住本书的中心思想和历史案例的分析。特别要说明的是，第八章与附录提供了相关技术资料，意在说明研究的严谨性并有助于对研究进行全面理解，但非专业人员跳过这些内容并不会影响对本书主要观点的把握。尽管专家们会想通读本书，但非专业技术方面的读者可以灵活选择，只需要关注自己最感兴趣的那部分。

本书受到许多热心个人和机构的慷慨帮助，如果没有他们，这本书是不可能呈现在读者面前的。尤其要感谢史密斯·理查森基金会，其提供的青年教师奖学金使作者能够在1999学年专注于写作和研究；感谢北卡罗来纳大学政治系，它帮助我将史密斯·理查森基金会的奖学金延长了一整年，并在2000年秋为我留出了另一个学期的研究时间；感谢国防分析研究所的中心研究项目，它使许多基础分析得以实施。维克多·乌特戈夫博士是我在国防分析研究所的长期导师，他在我研究的关键性问题上给予我莫大帮助，并在研究早期努力为我提供资助，他理应得到我最诚挚的谢意。

理查德·拜慈（Richard Betts）和林恩·伊登（Lynn Eden）阅读了全部手稿，并提出了深刻而又具建设性的意见。艾略特·科恩（Eliot Cohen）、康拉德·克兰（Conrad Crane）、马克·克雷森齐（Mark Crescenzi）、彼得·费弗（Peter Feaver）、迈克尔·费舍凯勒（Michael Fischerkeller）、海因·格曼斯（Hein Goemans）、大卫·赫尔曼（David Herrmann）、韦德·欣克尔（Wade Hinkle）、达斯汀·豪斯（Dustin Howes）、韦恩·休斯（Wayne Hughes）、克雷格·柯纳（Craig Koerner）、理查德·科恩（Richard Kohn）、斯蒂芬·隆（Stephen Long）、蒂莫西·麦基翁（Timothy McKeown）、雷蒙德·米伦（Raymond Millen）、伊凡·厄尔里克（Ivan Oelrich）、迈克尔·奥汉伦（Michael O'Hanlon）、达里尔·普雷斯（Daryl Press）、亚历克斯·罗兰（Alex Roland）、马尔科·斯腾伯根（Marco Steenbergen）、亚历克斯·瓦卡（Alex Vacca）和詹姆斯·沃茨（James Wirtz）阅读了所有的章节并

给出了有益的评论。来自芝加哥大学国际安全政策项目、哥伦比亚大学战争与和平研究所、哈佛大学奥林战略研究所、宾夕法尼亚大学国际研究项目，以及普林斯顿大学伍德罗·威尔逊公共与国际事务学院的许多人员都听取过本书主要观点的介绍，并提出了宝贵的意见。布鲁斯·安德森（Bruce Anderson）、杰罗姆·布莱肯（Jerome Bracken）、克里斯·克里斯滕森（Chris Christenson）、达蒙·科莱塔（Damon Coletta）、杰弗里·库珀（Jeffrey Cooper）、史蒂文·大卫（Steven David）、科林·埃尔曼（Colin Elman）、约书亚·爱泼斯坦（Joshua Epstein）、伯纳德·菲内尔（Bernard Finel）、本·弗兰克尔（Ben Frankel）、查尔斯·格拉泽（Charles Glaser）、大卫·格雷厄姆（David Graham）、理查德·哈克尼特（Richard Harknett）、马歇尔·霍伊勒（Marshall Hoyler）、克里斯多夫·耶恩（Christopher Jehn）、劳伦斯·卡岑施泰因（Lawrence Katzenstein）、哈依姆·考夫曼（Chaim Kaufmann）、迈克尔·伦纳德（Michael Leonard）、基尔·利伯（Kier Lieber）、杰克·利维（Jack Levy）、肖恩·林恩－琼斯（Sean Lynn-Jones）、托马斯·曼肯（Thomas Mahnken）、约翰·R. 马丁（John R. Martin）、弗雷德里克·迈尔（Frederick Mayer）、布莱恩·麦丘（Brian McCue）、H. R. 麦克马斯特（H. R. McMaster）、约翰·米尔斯海默（John Mearsheimer）、霍尔格·梅伊（Holger Mey）、詹姆斯·米勒（James Miller）、杰西·奥兰斯基（Jesse Orlansky）、罗伯特·佩普（Robert Pape）、乔治·奎斯特（George Quester）、詹姆斯·罗尔斯顿（James Ralston）、达尼·赖特尔（Dani Reiter）、布拉德·罗伯茨（Brad Roberts）、威廉·舒尔蒂斯（William Schultis）、艾伦·斯塔姆（Allan Stam）、杉山友子（Tomoko Sugiyama）、理查德·斯温（Richard Swain）、奈杰尔·塔拉卡达（Nigel Thalakada）、约翰·蒂尔森（John Tillson）、马克·特拉赫滕贝格（Marc Trachtenberg）、罗伯特·特里尔（Robert Turrell）、斯蒂芬·范·埃弗拉（Stephen Van Evera）、尤金·维斯科（Eugene Visco）、沃尔尼·沃纳（Volney Warner）、拉里·韦尔奇（Larry Welch）、卡洛琳·齐姆克（Caroline Ziemke）以及罗伯特·泽克尔（Robert Zirkle）提供了相关文献的规范输入，没有他们，本研究将无缘以这种形式成书。卡特娅·布赖特（Katja Breidt）和达斯汀·豪斯（Dustin Howes）提供了出色的辅助研究。我尤其要感谢哥伦比亚大学1998～2001届军事作战与战略夏季研讨班（SWAMOS）的学员，他们对书中所提出的思想、观点进行了质疑并给予了热情的批评，再也找不到像他们那样更有激情和更聪明的群体，或者说更引人入胜的夏季之家了。最后，我的爱人塔米·比德尔阅读了大部分手稿，为我的各种观点、方法、困境和发现给予了非常重要的意见和帮助。我要感谢所有人，尤其是我的爱人。

缩略语

ACR	armored cavalry regiment	装甲骑兵团
ANOVA	analysis of variance	方差分析
BEF	British Expeditionary Force	英国远征军
BW	biological weapons	生物武器
CENTCOM	Central Command	中央司令部
CINC	composite index of national capability	国家实力综合指数
COW	Correlates of War	战争相关(项目)
CW	chemical weapons	化学武器
DARPA	Defense Advanced Research Projects Agency	美国国防高级研究计划局
DU	depleted uranium	贫铀
FFR	force-to-force ratio	兵力比
FLER	fractional loss exchange ratio	损失交换比率
FOFA	follow-on forces attack	后续武力攻击
FSR	force-to-space ratio	兵力空间比
GPS	global positioning system	全球(卫星)定位系统
GWAPS	Gulf War Air Power Survey	海湾战争空中力量调查
IDA	Institute for Defense Analyses	国防分析研究所
IDF	Israeli Defense Forces	以色列国防军
IR	international relations	国际关系
JDAM	joint direct attack munition	联合制导攻击武器
KTO	Kuwait Theater of Operations	科威特战区行动
LER	loss exchange ratio	损失交换比
LIC	low-intensity conflict	低强度冲突
MITL	man-in-the-loop	人在回路
MORS	Military Operations Research Society	军事运筹研究会
NATO	North Atlantic Treaty Organ-ization	北大西洋公约组织
NCO	noncommissioned officer	士官
NTC	National Training Center	国家训练中心
OLS	ordinary least squares	最小二乘法
OPFOR	opposition force	反对势力
SAR	synthetic aperture radar	合成孔径雷达
SOF	special operations forces	特种部队
WMD	weapons of mass destruction	大规模杀伤性武器

第一章
绪　论

　　是什么决定了战场上的胜负？为什么胜者胜而败者败？为什么有些战斗陷入僵局，而有些却轻松取胜？国家如何最大化获胜概率而最小化损失？在信息时代，这些问题的答案会改变吗？新技术或风云变幻的地缘政治会在未来的战场上改变战争，创造新的胜利者和失败者吗？

　　这些问题很重要，不仅对军人如此。每一个人都会受影响：从战场上的步兵到世界贸易中心的工作人员，乃至整个国家和人民。第二次世界大战时，德国在波兰和法国的胜利导致数百万犹太人被送入毒气室；1944～1945 年苏联的胜利，导致一代东欧人的命运被改变了——除了那些美国和英国军队首先抵达的地方。1914～1918 年的堑壕持久战僵局吞没了数百万人的生命——若当初能够速战速决，本可以避免这样的伤亡——并摧毁了欧洲的经济。这场战争拖垮了一些国家，使另一些国家愤怒不已，这塑造了之后 20 世纪的政治。如果1914～1918 年欧洲将军们做出另外的决断，今天的世界会与现在大相径庭。战场上的失败意味着从法国到波兰，以及从日本到印度尼西亚的国家被占领并接受征服者的统治。今天，若能迅速赢得打击恐怖主义的战争，西方和伊斯兰世界将会有成千上万的人幸免于难；而失败的后果将可怕得难以想象。

正因利害攸关，人们早已开始致力于解决这些问题，然而结果却不尽如人意。

早在 1991 年，美国最优秀的分析员运用最先进的方法进行了大量研究，大大高估了美国在接下来的海湾战争中的损失。伤亡预测在战前国会辩论中具有决定性作用，被普遍视为国会对使用武力进行表决的关键。因牵扯甚多，人们尽最大努力去获得接近真实的预测：知名学者、政府分析员和资深军官通过计算机模型、历史类推和专业军事判断等方法提供证据。然而事实证明，这些预测都与实际情况相去甚远。即使是最接近真实的预测，也是实际伤亡数字的两倍以上。第二接近真实的预测则是实际伤亡数字的六倍以上。大部分预测都高估了一个数量级，据说官方的预测至少也是如此，某些官方预测竟然是实际伤亡数值的两百倍以上。①

---

① Crisis in the Persian Gulf: Sanctions, Diplomacy and War, Hearings Before the Committee on Armed Services, House of Representatives (Washington, DC: USGPO, 1991), HASC no. 101 – 157, pp. 448, 462, 463, 485, 917; John Mearsheimer, "Liberation in Less than a Week," New York Times, February 8, 1991, p. A31; Defense Analysts: Limited War to free Kuwait Could Cut Casualties by Over Half," Inside the Army, December 10, 1990, p. 11; "Air Strike on Iraq, the Favored Strategy, Means Big Risks for Both Sides," New York Times, October 23, 1990, p. A10. 已报道的战前国防部预测，参见 Lawrence Freedman and Efraim Karsh, The Gulf Conflict, 1990 – 1991: Diplomacy and War in the New World Order (Princeton: Princeton University Press, 1993), p. 391; Michael Gordon and Bernard Trainor, The Generals' War (Boston: Little, Brown, 1995), pp. 132 – 133, 174; U. S. News and World Report, Triumph without Victory (New York: Random House, 1992), pp. 129, 141; Bob Woodward, The Commanders (New York: Simon and Schuster, 1991), p. 349; Tom Matthews, "The Secret History of the War," Newsweek, March 18, 1991, pp. 28ff。

　　然而，海湾战争的战前争论并非个例。一个多世纪以来，军人和外交官们做了很多军事力量对比的分析，但战斗结果却经常让双方都惊讶无比。比如 1914 年，欧洲人预期战争会速战速决，谁都没有料到会有将近四年的堑壕战僵局——如果人们之前预计到了，这场战争或许就不会发生了。① 1940 年，德国对法国的闪电般胜利让同盟国领导人惊呆了。他们原本预计战争大致类似于 1914～1918 年那样的堑壕战，就连德国人自己也对迅速获胜感到意外，因为大部分德国作战参谋预计，在法国和低地国家将爆发一场持续的消耗战。② 1973 年，十月战争的巨大伤亡让以色列和阿拉伯人都感到震惊，这迫使以色列恳求美国紧急救援。战后宣判坦克死亡的言论也甚嚣尘上，因为当时坦克在导弹攻击下变得十分脆弱。③ 20 世纪 70 年代中期，坦克被视作恐龙，是继骑兵和战舰之后下一代要被淘汰的武器。事实证明这同样是错误的：20 世纪 90 年代中期，M1 坦克在海湾战争中几乎毫发无损，被誉为难以战胜的"沙场之王"。④

---

① Stephen Van Evera, "The Cult of the Offensive and the Origins of the First World War," *International Security* 9, 1 (Summer 1984), pp. 58 - 107; Jack Snyder, *The Ideology of the Offensive: Military Decision Making and the Disasters of 1914* (Ithaca: Cornell University Press, 1984); Geoffrey Blainey, *The Causes of War*, 3rd ed. (New York: Macmillan, 1988), pp. 108 - 124.

② 参见 Gerhard Weinberg, A World at Arms (New York: Cambridge University Press, 1994), pp. 67 - 68, 109 - 112; John Mearsheimer, Conventional Deterrence (Ithaca: Cornell University Press, 1983), pp. 67 - 133。

③ 该争论总体情况，参见 James Jay Carafano, "Myth of the Silver Bullet: Contrasting Air Force-Army Perspectives on 'Smart Weapons' after the 1973 Arab-Israeli War and the 1991 Gulf War," *National Security Studies Quarterly* 4, 1 (Winter 1998), pp. 1 - 20。

④ Orr Kelley, *King of the Killing Zone* (New York: W. W. Norton, 1989).

　　学界的研究也没有改善。对军事平衡的评估是现代政治学的核心。当前我们对国际政治的理解都是基于这样的假设，即战争威胁和追求军事实力塑造了国家行为。所以政治实证研究依赖对国家实力的评估，国家实力在战争起因、军备竞赛、结盟行为、冲突持续时间、冲突升级和威慑中发挥关键作用。[1] 然而，标准化的实力评估这一核心要素，在预测军事结果上跟抛硬币差不多。[2] 因此，学术大厦建造在不稳定的根基上。

　　我们必须做得更好，而且能够做得更好，但想取得实质性进步需要新的方法。

　　目前，绝大多数分析要么严谨却范围狭窄，要么宽泛却不够严谨。比如，作战的数学模型非常严谨，但通常只关注物质因素：双方有多少军队或武器，军队的装备如何？[3] 相反，整体评估方法会将战略、战术、士气、战斗动机、领导力和物质因素等全部考虑在内，但对这些变量的处理却很不系统。真正的进步需要精度和广度的结合，需要对物质因素和非物质因素进行系统化处理，需要将经验证据与严谨的演绎分析相结合。下文将对一项关键非物质变量——"兵力运用"进行分析，即作战部队在战场上使用物质资源的战术策略和方针。

---

[1] 参见 Brian Gibbs and J. David Singer, *Empirical Knowledge on World Politics* (Westport, CT: Greenwood, 1993)。

[2] 见表 2-1 的分析以及第二章的相关内容。

[3] "严谨"这个词的意思是，对变量和相互作用有清楚、准确的说明，从正式公理推导的意义上来说，几乎没有哪一种战争模式是完全严谨的。参见 Edmund DuBois, Wayne Hughes, and Lawrence Low, *A Concise Theory of Combat* (Monterey, CA: U. S. Naval Postgraduate School, 1998), chap. 1。

本人认为，现代军事体系作为 20 世纪兵力运用的一种特定模式，具有非常关键的作用，而且以后也会继续发挥作用。至少从 1900 年开始，现代战场上最主要的军事技术真相是不断增强的杀伤力。即便在 1914 年，火力也已经如此致命，使得军队在开阔地带的大规模行动无异于自杀。之后技术的发展只是扩大了死亡地带的范围。在枪林弹雨中，想要执行任何有意义的军事行动都很困难，军队必须减少暴露。自 1918 年以后，现代军事体系中的兵力运用就是达成这一目的的核心手段。①

现代军事体系是由战术上的掩体、伪装、分散、火力压

---

① 许多人认为第一次世界大战是"现代"战争的开端，但对现代性及其特征的解释却大相径庭。参见 Timothy Travers, *The Killing Ground: The British Army, the Western Front and the Emergence of Modern Warfare, 1900 – 1918* (London: Allen and Unwin, 1987); Jonathan Bailey, *The First World War and the Birth of the Modern Style of Warfare* (Camberley: British Army Strategic and Combat Studies Institute, 1996), SCSI Occasional Paper No. 22; John Terraine, *White Heat: The New Warfare, 1914 – 1918* (London: Sidgwick and Jackson, 1982); Colin McInnes, *Men, Machines and the Emergence of Modern Warfare 1914 – 1945* (Camberley: British Army Strategic and Combat Studies Institute, 1992), SCSI Occasional Paper No. 2; G. D. Sheffield, "Blitzkrieg and Attrition," in G. D. Sheffield and Colin McInnes, *Warfare in the Twentieth Century* (London: Unwin Hyman, 1988), pp. 51 – 79; Sheffield, *Forgotten Victory* (London: Headline, 2001), pp. 140 – 146。文中作者对"现代系统"的用法最接近 Bailey 的理论，但是在现有的历史研究文献中，没有人对这个词语的用法与作者完全一致。比如，Bailey 强调对火炮的使用，尤其是在纵深火力方面——他认为纵深火力效能的最大化是 1914 年之后战争的中心议题 (pp. 3 – 7, 17 – 21)。相反，作者则基于更广泛的武器和作战手段，构建"现代军事体系"这一概念。作者强调在火炮和其他火力下保存自己的实力；并认为，即使在 21 世纪的火力下也能行动自如，是取得终极成功的关键。现代性具有许多特性，尽管作者广泛参考了历史资料，并从 Bailey 的分析和当前广泛的一战新历史解释中汲取了营养，但此处给出的理论在细节方面与之不同，说明和检验也有很大不同，而且对 1918 年后的战争和当前政策的推断也有区别。

制、小单位独立行动、多兵种配合，以及军事行动上的战略纵深、预备部队、战线兵力调配等多方面紧密结合的复杂体系。总体来看，这些技术可以有效弥补部队的弱点和漏洞，甚至在面对 21 世纪的武器及传感器时也是如此。如果得到全面贯彻，现代军事体系可减弱科技变革带来的影响，使敌方武器无法实现其全部杀伤力。

然而，并不是所有人都能掌握现代军事体系。现代军事体系极其复杂，而且需要政治和社会的艰难抉择。有些军队已经克服了这些挑战，全面实行了现代军事体系，而有些军队还没有做到这一点。那些没有实行现代军事体系的军队将会完全暴露于现代武器之下，而且由于武器射程和杀伤力的不断增加，其面临的后果也会越来越严重。最终结果就是，能够实施和不能实施现代军事体系国家的实际军事力量的差距不断扩大，但随着时间的推移，在实行现代军事体系的对手之间，军力变化不大。

现代军事体系对理解战争中军队数量优势的作用也非常必要。很多人认为，在战争中通常是具有数量优势的一方获胜，然而，如果没有现代军事体系降低暴露的作用，军队就难以在数量发挥作用之前保存自己。优势兵力能否发挥决定性作用，取决于双方的兵力部署。这也就意味着国家的经济、人口或工业指标不足以反映真实的军力：只有通过现代军事体系运用兵力，资源优势才能发挥作用，但很多国家难以做到这一点。

如此一来，评估军力时若不把兵力部署考虑在内，很可能带来重大失误。如果评估时仅仅关注物质因素，就会彻底高估装备先进而治军无方的军队，比如 1991 年的伊拉克军队；也会低估装备较差但用兵得法的军队，比如 1962 ~ 1972 年的越南民主共和国军队。由于双方兵力部署的不同，同样的政策行动可能带来完全相反的效果。因此，典型的控制变量成本效用分析恐怕会带来危险的误导：如果对手没有实行现代军事体系，尽管某款新式武器或许堪称完美，但对手的兵力部署完全不一样，则这款新式武器的效用可能会微乎其微。没有哪种假设会一直正确，事实上，只考虑物质因素的分析几乎等于瞎猜。

这些结论挑战了很多权威观点，从美国国防部对未来战争的政策和普遍预测，到国际关系主流理论和 20 世纪军事史的正统解释，不一而足。国防辩论越来越关注科技，很多人认为在信息时代，科技优势将赢得战争，这带来越来越大的压力，促使军队在训练和备战方面削减开支以加快装备现代化。官方的分析更加强了这一趋势：官方的模型关注物质因素，而将兵力部署排除在外，从而高估物质的作用，低估了兵力部署的影响。这种模型指导的决策可能导致在装备现代化和兵力结构方面花费过多，而在合理的兵力运用所必需的战备和训练方面花费太少。同样，基于对敌方武器数量和型号的威胁评估，可能会高估武器先进但技能落后军队的实际军力，而低估武器老旧但技能高超军队的实际军力。在随后的军事介入和军事决策中，有可能在装备落后但战术娴熟的军队面前产生过度自信和过高期许，而在那些装备一流但并不知如何操作武器的军队面前，表现出自信不足和不必要的谨慎。

对于未来战争的预测，占主流的观点是科技正在带来一场"军事革命"，军事力量的本质正在变革。这种主张认为，未来，远距离精确空中打击和导弹打击将支配战场，地面武装将削减为以侦察力量为主，信息优势的争夺将取代突破战成为军事胜利的决定因素。但是，这些观点误解了技术与兵力运用之间的关系。军事革命论者对 1990 年之前的战争理解得并不准确，他们误认为 1991 年海湾战争是全新转折点，并把这个错误投射到 21 世纪，他们引用这种个案来驱动美国国防政策的彻底重组，这既不必要也不可取。

对国际关系理论来讲，单纯物质替代性变量的缺陷会带来严重问题。在国际政治研究中，军力是一种无处不在的因素，实际上现代国际关系理论大部分都在争论军力对国家行为的影响，但这些都只是基于对军力性质和决定因素非常简单的处理。理论上，相关文献主要表现为对军事能力方面逻辑不健全、观点单一的研究，以至于忽视了极其重要的权衡决策因素。在实践中，使用存在缺陷的替代性代理变量会动摇现有结论的可靠性，还意味着这些研究文献可能低估了受众成本、宣示及决心对军事能力的影响。在反映军事能力的指标存在缺陷的条件下，对于军事威慑、兵力配置和力量格局的分析也就很难站得住脚。国际政治经济学的重商主义主张是基于经济优势引导军力这样的假设，然而经济实力与真实军力之间的关系比普遍认为的要弱得多。进一步来说，大部分实证研究和理论研究文献都需要被重新审视，而这种审视必须基于对真实能力的合理评估。

战后大部分时间里，现代军事史公认的解读都以科技为中心。第一次世界大战的堑壕战僵局被认为是机关枪、新型火炮和弹药大规模生产等工业革命的产物；第二次世界大战被认为是坦克、飞机和无线电带来的运动战；二战后的冲突则被视为笼罩在原子弹的阴影下。[①] 更新的一种解释则强调数量上的优势：为了扩大战争经济规模而开展产业联盟战争，产能胜过对方者获胜，军事行动已被产能之战所取代。[②] 然而本人认为，20 世纪战争中兵力运用的作用比科技和数量优势的作用要大，如何运用兵力至关重要。仅就物质方面来解释历史结果是对 20 世纪重大军事事件的误读。

本章将分三步证明这些论点。首先，定义军力或者说军事"能力"，并说明理由。其次，讨论如何解释"能力"，并指出分析方面的局限性。最后，给出本书的结构，并提供接下来的内容指南。

何谓 "军力"

本人关注的焦点在于力量的军事维度，弄清楚其本质和界限是非常重要的。国力既包括说服、吸引等"软实力"的成

---

① 见 Basil Liddell Hart, *The Real War, 1914 - 1918* (1930; reprint Boston: Little, Brown, 1964); Liddell Hart, *History of the Second World War* (New York: G. P. Putnam's Sons, 1970); J. F. C. Fuller, *A Military History of the Western World*, 3 vols. (New York: Funk and Wagnalls, 1954 - 1956); Fuller, *Armament and History* (New York: Charles Scribner's Sons, 1945); Theodore Ropp, *War in the Modern World* (New York: Macmillan, 1962), pp. 267 - 270; Bernard and Fawn Brodie, *From Crossbow to H-Bomb* (Bloomington: Indiana University Press, 1973), pp. 124 - 308; Charles Messenger, *The Art of Blitzkrieg* (London: Ian Allen, 1976); Bryan Perret, *The History of Blitzkrieg* (London: Robert Hale, 1983)。

② 见如 John Ellis, *Brute Force: Allied Strategy and Tactics in the Second World War* (New York: Viking, 1990); R. A. C. Parker, *Struggle for Survival: The History of the Second World War* (Oxford: Oxford University Press, 1989), pp. 86, 131 - 150; Clive Pointing, *Armageddon* (New York: Random House, 1995), p. 163。

分，也包括军事等"硬实力"成分。① 军力自身并不能保证战争胜利，军力弱小但是意志坚定的国家可能打败军力很强但是没有决心的国家。战争结果是包括军力在内多种因素的综合产物。

而且，军力（或者"能力"）本身在不同情况下会有不同的含义。毕竟，军队要做的事情多种多样，从防御本国国土到入侵他国、追捕恐怖分子、强迫让步、镇压暴动、维和、实施经济制裁、展示军力或维持国内秩序，等等。精通一方面或者几方面，不代表精通所有事务：好的国土防御部队可能是非常糟糕的维和部队，能够保护本土的部队不一定能战胜邻国。② 而且，就每一项任务而言，各方对"成功"本身的定义可能非常不同。国土防御战中都会希望伤亡率低、战争短暂和完全恢复原状，但这些目标经常相互矛盾，不同军队对此有不同的优先级。有些国家宁可以高伤亡率和长期战争来换取收复全部失去的土地，另一些国家可能就不是这样。③ 有些国家会连续

---

① 参见 Joseph Nye, *The Paradox of American Power* (New York: Oxford University Press, 2002)。

② 美国军方认为，维和与攻占或防御领土所需技能存在差异，要求部队在转换任务之前必须重新训练，参见 Gen. Henry Shelton, "Peace Operations: The Forces Required," *National Security Studies Quarterly* 6, 3 (Summer 2000)。进攻－防御论认为，进攻能力与防御能力本质不同。许多进攻－防御论的学者认为，部队一旦按照承担前者的任务进行建设，就不能承担后者的任务，参见 Charles Glaser and Chaim Kaufmann, "What Is the Offense-Defense Balance and How Can We Measure It?" *International Security* 22, 4 (Spring 1998), pp. 44 – 82。

③ 1940 年，为避免继续抵抗带来的更大规模损失，法国对德投降，大部分地区被德国占领；相反，英国则坚持抗战，并敦促法国利用其在北非幸存的基地进行抵抗，参见 Weinberg, *A World at Arms*, pp. 138 – 146。1945 年，尽管预期将损失惨重，美国还是做好了进攻日本本土的准备。

轰炸敌方数月，仅仅为了避免己方地面部队的损失；而另一些国家可能会承受更大的伤亡，迅速推进以缩短战争时间。[①] 如果"能力"是指能否胜任所分配的任务，那么不同国家对同一军队军事能力的评估将差别很大——没有统一的"军事能力"概念可以应用于所有时间和空间下的所有冲突。

因此，任何分析都必须聚焦军队执行任务的具体领域，而这些具体领域又是国力的一部分。基于研究目的，这里集中关注在中强度到高强度的陆战中控制领土的任务，并通过三个相互关联的标准定义任务的完成：摧毁敌军并保存自身的能力，攻占并坚守阵地的能力，以及做到上述两方面所需要的时间。

更具体地说，本人将进攻性军事能力定义为"在最少的时间内以进攻方最小的伤亡摧毁尽可能多的防御部队并夺取尽可能多的领土的能力"；同理，防御性军事能力即为"最大限度地降低领土损失并拖延战争时间，使进攻方付出最大的伤亡代价，并最大限度地保存防御部队实力的能力"。由于这些标准可能不同程度的完成，而且相互之间也可能有一些矛盾，本

---

① 例如，1999 年，俄罗斯军队为减少长期作战带来的人员伤亡，对车臣的格罗兹尼选择了包围战而非进攻战。而 1996 年他们选择了相反的作战方法以求速战速决。参见 International Institute for Strategic Studies, *Strategic Survey* 1999/2000 (London: Oxford University Press, 2000), pp. 125 - 127。1991 年，经过为期 6 周的空袭行动，美国最终冒险进行了成本更高的地面进攻，目的是在离心的政治力量能够分裂联盟之前结束在科威特的战斗。参见 Gordon and Trainor, *The Generals' War*, p. 307; Department of Defense, *Conduct of the Persian Gulf War* (Washington, DC: USGPO, April 1992), p. xv。1999 年，北约坚持进行了长达 78 天的大规模空袭，但是当米洛舍维奇最终让步时，北约显然耗尽了它的耐心，在战争的最后几个星期开始了地面进攻的准备。参见 Ivo Daalder and Michael O'Hanlon, *Winning Ugly* (Washington, DC: Brookings, 2000), pp. 155 - 164。

书提出一套理论来解释伤亡、攻占领土和战事持续时间等相互独立但又相互联系的战争结局指标。在这一理论背景下，本书随后将讨论它们之间的相互作用和权衡。①

　　该理论分析的单位是"军事行动"，军事行动是在单一战前计划下的一系列相互联系的战斗。例如，1940年德国入侵法国和挺进海峡的战斗组成了"军事行动"["黄色行动"（Operation FALL GELB）]，还有美军于1944年7月25日开始的诺曼底滩头阵地突破战斗["眼镜蛇行动"（Operation COBRA）]。②

　　"中高强度冲突"指的是从最低强度游击战到最高强度全球热核战这一战争强度波谱中的中间一段。中强度冲突包括常规地区战争，比如最近的阿富汗战争、巴尔干战争、科索沃战争，以及阿以冲突、中越边境冲突、印巴战争；高强度冲突指世界大国之间的常规战争。因此，这里将最低端的游击战和涉及最高强度的核武器、化学武器和生物武器等大规模杀伤性武器的战争排除在外。"大陆战争"指的是军队主要在较大陆地上或陆地上空的战斗，而将海战以及对民用目标的战略轰炸排除在外。

　　因此，本书寻求解释中高强度陆战中争夺领土的军事行动的结果。为什么着重于此？这是与反恐战争、种族冲突、

---

① 关于战斗结果的区别，参见 DuBois, Hughes, and Low, *Concise Theory of Combat*, chap 4。

② 在同一战场，一系列相互关联的作战行动组成了战役，例如1944年的诺曼底登陆战就包括：埃普索姆行动（Operation EPSOM）、古德伍德行动（Operation GOODWOOD）、眼镜蛇行动（Operation COBRA），有时战争包含多个战场上的多个战役。对分析单位的选择位于第二章的实证分析之后，参见第二章"启示"部分的讨论。

胁迫性战略轰炸和大规模杀伤性武器时代毫不相关的"老旧思维"吗？

答案是否定的。虽然大型常规战争只是很多重要作战行动的一种，但是常规战争比一些人认为的要重要得多，而且在可预见的未来依然如此。它仍将是所实施的最昂贵任务，仍将是美军的核心目标，它也仍将继续在世界其他地方的实体间发生。

6

例如，正在兴起的反恐战争，针对藏于暗处的恐怖分子，相应的情报和警察行动，将时常与打击包庇恐怖分子国家的战争相伴相随。这是"布什原则"的要义，即国家对其境内恐怖分子的活动负责，并以大规模战争的威慑作为主要问责手段。①

近期摧毁阿富汗境内基地组织的行动，是本书要研究的这类地区常规战争的又一例。② 和大众观念相反，阿富汗战争既不是游击战，也不是简单的远程轰炸。塔利班政权企图控制领土并防守要地，而不是采取"打一枪换一个地方"式的骚扰战术。这种领土争夺包括大量近距离的地面作战，西方军队与阿富汗联军为其中一方，躲过美国监测和空中打击的塔利班武装为另一方。结果是进行一系列令人惊讶的传统地面战，如2001 年 10 月 23 日在查普查尔的战斗、同年 12 月 2～4 日在赛

---

① 见 *National Military Strategy of the United States*（Washington, DC: The White House, 2002）。

② 更完整的说明见 Stephen Biddle, *Afghanistan and the Future of Warfare: Implications for Army and Defense Policy*（Carlisle, PA: U. S. Army War College Strategic Studies Institute, 2002）; Biddle, "Afghanistan and the Future of Warfare," *Foreign Affairs*82, 2（March/April 2003）。

义德·斯利姆·卡莱的战斗、12 月 2～6 日在哈韦（Highway）的战斗以及 2002 年 3 月的"水蟒行动"，都是一系列的传统地面战。[1] 例如，2001 年 5 月，在北部作战的关键行动中，有一场靠近白贝什村的突击战斗，持续两天遭受美军轰炸的塔利班势力终于精疲力竭，被迫向北方联军打开了通向马扎里沙里夫的大门。[2] 直到"水蟒行动"之前，美国在这场战争中所实施的大多是轰炸（以及为轰炸机确定目标），但是战争结果远不止美国的贡献，虽然美国的贡献非常关键，但美国的作用是加强地面盟军的力量，使他们在传统的近距离作战中胜出——空中打击并没有轻松地歼灭塔利班武装，或者摧毁他们战斗的意志。新技术在阿富汗战争中发挥了重大作用，它的相对重要性是下文的主题，但战争本身基本类似于本书所关注的中高强度阵地战。

直接参与这一反恐战争的美军是否主要为空军力量或小型特种部队，目前尚不明确。如果小规模行动被证明无效，任何初期的有限介入都会面临升级的压力。[3] 在战争升级中，美国最强大的威胁手段是它有能力通过入侵敌方领土并实施政治控

---

[1]　见 Operation Enduring Freedom Strategic Studies Institute Research Collection, U. S. Army Military History Institute, hereafter MHI：Tape 032802a, MAJD. int. ; Tape032802p, MAJC. int. ; Tape 032602a, CPTH. et al. int. ; Tape 032602p, CPTM. int. ; Tape041902p, LTC Briley int. ; Tape 042002p, LTC Gray int. ; Tape 041802p, LTC Lundy int. ; Tape 041802p, LTC Preysler int. ; Tape 041902a, MAJ Busko int. ; Tape 041902a, CPT Murphy int. ; Tape 041902a, CPT Lecklenburg int。

[2]　MHI, Tape 032602p, CPT M. int.

[3]　例如，由于在阿富汗的早期轰炸行动效果有限，布什政府准备将 5 万人以上的美军地面部队投入作战。参见 Bob Woodward, "Doubts and Debate before Victory over Taliban," *Washington Post*, November 18, 2002, pp. A1ff。

制来推翻其政权，即通过战斗赢得一场大规模的常规区域战争。对付诸如毛拉·奥玛尔、萨达姆·侯赛因这样的政权，就是终极制裁。这威慑到他们最看重的东西——权力。而且，这是对此类价值唯一最有用的威慑：几乎没有哪个政权能在美军推进到其首都后幸存。即使该终极制裁不被使用，它的存在也使其他强制手段更为有效：对手必须考虑忽略较轻威慑的后果，因为另一方具备以武力使其下台的能力。在科索沃，美国一开始决定不使用这种威慑，结果令人追悔莫及。与这种错误判断相类似，至今仍有人认为少量的威慑总能奏效，因而主张美国永远不必发动大规模战争。

　　大规模战争不仅是美国军队制订计划的首要标准，对绝大多数世界大国和地区大国也是如此。冷战后大部分时间内，美军的规模和结构都维持在使其能够打赢两场几乎同时发生的大规模地区冲突。布什政府将该标准修订为，赢得一场战争的同时，在另一场战争中稳住战线，而该标准针对的依然是大规模战争。① 美军大部分时间都以这一威胁为建军导向。相比之下，尽管不少人现在认识到特种部队是美国军事行动的先锋，但实际上对该部队投入的经费只占美国年度国防开支的 1%。② 世界上很多其他国家也以此为建军导向：比如印度军队的建设就着眼于与巴基斯坦或中国的大规模战争，巴基斯坦和中国也必须做好与印度开展大规

---

① Department of Defense, *Quadrennial Defense Review Report* (Washington, DC: USGPO, Sept. 30, 2001).

② Personal communication, COLEugene Thompson, U. S. Army War College, October 4, 2001.

模战争的准备，以色列必须做好与叙利亚或者其他阿拉伯
邻国开展大规模战争的准备。

对大规模战争的关注也没有局限在世界大国或地区大国身
上，同样也没有被种族冲突、游击战或其他地区的低强度冲突
所取代。最近在波黑、克罗地亚、厄立特里亚、扎伊尔/刚果
金、卢旺达、阿塞拜疆和科威特的战争都是中高强度冲突，参
战方都寻求以传统方式攻占或者坚守领土。① 如果未来某天在
克什米尔或者贝卡谷地爆发战争，战斗将不会是低强度的。此
处关注的绝不只是一些过去的事情，其对美国利益的重要意
义，使之成为理解军事能力的正确源头。②

针对打击国民经济的战略轰炸，学者们在其他文献中已经
做了充分研究（打击军力的行为针对的是敌方军事武装，打击

---

① 参见 Karl Vick, "Desperate Battle Defines Congo's Warlike Peace: Massive Government Attack Turns into Bloody Retreat," *Washington Post*, January 2, 2001, p. A1; Michael Dobbs, "Armenia Pins Economic Hopes on Peace," *Washington Post*, September 6, 2000, p. A13; Colum Lynch, "Ethiopia and Eritrea Sign a Peace Accord," *Washington Post*, June 19, 2000, p. A10; International Institute for Strategic Studies, *Strategic Survey 1995/1996* (London: Oxford University Press, 1996), pp. 126 - 138; IISS, *Strategic Survey 1994/95*, pp. 207 - 210。

② 一些人预测西方高强度作战优势最终会迫使大部分敌人转向低强度冲突（LIC），并有可能消除高强度战争，见 Martin Van Creveld, *The Transformation of War* (New York: Free Press, 1991); A. J. Bacevich, "Preserving the Well-Bred Horse," *The National Interest*, no. 37 (Fall 1994), pp. 43 - 49; Richard Betts, "The Downside of the Cutting Edge," *The National Interest* (Fall1996), pp. 80 - 83。强调大规模杀伤性武器而不是低强度冲突，即便有些人偏好低强度冲突，这也不意味着高强度战争能力不重要。首先，低强度冲突是次好选项，西方高强度战争能力是迫使对手选择低强度冲突的条件。其次，地区大国即便不能有效对抗西方国家，它们也要维持用于相互作战的常规军力；如果西方丧失善战的优势，地区大国军队将成为强劲的对手。最后，如下所述，地区大国军队善于作战的能力会超过想象，除非对手真的不善于作战，时刻警惕是非常必要的。

国民经济的行为针对的是敌方的人口、经济中心或政权），故而本书将其排除在外。[1] 纯粹针对国民经济的轰炸并不像很多人认为的那么常见，而且也并不怎么成功。迄今为止，几乎所有的战略轰炸都混合了针对国民经济的震慑以及针对军事目标的打击，从而削弱敌方进行战争的能力。[2] 后者属于本书的研究范畴，并提供了战略轰炸在历史上实际产生影响的大量材料。无论初始意图是什么，盟军在第二次世界大战期间实施战略轰炸的结果的确削弱了德军的作战能力。[3] 朝鲜战争和越南战争中针对国民经济的战略轰炸并没有直接带来政治让步，其效用是削弱了目标国支撑反击作战的能力。[4] 在海湾战争中，战略轰炸的主要目的是打击军事力量，而对国民经济的有限轰炸，

---

[1] 关于对国民经济进行打击的战争，参见 Thomas Schelling, *Arms and Influence* (New Haven: Yale University Press, 1966); Daniel Ellsberg, *The Theory and Practice of Blackmail* (Santa Monica: RAND, 1968), P - 3883; Richard Betts, *Nuclear Blackmail and Nuclear Balance* (Washington, DC: Brookings, 1987); Robert Powell, *Nuclear Deterrence Theory: The Search for Credibility* (Cambridge: Cambridge University Press, 1990); Alexander George, David Hall, and William Simons, *The Limits of Coercive Diplomacy* (Boston: Little, Brown, 1971); Robert Pape, *Bombing to Win: Air Power and Coercion in War* (Ithaca: Cornell University Press, 1996); Daniel By man and Matthew Waxman, *The Dynamics of Coercion* (New York: Cambridge University Press, 2002)。

[2] 参见 Tami Davis Biddle, *Rhetoric and Reality in Air Warfare: The Evolution of British and American Ideas about Strategic Bombing, 1917 - 1945* (Princeton: Princeton University Press, 2002), pp. 285 - 286；关于在极少数情况下打击国民经济的意图，下述文章引起了广泛争议: Tami Davis Biddle, "Bombing by the Square Yard: Sir Arthur Harris at War, 1942 - 1945," *International History Review* 21, 3 (September1999), pp. 626 - 664。

[3] T. Biddle, *Rhetoric and Reality*, chap. 5.

[4] 参见 Conrad Crane, *American Airpower Strategy in Korea, 1950 - 1953* (Lawrence: University Press of Kansas, 2000); Pape, *Bombing to Win*, pp. 137 - 210。

旨在通过预示其政府已失去对权力的掌控，以震慑萨达姆。[①] 在科索沃，北约实施的轰炸既包括针对塞尔维亚政权和经济基础设施的国民经济的轰炸，也包括针对塞尔维亚地面部队的军事目标的轰炸，直到北约开始准备大规模向科索沃出动地面部队时，塞尔维亚才肯做出让步。[②] 在阿富汗，早期希望通过针对国民经济的轰炸就能迫使塔利班政权做出让步的想法，被证明并不现实。由此可见，战略轰炸很难通过打击国民经济而获得成功，科索沃战争和阿富汗战争的现实，更没有理由让我们期待这种情况在短期内会有所改变。

大规模杀伤性武器，即核武器、化学武器和生物武器，是重大威胁，而且随着技术扩散，该问题会更加普遍。它们当然是军力的一个重要部分，但不是唯一的重要部分。很多国家或者没办法掌握大规模杀伤性武器，或者选择不使用大规模杀伤性武器。所以即使大规模杀伤性武器扩散了，常规军力依然重要。[③] 而且，想要理解大规模杀伤性武器的军事影

---

① Eliot Cohen, et al. *Gulf War Air Power Survey* (Washington, DC: USGPO, 1993), (hereafter GWAPS), vol. 2, pt. 2, pp. 274 - 290.

② 参见 Daalder and O'Hanlon, *Winning Ugly*, pp. 137 - 181, 203 - 204; Stephen Biddle, "The New Way of War? Debating the Kosovo Model," *Foreign Affairs* 81, 3 (May - June 2002), pp. 138 - 144。

③ 例如，很明显，1991 年的伊拉克原本可以使用化学武器（CW）和生物武器（BW），却没有使用。在长达十年的伊朗对伊拉克战争中，虽然双方均拥有化学武器，但是经过多年的拉锯式传统战争后，直到战争的最后阶段才使用了化学武器。当然这并不代表永远不会使用大规模杀伤性武器（WMD），但是，单纯的拥有并不代表会投入使用——大规模杀伤性武器的激增速度并不代表战争中会有同样高的使用率。关于伊拉克在 1991 年未使用化学武器，参见 Cohen, *GWAPS*, vol. 2, pt. 2, pp. 323 - 326；关于伊朗对伊拉克战争中的化学武器，参见 Anthony Cordesman and Abraham Wagner, *The Lessons of Modern War*, vol. 2 Boulder: Westview, 1990, pp. 506 - 518。

响，必须首先解释常规军力。地区性的大规模杀伤性战争不大可能终止大国的常规军事行动，在可预见的将来，区域核武库的威力或许是微不足道的，何况多数大国都训练其部队在生化环境下作战。[①] 战争的性质可能会极大改变，参战方将寻求应对战争的严重损害，降低其面对进一步打击时的脆弱性。然而，绝大部分军队是通过改变常规战争方式来应对大规模杀伤性武器的特殊环境（比如，通过分散军队或提供基础设施），从而实现上述目标的。想要了解这类措施的影响，就必须了解诸如疏散部队在总体上对军事结局的影响。若非如此，评估的结果将仅仅建立在猜测的基础上。仅仅理解常规军事行动对评估大规模杀伤性武器的作用显然是不够的，但这是必要的前提条件。

最后，对于现代国家之间的战争而言，国际关系理论基于对国家行为的实证记载（其核心功能是为了解释我们所观察到的行为），大多都是关于陆上常规作战的。例如，在密歇根大学的战争数据库中，一共涉及 20 世纪的 46 场国家间战争，

① 关于朝鲜的核武器清单，参见 Leon Sigal, *Disarming Strangers: Nuclear Diplomacy with North Korea* (Princeton: Princeton University Press, 1998), pp. 90 – 95, 110; 关于大国在化学武器和生物武器方面的储备，参见 Victor Utgoff, *The Challenge of Chemical Weapons* (New York: St. Martin's, 1991); 关于大国和区域性大规模杀伤性武器的使用，依次参见 Lawrence Freedman, "Great Powers, Vital Interests and Nuclear Weapons," *Survival* 36, 4 (Winter 1994 – 1995), pp. 35 – 52; Barry Posen, "U. S. Security Policy in a Nuclear-Armed World, or What If Iraq Had Nuclear Weapons?" Stephen Rosen, "Nuclear Proliferation and Alliance Relations," 以及 Victor Utgoff, "The Coming Crisis," each in Utgoff, *The Coming Crisis* (Cambridge: MIT Press, 2000), pp. 157 – 190, 125 – 156, 279 – 302。

其中有 40 场战争在本质上是常规的陆上对抗。① 如果说军力是对国家行为的重大影响因素，那么本书探讨的问题就是理解国际冲突政治的重要基础。

方法论

本书通过综合运用一系列互补性的方法，来解释现代战争中的"能力"。社会科学尚未提供一种完美的研究方法，各种主要的研究传统单独来看都有重大的缺陷。然而，每种研究传统又都有自身重要的优势。将不同的研究方法结合起来可以取长补短，形成唐纳德·波金霍恩（Donald Polkinghorne）所说的"三角交叉验证法"，从而提升我们从有瑕疵的数据中梳理知识的能力。②

值得一提的是，本书在认真回顾近期历史文献的基础上，综合运用形式理论（formal theory）、案例研究、统计分析和模拟实验方法。对近期历史学的回顾表明，历史学家正在重新解释两次世界大战（尤其是第一次世界大战），重点关注所采用

① J. David Singer, Melvin Small, Correlates of War Project: International and Civil War Data, 1816 – 1992 [computer file] (Ann Arbor MI: Inter-University Consortium for Political and Social Research, 1994)，此后为战争相关指数（COW）数据库。其中，有三个主要关于海战：1911 年的意土战争、1909 年西班牙对摩洛哥的战争、1982 年的福克兰群岛战争；有三个主要关于游击战：1900 年的义和团运动、1956 年的俄国对匈牙利的战争、1965 年的越南战争。没有一次战争是以空中为主战场。

② Donald Polkinghorne, *Methodology for the Human Sciences* (Albany: State University of New York Press, 1983), pp. 253 – 254. 同时参见 Colin Elman and Miriam Fendius Elman, eds., *Bridges and Boundaries: Historians, Political Scientists, and the Study of International Relations* (Cambridge: MIT Press, 2001)。

的军事指导思想对战争进程和结果的影响。① 这种新兴观点不仅对 20 世纪军事史，而且对现在的国防政策和国际关系理论都有非常重要的意义，虽然很多人并未意识到其重要性。不过，处理这么宽泛的问题，历史叙述并不是一个很好的方法。历史叙述主要局限于特定的历史事件，对于整理出复杂的内部逻辑、多变量关系或者预测有别于过去事件的新情况的趋势，自然语言的叙述方式是非常不合适的。

相比之下，形式理论（formal theory）或者说利用数学语言表述因果关系的方法，在整理复杂事件的内部逻辑和构建不同观点的联系方面具有优势。形式理论也使得借助过去的观察来推测未来的发展变得更为方便，形式理论的特性可以使思考更加严谨，同时完善政策方案。然而，形式理论为了使数学语

---

① Shelford Bidwell and Dominick Graham, *Firepower: British Army Weapons and Theories of War, 1904 - 1945* (London: Allen and Unwin, 1985); Robin Prior and Trevor Wilson, *Command on the Western Front* (Oxford: Blackwell, 1992); David Herrmann, *The Arming of Europe and the Making of the First World War* (Princeton: Princeton University Press, 1996); Paddy Griffith, *Battle Tactics of the Western Front* (New Haven: Yale University Press, 1994); Griffith, *Forward into Battle* (Sussex: Antony Bird, 1981); Timothy Lupfer, *The Dynamics of Doctrine: Changes in German Tactical Doctrine During the First World War* (Ft. Leavenworth, KS: U. S. Army Combat Studies Institute, 1981); Antulio Echevarria II, *After Clausewitz: German Military Thinkers before the Great War* (Lawrence: University Press ofKansas, 2000); McInnes, *Men, Machines*; Bailey, *First World War*; Sheffield, *Forgotten Victory*; Sheffield, "Blitzkrieg and Attrition"; J. P. Harris, "The Myth of Blitzkrieg," *War in History* 2, 3 (November 1995), pp. 335 - 352; Robert Doughty, *The Breaking Point: Sedan and the Fall ofFrance, 1940* (Hamden, CT: Archon Books, 1990); Eugenia Kiesling, *Arming against Hitler: France and the Limits of Military Planning* (Lawrence: University Press of Kansas, 1996); Peter Mansoor, *The GI Offensive in Europe: The Triumph of American Infantry Divisions, 1941 - 1945* (Lawrence: University Press of Kansas, 1999); Michael Doubler, *Closing with the Enemy: How GIs Fought the War in Europe* (Lawrence: University Press of Kansas, 1994).

言清晰并易于处理，会将实际问题抽象化，因此，单独运用该理论虽然可以满足精细化及具体性的要求，但无法保证准确性，更糟的是甚至可能得出无关结论。因此，本书将历史方法放在第一位，形式语言则用来概括、系统化和拓展从严肃历史撰写中得出的观点，对重要史实进行严谨的演绎，从而得出具有重要意义的新观点。

三种不同的方法可用来验证新的理论。首先，对于三个选定条件下的作战行动进行详尽的、基于档案的案例研究，以发挥该理论的最大效用。其次，小样本案例研究可以深度分析以概括诸如兵力运用等尚未被大样本数据库容纳的变量，小样本案例研究还可以进行细致的过程追踪，用来区别单纯的巧合和真实的因果关系。而这种深度分析只能用于小样本研究，样本太多则无法实施。

本书使用一系列大样本统计分析对案例研究进行补充。统计结果显示了以往经验无法企及的更大的趋势。但由于兵力运用尚未被系统地研究过，现有数据库并不包含兵力运用的变量，因此必须通过假设和代理变量进行间接处理。单凭自身，统计结果最多只能提供一种局部性验证，但是将大样本统计分析与案例方法相结合则可以产生三角交叉验证，得出的结论比单独使用其中一种方法的可信度要高。

然而，不管是小样本案例研究还是大样本统计分析，都局限于已经发生的战争（仅限于保存下来的文件）。世界每一刻都在发生着翻天覆地的变化，关键细节或许早已沉埋在历史中。不仅如此，任何事后处理方法，无论是小样本还是大样本，都面临着严峻的考验——到底什么样的战争适合去检测这一"军力"理论。研究所感兴趣的结果（伤亡、所占领土、战事时间）只有在战争发生时才能被观察到。然而，"军力"在和平时期作为潜能而存在。事实上，军力最重要的作用就是其和平时期的能力。[①] 例如，威慑就是和平时期军力的产物。如果想要合理地验证军力的因果作用，基于军力的国际关系理论必须评估和平时期以及战争时期的军力。但是，如果战争只是一个特例，战争中的军力及其决定因素与常态下的和平时期是否会有所不同呢？例如，国家通常会在和平时期评估各方的军力，事先判断各方可能的胜负，按照相互理解的实力均衡解决分歧从而避免战争。如果这样的话，战争只可能发生在异常情况下，即"正常"的军力决定因素被排除了和平解决方式的非官方信息所掩盖。[②] 这可能意味着所有实际发生的战争都属于异常情况，其特点表现为物质、兵力运用以及军力之间的非正常关系，因此仅仅通过已经观察到的实际战争进行验证，会对通常情况下（主要是和平时期）的军力研究观点产生误导。尽管很难判定该问题的严重性，但它仍是国际关系学界关于战争学术研究中广泛存在的难题，而且对军力理论的所有事后检验都是一项内在议题。

因此，本人采用一系列事前实验来对实战的事后观测进行补充，这些事前实验是通过国防部作战仿真系统（Janus）实

10

---

① 关于军力与可见结果之间的差别（所谓"战斗潜力"相对于"战斗能力"），参见 DuBois, Hughes, and Low, *Concise Theory of Combat*, chap. 7。

② James Fearon, "Rationalist Explanations for War," *International Organization* 49, 3 (1995), pp. 379 – 414; Bruce Bueno de Mesquita and David Lalman, *War and Reason* (New Haven: Yale University Press, 1992)。

现的，该仿真系统作为实验可以在保持其他因素不变的前提下，改变某一场战斗的某些关键特征。这赋予了我们独有的能力，可以在控制干扰变量的同时观测任何理论研究所感兴趣的战斗（模拟）细节。并且，由于该实验方法允许在实验者选定的实验条件下创造新的事件，因此可以设定理论上重要但历史上罕见的情况，从而使得系统性探索理论的全部参数空间成为可能，而且研究分析不必再依赖国家间必须实际交战才可出现的特定情况。我们由此可以解释和平时期所面对的典型情况，而这些典型情况一般不会升级为公开的战争。事实上这是一种特殊的"反事实"分析系统，这些"反事实"是虚拟的而非真实发生的。因此，模拟实验缺少历史观察的真实性。然而，和多种形式的实证观察相结合，模拟实验方法可以提供重要的对比视角。

每一种方法都有其优点和缺点。虽然每种方法都有独特和重要的一面，但单独使用任何一种方法都不够完善。将这些方法结合起来，便可以探索更多潜在的启示并减少风险，使我们的发现不会受制于现有方法的盲区。

本书规划

第二章更为详尽地论述了在军力评估方面最为先进的方法，并为其改进提供了更具支持性的案例。本章还基于已经发现的特定缺陷，对进一步完善研究方法所需的某些特性提出建议。本章还特别阐明，关注战争中战术和军事行动的层级是极具前景的研究方法。

第三章和第四章提出了新理论。兵力部署是该理论的核心，但理论家们极少对其进行研究。据此，本书第三章详细阐释了 1918 年之后出现的现代军事体系；第四章则评估了 1918 年之后科技变化、数量优势变化及其与现代军事体系兵力运用的相互作用。

第三章及第四章关于理论的探讨全部属于定性范畴。虽然其中表述了主要论点，但要对细节有全面的理解，还须看一下附录中的形式描述。附录提供了一个动态模型，该模型将攻占领土、伤亡状况和战事持续时间作为兵力运用、技术和兵力优势的函数，并对该模型进行比较静态分析（分析预测在控制因果变量的情况下军力有何变化），这种方式比第三章及第四章所提供的定性论述更为严谨。

在第五章至第七章中，我选择了三个军事行动的历史案例来检验这一理论，这些案例研究可以最大限度地支撑新理论和传统理论有关军力解释的观点。第五章探讨"米切尔行动"——德军在 1918 年发动的第一场春季攻势；第六章研究"古德伍德行动"——1944 年 7 月盟军试图登陆诺曼底滩头而采取的倒数第二个军事行动；第七章探讨"沙漠风暴行动"——1991 年波斯湾战争中的联合进攻。从传统理论来看，"米切尔行动"和"古德伍德行动"分别给出了传统理论中理想的防御主导与进攻主导的状况。相反，新的理论则推断"米切尔行动"是进攻方取得了成功，而"古德伍德行动"是防御方取得了成功。与传统理论相比，新理论的推断与历史结果更为吻合，而且传统理论如果能推断正确，一般也是在提供了简单明确成功预测的条件下。然而这既不能证实新理论，也不能证伪传统理论。对于如此少量的样本案例，特殊情况比其他情况在可信度上会有更大的变化。相比而言，在"沙漠风暴行动"中，新理论与传统理论都预测了多国联军的胜利。然而，相同的预测背后隐藏的原因却截然不同。通过过程追踪，本人发现盟军胜利的途径与新理论的推断相符，而与传统理论的解释并不一致。鉴于新理论在这类公开讨论中的突出表现，其对任何与军力理论相关的政策都显得至关重要。

第八章是统计分析。为降低单一数据库的缺陷，本书在综合三个不同数据库的同时，对其覆盖面、分析单位和潜在误差来源等方面进行了对比。分析结果显示，与传统理论相比，数据与新理论之间存在更为显著、一致的联系。该分析涵盖了如此多样化的数据来源，为研究成果提供了比任何单一数据库都更高的可信度。

在第九章中，通过利用美国陆军、国防高级研究计划局（Defense Advanced Research Projects Agency）以及国防分析研究所（Institute for Defense Analyses）"东相线73"战役的研究成果，进行了仿真实验。"东相线73"战役是沙漠风暴行动中一个典型的军事行动，这场战役发生在被称作"东相线73"的 GPS 定位线附近大片无明显标志物的沙漠中，美国陆军第二装甲骑兵团所属部队对伊拉克的"真主师"发动了攻击。战后美国立即派遣大批专家到达该战场，收集了前所未有的详细数据，记录了每一辆参战的坦克、装甲输送车、卡车和步兵分队在每分钟的活动，并在现代战争模拟系统（Janus）中予以再现。模拟实验探索了关于科技和兵力运用的七个控制变量，每改变一次条件就"重演"一次历史战争，并观察战斗结果的差异和不同。模拟的结果支持了新理论，但与传统以物质因素为基础的军力理论相悖，尤其否定了对波斯湾战争结果的传统解释。

第十章对全书做了总结，更加细致地概述了主要的论点和发现。本章用绝大部分篇幅阐释了其对学术研究和政策的意义，并与现有理论基础中具有代表性的观点做出对比。本人认为这些对比非常强烈，如果缺少对兵力运用及其对军力影响的系统性思考，无论学术研究还是政策制定，都不可能在良好可靠的基础上实施。

13

第二章
文献基础

本章将谈到，大量学术研究以及政策制定都建立在军力的概念上，然而这方面的理论基础太薄弱难以担此重任。为此，这里首先回顾既有的观点，追溯其影响，并从理论和实证两方面对其进行评述。最后，结果表明，在战争的战术和作战层面上用兵是改进的最佳途径。

关于军力决定因素的观点

现有观点大致可归为三类：数量优势、技术和用兵。

数量优势论

拿破仑曾说过"上帝总是眷顾千军万马"，言简意赅地说明了军力的数量优势。① 很多人相信，人口更多、经济体量更大或更工业化、军队更多或军费更多的国家会在战场上获胜。基于这种将胜利与物质数量优势联系起来的观点，产生了以下

---

① John Bartlett, *Familiar Quotations*, 10th ed. (Boston: Little, Brown, 1919), no. 9707.

普遍看法：经济实力是军事实力的前提条件；经济实力和军事实力可相互转换；经济下滑导致军事衰落；在制定国家战略时应同等对待经济政策与政治军事因素。① 这是传统国际关系理论中看待"实力"（power）的基本视角，② 是霸权转移论和国际合作中相对收益的争论的核心，决定了大部分国际政治经济中现实主义和重商主义的主张。③ 这些观点也对印度、俄罗斯、德国和日本等国关于国防预算、贸易逆差、竞争力和长期威胁评估争论产生了强有力的政策影响。

绝大多数主张数量优势论的研究声称，只有数量优势能决定军力，但也有研究给出了一些具体的阐释。如一些研究认为

① 如参见 Basil Liddell Hart, *Strategy* (1954; reprint New York: Penguin, 1991), pp. 321 – 322, 353 – 360; Michael Howard, "The Forgotten Dimensions of Strategy," in Howard, *The Causes of Wars* (Cambridge: Harvard University Press, 1983), pp. 01 – 109; Paul Kennedy, *The Rise and Fall of the Great Powers* (New York: Random House, 1987), esp. pp. xv – xxv, 536 – 540; Kennedy, "Grand Strategy in War and Peace: Toward a Broader Definition," in Kennedy, ed., *Grand Strategies in War and Peace* (New Haven: Yale University Press, 1991), pp. 1 – 7; Robert Gilpin, *War and Change in World Politics* (New York: Cambridge University Press, 1981), esp. pp. 65 – 66, 123 – 124, who limits this to modern warfare; Joseph Grieco, *Cooperation among Nations* (Ithaca: Cornell University Press, 1990), pp. 36 – 50。

② 评论见 William Wohlforth, *The Elusive Balance: Power and Perceptions during the Cold War* (Ithaca: Cornell University Press, 1993), pp. 1 – 10; Richard L. Merritt and Dina Zinnes, "Alternative Indexes of National Power," in Richard Stoll and Michael Ward, eds., *Power in World Politics* (Boulder: Lynne Rienner, 1989), pp. 11 – 28。

③ 见 Jacob Viner, "Power vs. Plenty as Objectives of Foreign Policy in the Seventeenth and Eighteenth Centuries," *World Politics* 1 (1948) pp. 1 – 29; Albert O. Hirschman, *National Power and the Structure of Foreign Trade*, 2d ed, (Berkeley: University of California Press, 1980), pp. v – xx, 3 – 81; Gilpin, *War and Change*; Grieco, *Cooperation among Nations*。

14 是军队的"密度"而非军队规模起了作用："兵力/空间"比率越高，防御者越具有优势，反之亦然。① 其他一些研究则凭"经验法则"归因于阈值效应。最常见的观点认为，成功的进攻至少需要 3∶1 的局部优势，也有人认为需要 1.5∶1 的全战场优势。②

然而，这些阐述还不太清晰，无法被验证，尤其是大部分阐述模糊了预期计算单位，如很多 3∶1 或者 1.5∶1 的法则支持者认为，这些比率应该是质量调整后的"战力"比，而非简单的部队实力，但几乎没人能说出该如何调整。③ 多数兵力/空间比率分析员计算前线每线性英里长度的士兵数量后认为，低密度为进攻方提供了可利用的缺口，然而前者推导不出后者。只有每平方英里的兵力才能说明出现缺口的可能性：在 500 公里长的前线上，如果 10 万人的部队集中在 20 米的纵深

---

① 尤见 Basil Liddell Hart, "The Ratio of Troops to Space," *Military Review* 40 (April 1960); 亦见 Mearsheimer, *Conventional Deterrence*, pp. 47 – 48, 181 – 183; James Thompson and Nanette Gantz, *Conventional Arms Control Revisited* (Santa Monica, CA: RAND, 1987), N – 2697 – AF; Paul Davis et al., *Variables Affecting Central Region Stability: The "Operational Minimum" and Other Issues at Low Force Levels* (Santa Monica, CA: RAND, 1989); John Galvin, "Some Thoughts on Conventional Arms Control," *Survival* 31, 2 (March/April), pp. 99 – 107; Jack Snyder, "Limiting Offensive Conventional Forces: Soviet Proposals and Western Options," *International Security* 12, 4 (Spring 1988), pp. 66 – 67。

② 如见 Basil Liddell Hart, *The Defense of Britain* (London: Faber and Faber, 1939), pp. 54 – 55; John Mearsheimer, "Assessing the Conventional Balance: The 3: 1 Rule and Its Critics," *International Security* 13, 4 (Spring 1989), pp. 54 – 89; Congressional Budget Office, *Strengthening NATO* (Washington, DC: USGPO, 1979), pp. 11 – 13, app. C; Congressional Budget Office, *Army Ground Force Modernization for the 1980s* (Washington, DC: USGPO, 1982), pp. 30 – 31。

③ 如见 Liddell Hart, *Defense of Britain*, pp. 54 – 55; Mearsheimer, "Assessing the Conventional Balance," pp. 63 – 64。

之内，那么他们就能形成无懈可击的防线；但如果纵深是 1 万米，则到处都会是缺口……而在这两种情况下的比率都是前线每线性公里 200 人。然而，文献都回避了这个问题。专家们还在为合理的计算法则争论不休，公众和学术文献就只能依赖总体数量优势本身简单测算了，即 A 相对 B 的数量优势越大，A 的相对能力就越强。

技术论

技术论是继数量优势论之后关于军力最具影响力的观点，对技术作用的看法大致分为两大学派：系统技术论和二元技术论。

系统技术论

系统技术论所关注的主要是任意特定时期国际体系中总体技术的发展水平，而非单个国家所掌握的特定技术。如对系统技术论者而言，坦克时代与"马"时代的差异才是关键，而非哪一方的坦克比另一方的坦克更好。众所周知，进攻—防御论就秉持这一观点，进攻—防御论认为技术变迁改变了国际体系中所有国家进攻和防御的相对难度（"进攻—防御"平衡）。例如，进攻—防御论认为，1914 年前单个国家军队的装备情况如何并不重要，机枪使所有国家军队的进攻都变得不可能，而当坦克使平衡倾向于进攻时，任何进攻方都会获得极大优势。在进攻优势的年代，与国家所拥有的特定技术相比，国家是否选择进攻策略变得更为重要。因为在系统技术论学者看来，技术的主要影响不在于加强了 A（国）对 B（国）的相对优势，而是加强了"进攻方"对"防御方"的优势（反之亦然）。无论谁发起进攻或进行防御，只要技术对防御方有利，那么 A 进攻 B，则 A 会失败，反之，如果 B 进攻 A，那么 B 也会失败。[①]

这种观点在国际关系理论界相当有影响力。进攻—防御论为政治学提供了国际安全中技术作用的主要解释，进攻—防御理论被广泛用来解释战争原因、军备竞赛、联盟形成、危机行为和国际体系结构。[②] 该理论还被用来阐释历史事件，如第一次世界大战的起因、前南斯拉夫爆发的种族战

15

[①] 一些攻防理论家会考虑其他变量，尤其是地理变量，但技术变量是该理论的核心。参见 Sean Lynn Jones, "Offense-Defense Theory and Its Critics," *Security Studies* 4, 4 (Summer 1995), pp. 660 – 691; Stephen Biddle, "Rebuilding the Foundations of Offense Defense Theory," *Journal of Politics* 63, 3 (August 2001). On offense-defense theory generally, see, e. g., Robert Jervis, "Cooperation under the Security Dilemma," *World Politics* 30, 2 (January 1978), pp. 167 – 214; George Quester, *Offense and Defense in the International System* (New York: Wiley, 1977); Stephen Van Evera, *Causes of War* (Ithaca: Cornell University Press, 1999); Snyder, *The Ideology of the Offensive*, pp. 9 – 22; Glaser and Kaufmann, "Offense-Defense Balance," pp. 44 – 82。

[②] 参见 Jervis, "Cooperation"; Quester, *Offense and Defense*; Van Evera, *Causes of War*; Ted Hopf, "Polarity, the Offense-Defense Balance, and War," *American Political Science Review* 85, 2 (June 1991), pp. 475 – 494; Thomas Christensen and Jack Snyder, "Chain Gangs and Passed Bucks: Predicting Alliance Patterns in Multipolarity," *International Organization* 44 (Spring 1990), pp. 137 – 168; Stephen Walt, *The Origins of Alliances* (Ithaca: Cornell University Press, 1987), pp. 1 – 49, 147 – 217; Jack Levy, "Alliance Formation and War Behavior," *Journal of Conflict Resolution* 25, 4 (December 1981), pp. 605ff; George Downs, David Rocke, and Randolph Siverson, "Arms Races and Cooperation," *World Politics* 38, 1 (October 1985), pp. 118 – 146; Stanislav Andreski, *Military Organization and Society* (Berkeley: University of California Press, 1968), pp. 75 – 78; Gilpin, *War and Change*, pp. 59 – 63。

争等。① 进攻—防御理论对国际政治经济中相对收益的争论也有影响，② 最近有些学者发展了该理论，并用此重新确定或者代替主流的新现实主义。③

系统技术论在政策制定中也有重要作用，例如，军控谈判长期以来就依赖进攻—防御理论这一基本逻辑。从 1932 年的世界裁军大会到 1989 年的《欧洲常规武装力量条约》，再到冷战后对中东、东亚或东南欧军控的讨论，军控谈判总是在寻求限制那些被视为"进攻性"的或可能破坏稳定的技术，而允许发展那些被视为防御性的技术。④ 同样的理论基础支撑了美国重组针对波黑的军事行动政策，并成为近三十年来美国核军控的核心。⑤ 最近，

---

① Stephen Van Evera, "The Cult of the Offensive," pp. 58 – 107; Snyder, *Ideology of the Offensive*, pp. 9 – 22; Barry Posen, "The Security Dilemma and Ethnic Conflict," *Survival* 35 (Spring 1993), pp. 27 – 47.

② Robert Powell, *The Shadow of Power* (Princeton: Princeton University Press, 1999), chap. 2; Helen Milner, "International Theories of Cooperation among Nations: Strengths and Weaknesses," *World Politics* 44, 3 (April 1992), pp. 466 – 496 at 483 – 484; Charles Glaser, "Realists as Optimists: Cooperation as Self-Help," *International Security* 19, 3 (Winter 1994/5), p. 79.

③ Glaser, "Realists as Optimists"; Van Evera, *Causes of War*.

④ Basil Liddell Hart, "Aggression and the Problem of Weapons," *English Review* (July 1932), pp. 71 – 78; J. F. C. Fuller, "What Is an Aggressive Weapon?" *English Review* (June 1932), pp. 601 – 605; Marion William Boggs, *Attempts to Define and Limit "Aggressive" Armament in Diplomacy and Strategy*, University of Missouri Studies, vol. 16, no. 1 (Columbia: University of Missouri, 1941); Dorn Crawford, *Conventional Armed Forces in Europe (CFE): An Overview of Key Treaty Elements* (Bethesda, MD: U. S. Army CAA, May 1991); Alvin Z. Rubinstein, "New World Order or Hollow Victory?" *Foreign Affairs* 70, 4 (Fall 1991), pp. 53 – 65.

⑤ M. O'Connor, "US Is Supplying Army in Sarajevo with 116 Big Guns," *New York Times*, 10 May 1997; Thomas Schelling and Morton Halperin, *Strategy and Arms Control* (New York: Twentieth Century Fund, 1961); John Newhouse, *Cold Dawn: The Story of SALT* (New York: Holt, Rinehart and Winston, 1973).

军事革命论中强调的一个重点就是认为跨国信息革命正在变革国民经济生产方式，随之也在改变战争的性质。①

二元技术论

另有学派主张，技术影响主要是二元的，而非系统的：如果 A 对 B 有技术优势，那么不管 A 进攻还是防御，都会占上风。系统技术论者认为，技术作为进攻或防御优势的作用是全球性的；而二元技术论者认为，技术的主要作用是一国凭借其掌握的特有技术对其他国家形成优势。

美国很多国防政策的规划者主要从二元技术的角度看待军力。冷战时，美国决策者选择不和苏联拼数量，而是用数量较少但装备和技术更先进的美军"抵消"苏军的数量优势。②今天，技术优势被普遍认为是美国控制损失的关键，为保持或扩大对潜在对手的领先优势，美国加速现代化进程的压力日趋增大。③

支持这种规划的范式模型结合了二元技术和数量优势分析

---

① Alvin and Heidi Toffler, *War and Anti-War* (Boston: Little, Brown, 1993); Paul Bracken, "The Military after Next," *The Washington Quarterly* 16, 4 (Autumn 1993), pp. 157 – 174; Gordon Sullivan and Anthony Coroalles, *The Army in the Information Age* (Carlisle: U. S. Army War College, March 1995); also references in chapter 10, note 18.

② Harold Brown, *Thinking about National Security* (Boulder: Westview, 1983), pp. 225 –233; William Perry, "Defense Technology," in Asa Clark and John Lilley, eds., *Defense Technology* (New York: Praeger, 1989), pp. 28 – 29; Jacques Gansler, "ManagingDefense Technology," in ibid., p. 207.

③ Stuart Johnson and James Blaker, "The FY 1997 – 2001 Defense Budget," *Strategic Forum*, no. 80 (July 1996), pp. 3 –4; also Richard J. Newman, "Warfare 2020," *U. S. News and World Report*, August 5, 1996, pp. 34 –41; Jim Hoagland, "Ready for What?" *Washington Post*, March 28, 1996, p. A27.

的双重作用。绝大多数官方战争模型的因果关系基于"兰彻斯特理论"（Lanchester theory）。[1] 英国工程师弗雷德里克·威廉·兰切斯特（Frederick William Lanchester）于1916年提出了这一预测空战结果的简单系统微分方程。兰切斯特方程综合考虑了数量优势和技术，后者通过双方的损耗系数（即单位时间内单件己方武器可以摧毁对方武器的数量）计算得出。[2] 在兰切斯特理论中，除非 A 的系数相对于 B 发生变化，否则同时提升或降低双方系数的系统性变化，不会改变胜败结局，也不会改变任何一方在战斗中的损失。[3] 因此，兰切斯特理论以二元方式处理技术因素：只有双方的相对技术优势值得特别重视，单方面的技术优势比系统性技术变化

16

---

[1]　参见 U. Candan et al. , *Present NATO Practice in Land Wargaming* （The Hague：SHAPE Technical Center, 1987）, STC － PP － 252; Jerome Bracken et al. , eds. , *Warfare Modeling* （Alexandria, VA：Military Operations Research Society, 1995）; Wayne Hughes, ed. , *Military Modeling* （Alexandria, VA：Military Operations Research Society, 1984）; John Battilega and Judith Grange, eds. , *The Military Applications of Modeling* （Wright-Patterson AFB：Air Force Institute of Technology Press, 1984）。除了支持大多数动态模型的兰切斯特理论之外，还有各种计算"有生力量"指数的静态方法（经常以"装甲师当量"或 ADE 为单位），它们没能进一步明确其与战斗结果相关的主张。有关评论可参见 Stephen Biddle, "The European Conventional Balance," *Survival* 30, 2 （March/April 1988）, pp. 99 － 121; John Bode, *Indices of Effectiveness in General Purpose Force Analysis* （Washington, DC：BDM, 1974）, BDM － 74 － 070 － TR。

[2]　Frederick William Lanchester, *Aircraft in Warfare：The Dawn of the Fourth Arm* （London：Constable, 1916）, reprinted at article length as "Mathematics in Warfare," in James R. Newman, *The World of Mathematics*, vol. 4 （New York：Simon and Schuster, 1956）, pp. 2139 － 2157。

[3]　兰切斯特理论也没有区分"进攻方"和"防御方"：它简单地假定双方接触并交火。使用该理论的研究人员有时将武器损耗系数高的一方假定为防御方，但是兰切斯特理论本身没有为此提供依据，也没有提供任何计算此类补充内容的方法。

更重要。但是，兰切斯特方程并非完全由技术因素决定。绝大多数官方模型都是基于兰切斯特的"平方律"，较之技术，兰切斯特的"平方律"结果对数量比率变化更为敏感。为适应其他多种方式的战斗，兰切斯特原始方程进行了不断调整，并向多个方向拓展；但无论如何改进，该理论都是基于二元技术处理，而且绝大多数模型对数量优势都比对技术更敏感。[1]

虽然影响深远，但无论是技术论，还是二元技术论，都尚未得到广泛的实证检验。长久以来，进攻—防御论一直苦于缺乏系统的实证研究，官方军力模型几乎完全没有进行过实证检验。[2]绝大多数国防部使用的模型都太过复杂，难以验证。例如，参谋长联席会议成员使用的战术战争（TACWAR）模型，包含了1000多个独立变量，几乎没有一个变量被标准的历史

---

[1]　相关评论可参见 James Taylor, *Lanchester Models of Warfare*, 2 vols. （Arlington, VA：Operations Research Society of America, 1983）；Alan F. Karr, "Lanchester Attrition Processes and Theater-Level Combat Models," in Martin Shubik, ed., *Mathematics of Conflict* （Amsterdam：Elsevier, 1983）, pp. 89 – 126；Battilega and Grange, *Military Applications of Modeling*, pp. 88 – 103。

[2]　Jack Levy, "The Offensive/Defensive Balance of Military Technology：A Theoretical and Historical Analysis," *International Studies Quarterly* 28, 2 （ June 1984）, pp. 219 – 238. 例外情况，参见 Biddle, "Rebuilding the Foundations"；Hopf, "Polarity"；James Fearon, "The Offense-Defense Balance and War since 1648," presented to the annual meeting of the International Studies Association, Chicago, 1995。其他评论，参见 Mearsheimer, *Conventional Deterrence*, pp. 24 – 27；Colin Gray, *Weapons Don't Make War* （Lawrence：University Press of Kansas, 1993）；Dan Reiter, "Exploding the Powder Keg Myth：Preemptive Wars Almost Never Happen," *International Security* 20, 2 （Fall 1995）, pp. 5 – 34；Jonathan Shimshoni, "Technology, Military Advantage, and World War I," *International Security* 15, 3 （Winter 1990/91）, pp. 187 – 215；Kier Lieber, "Grasping the Technological Peace," *International Security* 25, 1 （Summer 2000）, pp. 71 – 104。

数据库收录，这使得系统性实证工作完全不可能实施。① 验证
简化版模型的尝试一直没有定论。在可以追溯到 20 世纪 50 年
代的十多项研究中，以兰切斯特方程为基础的研究基本上难以
与现有的历史数据吻合，但自从现代模型使用了扩展版方程
后，此类误差一般就不再被当作决定性问题了。②

---

① Institute for Defense Analyses/OJCS（J－8）TACWAR model, vers. 47.0, file
tacdata. dat［computer file］. 有关描述可参见 Francis P. Hoeber, *Military
Applications of Modeling: Selected Case Studies*（New York: Gordon and Breach
Science Publishers, 1981）, pp. 132－153。两次试图进行大规模战区作战模型对
比历史数据的测试，参见 Seth Bonder, "Summary of a Verification Study of
VECTOR－2 with the Arab-Israeli War," in Reiner K. Huber, ed., *Systems Analysis
and Modeling in Defense*（New York: Plenum, 1984）, pp. 155－170; Walter J.
Bauman, "Ardennes Campaign Simulation（ARCAS）," *Military Operations Research*
2, 4（1996）, pp. 21－38。每个重建的单个历史战役，分别使用 VECTOR－2 和
STOCEM 模型，前者认为模型表现良好，后者则认为不那么乐观。然而，两者
既没有提出任何的案例选择逻辑以确立案例的外部效度或理论意义，也没有提
出足够的证据以充分评估测试。对两者来说，许多需求值本身结合了主观性，
导致变量如此庞大的数据可靠性存在内生问题，建议谨慎评价及确认以上观点。

② Robert Helmbold, *Personnel Attrition Rates in Historical Land Combat Operations*
（Washington, DC: U. S. Army Concepts Analysis Agency, 1995）, CAA－RP－
95－1; Jerome Bracken, "Lanchester Models of the Ardennes Campaign," *Naval
Research Logistics* 42, 4（June 1995）, pp. 559－577, 发现了兰切斯特方程的一
个线性形式，比常用的平方律有更好的支持作用; Dean Hartley and Robert
Helmbold, "Validating Lanchester's Square Law and Other Attrition Models," *Naval
Research Logistics* 42, 4（June 1995）, pp. 609－633; Dean Hartley, *Can the Square
Law Be Validated?*（Oak Ridge: Martin Marietta, 1989）, K/DSRD－57; Hartley,
Confirming the Lanchester Linear-Logarithmic Model of Attrition（Oak Ridge: Martin
Marietta, 1991）, K/DSRD－263/R1, 它发现了线性对数形式的证据，但不是平
方律; D. L. I. Kirkpatrick, "Do Lanchester's Equations Adequately Model Real
Battles?" *Journal of the Royal United Services Institute* 130, 2（June 1985）, pp.
25－27; Janice Fain, "The Lanchester Equations and Historical Warfare," *History,
Numbers, and War* 1, 1（Spring 1977）, pp. 34－52; James Busse, "An Attempt to
Verify Lanchester's Equations," in Benjamin Avi-Itzhak, ed., *Developments in
Operations Research*, vol. 2（New York: Gordon and Breach, 1971）, （转下页注）

兵力部署

直观上讲，兵力部署应该受到重视，对其进行的主观评估早已有之。例如，在净评估和战争规划中，军事参谋人员通常会考虑诸如战术、指导思想、技能、士气或领导力等非物质因素。1914年，法国人认为德国人不会入侵比利时，因为德国的预备役师表面上看并不具备进攻的能力，从而令德军没有兵力进行大范围的迂回作战。[①] 1940年，德国详细审视了法军和德军可能的兵力部署，以评估战争前景。[②] 关于 1991 年美军预期伤亡情况的

（接上页注②）pp. 587 – 597；William Fain et al. , *Validation of Combat Models Against Historical Data* (Arlington, VA: Center for Naval Analyses, 1970), CNA Professional Paper No. 27；William Schmiemann, "The Use of Lanchester-Type Equations in the Analysis of Past Military Engagements" (Ph. D. Diss. , Georgia Institute of Technology, 1967)；Herbert Weiss, "Combat Models and Historical Data: The U. S. Civil War," *Operations Research* 14, 5 (September – October 1966), pp. 759 – 790；Robert Helmbold, "Some Observations on the Use of Lanchester's Theory for Prediction," *Operations Research* 12, 5 (September – October 1964), pp. 778 – 781；Daniel Willard, *Lanchester as a Force in History* (Bethesda, MD: Research Analysis Corporation, 1962), RAC – TP – 74；Robert Helmbold, *Historical Data and Lanchester's Theory of Combat* (Ft. Belvoir, VA: Combat Operations Research Group, 1961), part 1: CORG – SP – 128, part 2 (1964): CORG – SP – 190. For partial validations, see J. H. Engel, "A Verification of Lanchester's Law," *Operations Research* 2, 2 (May 1954), pp. 163 – 171；Robert Samz, "Some Comments on Engel's 'A Verification of Lanchester's Law,'" *Operations Research* 20, 1 (January-February 1972), pp. 49 – 52，有关这些测试的学界反应，参见 Battilega and Grange, *Military Applications of Modeling*, p. 92. 对于一种尖锐的批评（具有很大的争议）观点，见 Paul Davis and Donald Blumenthal, *The Base of Sand Problem: A White Paper on the State of Military Combat Modeling* (Santa Monica: RAND, 1991), N – 3148 – OSD/DARPA。

① Basil Liddell Hart, *The Real War*, pp. 49 – 50.
② Weinberg, *A World at Arms*, pp. 67 – 68, 109 – 112；Mearsheimer, *Conventional Deterrence*, pp. 67 – 133.

战前定性分析主要是依赖对美国和伊拉克作战指导思想、战争经验和部队士气的评估。[①] 然而，追踪历史却发现这些评判很糟糕：1914 年德国的预备役师被证实具有足够入侵比利时的能力，1940 年法国的崩溃让战争双方都很吃惊，而即使经验最丰富的军事分析专家也高估了美国海湾战争期间的伤亡数量，比实际高出两倍到十倍甚至更多。[②]

改进这些不完善的评判记录的逻辑路径就是更加系统、理论更加严谨，通过明确的证据检验因果关系的隐含假设，并建立更为可靠的理论体系。然而，目前关于军力的理论通常将兵力部署因素排除在外。

官方的模型制定者们往往认为兵力部署难以评估，而且其维度太多难以理论化。相反，他们主要关注有代表性的特定武器类型和数量均衡，经常是细节繁杂，并将某个官方认可的军事学说作为假设，强硬"匹配"到模型的数学计算中。将兵力部署作为常量处理，当然会掩盖其重要性，而且如下面所论证的，如果兵力部署与物质相互作用，则偏差可能更严重。当官方模型明确提供兵力部署时，它们经常采用"人在回路"

17

---

① 参见 *Crisis in the Persian Gulf: Sanctions, Diplomacy and War*, *Hearings Before the Committee on Armed Services*, *House of Representatives* (Washington, DC: USGPO, 1991), HASC No. 101 – 157, pp. 448, 462, 463, 485; Mearsheimer, "Liberation in Less than a Week"; Joshua Epstein, *War with Iraq: What Price Victory?* (Washington, DC: Brookings, January 10, 1991), p. 25; Barry Posen, "Political Objectives and Military Options in the Persian Gulf," Defense and Arms Control Studies Working Paper, November 5, 1990, p. 24。

② Liddell Hart, *The Real War*, pp. 49 – 50; Weinberg, *A World at Arms*, pp. 67 – 68, 109 – 112; Mearsheimer, "Liberation in Less than a Week;" Les Aspin, "The Military Option," reprinted in Les Aspin, *The Aspin Papers* (Washington, DC: CSIS, 1991), p. 86; U. S. News and World Report, *Triumph without Victory*, pp. 129, 141.

（MITL）技术，由现实中的军官直接输入行动或者开火指令。然而，"人在回路"技术所产生的结果往往因所参与军官的不同而有所差异，导致研究结果很难重复，也很难在同样的基础上对比不同武器计划或不同兵力水平的效果。另一种选择是，可通过一套明确的规则体系将决定植入模型（例如"当伤亡达到60%即撤退"）。然而，结果对设定好的特定阈值非常敏感，完全由人工决定的变量所组成的复杂数组，在变化条件下相互作用，容易产生不稳定或者不合常理的结果。[①] 尽管模型研究者很早就意识到非物质因素的重要性，批评者也不断呼吁减少模型中对物质因素的关注，但还没有系统的兵力部署模型能够得到普遍认可。[②] 相反，

[①] 参见如 Lowell Bruce Anderson, *Decision Modeling in Large Scale Conflict Simulations* (Alexandria, VA: Institute for Defense Analyses, 1978), IDA P – 1355; Paul Davis and James Winnefield, *The RAND Strategic Assessment Center* (Santa Monica: RAND, 1983), R – 2945 – DNA; James G. Taylor, "Attrition Modeling," in Reiner K. Huber et al., eds., *Operational Research Games for Defense* (Munich: R. Oldenbourg, 1979), pp. 139 – 189; J. A. Dewar et al., "Non-Monotonicity, Chaos and Combat Models," *Military Operations Research* 2, 2 (1996); Candan et al., *Present NATO Practice* (The Hague: Supreme Headquarters Allied Powers Europe Technical Center, 1987), Professional Paper STC – PP – 252; Bracken et al., *Warfare Modeling*; Battilega and Grange, *Military Applications of Modeling*。

[②] 参见如 Eliot Cohen, "Guessing Game: A Reappraisal of Systems Analysis," inSamuel Huntington, ed., *The Strategic Imperative* (Cambridge, MA: Ballenger, 1982), pp. 163 – 192; Cohen, "Toward Better Net Assessment: Rethinking the European ConventionalBalance," *International Security* 13, 1 (Summer 1988), pp. 50 – 89; Stephen Rosen, "Net Assessment as an Analytical Concept," in Andrew W. Marshall et al., eds., *On NotConfusing Ourselves: Essays in Honor of Albert and Roberta Wohlstetter* (Boulder: Westview, 1991), pp. 284 – 285, 297 – 299; Aaron Friedberg, "The Assessment of Military Power: A ReviewEssay," *International Security* 12, 3 (Winter 1987/88), pp. 190 – 202. 。很多官方的兴趣在于那些更加非物质性的方法，主要以国防部净评估办公室为中心。关于这方面的概况，参见 George Pickett, James Roche, and Barry Watts, "Net Assessment: A Historical Review," in Marshall et al., eds., *On NotConfusing Ourselves*, pp. 158 – （转下页注）

现在人们的关注重点并不在此，而是一直努力开发新一代战场模型，以充分体现新信息技术和深度精确打击系统对兰彻斯特耗损系数的影响。兵力部署方面的创新还没有被认真考虑。[1]

　　国际关系理论学家大多忽视了兵力部署。很多人只是简单地假设各国会"以最佳方式"使用军备，因此物质本身是唯一的重要变量。[2] 如摩根索（Morgenthau）和克诺尔（Knorr）这样的古典现实主义者，虽然也简短谈及战略是军事实力的组成部分，但主要还是关注数量优势，而且对两方面都没有给出可验证的方法。[3] 标准实证数据库即使表面上包含了军力的内

　　（接上页注②）185；以及 Thomas Mahnkenand Barry Watts, "What the GulfWar Can (and Cannot) Tell Us about the Future of Warfare," *International Security* 21, 2 (Fall 1997), pp. 151, 154。

① 参见 Charles Marshall and Randy Garrett, "Simulation for C4ISR: Command, Control, Communications, Intelligence, Surveillance, and Reconnaissance," *Phalanx* 29, 1 (March 1996), pp. 1ff.; Terry Prosser, "JWARS Role in Joint Analysis," briefing presentedto the 64th Military Operations Research Society Symposium, Ft. Leavenworth, KS, June18, 1996; Stephen Biddle, Wade Hinkle, and Michael Fischerkeller, "Skill and Technology in Modern Warfare," *Joint Force Quarterly*, 22 (Summer 1999), pp. 18 – 27。

② 参见 Glaser and Kaufmann, "Offense-Defense Balance," pp. 55 – 57；从更大范围而言，所有结构性国际关系理论都假定国家会主要根据物资约束做出最佳选择，关于这方面的评论，参见 Timothy McKeown, "The Limitations of 'Structural' Theoriesof Commercial Policy," *International Organization* 40 (Winter 1986), pp. 43 – 64。

③ Hans Morgenthau, *Politics among Nations*, 6th ed. (New York: McGraw Hill, 1985), pp. 141 – 142; Klaus Knorr, *Military Power and Potential* (Lexington: D. C. Heath, 1970), pp. 119 – 136；其他古典现实主义者基本忽略了军事指导思想，比如：MartinWight, *Power Politics* (Leicester: Leicester University Press, 1978), pp. 26 – 27，该文章指出了非物质的"无形资产"的重要性，但认为这些是关于忠诚奉献方面的事项，并且国家只会采取与此处相同的分析方式，而不会分析兵力部署（原文 p. 263 – 注 33）。

容，但实际并不包括如何使用军事资源的信息。①

　　少数学者明确重视兵力部署。迄今为止，在这方面最重要的研究包括：约翰·米尔斯海默（John Mearsheimer）用"消耗－突袭"战略对比来解释常规威慑，艾伦·斯塔姆（Allan Stam）、丹·赖特（Dan Reiter）以及 D. 斯科特·班尼特（D. Scott Bennett）通过使用与之类似的"消耗－机动－损失"（attrition-maneuver-punishment）架构来讨论战争持续的时间与胜败，② 这是现有军事文献中对物质决定论者观点的较大改进。然而，这只意味着第一步，并没有得出决定性的结论。例如，对"消耗"、"闪电战/机动"等在兵力部署中的潜在重要特征只进行了浅显的研究。军事学说出版物和军事史著作认为，国家使用军事力量的方式还会有一系列其他变化。此外，对任何给定军队如消耗、突袭或机动特征的描述，都还是主观判断而非客观测量，这种主观判断很难不掺杂人为因素。对于如约翰·米尔斯海默或艾伦·斯塔姆所定义的"消耗"，很少有真正的学术出版物对其进行明确阐释。事实上，很难分清消耗的原因，是失败或缺乏想象的行动所致，还是相反，是成功

18

---

① 比如，不管是战争相关指数，还是军事化的国际争端数据，都不包括任何兵力部署方面的信息，虽然二者均通过各种各样的物质性指数来分析军力。

② Mearsheimer, *Conventional Deterrence*; Allan Stam, *Win, Lose or Draw* (Ann Arbor: University of Michigan Press, 1996); D. Scott Bennett and Allan Stam, "The Duration ofInterstate Wars, 1816 – 1985," *American Political Science Review* 90, 2 (1996), pp. 239 – 257; DanReiter and Allan Stam, "Democracy and Battlefield Military Effectiveness," *Journal of ConflictResolution* 42, 3 (June 1998), pp. 259 – 277. 在军事思想文献中讨论决定因素时也对兵力部署进行了研究，尽管只是作为因变量，而且，兵力部署的对比性思考范围通常很狭窄，仅在"进攻对抗防御"方向给予特别关注，其概况参见 Barry Posen, *The Sources of Military Doctrine* (Ithaca: Cornell University Press, 1984); Snyder, *Ideology of the Offensive*。

和巧妙调遣所致。① 尽管这些架构提供了有价值的研究出发点，但未来的研究依旧任重道远。②

虽然兵力部署经常被认为是重要的，但很少有关于它的系统分析。认为兵力部署重要是一回事，如何为政策和这方面的进一步研究提供有用的信息，并基于证据进行客观检验则是另一回事。与数量优势论和技术论不同，目前还没有具有影响力的学者打算对兵力部署进行此类研究。

评 估

关于军力有各种不同的观点，各种观点看似合理，但又都无法被证实。这给那些依靠军力预设开展工作的学者和决策者增添了许多难题。

---

① 参见 Richard Betts, "Dubious Reform: Strategism versus Managerialism," inAsa Clark et al., eds., *The Defense Reform Debate* (Baltimore: Johns Hopkins UniversityPress, 1984), pp. 74 – 77。

② 一些国际关系理论学者抛开"兵力部署"，转而通过非物质因素研究军力。其中最突出的有：Stephen Rosen, David Lake, Alastair Johnson, Eliot Cohen 和 John Gooch。他们主要着眼于社会结构、政体类型、文化和组织机构，他们的著作分别有：Rosen, *Societies and Military Power* (Ithaca: Cornell University Press, 1996); Johnson, "Thinking about Strategic Culture," *International Security* 19, 4 (Spring 1995); Lake, "Powerful Pacifists: Democratic States and War," *American Political Science Review* 86, 1 (1992), pp. 24 – 38; Cohen and Gooch, *Military Misfortunes: The Anatomy of Failure in War* (New York: Free Press, 1990)。这些著作没有一个与下述理论相悖，下述理论可以被视为在阐述因果机制，在这个机制的作用下，如此广泛的特性影响了军事结果。亦参见 Ivan Arreguin-Toft, "How the Weak Win Wars: A Theory of Asymmetrical Conflict," *International Security* 26, 1 (Summer 2001), pp. 93 – 128, 在这篇著作中，讨论了物质差距悬殊的对手之间非物质因素方面的问题。

理论关切

首先，两种主要观点表明了在国际政治中相互矛盾的政策和相互冲突的见解。防务规划人员不可能同时实现技术先进性和数量优势的最大化。质量和数量之间存在着取舍关系：如果国防预算是恒定的，我们在军力结构上花的钱越多，在现代化装备方面花的钱就会越少；反之亦然。因此，弄清楚二者之中哪个因素更具决定性，及其如何相互作用是非常重要的。对决策者来说，简单地说二者都重要毫无助益，他们需要知道二者的重要程度及其重要性体现在哪些方面，这样才能有利于做出合理的决定。

从学术上来讲，技术论和数量优势论学派宣扬截然不同的国际关系理论。如果技术确实对世界各国的进攻或防御有着相似的影响，那么安全或者不安全就往往是相互的、普遍的，且相对不受力量对比影响：在进攻性技术优势时代，多数国家能够成功地进攻，却不能很好地进行自我防御；军队数量上的优势提供不了什么安全保证；扩军备战将会引起他国的猜疑；军备竞赛一触即发，在这种情况下，各国更热衷于先发制人。相反，在防御性技术优势的时代，多数国家能够自我防御，而少有国家会发起进攻；军队数量上的优势对安全来讲并非绝对必要；军备竞赛较少发生，各国对其积极性不高；在这种情况下，先发制人的攻击很罕见。以此看来，均势未必比战争更能带来和平。建立威慑要么多余（当防御占优势），要么危险（当进攻占优势），因此安全困境和冲突螺旋模型（spiral model of conflict）将提供更多关于国际政治本质的重要见解。[1]

相反，如果数量优势是军力的关键，那么安全将会与区域势力均衡密切相关。拥有数量优势的国家安如泰山，而不具数量优势的国家则危如累卵，加强军备通常是更加有效且必要的自我防卫手段。在这种情况下，通过力量分布和冲突的威慑模型能够更好地理解国家行为。这些政治学上截然相反的观点源自有关军力本质假设的潜在不同：无视技术因素和数量优势的相互作用以及二者的相对重要性，就等于回避了国际关系理论的核心问题。

最后，仅仅关注物质方面的研究，遗漏了应有的重要变量，即兵力部署，这不仅降低了我们解释真实军力差异的水平，更糟糕的在于，这也意味着现有文献对该类变量的分析可能存在偏差：除非兵力部署与数量优势或技术完全无关，否则遗漏兵力部署的分析将会对数量及科技因素的作用产生系统性误判。兵力部署越重要，偏差就越大，给政策和学术研究带来的后果也就越严重。

实证异常

其次，对以上两种主要观点而言，历史记录显示出一系列不

---

[1] "安全困境"是指如果不同时威胁到其邻国就无法进行自卫的自卫无能。与之相关的"螺旋模型"认为，战争的起因是某国将邻国的扩军备战视为怀有敌意的（即使当时只是出于自卫），导致双方竞相增强军力，即使没有进攻性意图，也会使局势紧张程度上升。相反，"威慑模型"认为，战争的起因是一方军事力量不足，使其邻国得以伺机进攻这个处于弱势的国家。关于"安全困境"，特别参见 Jervis, "Cooperation"；关于"螺旋模型"和"威慑模型"，参见 Robert Jervis, *Perception and Misperceptionin International Politics*（Princeton: Princeton University Press, 1976），chap. 3。

相符的情况。完整的实证分析将在第八章详细给出，我在这里只阐释几个具代表性的矛盾之处，用以说明该问题的程度和本质。

或许，其中最显著的例证包含 1991 年的海湾战争。如前所述，最先进的评估方法高估美国的伤亡甚至多达 200 倍，这种令人惊讶的错误程度导致对现有模型广泛的不满。很多人认为这种巨大误差意味着 1991 年战争本质已经改变，标志着军事领域中的又一场革命，使得传统军力评估方法失效。然而实际上，海湾战争只是由来已久的问题中异常突出的一个例子而已：至少从 1900 年开始，物质因素从来也不是真正军事结果的可靠预测指标。

数量优势

密歇根大学战争相关指数（COW）数据库中关于数量优势以及军事结果的数据，有助于拓宽视野。[1] 表 2－1 使用上述数据评估几种常用的度量数量优势指标，来预测 20 世纪战争的胜败。当数量占优势的一方获胜，我们记为预测成功；否则，记为预测失败。当然，测试也存在美中不足之处：战争的胜利与一场军事行动（本人在此使用的分析单位）的胜利并不一致。然而，物质主义军力理念背后的指导思想几乎不对战争和军事行动进行区分——物资上的数量优势被认为可以赢得战争，表面上是通过战斗胜利赢得战争。如果数量优势论是正确的，那么表 2－1 中给出的结果应该显示出物质与胜利之间的显著性关系。

---

① COW 数据库。COW 收录了所有国家间战争，包括 1816 年至 1992 年间至少一千场战斗的战死人数，然而，此数据库相关的理论受限于截至 20 世纪的发展程度，因此此表 2－1 中只收录了 20 世纪的数据。

表 2 - 1　　以物资装备数量优势指标预测战争胜负（1900～1992 年）

	案例的正确预测概率	拒绝没有解释力的零假设的显著性水平	有效数据的案例数
国民生产总值	0.62	0.13	13
人口	0.52	0.23	44
军队人员数量	0.49	0.50	43
军费开支	0.57	0.16	35
国力综合指数	0.56	0.19	45

注：国力综合指数（The Composite Index of National Capability，CINC）用来评估具有重要军事意义的六类资源的国家比例分摊，包括军队数量、军费开支、钢铁产量、能源消耗量、人口总数和城市人口数量。国家这些资源占全球份额越高，其国力综合指数越高，参见如 Stuart A. Bremer，"National Capabilities and War Proneness，" in J. David Singer, ed., *The Correlates of War* (New York：Free Press，1980)，vol. 2, pp. 63 - 66。国力综合指数在国际关系理论实证研究中被广泛应用，文献回顾参见 Richard L. Merritt and Dina Zinnes，"Alternative Indexes of National Power，" in Richard Stoll and Michael Ward, eds., *Power in World Politics* (Boulder：Lynne Rienner, 1989)，pp. 11 - 28。该分析中，若在各类指标（军事、经济及人口）中均至少有一组数据可以获得，则可放弃个别缺失数据；若在各类指标中均无法获得任意一组数据，则放弃此战争样本。

　　显然，结果只是弱相关关系。平均每次抛一枚硬币可以预测的正确率为 50%，好的理论其预测效果至少要远远好于抛硬币才对。然而，五个指标中只有一个预测的成功率稍稍超过 60%，看起来预测率最高的指标是国民生产总值（GNP），但其可用数据非常少，预测结果仅基于大约十几个样本。实际上，其中军队人员数量指标的预测正确率仅为 49%，比抛硬币的准确率还低。更确切地说，五个指标没有哪个可以在通常的显著水平上拒绝无解释力零假设。

当然，"胜"或"败"完全没有说明胜利的程度或者失败
21 的损失程度，和军事行动不同，战争的胜败不只取决于这里所
定义的军力，例如，冒险或决心的非对称性，甚至可以打败军
力很强的国家。然而，更为细化或针对性更强的军力指标也得
出了相似的弱相关结论。

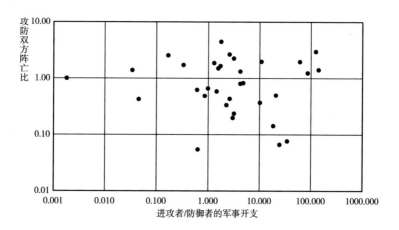

**图 2 - 1　20 世纪战争中的数量优势（物资军备数量优势
作为预测损失交换比时的指标，1900～1992）**

图 2 - 1 给出了军费开支与战损率（LER）的关系，前者
是常用的数量优势测度指标，后者是防务分析人员广为使用的
评价军力的细化指标。战损率指的是攻防双方的伤亡人数比例
（进攻方伤亡数量/防御方伤亡数量）；其他条件不变，战损率
越高，防御方军力越强，反之亦然。战损率不仅能连续度量战
损的相对程度（而非简单的胜利 - 失败二分法），而且该指标

还可聚焦战场军事能力问题的本质，降低误把次要政治利益当作次要军事能力的风险。数据来自 COW 数据库，如果数量优势是能力的重要决定因素，则我们应看到优势军费开支与战损率间的强负相关性：进攻方的军费开支比防御方越多，战斗就越有利于进攻方，战损率也会更低。

然而，结果并未显示任何有意义的关系。数据点随机地分散在图中，找不到预想的负相关关系。确切地说，无法在一般显著水平上拒绝军费开支与战损率间无关的零假设。表 2-1 中其他四个优势度量指标的结果也类似。在战损率外，拓展分析其他众多与军事能力相关的连续变量，结果也一样。① 单个战斗（而非战争）的数据也没有给出更强的结果。总而言之，数据并不支持兵力优势决定军力这样的简单假设。②

技术

技术表现出相似的问题。首先，绝大多数分析人员关

---

① 例如，无论用胜利方或失败方损失率（每千名参战人员每月的死亡人数）、进攻方的损失施加率（每个进攻者消灭的防御者人数），还是防御方的损失施加率（每个防御者消灭的进攻者人数）来代替 LER，都不会有任何改善。有一个例外是"部分损失交换比"（FLER）或进攻方损失率（每一千名进攻者中被消灭的人数）除以防御方损失率（每一千名防御者中被消灭的人数）。最小二乘法（OLS）回归分析中 log（FLER）作为因变量，表 2-1 中除人口变量之外的所有自变量的攻防平衡对数产生的重要系数指数在 0.05 水平上，此时 r^2 在 0.2 和 0.5 之间。然而，这个结果是基于 COW 数据结构人为生成的，COW 的军事人员数据是计算一个国家的军人总和，而不仅仅是指某个特定战争中的那一部分军人。这将人为地抑制那些未将全部军事力量投入战斗的大国的 FLER 值（因为分母包括没有在战斗中真正暴露的人员），而那些投入所有军事力量参与战争的小国则没有这种情况。这种对大国的表面损失率的人为减少，夸大了数量优势的真正收益，因为绝对优势的国家会人为地得到较小的 FLER 值，但是小国却不受该问题影响。

② 完整的统计结果见第八章。

注的杀伤力和速度，不能预测伤亡或推进速度。从 1900 年到 1990 年，武器平台的速度提高了十倍以上，而军队平均推进速度几乎一直保持不变，维持在接近拿破仑时代的水平。[①] 武器的杀伤力持续增长了一个世纪，1900 年到 1990 年班组支援武器（crew-served weapon）的射程与净穿透力几乎增长了十倍。[②] 然而同一时期平均伤亡率实际上只降低了60% 多。[③]

系统技术论与二元技术论学派的具体主张也面临挑战。系统技术论学者认为，主导技术的周期性变化会引起进攻和防御相对难度的转换。分析者对转换时期的认定持不同观点，但是对于 20 世纪，绝大多数学者认为第一个四分之一世纪（1900～1924 年）总体上属于防御主导时期；第二个四分之一

---

① 1815 年，轻步兵的推进率平均为每天 19.5 千米；到了 20 世纪 60 年代中期，轻机械化部队的推进率平均为每天 21.2 千米。对于重型部队而言，这个差距会更为显著：到现在为止约经历了 150 年的科技发展，却仅仅将平均推进率提高了一倍多一点而已，即 1815 年，重步兵的推进率为平均每天 1.7 千米，到 20 世纪 60 年代中期，重型机械化部队的推进率依然徘徊在平均每天 3.7 千米以内。参见 Robert Helmbold, *Rates of Advance in Historical Land Combat Operations*, CAA - RP - 90 - 1（Bethesda：U. S. Army CAA, 1990），pp. 4 - 9 to 4 - 10。尽管平台速度大幅提高，但是这种相对停滞产生了现代武器标称的移动能力与其平均实战表现之间的天壤之别：在 20 世纪末期，具有代表性的是武器的标称速度与实际推进率之间相差 30～100 个单位。例如，从 20 世纪 70 年代开始，坦克在试验场上每小时能够行驶 30～40 千米，但是在战场上与强劲对手进行对抗时，其平均速度仅仅为每天 4 千米。

② Stephen Biddle, "Past as Prologue：Assessing Theories of Future Warfare," *Security Studies* 8, 1（Fall 1998），pp. 13 - 14。

③ 从战争相关指数数据库数据的最小二乘法（OLS）回归中获得的值。

世纪（1925～1949 年）总体上是进攻占主导地位的时期；第三个四分之一世纪（1950～1974 年）对于无核国家而言仍然是进攻主导时期；第四个四分之一世纪（1975～1999 年）是防御大于第三个四分之一的世纪。①

　　图 2-2 用 COW 数据按每个四分之一世纪分组，绘制进攻方的平均胜率来论证上述观点。结果基本看不出系统科技论学者预言的周期性和时代性转变。实际上，1900 年以后七十五年的数据基本没有显示出任何类型的变化，只有 1975～1999年，进攻方胜率变动了三分之二。② 除了简单的胜负比率之外，通过其他关于军事能力的连续变量指标，我们也得到了类

23

---

① 大多数人认为 20 世纪的第一个 25 年（1900～1924 年）的战争由机枪、带刺的铁丝网以及远程火炮所支配；20 世纪的第二个 25 年（1925～1949 年）和第三个 25 年（1950～1974 年）的战争由产生于第二个 25 年，但成熟于第三个 25 年的坦克、飞机以及无线电所支配；第四个 25 年（1975～1999年）的战争则被广泛运用于抗衡坦克和对地攻击机的精确制导反坦克导弹和精确制导防空导弹所支配。参见 Ropp, *War in the Modern World*, pp. 267 – 270, 393；Brodie, *Crossbow to H-Bomb*, pp. 124 – 232, 281 – 289；Charles Messenger, *Blitzkrieg* (London: Ian Allen, 1976)；Perret, *History of Blitzkrieg*；一些人认为 1945 年之后的时期因为核武器的存在，以无差别的防御优势为主导。参见 Van Evera, *Causes of War*. Others who focus on nonnuclear conflict see the postwar period as outlined above: e. g., Quester, *Offense and Defense*, pp. 163 – 170；David Gates, "Area Defense Concepts: The West German Debate," *Survival* 29, 4 (July/August 1987), pp. 301 – 317；Bjorn Moller, *Common Security and Nonoffensive Defense* (Boulder: Lynn Reiner, 1992)。鉴于核武器对核武器的相对关系性实证很少，我在此聚焦于常规冲突。

② 实际上，在 20 世纪的第一个 25 年到第二个 25 年或者第二个 25 年到第三个 25年的过渡期间，在习惯意义上，对进攻者胜利的平均频率的无变化零假设都是不能被拒绝的。然而，在 20 世纪的第三个 25 年到第四个 25 年的过渡期间，该无变化零假设在 0. 05 的水平上可能被拒绝。

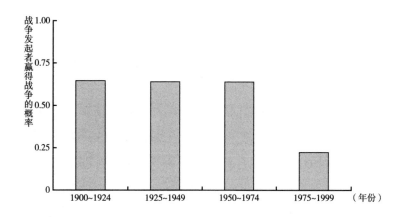

图 2 - 2   20 世纪战争中的系统技术

似的结果。[①] 结果对选用的特定时期均不敏感，很多其他图表也得出了类似的结果。[②] 将数量优势论与系统技术论相结合来论证也帮助不大：即便以数量优势效应作为控制变量，统计分析的解释力也没有改善。[③] 说的乐观一些，进攻 - 防御论亦遭到众多相互矛盾的证据的挑战。

二元技术论学派的情况也好不到哪儿去。还没有足够的系

---

① 在 0.05 的水平上，在 20 世纪的任意两个 25 年之间，无论是战损率（LER），还是进攻者损失比率，抑或进攻者损失施加比率，它们的对数都没有显示出统计学意义上的显著差异（对有利于进攻者和有利于防御者的位移，对数需要给予它们同等的权重；然而，相对于 1∶1 的价值中立，有利于进攻者的损失交换比 10∶1 和有利于防御者的损失交换比 1∶10 理应获得同等的权重，前者与 1∶1 之间在原始损失交换比率上的差异是 9.0，但是后者仅为 0.9。损失交换比的对数归因于两个相同的 1.0）。

② 参见 Biddle, "Rebuilding the Foundations。

③ 关于完整的统计结果，参见第八章。

统性数据可用于验证技术优势对战争结果的影响。[①] 为了得到
初步的认识，我整理了 1956 年到 1992 年 16 场国家间战争中
所使用主要武器系统的数据。[②] 本书以武器初次服役日期作为
相对先进程度指标，其他条件相同的情况下，武器投入使用的
时间越早，武器系统的先进程度越高，反之亦然。对每场战争
而言，分别计算战斗双方坦克和战斗机/对地攻击机型号投入
使用的平均日期，并以每种武器在各自武器库中的数量加权，
之后取坦克得分与空中武器得分的平均数作为国家得分，从而
得到一国总体技术先进程度的估计值。以防御方分数减去进攻
方分数，即防御方的武器技术落后于进攻方的平均年数，衡量
双方科技的不对称性。[③] 对此种分析，二元技术论学派会预测

---

① 皮埃尔·斯普瑞（Pierre Sprey）的"更好且更便宜的武器案例"是为数不多
的尝试之一，见 Clark et al., *The Defense Reform Debate*, pp. 193 – 210，尽管援引
的证据更接近于传闻而非条理性。斯普瑞的结论与下面的分析大体一致。虽然
一些实证研究包括"技术"或"武器质量"（如 Stam, *Win, Lose or Draw*），但
这些一般是通过计算每个士兵的国防支出来衡量。这种算法将科技与训练、薪
水及生活质量的账目合并计算。这还导致有利于空军和海军实力的评测偏差
（它们本就是资本密集型的，无论其相对科技先进性如何），而不利于陆军实
力（其更偏向于劳动密集型）。虽然研究的初始目的不一定有问题，但对我而
言，这使得该结果不适用。

② 如上所述，相较于战争数据，军事行动数据将更为适用，但难以获得：国际战
略研究所（International Institute for Strategic Studies, IISS）的《军事力量对比》
（*Military Balance*, London：IISS, various years）系列报告中提供了国家战前库
存武器的品牌和型号数据，但是，对于具体的战役或军事行动并没有此类数
据可用（有时会出现"坦克"或"飞机"的数量，但是我需要具体型号的
数据）。

③ 或者，更确切地说，对于一个给定的战争，评价相对科技优势的指数 △T 被定
义为：$\Delta T = \mid T_1 - T_2 \mid$

其中：

（转下页注）

武器更先进的一方（即指标分数更高的一方）获胜。

表2-2概括了该预测指标的绩效。结果显示采用技术优势预测胜负，比用抛硬币的方法好不到哪儿去：有据可查的16场战争中，仅有8场是具有技术优势的一方获胜。

更细化的度量也没有发现强相关关系。图2-3绘制了攻防战损率与进攻方技术优势（即进攻方的指标分值减去防御方指标分值）之间的关系。如果进攻方技术优势得分为正，则进攻方技术占优势；如果进攻方技术优势分数为负，则防御方技术占优势。如果二元技术是强有力的决定性因素，则可预期强的负相关关系：进攻方技术优势越强，战斗越有利于进攻

（接上页注③）

$$T_i = \frac{1}{2}\left(\frac{\sum\limits_a y_{a_i} n_{a_i}}{\sum n_{a_i}} + \frac{\sum\limits_t y_{t_i} n_{t_i}}{\sum n_{t_i}} \right)$$

y_{a_i}为 i 方 a 型飞机的首次使用日期；n_{a_i}为 i 方 a 型飞机的数量；y_{t_i}为 i 方 t 型坦克的首次使用日期；n_{t_i}为 i 方 t 型坦克的数量。数据来源于国际战略研究所（IISS），*The Military Balance*；*Jane's All the World's Aircraft*（London：Jane's，various years）；Norman Polmar, ed., *World Combat Aircraft Directory*（Garden City, NY：Doubleday, 1976）；Nikolaus Krivinyi, *Warplanes of the World 1983/84*（Annapolis：Nautical and Aviation Publishing Co. of America, 1983）；Christopher Foss, ed., *Jane's Armour and Artillery*, 4th ed.（London：Jane's, 1983）；John Milsom, *Russian Tanks：1900-1970*（New York：Galahad, 1970）；F. M. Von Senger und Etterlin, *German Tanks of World War II*, trans. J. Lucas（Munich：J. F. Lehmans Verlag, 1968）。战争和参战方的识别来源于战争相关指数（COW）；1956~1992年，对比 COW 与国际战略研究所（IISS）的同期数据，19场战争中的16场是具有代表性的，其中3场战争由于缺少国际战略研究所的数据而被排除在外，它们分别是1969年的足球战争（the 1969 Football War）、1975年的土耳其塞浦路斯战争（the 1975 Turko-Cypriot war）以及1979年的越南柬埔寨战争（the 1979 Vietnamese-Cambodian War）。

表 2 - 2　1956 ~ 1992 年二元技术优势与战争胜负

	实际	
	战争发起者获胜　战争发起者失败	

预测	战争发起者获胜	战争发起者失败	
战争发起者获胜	3	6	9
战争发起者失败	2	5	7
	5	11	

方，进攻方战损率就越低。然而，统计结果至少是模糊不清的。可能存在弱的负相关关系，但并未得到统计学意义上的证明。其中也反映了单个异常值的影响：如果没有海湾战争，相关性就会完全消失。[1]

当然，这只是一个粗略的评估。只有坦克和战斗机/对地攻击机被纳入考虑范围，而且并非所有同年投入使用的武器先进程度都一样。[2] 然而，如果技术确实是非常重要的，即使这样粗略的测度也应得出技术与军力一定意义上的相关性。但并未得出。

---

[1]　用战损率的 log 值进行 OLS 回归，将其作为因变量；攻防双方的技术指数差异作为自变量，由此产生 - 0.07 的系数及 0.04 的标准差，在 0.05 水平上无显著意义。去除海湾战争的异常值后，系数降至 - 0.02，标准差增至 0.05，r^2 值从 0.19 降至 0.02 以下。就如在第七章中详细阐明的那样，有充分理由质疑用技术因素来解释海湾战争的战损率。注意到 COW 彻底高估了 1991 年伊拉克方面的损失，因此本人自始至终都使用海湾战争空军力量的 22000 张评测图：*Summary Report*（Washington, DC：USGPO，1993），p. 249n.，以实现更完善的统计分析，见第八章。

[2]　然而，在灵敏度测试下，结果至少还具有一定的稳健性。例如，假设源于非西方的武器比西方构建的武器系统性能落后十年，这一假设几乎不会影响预测的成功。该方法虽然较为粗略，但无明显偏移。

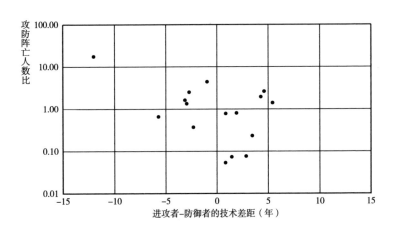

图 2 - 3　20 世纪战争中的二元技术

启示

上述讨论带来两个重要启示。

第一，关于军事能力的传统理论是存在缺陷的。传统观点直观上似乎正确，但暗含着理论和政策方面的矛盾，更重要的是与实证（研究）不一致，因而有较大的改善空间。

25

当然，传统的军事能力分析都非常简单，上文中更多对其进行了单独分析。毫不奇怪，真实的军事能力更为复杂，而且在上述一元分析中，变量遗漏所造成的误差可能导致更为严重的偏误。然而，在已发表的文献中，对军事能力典型的分析方式正是基于这种简单的、以单一变量为主的理念。[1]

---

[1]　相比之下，官方模型是复杂且多变量的，但是其有效性没有经过严肃性及经验性测试。在一个历史事件（海湾战争）中，它进行了事前预测，但存在偏差。

如果这种简单的替代性指标与真实的战场结果基本不相关，那么国际政治学领域的公共争论和实证研究就都建立在不可靠基础之上。

第二，问题的本质为寻找解决方案提供了指导。例如，其暗示可能需要新的解释变量。许多实证发现都和直觉不符：虽然武器杀伤力增强，但伤亡率下降了；拥有战机和坦克的进攻方并不比只有机关枪和步兵的进攻方更易获胜；数量上超过对方基本上没带来什么战场优势，统计分析预测胜败的结果与抛硬币随机预测的结果不相上下。这强烈表明，遗漏变量造成偏误：忽略了重要的因果变量会使分析中包括的其他变量表现异常。①

显然，兵力部署运用就是这个被遗漏的备选变量。直觉上都认为兵力部署重要，但在多数情况下它却被分析文献所忽略。兵力运用可能与数量优势和技术有关，但不完全与二者呈共变关系：很多国家的军队都在设法以其自有的方式适应技术变革和兵力数量平衡，但并非所有的军队都以同样的方式或同样的节奏适应情况变化。因此，理论上忽视兵力部署变量可能导致单独使用数量优势或技术分析出错。

第三，问题的本质为分析研究兵力运用提供了方向，应该重视分析战争中兵力使用这样的复杂问题。

尤其是对战争中军事行动与战术层面的分析，提供了解决

---

① Gary King, Robert Keohane, and Sidney Verba, *Designing Social Inquiry* (Princeton: Princeton University Press, 1994), pp. 168–182.

上述实证问题最直接的路径。① 大战略和军事战略、组织适应性、管理技能以及军政协调，很明显都非常重要。然而，军事行动和战术与实现军事能力的关系更加密切。大战略或制度架构的影响，可通过它们对数量优势、技术以及军事行动/战术兵力运用的效应来加以了解，但是不考虑战争中的军事行动和战术层面，上述实证问题可能就无法获得解释。

例如，大战略主要通过对数量优势和技术的影响而发挥作用。不同于军事战略、军事行动和战术决定物质力量的运用，大战略主要决定如何产生物质力量。大战略的核心任务包括拆散敌方同盟而构建自身同盟、巩固自身进行大规模战争的经济基础而阻碍敌方获得资源、为动员资源提供国内政治保障。② 对军力而言，这些效应最终体现在兵力投入平衡的变动上。大战略同样塑造了技术，大战略影响国家对技术先进性之于其他物品的优先性，以及通过调整经济产出实现该优先性的能力。尽管大战略重要，但要掌握其效应则须通过战场武器技术的变

---

① 战争理论分为宏观战略、军事战略以及战役和战术水平的分析。宏观战略（Grand Strategy）确定了国家的终极目标及兵力部署，采取军事和非军事（比如经济、外交、社会、政治）手段来确保这些目标的实现。军事战略（Military Strategy）是管理军事手段本身的使用，专注于通过战役赢得战争。作战艺术（Operational Art）是运用战斗手段去取得军事行动和战役的胜利。战术（Tactics）则关注战争行为。参见 Liddell Hart, Strategy, pp. 319 - 337；Kennedy, "Grand Strategy"；Michael Howard, "Forgotten Dimensions," pp. 101 - 109；John Alger, Definitions and Doctrine of the Military Art (Wayne, NJ: Avery, 1985), p. 5。

② 参见 Liddell Hart, Strategy, pp. 321 - 322；Kennedy, "Grand Strategy," pp. 1 - 11；Allan R. Millett, Williamson Murray, and Kenneth H. Watman, "The Effectiveness of Military Organizations," in Millett and Murray, eds., Military Effectiveness, vol. 1 (Boston: Allen and Unwin, 1988), pp. 4 - 6。

化来实现。因此，基于我们的目的，只需要直接评估大战略的物质影响，而不必明确分析大战略。①

大战略也不足以解释军力。单纯的物质因素与观察到的军力之间的相关性很弱。尽管大战略是物质优势的主要基础，但它与军力之间的关系仍然很弱。② 为解释上文观察到的现象，需要其他的非物质变量，而军事行动与战术层面的兵力部署恰好使这成为可能。③

---

① 同样，组织的适应能力、管理技能、军政一体化都可以看作数量优势、技术因素和兵力部署的更深层原因。如果其制度能够在减少浪费的前提下将国家财富转化为军事力量，或能更高效地平衡后勤保障和战斗部队，就会让这种制度的影响通过更强大的现实物质优势显现出来。鼓励创造和发明的组织会通过高频次地进行新武器引入或提升军事行动的响应能力以及战术改进发挥其影响力。学习更有实效的组织会通过战场上更适宜的兵力部署发挥其影响力。这些都很重要，但其影响能够通过考虑数量优势、技术因素、战役和战术等更直接因素的结果而获得理解。

② 换句话说，此处宏观战略并未真正被遗漏——在很大程度上它体现在数量优势变量及技术变量中。如果这种"遗漏变量"的偏差使得对数量优势及技术因素的影响产生误判，那么对宏观战略也会导致同样后果。要从实证上理解宏观战略的作用，我们需要引入一个变量，这个变量的影响确实已经被忽略——正如兵力部署在军事行动及战术层面的影响已被实际忽略一样。

③ 军事战略层面原则上可以提供与之相似的可能性，然而，多数 20 世纪的国家间战争属于相对狭窄的基础军事战略范围。例如，对于 COW 数据库中 20 世纪的 46 场国家间战争来说，其中 39 场战争主要是运用陆上军事力量打击战略。相比之下，陆上军事力量打击在军事行动和战术层面的实施存在较大差异：如见 Millet and Murray, *Military Effectiveness* (Boston: Allen and Unwin, 1988) vols. 1 – 3; Jonathan House, *Toward Combined Arms Warfare* (Ft. Leavenworth, KS: U. S. Army Combat Studies Institute, 1984); John Gooch, ed., *The Origins of Contemporary Doctrine* (Camberley, UK: Strategic and Combat Studies Institute, 1997), SCSI Occasional Paper No. 30; John English, *A Perspective on Infantry* (New York: Praeger, 1981); Robert Doughty, *The Evolution of U. S. Army Tactical Doctrine, 1946 – 1976* (Ft. Leavenworth, KS: U. S. Army Combat Studies Institute), Leavenworth PaperNo. 1。因此，军事行动和战术层面提供了丰富的差异性来解释观测军力过程中出现的差异，而军事战略层面或许提供不了什么。

　　所有这些并不意味着大战略、组织适应性或者军政协调不值得研究：数量优势和技术对政策和学术研究肯定是重要的，它们甚至是重要的决定因素。然而，数量优势和技术并非唯一的军力决定因素，事实上，仅仅关注其中一种会带来严重偏差。鉴于此，只分析其根本原因并不足以理解军力，只要将其对实现数量及技术优势的影响进行全面考虑，这些宏观因素就可暂放一边。

　　因此，军事行动及战术层面的兵力部署是个极有前景的研究途径。但如何归纳其特征？兵力部署的影响是什么？本书将在第三章中回答这些问题，即现代军事体系中的兵力部署。

第三章
现代军事体系

我的核心观点是：兵力部署是一种强大的且容易理解的军力决定因素。但兵力部署的哪些方面是最重要的？在战场上，指挥官要做出上百个决策，学术手册中充斥着成千上万种诊断方案和操作指南，哪些最值得理论界关注？这些方案究竟如何对军力产生影响，通过何种过程，兵力部署与数量优势和技术相互作用而产生军事后果？

为了回答这些问题，我把目光投向第一次世界大战。一战引出了现代战争中的核心难题：如何在激烈炮火下实施有效的军事行动？一战结束时，人们终于找到了答案，之后80多年的战争中，这个答案依然是大国军事理论的核心。

我认为，到1918年，在严峻的战时选择压力下，趋同演化的过程中产生了一个稳定且本质上是跨国的，关于面对极端致命的现代武器时能够采取有效方法的思想体系。这些新方法的焦点就是如何减少己方在敌方火力下的暴露，以确保己方行动，同时迟滞敌方行动。双管齐下，它们打破了1918年的堑壕战僵局，确立了这之后成功军事行动的标准。然而，由此产生的现代体系的兵力部署却很难在实践中全部实施。有些国家掌握了，而有些国家没有，结果是现实中的兵力部署会发生许多变化，对战斗的胜败产生了决定性后果。

严峻的考验锻造了现代军事体系，也为我们深入理解军力提供了特殊价值。本章旨在描述现代军事体系，揭示如何利用现代军事体系优势，独特有效地应对现代火力；并揭示现代军事体系的劣势如何导致很多国家无法有效应对现代火力。讨论的时代背景是 20 世纪初，此时多支实力相当的军队最终促使现代军事体系诞生；一定程度上，我会将技术和数量优势视为常量，分析兵力部署变化所带来的影响。在此基础上，下一章将阐释 1918 年以后的技术变迁和数量变化，说明在飞速发展的技术和数量变化背景下，现代军事体系为何依然重要。由此形成附件中技术的定性理论，提供有关军力的系统模型。

我分四步建立该理论基础：第一，回顾 19 世纪末一系列影响深远的技术变迁，这些技术改变了战争，也使火力问题成为以后军事行动和战术的核心问题；第二，回溯第一次世界大战中西方军队对此问题的回应，这些回应揭示了广泛类似的技术体系即现代兵力部署体系的趋同演进；第三，解释现代军事体系如何以及为什么可以运行，说明它如何使军队能够在潜在的毁灭性火力下发挥作用；第四，提出实施现代军事体系的组织难度和政治难度，认为这些问题使得很多国家难以接受现代军事体系，由此产生实际兵力部署中的巨大差异。

工业化、火力与 20 世纪战争难题

19 世纪中叶，欧洲各大经济体的工业化带来了复杂的发展变

化，对作战产生了重大影响。尤其是大规模生产的引入，机械代替畜力，以及冶金、农业、行政管理和公共卫生等方面的显著改善，以至于到 1914 年时，各国军队的规模和火力都有激增。①

　　1812 年法国大军团（Grande Armee）的人数为 60 万人，是欧洲第二大军队。到 1914 年，虽然法国军队人数超过 160 万人，但下降为欧洲第三大军队。② 1812 年，前装黄铜大炮（muzzle-loading brass cannon）每 30 秒发射一枚 12 磅重的炮弹，射程 1000 码。到 1914 年，后膛钢炮（steel breechloaders）在不到 20 秒内可发射两枚 18 磅重的炮弹，射程则提高 10 倍。③ 由 1000 人组成的持有滑膛燧石枪（smoothbore flintlock muskets）的拿破仑步兵营可在一分钟内射击两轮共 1000 发弹药，有效射程 100 码。相似规模部队的刺刀冲锋在接近目标之前会受到 2000 发弹药的攻击，即每个士兵平均遭遇 2 发。④ 到 1916 年，持有 1000 把弹匣步枪（magazine rifles）和 4 挺机关

---

① 有关其发展的主要述评，参见 Hew Strachan, *European Armies and the Conduct of War* (London: Allen and Unwin, 1983), pp. 41, 108 – 150; William McNeill, *The Pursuit of Power* (Chicago: University of Chicago Press, 1982), pp. 185, 223 – 306; McNeill, *Plagues and Peoples* (New York: Doubleday, 1976), pp. 240 – 256; Dennis Showalter, *Railroads and Rifles: Soldiers, Technology, and the Unification of Germany* (Hamden, CT: Shoestring Press, 1975); Echevarria, *After Clausewitz*, pp. 13 – 31; Richard Preston, Alex Roland, and Sydney Wise, *Men in Arms: A History of Warfare and Its Interrelationships with Western Society* (New York: Harcourt Brace, 1991), pp. 215 – 216。

② Larry H. Addington, *The Patterns of War since the Eighteenth Century* (Bloomington: Indiana University Press, 1994), pp. 38, 103.

③ Strachan, *European Armies and the Conduct of War*, p. 117; Addington, *Patterns of War*, p. 104; B. P. Hughes, *Firepower: Weapons Effectiveness on the Battlefield, 1630 – 1850* (New York: Chas. Scribners' Sons, 1974).

④ Addington, *Patterns of War*, p. 3, 假定接近速度是 6 千米/小时。

枪的步兵营每分钟可以发射 21000 发弹药，射程超过 1000
码。① 同等规模的进攻方在用来接近敌人阵线的时间内则必须接
受 210000 发弹药的攻击，即每名士兵平均遭遇 200 多发，士兵
遭受弹药攻击数量激增超过两个数量级。由于该阶段钢铁产量
剧增，20 世纪初，庞大的军队已可以大规模地装备这些武器。
1815 年到 1914 年，法国钢铁产量增加了 15 倍还多，使得法国
在 1914 年可以拥有几百万人的大军，装备水平是拿破仑难以想
象的：1815 年，法国军队大约每 1000 名士兵中部署 3 个班组的
支援武器；到 1918 年，该数据增长到 30 多个。②

　　在那个战线连绵不断的时代，被恩斯特·荣格尔（Ernst
Junger）称为"钢铁风暴"的最新火力对此提出了全面的挑
战。③ 在"钢铁风暴"中，军队究竟应该如何做才能够存活足
够长的时间去完成有意义的军事任务？进攻者的幸存变得非常
困难（这种困难源于进攻者必须穿过被炮火覆盖的战场空间，
才能向敌人发起进攻），而防御者幸存下来也绝非易事，因为
防御者虽然可以进入地下寻求防护，但假以时日，即使是再精
良的挖掘好的静态工事，也会被新式大炮所摧毁。1914 年 8
月，比利时最先进的边境要塞卫戍部队就遇到了这个问题，当
时德国新式的 420 毫米攻城榴弹炮（siege howitzers）在短短的

----

① Addington, *Patterns of War*, p. 103; Robin Prior and Trevor Wilson, *Command on the
　Western Front* (Oxford: Blackwell, 1992), p. 311。

② COW 数据库; Steven Ross, *From Flintlock to Rifle: Infantry Tactics, 1740 – 1866*
　(Madison, NJ: Fairleigh Dickinson University Press, 1979), p. 89; J. B. A. Bailey,
　Field Artillery and Firepower (Oxford: Military Press, 1989), p. 127，并保守地假
　定每个大炮对应至少一个协同操作的重机枪的比例。

③ Ernst Junger, *The Storm of Steel*, trans. Basil Creighton (London: Chatto and
　Windus, 1929)。

几个小时之内，就将比利时人用钢铁加固起来的 6 英尺厚的水泥地堡炸成了废墟，使地堡变成了"棺材"。[①] 1917 年，德国战壕遭受的炮火攻击当量达到了原子弹级别：1917 年 7 月，协约国用 10 天的时间，在德国梅西讷（Messines）每英里的防线上投下大约 1200 吨炸药——以原子弹当量论，超过 1000 吨当量，即威力大于美国 W48 战术核弹头的爆炸当量。[②]

　　火力增长并非只出现在第一次世界大战前夕，实际上，这是现代战争持续存在的决定性特征。1900 年到 1990 年，大炮的平均射程增加了 20 多倍，小型武器射击的速率增长了 3～4 倍，对地攻击飞机的有效载荷和不加油航程增长了 6 倍多，反坦克炮可穿透 200 毫米厚的轧制均质装甲的距离增长了 60 倍。[③] 当然，随着炮火威力变强，装甲保护也变得

①　Brodie, *Crossbow to H-Bomb*, pp. 151－52.

②　在战斗前夕，据说英国将军休伯特·普尔默对他的工作人员表示："先生们，明天可能不会创造历史，但我们一定会改变地理。"Ian Hogg, *The Guns*, *1914－1918*（New York：Ballantine, 1971），p. 131；有关梅西讷的火炮计划，参见 John Terraine, "Indirect Fire as a Battle Winner/Loser," in Corelli Barnett et al., *Old Battles and New Defenses*：*Can We Learn from Military History?*（London：Brassey's, 1986），p. 11；每颗炸药的爆炸重量由 John Keegan 计算，*The Face of Battle*（New York：Random House, 1977），p. 235, and Prior and Wilson, *Command on the Western Front*, p. 363. For W48 yield，参见 Thomas Cochran et al., *Nuclear Weapons Databook*, vol. 1：*U. S. Nuclear Forces and Capabilities*（Cambridge：Ballinger, 1984），p. 54。

③　Hogg, *The Guns*, *1914－1918*；David Isby, *Weapons and Tactics of the Soviet Army*（New York：Jane's, 1988）；Ian Hogg and John Weeks, *Military Small Arms of the 20th Century*（New York：Hippocrene, 1977）；Gordon Swanborough and Peter Bowers, *United States Military Aircraft since 1909*（London：Putnam, 1989），pp. 241, 248, 420－421；Von Senger und Etterlin, *German Tanks of World War II*；Ellis, *Brute Force*, table 62；T. Nicholas and R. Rossi, *U. S. Missile Data Book*, *1996*（Fountain Valley, CA：Data Search Assocs., 1995）；R. M. Ogorkiewicz, *Technology of Tanks*, vol. 1（Coulsden, Surrey：Jane's, 1991），p. 111.

更强。然而，在现代炮火和防护装甲的比赛中，炮火远远占据了优势地位。以美国为例，美国装甲师攻击具有代表性敌人师级单位的坦克的穿甲武器加权平均有效射程在 1945 年到 2000 年间增长了 10 倍。[①]

现代军事体系的出现

这种不断增长的惊人的杀伤力，提出了现代战术的核心难题，这就是如何在猛烈的炮火中使军人生存足够长的时间，以执行有意义的军事任务。这个难题是如何解决的呢？

很多人猜想，最初的答案应该是构筑更加完备的防御工事（因为防御者与攻击方不同，他们可以通过修筑地下掩体实现自我保护的目标），但终极答案在于技术，坦克的出现打破了双方堑壕带来的僵局。实际上，两个假设都不正确。到 1917 年，堑壕本身在原子弹当量的轰炸下不足以保护防御者，而坦克也被证明难以突破堑壕的防御。

解决这个问题的真正答案在于兵力部署，即现代军事体系的出现。在一战历史中，兵力部署的重要性体现为其在打破西线堑壕僵局中发挥了关键作用。

30

---

① 代表性的敌方坦克是 1945 年德国的 PzKw IVh，2000 年俄罗斯的 T72。针对 PzKw IVh 的美国武器的有效射程见 Ellis, *Brute Force*, table 62；Von Senger und Etterlin, *German Tanks*, pp. 21 – 28, 34 – 74, 194 – 210；针对 T72 的美国武器的有效射程从海湾战争的经验中可以推测出来，参见如 Rick Atkinson, *Crusade: The Untold Story of the Persian Gulf War* (Boston: Houghton-Mifflin, 1993), pp. 447, 466；Robert Scales et al., *Certain Victory: The U. S. Army in the Gulf War* (Washington, DC: Office of the Chief of Staff, 1993), p. 293; and missile ranges per Nicholas and Rossi, *U. S. Missile Data Book*。

尽管如此，现代军事体系的更大意义则表现在其长期稳定性（关于这个问题，将在第四章中详细研究），以及跨国性质上。对易受猛烈火力攻击这个共同难题，欧洲每个大国最终都找到了同样的解决方案。这种趋同演化暗示，在现代军事体系中体现出来的兵力部署模式不是特殊的或偶然发生的事件，而是代表了现代战争的根本特性。

推动该趋同演化的试错过程早在 1914 年前就已开始。1899～1902 年布尔战争和 1904～1905 年日俄战争早期，如何避免暴露于新武器的杀伤力下，最大限度地减少己方伤亡的问题已经在所有欧洲军队中引起了广泛关注和讨论。两种方法几乎立即浮出水面：第一种方法是利用掩体和伪装降低进攻者进攻时的暴露程度；第二种方法是使用火力压制，使得进攻者在进攻的时候，防御者不敢露头。例如，早在布尔战争结束前，英国的战术就已从大规模的阵线推进转向通过短时冲锋实现的"散开队形"前进，在从一个掩体冲向另一个掩体的短暂暴露冲锋前，利用地形隐藏分散的进攻者；暴露时，则用大炮和步枪压制防御者，阻止其射击。①

但是，这种做法导致了两个问题。第一，这样的步兵移动非常难以控制，兵力分散增加了战场指挥员和士兵之间的距离，

---

① Bidwell and Graham, *Firepower*, pp. 7 – 60; Herrmann, *Arming of Europe*, pp. 59 – 112; Griffith, *Battle Tactics*, pp. 48 – 52; Hew Strachan, *The First World War*, vol. 1: *To Arms* (Oxford: Oxford University Press, 2001), pp. 187 – 188; Echevarria, *After Clausewitz*, pp. 121 – 181; Paul Kennedy, "Britain in the First World War," in Allan R. Millett and Williamson Murray, eds., *Military Effectiveness*, vol. 1 (Boston: Allen and Unwin, 1988), p. 50; House, *Combined Arms Warfare*, pp. 7 – 18; John English, *Infantry*, pp. 1 – 11.

使得指挥员难以保持对部队行动的控制；作战单位能够发现掩体，但往往停留时间过长，失去了进攻的动力。由于越来越多的部队转入掩体，依靠掩体进行作战，战斗转变为断断续续的小型武器交火，这给了防御者足够的时间，使得防御者能够运用火力打击手段，在进攻者接近目标之前将其就地歼灭。①

第二，进行必需的火力压制而不使射击者暴露于防御方的反击非常困难。这里的关键问题是炮火支援，大炮本身可以提供必需的火力。大炮可以在"开阔的视野"下直接开火（也就是说，向炮手能看到的目标平射），或者能间接"开火"（也就是说，绕过障碍物，在弧形轨道上向炮手看不见的目标射击）。直接开火更易控制，由于炮手可以看到目标和己方步兵，更容易保持火力压制直至己方步兵快要占领目标，然后在最后一刻停止射击以避免己方损失。但是，直接开火需要炮火布置靠前，因此会将自身暴露于防御者反击的炮火下。相反，间接开火可使炮火布置在后方更安全的位置，但是由于射手不能看到他们支援的战斗，火力控制更为复杂。间接开火需要可以看到目标的前方观察者将射击指令传递给后方看不到的炮手。延迟的、错乱的、不精确的或中断的信息可能导致火力压制范围出现致命缺口（如果火力停得太早或时间太长）或伤及己方（如果火力停得太晚或时间太短），这反过来将更难以实现将对目标的精确火力压制持续到最后一刻。②

---

① Bidwell and Graham, *Firepower*, p. 31, 22 – 30; Herrmann, *Arming of Europe*, pp. 81 – 83, 96; Echevarria, *After Clausewitz*, pp. 218 – 220.

② Bidwell and Graham, *Firepower*, pp. 7 – 11, 22 – 30; Bailey, *Field Artillery and Firepower*, pp. 116 – 125; Prior and Wilson, *Command on the Western Front*, pp. 36 – 43.

当 1914 年 8 月第一次世界大战爆发时，以上难题导致大量伤亡。火力压制要么不准确，要么无法实现。没有火力压制，进攻部队要么在暴露中被歼灭，要么被束缚在掩体里，最终也难逃被敌方炮火消灭的厄运。因此，德国企图避开法国防御而取道比利时，却在距巴黎不远的地方陷入困境；法国想要在边境的战斗中突破德军防线，却遭遇了令人可怕的伤亡。至 12 月圣诞节，从北海到瑞士边界，战线固化为一条延绵不断的战壕。①

这一失败引致战术上的迅速转变。战前的策略强调步兵是首要的决定性力量，大炮是次要的支援性武器。到 1915 年 3 月，这种认识彻底改变了。此时大炮通过大规模连续密集的猛烈射击先行消灭战壕中的防御者，随后步兵的行进仅是清除那些晕头转向的幸存者和占据已被粉碎的战壕。就像一句法语所说"炮火征服、步兵占领"（*l'artillerie conquiert*，*l'infanterie occupert*）。② 这意味着通过将移动和火力分离并弱化调动，来解决火力控制与移动控制的难题：如果当进攻部队移动时，大炮不能精确控制并压制防御方，那就干脆让大炮预先从后方安全位置彻底消灭防御方，使己方步兵完全置身于伤害之外。③

---

① 参见如 Herrmann, *Arming of Europe*, pp. 199 – 224；Echevarria, *After Clausewitz* pp. 213 – 228；Bailey, *Field Artillery and Firepower*, pp. 127 – 130；Bidwell and Graham, *Firepower*, pp. 7 – 37。

② Keegan, *Face of Battle*, p. 215.

③ 同上书，pp. 227 – 231；Bailey, *Field Artillery and Firepower*, pp. 130 – 141；Prior and Wilson, *Command on the Western Front*, pp. 154 – 170；Robin Prior and Trevor Wilson, *Passchendaele*（New Haven：Yale University Press, 1996），pp. 11 – 13。

　　新的战术其实也好不到哪里去。预先连续炮击达到了惊人的强度：1917 年 6 月帕斯尚尔战役（Passchendaele）前，持续 7 周的炮击消耗了 430 万发炮弹〔花费了 220 万英镑，是 55000 名工人全年的工业产出，比 1914 年整个"家乡军"（Home Army）的花费少不了多少〕，但仍未能取得突破。[1] 不过，与大众的印象相反，如此猛烈的炮击并非一无是处。人们会设想原子弹当量的火力可以摧毁防御，事实的确如此。早在 1915 年到 1916 年，在纽夫·查佩尔（Neuve Chapelle）与索姆河（Somme）战役中，协约国军队粉碎性的连续轰炸已证实仅仅依靠战壕难以维持战场防御。暴露于如此猛烈火力下的守军损失惨重，而由于协约国延长了连续轰炸，使得战壕的作用不再那么重要。事实上，到了 1917 年，在首次突击中，协约国进攻方经常夺取防御方的前沿阵地。[2] 战争中期炮火进攻失败的原因并非不能摧毁固定防御，而是防御者已学会放弃静态防御，而更倚重纵深来保存实力和进行反击等。

32　　　在这种新式防御下，战争中的进攻者可以夺取阵地，但他们守不住得到的阵地。在长达数周的连续轰击中，防御者可以判断出进攻方发起攻击的时间和地点，并利用这一时间在其初

---

[1]　Kennedy, "Britain," p. 55.

[2]　例如，在帕斯尚尔战役中，高夫（Gough）的 14 军团在第一天的战斗中突破了两道德军防线，推进了 3000 码，而仅有 5000 人伤亡。在斯卡尔普河（Scarpe）战役中，各部队对德国的前沿战壕进行了分割，在开战当天，斯卡尔普河以北的英军前进了 1000 ~ 1500 码。维米岭（Vimy Ridge）和梅辛斯（Messines）的初战获得了更多，见 Prior and Wilson, *Passchendaele*, pp. 55 – 66, 89 – 90; G. C. Wynne, *If Germany Attacks: The Battle in Depth in the West* (London: Faber and Faber, 1940; reprint Greenwood Press, 1976), pp. 168 – 188, 226 – 257。

始战壕体系后方大规模地集结预备队和防御炮火，最初的防御体系变得越来越不重要，它可以被牺牲，前方守备部队变少了，用以强化后方的机动预备队。之后，这些防御预备队用自己的大炮轰炸袭击那些没有支援的战线过长的进攻者。协调火力和步兵移动的进攻能力的不足导致了 1914 年的失败，1915～1917 年，这个难题依然存在，进攻战术仍旧无法发挥应有作用：之前随着最初炮火连续轰击前进到防御者战壕中的步兵，现在失去了己方有效的火力支援，防御者的反击炮火以及接踵而来的步兵推进，迫使没有了火力支援的进攻者退回到原有的防线上。①

因此，预先计划的炮火能覆盖到哪里，战斗中双方就能前进到哪里，但没有一方能前进得更多，没有一方在反击下可以守住自己得到的阵地。战争如同绞索，尽管局势多变，但双方的行进都局限在预先计划中炮火覆盖的范围内。因此，战争中，在索姆河、凡尔登、帕斯尚尔或"贵妇小径"（Chemin des Dames）等大规模的进攻中，双方都没有获得有意义的阵地。

然而，新的战术体系渐渐诞生，取代了战争前期注重步兵以及战争中期注重炮火的战术，新的战术体系采取多兵种结合方式，即步兵和炮兵平等合作。新的体系通过将预备炮兵火力

---

① 德国人把这种战术称为"请君入瓮"，参见 Wynne, *If Germany Attacks*, p. 149；在其他地方，它被称为"弹性防御"。关于它的行为和演进，参见 Wynne, *If Germany Attacks*, pp. 191 – 318；Timothy Lupfer, *Dynamics of Doctrine*, pp. 1 – 36；Griffith, *Forward into Battle*, pp. 75 – 85；Wilhelm Balck, *Development of Tactics, World War*, trans. Harry Bell (1920；reprint Ft. Leavenworth, KS：General Service Schools Press, 1922)，pp. 151 – 168；Ritter von Leeb, *Defense*, trans. Stefan Possony and Daniel Vilfroy (1938；reprint Harrisburg, PA：Military Service Pub. Co.，1943)，pp. 77 – 99。

方案限制为短而超强的"飓风式轰炸"，重新恢复突袭，意在仅仅压制防御而非将其摧毁。该短暂的火力压制效果被独立移动的步兵分队利用，这些受过训练的步兵携带手雷和便携式轻机枪，利用地形掩护，在敌人防御最弱的地方开辟自己的战线，这些独立移动攻击分队更有能力向敌方防御纵深推进。由于短暂的轰炸使防御者无法预知攻击的时间和地点，防御者也难以及时集结足够的预备队在进攻方突破防线之前击退他们。①

事实上，新体系并不完全是新的，而是对第一次世界大战之前战术的回归，即火力压制与部队机动相结合，使军队在新火力下仍能前进。虽然第一次世界大战之前，军队尚无法准确掌握与火力和移动控制相关的技术，但到1918年时，人们终于掌握了控制间接射击及其与步兵小分队协同之间错综复杂的关系。在长达数月的堑壕战僵局中，艰难的试错过程逐渐锤炼出了"科学的"火炮射击、强化的小分队领导以及培训等体系，这些正是一战前军事思维运作所需要的。②

尽管由于各西方国家军队再培训和理论扩散的速度不同，新式方法在实践中的普及速度和完整性存在一定差异，但到1918年初，西方各国军队开始承认和接受这些新的方法，并逐渐确立其在作战中的地位。1917年年中，德国的现代军事

① 见 Bailey, *Field Artillery and Firepower*, pp. 141 – 152; Bidwell and Graham, *Firepower*, pp. 94 – 130, 139 – 146; Prior and Wilson, *Passchendaele*, pp. 311 – 315, 362 – 66; Wynne, *If Germany Attacks*, p. 327; Lupfer, *Dynamics of Doctrine*, pp. 43 – 46; Griffith, *Battle Tactics*, pp. 93 – 100, 120 – 158; Bruce Gudmundsson, *Stormtroop Tactics: Innovation in the German Army, 1914 – 1918* (New York: Praeger, 1989); English, *Infantry*, pp. 17 – 26; Sheffield, *Forgotten Victory*, pp. 221 – 263。

② Bidwell and Graham, *Firepower*, pp. 61 – 148; Echevarria, *After Clausewitz*, pp. 1 – 12, 213 – 228; Sheffield, *Forgotten Victory*, pp. 112 – 113, 236 – 237.

防御系统即已成型，虽然现代军事进攻方法的全面推行要来得 33 晚一些，但 1917 年 12 月到 1918 年 3 月德国成立了一个特别组建的学校体系，用新技术重新训练了 50 多个师，这些学校的教官随后被派往 1918 年进行春季攻势的步兵部队中。[1] 英国认可这种弹性防御，却始终未完全推行：只是在英国人遭受德国春季攻势的巨大打击之后，英国防御才开始向新式防御方法转变（见第五章）。同样，英国认可新的进攻方式，这在英国的正式训练和理论出版物中都有体现，然而推行得更晚些，随后又被 3 月到 6 月的战场危机打断了。战争结束时，有些英国部队（尤其是英联邦的加拿大师和澳大利亚师）运用这一战术已经相当娴熟，其他英国部队则相对落后一些。[2] 和英国一样，法国认可这些新技能并且开始执行这些新方法，但是在按照新标准转换其战场行为时遇到了困难。在 7 月的第二次马恩河战役中，虽然最终法国的防御纵深更长，也更灵活了，但法国进攻性的兵力部署却未完全反映新标准。[3] 在战争结束时，各欧

---

[1] 在战争结束后，精英暴风突击队指挥员在掌握现代军事体系方面更为娴熟，关于德国现代军事体系的实施，参见 Wynne, *If Germany Attacks*; Lupfer, *Dynamics of Doctrine*; Gudmundsson, *Stormtroop Tactics*; Holger Herwig, "The Dynamics of Necessity: German Military Policy during the First World War," in Allan R. Millett and Williamson Murray, eds. , *Military Effectiveness*, vol. 1 (Boston: Allen and Unwin, 1988), p. 101。

[2] 见如 Kennedy, "Britain," pp. 51, 69 – 70; Griffith, *Battle Tactics*, pp. 84 – 191; Niall Barr, "The Elusive Victory: The BEF and the Operational Level of War, September 1918," in Geoffrey Jensen and Andrew Wiest, eds. , *War in the Age of Technology* (New York: New York University Press, 2001), pp. 211 – 238; Ian M. Brown, "Not Glamorous, but Effective: The Canadian Corps and the Set-piece Attack, 1917 – 1918," *Journal of Military History* 58 (July 1994), pp. 421 – 444。

[3] Douglas Porch, "The French Army in the First World War," in Millett and Murray, *Military Effectiveness*, vol. 1, pp. 211 – 225.

洲大国的正式军事学说都体现了一致的现代军事体系准则，每个欧洲大国都在重新训练军队并将实施这些准则，在战场上运用该军事学说的主要方法方面都取得了巨大进步。

采用现代军事体系后，西线战斗的性质立刻发生了重大变化，战争最后一年出现了一系列前所未有的进攻性胜利。德军在 1918 年 3 月到 6 月的春季攻势中开始实施新式攻击法，之前 40 个月双方都未能接触对方的炮火，而现在，德军连续三次迅速全面地击溃了对方构筑的完备防御：分别是第二次索姆河战役（3 月 21 日至 4 月 9 日）、赖斯河战役（4 月 7 ~ 29 日）以及贵妇小径之战（5 月 27 日至 6 月 6 日）。① 协约国在 7 月的第二次马恩河战役、8 月的亚眠战役以及 9 ~ 11 月结束大战的百日进攻中将新方法应用到反击中。② 虽然德军设法让这些进攻控制在突破战以内，但协约国还是获得了大量阵地，将德军完全赶出其构筑的整个西线工事，最终将其击退至距前线 200 英里外的暴露阵地，并收复了被德军占领的 10000 平方英里领土。实际上，在 1918 年大约 8 个月的战斗中，13000 多平方英里的阵地易手，大大超过之前 40 个月的总和。③ 由此，1914 年 11 月开始的堑壕战僵局在 1918 年 3 月被打破。

坦克又如何？今天很多人将坦克技术视为解锁僵局的钥

---

① 关于德国的春季攻势，参见如 John Terraine, *To Win a War: 1918, The Year of Victory* (London: Sidgwick and Jackson, 1978), pp. 31 – 101; Barrie Pitt, *1918: The Last Act* (New York: Norton, 1962), pp. 75 – 192; C. R. M. F. Cruttwell, *A History of the Great War, 1914 –1918* (Oxford: Clarendon Press, 1934), pp. 505 – 535。

② 见 Terraine, *To Win a War*, pp. 102 – 260; Pitt, *1918*, pp. 193 – 267; Cruttwell, *A History of the Great War*, pp. 543 – 576; Griffith, *Battle Tactics*, p. 94。

③ Vincent Esposito, ed., *The West Point Atlas of American Wars*, vol. 2 (New York: Praeger, 1959), maps 62, 65, 69。

匙，第一次世界大战的指挥官因太过保守没能早日看到这一点而时常受到嘲讽，但首先打破僵局的军队基本上没有坦克：在号称德军春季攻势第一波的米切尔（MICHAEL）之战中，德军仅仅部署了9辆坦克来支持百万大军的攻势。[①] 对那些动用了大量坦克的军队而言，坦克的使用似乎并未带来什么大的突破。第一次世界大战中，坦克的射程及可靠性都不足以产生决定性的战场效应。1918年，受高温、噪音以及烟雾的限制，在高强度作战中，乘员在坦克里最多能待数小时。[②] 早期的坦克也并非不受敌方炮火的影响：在1917年康布雷战役中首次出现成群的坦克后，德军迅速改进反坦克大炮，1918年中期，德军大炮给协约国的坦克带来严重威胁。总体来看，坦克机械性能的不可靠、脆弱，以及坦克乘员精力的损耗导致1918年坦克的损失非常严重。例如在亚眠战役中，8月8日开战时，联军拥有414辆坦克，到8月12日时，就只剩下6辆坦克还能运转了。[③] 到11月4日，整个英国军队中只有37辆可运转的坦克，

[①]　Terraine, *To Win a War*, p. 39; Martin Middlebrook, *The Kaiser's Battle* (London: Allen Lane, 1978), pp. 56, 322, 347.

[②]　正如拜威尔和格雷厄姆所说："坦克乘员需要忍受超过100华氏度气温的发动机以及枪弹烟雾和噪声带来的疲惫感。在战斗前的一个晚上，对于另一个返回基地进行维修的人，这通常意味着36小时没有睡眠，在战争的压力下，男人和机器在第二天的战斗中都没有太多的用处。"(*Firepower*, pp. 137 - 138)。或者如皇家装甲兵团报道的那样："经常没有意识到坦克乘员早已筋疲力尽，在使用坦克的情况下，这意味着身体疲劳。经过一番艰苦的战斗后，一个营的坦克乘员绝对会疲惫不堪，大部分会出现身体不适。对一个刚刚离开坦克的乘员进行检查，发现他的脉搏平均每分钟为130下，或者还要高；一个坦克中的两名乘员暂时失去理智，不得不进行武力束缚；一名坦克指挥官则出现妄想症。"见 Royal Armoured Corps Papers, Bovington: "Short Report on Tank Corps Operations," as quoted in Terraine, *To Win a War*, p. 117。

[③]　Bidwell and Graham, *Firepower*, pp. 137 - 138.

用以支援最后的进攻。① 无论坦克最终的潜质如何，1918 年的坦克太不可靠，机组人员条件太苦，不可能成为赢得战争的武器。堑壕战僵局在 1918 年 3 月被打破，坦克技术并非主因。②

战局转变究竟在多大程度上可以归功于采用现代军事体系的兵力部署呢？我认为大部分应归功于此。但本章目的并非支持该论断，然而，我在本书第五章到第九章中验证了该论断，在第五章中尤其详细评估了兵力部署在结束堑壕战僵局方面所起的作用。如今，意识到采用现代军事体系与战争重回西线关

---

① John Terraine, *The Smoke and the Fire* (London: Sidgwick and Jackson, 1980), p. 154. 早在 8 月 11 日，英国全部开始行动的 688 辆坦克中有 480 辆——占总数的 70%——已经受到严重破坏，需要修复，Terraine, *To Win A War*, p. 116; 关于坦克在 1918 年进攻中的作用，可见 esp. J. P. Harris, *Men, Tanks, and Ideas* (Manchester: Manchester University Press, 1995), pp. 59 – 94, 315 – 319; cf. Timothy Travers, *How the War Was Won* (London: Routledge, 1992), 他们更加重视坦克，但低估了英国步兵和炮兵战术的同时期改进。

② 其他人认为，德国士兵过于疲惫是主要原因。最近，尼尔·弗格森（Niall Ferguson）认为，协约国军队之前的伤亡情况和这 100 天内一样多，由此得出结论，德国人意志力的丧失才使协约国军队得以推进，战术创新既不重要也不具有决定性意义，见 *The Pity of War* (New York: Basic Books, 1999 ed., pp. 310 – 314; 然而，弗格森认为，缺乏动力的德国人在这些伤亡中受到了严重的打击，持续的抵抗将面临巨大的个人风险。破碎的军队可以简单地退出而不必以如此巨大的成本来战斗，但德国人没这样做。如果他们这样做，协约国军队的损失会大大降低。1918 年，德国的投降率明显增加，但这往往是战场失败的结果，协约国军队用新的战术方式在第二次马恩河战役中击败了德国人。当地协约国军队的胜利伴随着德国的投降，但投降没有发生在结局之前——投降只是结果，而非原因。更广泛地说，弗格森将效率与伤亡率结合，然而伤亡率只是军力的一个维度，占据土地的能力也很关键——1918 年，协约国军队的表现非常不同。1918 年前，重大的损失没有带来有意义的领土收益，到 1918 年 3 月，损失已可转换为领土收益：愿意付出代价的军队可以夺取和占领土地。也有人认为，德国在春季攻势中过度扩张或伤亡过大导致了失败，例如，参见 Travers, *How the War Was Won*, p. 175; 必须解释协约国军队后续的能力：在数量不占优势的情况下穿透德国部置完备的兴登堡防线，如见，Griffith, *Battle Tactics*, pp. 84 – 100; Sheffield, *Forgotten Victory*, pp. 248 – 251。

系很密切，这就足够了——因此，在转向后来系统化的理论之前，有必要密切关注现代军事体系中兵力部署通过何种机制带来转变。

为什么现代军事体系如此有效？

究竟是什么使现代军事体系的这些方法可以克服机关枪、带刺铁丝网以及速射炮对战场态势的影响呢？很多人认为这些武器预先决定了战争僵局。[①] 但仅仅兵力部署上的改变如何能在这样的火力下打破战场僵局？再广泛一些，究竟现代军事体系如何运转才使得其在 20 世纪早期的战争中如此奏效？为回答以上问题，我将依次考察现代军事体系的进攻战术、防御战术、防御行动以及进攻行动。

进攻战术

现代军事体系进攻战术的关键要素为掩体、伪装、分散、小单位独立机动、压制以及多兵种联合。

掩体和伪装使得防御者难以发现目标。新武器可以发射大量炮弹，但是仍需要瞄准目标，以及保证从炮膛到目标的弹道线路畅通。伪装对前者构成阻力，掩体则阻碍后者的有效实施。

即便位于看起来开阔而平坦的地形上，在战场上实现上述

----

① 见 Van Evera, "Cult of the Offensive," Snyder, *Ideology of the Offensive*, pp. 9 – 22; Liddell Hart, *Defence of Britain*, 如, pp. 105, 120 – 121。

二者也并非易事。地球的表面是不规则的，分布着山丘、隘谷、陡坡、植被、建筑、栅栏或围墙。所有这些，都将极大地限制防御者的观察视线，尤其是那些视线在地平面的防御者（栖身壕沟者从防护矮墙窥视炮火情况时也是如此）。① 不到两英尺的净高度差就足以为在地面下挖了坑的机关枪手提供良好的隐蔽。如果真的从地面上观察，也几乎没有人能将一块儿草坪完整地观察清楚，因此战场上更不规整的地表提供了大量潜在掩体，炮弹在各种自然地形上砸出弹坑之后，尤其如此。即使是"处女地"也为训练有素的进攻者提供了充足的掩体，在北德平原，1000 米以内超过 65% 的平地是一般武器的位置看不见的；在起伏、破碎的富尔达沟（Fulda Gap），超过 85% 的地方是看不见的。②

分散和独立的小型机动部队通过打破大的队形，允许子单位在各种地形间快速前进，使得这些掩体变得可资利用。绝大多数掩体是地球上小的不规则褶皱，而这些褶皱虽有利于小规模部队的推进，却难以隐蔽 1000 人的大部队在激烈的小规模战斗的前线推进。想要最大限度地利用地面的掩体，小部队甚至个人必须单独移动，移动速度取决于所处的局部地形而非周

---

① 有趣的解释参见 E. D. Swinton, *The Defence of Duffer's Drift* （1907; reprint Wayne, NJ: Avery, 1986）, pp. 53 – 54。

② L. G. Starkey et al., *Capabilities of Selected U. S. and Allied Antiarmor Weapon Systems* （Alexandria, VA: Weapon System Evaluation Group, May 1975）, WSEG Report 263, declassified December 31, 1983, pp. 35 – 36; Warren Olson, *A Terrain Analysis of Four Tactical Situations* （Aberdeen, MD: U. S. Army Materiel Systems Analysis Agency, 1972）, AMSAA Tech. Memorandum No. 158; Richard Simpkin, *Race to the Swift: Thoughts on Twenty-First Century Warfare* （New York: Brasseys, 1985）, p. 69.

围同伴的进度。排或小队构成了 1918 年可以有效利用地面掩体的基本机动单位，稍高一级的连和营则不可能有效利用。

即使机动单位被发现并遭到射击，但在既定炮弹爆炸半径内或既定机关枪火力打击区内的目标少，这样就分散了危险并降低了脆弱性。例如，如果 100 人的步兵连在 200 米的交火线上分散推进，可被单个营的炮火齐射消灭；而如果该步兵连分散在 1000 米的战线上，并具有 200 米纵深，那么面对同样的敌人炮火，该步兵连的伤亡率会低于 10%。[①] 若能最大限度地利用掩体，则更可降低防御炮火的有效性：如果步兵连只有部分被发现，炮火因之被误导至这一部分而不是该队形中心，则伤亡率可能会降至 5%。[②]

然而即使最分散的单位、选取最隐蔽的路径，最终仍不得不穿越开放地带，现代军事体系战术降低了穿越时暴露的频度、时间和损失，但并不能完全根除暴露，所以在掩体、伪装和分散之外，必须加上火力压制。

火力压制通过迫使防御方寻找掩护来降低进攻方的暴露，摧毁打击是为了歼灭敌人，火力压制则不同——火力压制只是 ³⁶ 保障进攻者运动到射杀位置前阻止防御者射击。防御者被迫闪避、退入防空洞或变换到未被发现的阵地而难以射击，因此无论额定杀伤力多大，他们的武器暂时均无法对进攻者造成伤害。

---

① 假设一个营有 18 门在空中爆炸的 122 毫米榴弹炮，并具有完美的准确性及火力分配：W. J. Schultis et al., *Comparison of Military Potential：NATO and Warsaw Pact*（Alexandria, VA：Weapon System Evaluation Group, June 1974），WSEG Report 238, 1982 年 12 月 31 日解密，第 67 页。

② 假设所识别的地方位于地势的前缘或侧翼。

相较于要摧毁打击战壕里敌人的目标，火力压制的核心优势在于其极高的效率，甚至在 1997 年，摧毁防御工事中一个步兵排的兵力需要使用 40 门 155 毫米的榴弹炮，而要压制同样兵力的火力则只需要不超过 4 门如此口径的榴弹炮。[1] 1917年，在墨西尼斯（Messines），需要在每英里战线上进行 383000 轮次的摧毁式打击，才能粉碎德军的战壕，之后一年，即在 1918 年亚眠（Amiens）战役中，在每英里防线上进行火力压制只需要进行约 43000 次打击，即只用了摧毁打击所需的 10% 的火力，[2] 而且还展示了战场的奇妙性：与摧毁打击不同，火力压制不需要长达数周的轰炸，从而可以避免暴露自己的攻击点。

多兵种协同可以通过将优势和劣势截然不同的武器类型结合使用，从而消除不同武器装备单独使用的弱点。1918 年，最重要的协同作战是步兵和炮兵的协同，[3] 大炮可以远距离发射大量炮弹，当然，远距离发射降低了其准确性。距前线较远意味着炮兵需要前线观察者帮助其确定目标方位，大炮难以移动限制了其与步兵一起推进的能力。相反，步兵受限于单个士兵能携带的武器和弹药数量，因此其潜在火力比大炮要小得多。但是步兵的火力更精确，步兵能发现目标并瞬时交火，步兵武

---

① Headquarters, Department of the Army, *FM 6 - 20: Fire Support in Combined Arms Operations* (Washington, DC: USGPO, 1977), pp. 3 - 9.

② Terraine, "Indirect Fire," p. 11; James Edmonds, *Military Operations, France and Belgium 1918*, vol. 4 (London: His Majesty's Stationery Office, 1947), p. 23.

③ 对联军来说，步兵与坦克的合作也很重要，至少在可用坦克数量足够多的情况下：Bidwell and Graham, *Firepower*, pp. 131 - 146; Griffith, *Battle Tactics*, pp. 165 - 169。

器可以随部队一同快速推进。单独使用大炮和步兵都有致命缺陷，不精确的炮火袭击花费大量时间和弹药，却只能摧毁战壕里分散的目标，而且会暴露攻击方位，使防御者能够反集结。步兵射击精确但难以携带足够的弹药、维持足够时长的火力压制来实现长距离隐蔽行进，将二者相结合，弱点可相互弥补。火力压制可使防御者在步兵推进时无法抬头射击，步兵可在己方停止炮火前和他们抵达目的地的这段时间节省弹药，而步兵的精确性则使他们能在直线射程范围内瞄准目标并将其摧毁。[1]

总之，产生了新型战术体系，即以"飓风式拦阻"压制防御者，小股部队利用地形掩护，并在其短暂暴露期间提供补充火力压制，使防御者无法抬头，从而令小分队得以单兵直入。没有长达数周的炮火准备预警，防御者很难有足够的时间调动预备队到战场，因此只能使用已位于被攻击地点的部队进行初期防御。进攻方以远超防御者的炮火数量压制住防御者，之后通过小部队临场的火力射击向前推进，保持攻击的势头并攻入防御纵深。[2]

虽然由此带来的进攻战术体系非常有效，但也有很多缺陷，其中两点尤为严重，即复杂性和速度限制。

---

[1] Bailey, *Field Artillery and Firepower*; Bidwell and Graham, *Firepower*, pp. 66 – 93; Shelford Bidwell, *Modern Warfare: A Survey of Men, Weapons, and Theories* (London: Allen Lane, 1973), pp. 53 – 59; House, *Combined Arms Warfare*, 如, pp. 20 – 22; Griffith, *Battle Tactics*, pp. 135 – 158.

[2] 参见如 Gudmundsson, *Stormtroop Tactics*; Lupfer, *Dynamics of Doctrine*, pp. 37 – 54; English, *Infantry*, pp. 18 – 22; House, *Combined Arms Warfare*, pp. 25 – 27, 33 – 37; Griffith, *Battle Tactics*, pp. 192 – 200; Brown, "Not Glamorous," pp. 437 – 444; McInnes, *Men, Machines*; Sheffield, *Forgotten Victory*, pp. 221 – 263。

进攻战术与复杂性

现代军事体系中的进攻战术极其复杂，合理实施需要高水平的训练和技能。以最大化利用掩体和伪装为例，大规模军队中成百上千的指挥官必须基于自身所处的不同环境制订推进和兵力部署的独特方案，绝大多数地形可以提供掩护，但是可用的射击死角常常形状不规则、分布不规则、尺寸差异巨大。想要最大限度地利用地形，需要仔细侦察，定制行进命令和单兵火力位置以符合作战单元即时的特殊环境。军队不能简单地按照标准教科书中的阵式布局，或者千篇一律地按公式化进行防御部署。

恰当地使用火力压制需要配以广泛散布的移动战斗单元，以及许多指挥官的紧密协同。为保护移动的进攻单元，火力压制必须尽可能地持续到最后一刻并及时停止，使攻击者可以迅速占领目标而不被友军火力伤害。发现敌方武器情况变化后，必须以通信与远处的支援部队联系，压制火力则需根据发回的情报重新定位。随着战斗单元向前推进，炮兵也须在停止射击后随之前移，以保持有效的射程覆盖能力。如果此时仍须保持火力支援，则炮兵的前移必须与邻近的炮兵和前方的机动部队协调。由于攻击的节奏会随着地形改变或无法预料到的敌方行动（比如发现雷区）而变化莫测，因此要想保持连续的火力压制，各种各样进攻梯队的战场指挥员必须在规划、适应以及各梯队保持有效沟通方面实现复杂的结合。①

---

① 参见 Bailey, *Field Artillery and Firepower*, pp. 132 – 134, 169 – 171, 184 – 186, Bidwell and Graham, *Firepower*, pp. 21, 253 – 257。

　　分散以及小部队的独立机动使指挥员难以观察到他们的进展情况并与其保持有效沟通，此时尤其需要这些分散部队的指挥官独立行使领导的职能。与此同时，由于士兵相互间的距离拉长，指挥员难以发挥鼓舞战场士气和鞭策战斗动机的作用，减弱了以集体增援激发个人行为的力量。[1]

　　多兵种联合战术具有高等级的复杂性。指挥员必须对有效部署的有利和不利条件了然于心，必须清楚维护要求、训练程序，以及大量独特（有的异常烦琐复杂）武器的补给需求。各兵种联合得越紧密，就越需要更多基层的低级军官掌握这些知识，特别是当武器面对不同地形，或遭遇未料到的阻碍及敌方有力抵抗时。为了避免误伤己方（尤其是与高速机动战斗单元、远程炮火或者战斗机联合作战时），在各种各样的机动中，诸兵种必须保持在能够彼此支援的范围内。最后，部队本身通常需要联合作战方面的特别训练。[2]

　　与拿破仑时期密集队形机动或 1914 年到 1917 年间没有火力支援的散兵线方式推进不同，现代军事体系的进攻战术更为复杂，虽然恰当实施非常有效，但需要部队和领袖都有高水平的技能。

　　速度限制

　　将现代军事体系的战术表述为中等速度体系最为贴切。虽

38

---

[1]　关于为了有效掩护而分散行动对士气的影响和"空战场"所产生的结果，参见 Richard Holmes, *Acts of War: The Behavior of Men in Battle* (New York: Free Press, 1986)。

[2]　如在第二次世界大战中推出的坦克步兵互通技术，见 Michael D. Doubler, *Closing with the Enemy* (Lawrence: University Press of Kansas, 1994)，如，pp. 16 – 17, 47 – 51。

然现代军事体系相对之前笨重的炮火主导的方式大大缩短了战斗时间，但其仍按照步兵的步行或使用部分交通工具的速度来推进。事实上，除了在非作战地区按部就班地移动，或是在前沿阵地的掩体间发起冲锋外，现代军事体系进攻方的推进速度永远不可能达到其运输工具的最快速度。

想要达到运输工具的最快速度，攻击者必须乘坐交通工具（如有交通工具），在路上以纵队队形行进，一刻也不能停顿或延误。然而，为了有效利用掩体和伪装，进攻者必须尽量远离暴露的道路，不得不选择迂回的道路或穿越难走的地形，或分散为小的战斗单元以更好地适应可用的射击死角，或让步兵从交通工具上下来以充分利用植被和地形特点寻求掩护。此外，为了充分利用地形掩护，需要在前期仔细针对地形和敌方部署进行侦察，这些侦察非常耗时；想要压制敌人火力需要炮火支援，制订炮火支援计划，使其与部队协同推进的同时还要避免误伤己方；实施必要的炮火支援也需要时间，强大的火力支援需要时间来运输必需的弹药和补给。多兵种战术消弭了单个兵种独自行动的弱点，但也把进攻速度降到了最慢兵种的行进速度（经常是步兵的行进速度）。

因此，现代军事战术体系需要在速度和伤亡之间进行艰难权衡：进攻者可以降低暴露，因而减少伤亡，但在敌人存在时必须减慢其行进速度。当然，即使这样也比以炮火摧毁地下工事这种进攻速度要快得多，但这比进攻者运输工具可提供的速度要慢很多（即使运载工具比步兵的战靴先进不了多少）。

进攻行动

尽管有其弱点，但现代军事体系进攻战术仍可使受过良好训练的进攻方在重火力的支援下接近并摧毁防御者的阵地，那又怎么样？如何利用这一点打败敌对国家并征服其领土呢？

现代军事行动采用两大类方法实现此目标：对有限目标发起"蚕食"进攻，或实施突破战。这两种方式早在 20 世纪之前就已出现，并非现代军事体系所独有，然而 20 世纪的环境和现代防御对其传统做出了重大修正。

突破与追击

突破与追击意在通过直接攻击一小部分防御阵地而引致其系统性防御崩溃。大规模的重型军队需要精细的基础设施来支撑其战斗，士兵要吃饭穿衣，有可能的话也要驻扎；每日要给武器消耗掉的大量弹药进行补给；战马要粮草，运输工具需要燃料和润滑剂，复杂的机械装备被损坏或摧毁时需要成千上万的复杂零配件来维修和替代。而且这些人员和物资大量杂而无序的活动和流动必须遵循某种在远距离内协同进行的计划——指挥与控制如此成群结队的人马需要复杂的指挥所与通信节点系统，以保持信息和命令的有效畅通。不说补给，仅是部队自身的快速行进就需要足够的道路和铁路交通网将其快速地从一个地方转移到另一个地方。没有这些，军队当然也能继续打仗，而且他们确实也在打仗，但如果他们没有或缺乏与其武装对手一样的必要支援和协同，其作战效果将大大下降，所以进攻者突破和追击的目标往往会选在敌人后方，即敌人的给养基

39

础设施所在地，并事先摧毁它，由此迫使防御者的前方部队难以有效投入战斗。[①]

进攻战的突破可以通过在一段狭窄的防线上大比例地集结攻击力量来实现。通过将力量集结在一点而冒着在其他地方有风险的部署，进攻者可以在局部范围获得数量优势，但在其他地方会出现一定的劣势。如以 600 千米的战线为例，在 550 千米的战线上接受兵力对比为 2∶3 的劣势，而在关键的利于突破的 50 千米战线上集结兵力，即便防御者与进攻者的数量总体相等，进攻方亦可获得 4∶1 的数量优势。事实上，如果战线拉得不长，即便敌众我寡的进攻方也可在所选的关键战线上创造巨大的局部优势：整个战场处于 8∶10 军力劣势的进攻方，通过在 25 千米的战线上集结兵力，仍能获得局部几近为 4∶1 的兵力优势，尽管在其他 575 千米的战线上处于 2∶3 的兵力

40

---

① 如果军队的指挥和一些后勤基础设施遭到破坏，部队就会瘫痪，无法继续进行有意义的抵抗。1940 年的法国人经常因此被引为例证：参见 Liddell Hart, *History of the Second World War*, pp. 73 - 74；Fuller, *Armament and History*, p. 149；Messenger, *Blitzkrieg*, p. 156。事实上，富勒的"战略瘫痪"理论认为，机械化进攻对防御者精神上的打击往往会使防御方不战而溃，而不是对其力量本身造成了多大的破坏，参见 Fuller, *Lectures on FSR III* (London: Sifton Praed, 1932), pp. 7, 41；亦见 Basil Liddell Hart, *Memoirs*, vol. 1 (New York: Putnam, 1965), pp. 159 - 168；然而，富勒的"战略瘫痪"并非总能奏效，正如巴巴罗萨（BARBAROSSA）战役所证明的，在没有上级指挥和后勤支援的情况下，只要官兵的士气足够和训练有素，被包围的部队仍可以进行长时间的抵抗。参见 Lester Grau, *Fighting within an Encirclement: A Comparison of National Concepts* (Ft. Leavenworth, KS: Soviet Army Studies Office, 1991)；亦见 Brian Holden Reid, *J. F. C. Fuller: Military Thinker* (New York: St. Martin's, 1987), pp. 157 - 158。然而，无论如何，由于配套基础设施的丧失，防御受到严重的不利影响，如果继续抵抗，将严重制约其避免遭受后续破坏的能力。

劣势。①

采用局部兵力优势的战术方法，通常意在敌方的防御战线上撕开一个"口子"。一旦这个"口子"被打开，后续部队就可通过这个缺口鱼贯而入，直至前沿阵地后面相对不设防的地带，只要突破了"固若金汤"的防线，这些部队就能以非常快的速度安全占领和摧毁防御者的基础设施，包围或孤立防御者的前线部队。在这之前，进攻者中的大多数人还不必与敌方耗战。如此，进攻者通过直接攻击防御方的某一小部分而削弱了整个防御的效力。失去必要的指挥和保障，一些军队会丧失战斗状态，组织会崩溃；也有的军队在被包围或孤立后仍会继续战斗，但单兵作战的效能会大幅度降低，随后他们常常会被逐一消灭。进攻者虽然数量较少但保有全部效能，机动性也更灵活。

因此，突破和成功追击是非常重要的一种能力：它能使进攻者以尽可能小的损失，快速地获得大量阵地。实际上，突破战是唯一可以同时实现上述两个目标的战术方法。相反，有限的目标攻击（以及有节制的突破战）只能使各方面的能力保持内在的均衡：阵地的获得通常与伤亡和战争所耗的时间成正比，要想限制人员伤亡、更快地结束战斗，进攻者必须放弃一些可获得的阵地。② 尽管突破战并不总是被充分利用，但一旦

---

① 事实上，对于关注关键点的攻击者，相比在其他地方的不利，他们在关键点上几乎总可获得更大优势。在一个战区，兵力与防御者相当的进攻者，在600千米前线中的50千米地段可以有不同的优势集中，比如在其他地方接受1∶1.1的不利条件，在该局部获得2∶1的优势；或在其他地方接受1∶1.3的劣势，在此局部获得4∶1的优势；或在其他地方接受1∶2的劣势，在此局部获得6.5∶1的优势。

② 因此，突破是能力理论的重要中间变量，要确定阵地方面的获益、持续时间及伤亡的最终因变量值，必须先确定进攻是实现突破还是被遏制，参见表4-1及附录。

其被采用就会转为非凡的战斗力（这反过来也使阻止突破成为防御者的重中之重，参见下文）。

有区别地集中以及针对敌人补给线和联络线的军事行动并非现代军事体系所独有，其至少在 16 世纪开始的战争中就已经发挥关键作用了。[①] 在进攻战术（进攻战术是现代军事体系的基本出发点）方面，现代军事体系的进攻行动主要是对传统方式的改进，但这并不是说二者之间没有重大差异。尤其是纵深灵活防御，它最终促成了战时"纵深作战"学说的形成。

纵深作战是要打击敌军或者破坏其指挥系统，并利用远程攻击打乱防御方的后方资源运输能力。[②] 灵活防御有赖于这些资源的运输以发挥其有效性，由于这种防御越来越普遍，攻击方自然会寻求阻断此种行动的手段。与现代军事体系其他部分不同，至 1918 年时，纵深作战即便在概念上尚没有成熟，但其基本要素在战争后期的进攻战中开始出现，至少其概念框架已开始浮现。

[①] 参见克劳塞维茨对后方威胁的讨论：*On War*, trans. Michael Howard and Peter Paret（1832；reprint Princeton：Princeton University Press, 1976），p. 233。与克劳塞维茨同时代的诺米尼将有区别的集中看作"战争的根本原则"，见 Henri Jomini, *The Art of War*, trans. G. H. Mendell and W. P. Craighill（1862；reprint Westport, CT：Greenwood, 1971），pp. 70 – 71。

[②] 有效的纵深作战可以通过阻断防御者的资源运输来保护进攻者在数量上的优势，免于被分散；突破战通过阻止防御的反作用来加强效果。关于纵深作战理论的讨论，其中大部分主要是一战中期和二战初期的研究成果，参见 David Glantz, *Soviet Military Operational Art：In Pursuit of Deep Battle*（London：Frank Cass, 1991）；Richard Simpkin, *Deep Battle*（Washington, DC：Brassey's, 1987）；Shimon Naveh, *In Pursuit of Excellence：The Evolution of Operational Theory*（London：Frank Cass, 1997）；Mary Ruth Habeck, "Imagining War：The Development of Armored Doctrine in Germany and the Soviet Union, 1919 – 1939"（Ph. D. diss., Yale University, 1996）。

　　比如，1918 年战斗机被用来摧毁特定的运输节点，并打
击向被突破阵地行进的后续防御兵力，以此来保障突破战阵 　41
地。这些努力的效果参差不齐，但德军和英军在 1918 年的进
攻中都寻求系统地实施空中阻断。[①] 若德国没有求和，英国将
在 1919 年的作战计划中进一步强化这一方式。富勒上校
（J. F. C. Fuller）的《计划 1919》强调战斗机和快速轻型装甲
部队的协同作战，以摧毁敌纵深防御的指挥体系和补给系统，
引发敌军系统瘫痪，阻止其对突破战的有效防御。[②]

　　在二战中期，德国和苏联的军事发展给这些早期观念加上
了重要定义，这一概念逐步成熟，纵深作战至少在二战结束时
已初见端倪。纵深作战是 20 世纪在突破与追击方面对现代军
事体系贡献的唯一比较新的东西，而差异化集结、扰乱通信与
补给、包围敌军等，不仅早于现代军事体系，甚至早于 20 世
纪。不过，纵深作战只是现代军事体系中的支持因素而非首要
因素，历史上纵深打击只是被用来便利地面武装的渗透，而非

---

① 参见 U. S. Air Force Historical Research Center: 512. 621 v11/14, "Development of
the German Ground Attack Arm and Principles Governing its Operations up to the End
of 1944," a study prepared by the German Air Historical Branch (8th Abteilung)
dated 1 December 1944, pp. 1 – 2; also H. A. Jones, *The War in the Air* (Oxford:
Clarendon, 1934), pp. 275, 363; S. F. Wise, *Canadian Airmen and the First World
War*, vol. 1 (Toronto: University of Toronto Press, 1980), pp. 492 – 493; Lee
Kennett, *The First Air War*, *1914 – 1918* (New York: The Free Press, 1991),
pp. 211 – 13; Jonathan Bailey, *The First World War and the Birth of the Modern Style
of Warfare* (Camberley: British Army Strategic and Combat Studies Institute, 1996),
SCSI Occasional Paper No. 22; Bidwell and Graham, *Firepower*, pp. 143 – 146;
Griffith, *Battle Tactics*, pp. 156 – 157。
② 《计划 1919》重印于 J. F. C. Fuller, *Memoirs of an Unconventional Soldier*
(London: Nicholson and Watson, 1936), pp. 322 – 336。亦见 Reid, *J. F. C.
Fuller*, pp. 48 – 55。

替代之。① 与纵深作战不同，现代军事体系中的突破战更多是继承与改进，而非创新与起步。②

有限目标

相反，有限目标"蚕食"作战自身并非旨在突破，而是通过利用差异性集结提供的暂时优势来夺取重要阵地或打击防御者处在战备状态中的主要部队。该阵地优势可在随后的攻击中被利用，如果进攻能快速完成而防御者来不及在丢失的阵地后方建立起新的防御工事，那么进攻方最终可将防御者推向战壕之外的开阔地带，随后的攻击行动会更为有效。

有限目标作战的优势在于这种军事行动避免了过度扩展，因此降低了进攻面对防御者反击时的脆弱性。纵深防御让出最初的阵地，而防御方依赖反击重新夺回失地；如果反击失败，则进攻方可以向前挺进，而防御者则无法夺回之前的前线阵地。突破战往往制造这样的反击机会，实施突破战的攻方与守方后续部队会展开较量：守方从其他战场调动部队，与攻方的兵力集结针锋相对，攻方差异性集结提供的初始优势会随时间的推移而削弱。因此，如果攻方穿透速度太慢，守方则有时间抵消攻方初始的兵力优势，突破将会更加困难。如果攻方花费时间构筑已攻取阵地的防御，或者停止部队推进来防止拉长军队侧翼，都将降低穿透速度，增大与守方后续部队较量失败

---

① 皇家陆军军官学校（RMA）认为，现在或不久的将来，纵深打击或许将打败陆军自身。第四章对此提出了抗辩。

② 除了纵深作战外，20世纪的进攻也包括包围或隔离的方式：纵深作战首先需要穿透——突破战，即便在20世纪前，这有时也是必要的，在20世纪后更成为标准所在。

的风险。反击纵深防御的突破通常需要快速前进，甚至脱离己方的火力压制范围，而延迟己方火力压制的重新布防则常常会丢掉宝贵时间，失去任何突破的可能。因此，激进地突破往往会使得攻方战线过长，如守方可以及时集结足够的反击兵力，战场形势则可能发生逆转。相反，有限目标行动的突出表现是适可而止，使攻方能在守方发起有效反击前，巩固所得阵地，重组兵力，为新阵地构建防御。以牺牲突破为代价，有限目标行动可增加攻方打败守方反击及坚守所获新阵地的概率。[1]

有限目标、有限战果与风险

与战术一样，现代军事体系也有弱点。例如，有限目标进攻比突破战的风险更小，但如果成功了，其可能的战果也有限。突破战的初期会付出艰难猛攻，但会以较小代价，实现其后的快速推进，有限目标进攻则可能失去这些机会。此外，成功的追击经常能一次性击败防御者，比如德军在 1939～1940 年入侵波兰和法国，以及 1956 年、1967 年和 1973 年的阿以战争。相反，实施有限目标攻击后，敌人仍留在战场上，战争可能耗时很长，结果却不确定。因此，尽管有限目标作战可以有效降低近期战争风险，但最终面对的长期战争风险可能更大。

突破与追击之间的权衡

从现代军事体系的极端情况看，突破与追击之间也可能存在相互矛盾的一面。例如，狭小的现代作战体系空间使进攻者可通过差异化集结获得更多的兵力优势，这提高了进攻方突破

---

[1]　1917～1918 年的有限目标进攻包括其优缺点，参见 Prior and Wilson, *Command on the Western Front*, pp. 289 – 398；Prior and Wilson, *Passchendaele*, pp. 31 – 66, 194 – 200。

的能力。但战斗空间越窄，穿越通道可供追击部队移动和增加补给的道路就越少。① 更少的道路意味着后续部队穿过突破口的速度更慢，补给运输也更慢，以及可持续的追击部队更少（抑或与大部队的距离更远）。②

这意味着突破战中攻方在面对敌方反击时更脆弱，在切断进攻先锋的补给线之后，防御者仅需在很短的距离上反击突破狭窄走廊的攻方侧翼。进攻方要阻止这样的短途反击，则需要相当强的侧翼防守，而侧翼纵深防守的部署进一步阻塞了可用的穿越通道，侧翼防守需要利用更多的43 道路来增强运载能力。

因此，进攻方通过差异集结构建局部兵力优势的能力并非无限制，狭窄的作战面提供了重要优势，但作战面不能无限狭小而给后续追击带来难以解决的后勤补给问题。

追击战与复杂性

追击战成功的最大限制因素是其复杂性。想要足够快足够深入地利用突破战，以彻底摧毁敌人的防御系统，需要一线部队指挥员快速独立地进行决策，在没有上级指挥员详细指导的情况下，一线指挥员必须有能力应对突发事件。在追击战中，常规作战是遭遇战，接触时进攻和防守双方都在运动中。在这

---

① 例如在 1944 年的诺曼底登陆战中，通常需要至少 4 千米的突破面，才可以提供能穿越 15 千米纵深防卫区东西走向的路线，如果要提供两个 15 千米纵深不相交且免受敌军炮火攻击的路线，则需要至少 34 千米的突破面（假设火炮半径为 20 千米），见 *Institut Geographique National Carte Serie M761*, *Feuille XVI - 13*（*Mezidon*）。对于道路网不如现代法国发达的场域，需要更广阔的前沿。

② 狭窄的战线也减少了现代军事体系分散战术的可用空间，要求攻击方必须在攻击点进行梯队力量部署，Stephen Biddle et al., *Defense at Low Force Levels*（Alexandria, VA: Institute for Defense Analyses, 1991），IDA P - 2380。

种瞬息万变的环境中，预先计划的机动或僵硬的教科书式反应程序基本都没多大用处。战局变化太快，以至于来不及进行全面的兵力分析或发出详细的命令，按照部分指令随机应变是成功的关键。在此类军事行动中，各级指挥员的判断力、头脑以及主动性非常重要，对这些素质的要求比突破战之前的较慢行动和事先安排好的军事行动更高。

防御战术

面对现代火力，仅靠构筑地下工事已经不够用了——静态防御至少从 1917 年起就变得不堪一击。相反，采用现代军事体系中不稳定性更强的防御几乎与现代军事体系中的进攻一样，需要战术上减少暴露，包括掩体、伪装、分散、火力压制、多兵种联合以及小部队独立机动等，不过还需要适应防御的特殊难题。

例如，掩体与伪装对阻止攻方在所知防御阵地集中炮火非常关键。几何形状的、半永久性的战壕很容易在空中被侦察发现，使得攻方至少在战争初期可针对所知的会在前期遭遇的防守制订作战计划。[①] 相反，将规整的战壕换成不规则的、伪装的阵地则可以提供更好的防御保护。[②]

几乎同等重要的是，交叉火力限制了进攻方利用掩体的能

---

① 事实上，1916 年和 1917 年在英国出版的地形图上预先标出了名为"友好"或"敌对"的沟槽线，然后发给了陆军部队，参见 Peter Chasseaud, *Trench Maps: A Cartobibliography* (Lewes, Sussex: Mapbooks, 1986)。

② Lupfer, *Dynamics of Doctrine*, p. 15, 关于隐藏防守的重要性，参见 Headquarters, Department of the Army, *FM 5 – 103*, *Survivability* (Washington, DC: USGPO, 1985)。

力。绝大多数自然掩体都是有方向的，比如树桩或者低矮的山丘阻碍了前方的炮火，但不能阻挡侧面的炮火。如果某一地点只能从一个角度射击（即死角），则该地形可以为进攻者提供更有用的掩体。如果防线前的各点均可从多个方向射击，则死角的数量会大大减少。通过武器部署使攻击面之间相互交叉，即实现交叉火力，那么防御者能使进攻者寻找掩体和伪装的任务更为复杂。①

通过防御纵深分散兵力也会降低攻方炮火的杀伤力，在这一过程中，防御方也需要更多独立的小部队，鼓励防御者机动作战而非在固定位置上战斗。小的分散的防御部队自身通常不能独立阻止进攻，如果防御者待在固定位置战斗至最后一发子弹，他们会在所处位置上牺牲。相反，如果防御者持续射击以逼迫进攻方寻找掩体，之后自己机动躲避，加上火力支援，就可与进攻者脱离接触并撤退，其阻挡敌人的时间与战斗到最后一颗子弹的时间基本一样，但伤亡和损失则会更小。② 不过，该机动面临暴露风险，因此和进攻战术一样，也需要掩体和火力压制。③

最后，多兵种联合对防御者与进攻者同等重要。尽管 20

---

① 关于交叉火力，参见 Headquarters, Department of the Army, *FM 7 – 7J, Mechanized Infantry Platoon and Squad, Bradley*（Washington, DC: USGPO, 1993）, pp. 2 – 116 to 2 – 122。

② Lupfer, *Dynamics of Doctrine*, pp. 13 – 16; Wynne, *If Germany Attacks*, pp. 150 – 158; Timothy Wray, *Standing Fast: German Defensive Doctrine on the Russian Front during World War II*（Ft. Leavenworth, KS: U. S. Army Combat Studies Institute, 1986）, pp. 3 – 5, 118 – 123.

③ 实际上，在压力下的撤离是现代战场上最具挑战性的战术机动。执行不力的撤退，很容易使战术放弃演变为溃败。有关的最新评估，参见 Headquarters, Department of the Army, *FM 3 – 90, Tactics*（Washington, DC: USGPO, 2001）, pp. 11 – 1 to 11 – 31。

世纪武器的杀伤力极大，但每种武器都有较大局限。比如机枪，只要弹药足够射满整个开阔地带，不管进攻方以多快的速度穿过落弹区，持续的机枪扫射几乎可以歼灭进入落弹区的任何规模的兵力。然而机枪是平弹道直射武器：机枪需要射手与目标之间清楚地连成一线，中间的任何障碍都会阻碍其发挥效力。① 能够利用地形掩护以及火力压制在掩体之间快速冲锋的进攻者，可以向前挺近并最终迅速攻克没有支援的机枪防御。相对而言，迫击炮与大炮的火力可以飞跃障碍，打击看不到的目标，这些非直射武器可以歼灭躲在掩体障碍物之后的进攻者，然而，这些武器的发射速率通常更慢，而且其射击也没那么精确，除非防御者的大炮非常多，而且没有受到攻方的火力压制。倘若进攻者能够快速移动，会使大炮无法识别小规模的目标，进攻者可以在拦阻射击前消灭守军，并穿过防御者的阻击炮火区。但如果相互配合，机枪和大炮可以抵消相互的缺点。机枪迫使进攻方寻找掩体从而降低进攻者的行进速度，虽然这可能不会直接歼灭很多敌人，但机枪将敌人锁定在固定位置，将他们暴露在防御大炮的打击之下。实战中，直射武器确实压制了进攻者的前进，并给非直射武器提供了逐一歼灭进攻

---

① 虽然机枪可以非直线发射，但相较平坦的轨迹，这还是限制了其击中掩蔽地形目标的能力，机枪非直线火力主要是遏制"阻击炮火"，攻击登陆防守地域的攻方步兵的头部。虽然第一次世界大战期间机枪手对这一方法感兴趣，但实践证明其实用性有限。参见如 G. S. Hutchison, *Machine Guns: Their History and Tactical Employment* (London: Macmillan, 1938); Griffith, *Battle Tactics*, pp. 123 - 124。

者的时间。[1]

　　防御战术与复杂性

　　与现代军事体系的其他方面一样，防御战术也比之前的战术更为复杂。在掩体与伪装方面，防御者几乎与进攻者一样关注战地地形。挖掘工事产生的土石必须被掩盖或者移走，以避免暴露位置；必须找出有掩体的撤退路线，使部队撤退时不至于暴露在进攻者优势兵力的炮火之下；射击位置必须精心部署以减少死角；大炮的火力计划必须相互协调，能够瞄准抵进的敌人而不伤害己方。[2] 多兵种联合需要对兵力部署和火力支援，以及各种武器的维护等具有相当程度的了解。对进攻者和防御者来说，在各个层级，现代军事体系都是复杂的学说，需要非常精准地实施。

防御行动

　　现代军事体系防御行动的关键要素为纵深、保持及反击，这些方法被用来阻挡一战中期的火炮进攻，但被证明对抵御现代军事体系的进攻同样有效。

　　面对现代军事体系的进攻，防御者的核心难题在于赢得时间，以应对差异性集结。而 1915 ～ 1917 年的大炮攻势完全不是这样：持续数周的轰炸宣示了进攻点，防御者有足够的时间从战场上其他地方调兵遣将，这抵消了进攻者最初的兵

---

① 参见 House, *Combined Arms Warfare*；Headquarters, Department of the Army, *FM 7 - 8, Infantry Rifle Platoon and Squad* (Washington, DC: USGPO, 2001), pp. 2 - 74。

② 关于在战术防御中正确使用地形的复杂性，参见 Swinton, *Duffer's Drift*。

力优势。

然而，现代军事体系转向短促的飓风式拦阻射击，在战场上重现袭击的突然性，使防御者无法提前知道进攻地点，这使得进攻方可在对防御者不利的情况下展开进攻。面对防御炮火，攻方利用现代战术及局部兵力优势仍可挺进，除非防御方能及时降低进攻者的数量优势，否则，进攻者的挺进可能会突破防御，防御者被攻破的地点将面临系统崩塌的威胁。

正如历史上发生的一样，1915～1917 年用来挫败摧毁式炮击的纵深防御，在 1918 年同样给防御者赢得时间以进行反集结，纵深防御利用现代军事体系进攻战术本身的缺陷做到了这一点。对攻方来说，纵深防御增大了他们突破时必须穿越的距离，但同时降低了他们必须穿透的防御密度。如果面对这些更稀薄的防御，进攻者可以加快推进的话，他们可以推进得更远，那么纵深将不会给防御者带来更多的反应时间。然而，现代体系下的进攻者即便面对少数抵抗，急速推进也要面对伤亡的大量增加。[①] 在开阔地带中，即使少数使用现代武器的防御者也能给大规模的进攻方造成严重伤亡，因此，即使防御力量不多也能迫使进攻者采取耗时的规避方法以求生存。少量防御不能完全阻止这些进攻，因此，只要时间足够，兵力占优势的现代军事体系进攻者可以完全歼灭少量防御者，但通过采用现代军事体系可以"减慢"其推进速度。反过来，这意味着现代

---

① 注意，尽管低密度现代军事体系防御可使现代体系攻击者在同等损失下推进得更快，但与不应用现代军事体系的战术防御相比，速度差异不大，见附录。

纵深防御可以延缓进攻方的速度，使其不得不隐蔽行进，这可以推迟突破战以及随后进攻战的发生，为处在远方的预备部队赢得到达关键战场的时间。

46　　　　利用现代军事体系进攻法本身的缺陷，纵深防御也可以提升预备部队抵达的有效性。现代军事体系的战术非常复杂且不容出错，如果在作战行动中，部队内各个组成部分及部队之间不能有机协调，就很容易暴露于防御火力之下。进攻方通常在战役刚开始的时候最能够相互协调，此时还可享受推进方案与小心翼翼集结带来的益处。然而随着进攻者向纵深推进，阵式开始变得散乱，部队进入不熟悉的未被侦察过的地形中，与支援炮火的联络会变得松散，防御机动制造了战前侦察难以预见的障碍，指挥官忙于处理眼前的危机而不能向高层指挥官恰当地汇报情况，出现伤亡后，由经验没那么丰富，对任务和部队情形不太熟悉的士兵顶上去，武器损失导致前方突击队武器状况出现失衡，有些作战小分队迷路了，不在战斗位置上。进攻推进得越远，体系组成部分的协调就会变得越松散，如此匆忙的、作战效率更低的作战单位可能扼杀现代军事体系战术的复杂配合。由此，迫使进攻方必须穿越很远才能突破的纵深防御渐渐侵蚀了向前推进的进攻方——这远远超过对进攻者造成伤亡的直接效果，这种纵深防御的熵效应增加了防御预备部队抵达后阻止进攻者的能力。[①] 与必须在前线阻止敌方前进否则就会被突破的，纵深很浅的非现代防御相反，纵深弹性防御会将

---

　　① Lupfer, *Dynamics of Doctrine*, pp. 12, 13 – 16; Wynne, *If Germany Attacks*, pp. 142, 155 – 156; Wray, *Standing Fast*, pp. 1 – 21; Griffith, *Forward into Battle*, pp. 79 – 80.

决战延迟，直到利用现代军事体系的战术将进攻方能力削弱，以及赶来的防御预备部队最占优势的那个时间和地点。①

当然，要利用这些优势，防守者必须有足够的预备人员可以调遣。在这里，1915～1917 年产生的防御方式被证明非常关键，尤其是变换前线部队与预备部队的比例使其更有利于后者。进攻者通过固定打击就能以极小的代价很容易地将位于前线的防御者困在某地，② 即使远离核心战场的，数量不占优势的进攻者也能经常咬住其前方的防御者，使其不能被用来反向集结。因此，将绝大多数兵力部署在前线的防御者缺乏必要的灵活兵力用以反集结，这使他们无法阻止现代军事体系的进攻，即使名义上有防御纵深且进攻者行进缓慢。相反，部署在后方的预备部队很难被进攻者困在某处，因此更容易实现反集结。通过将前线防御力量移出重火力范围，并依赖部署在后方

---

① 该分析呼应了克劳塞维茨关于"攻击最高点"的讨论，见 *On War*, book 7, chaps. 2－5, pp. 524－528。

② 轻型的"固定攻击"会使前方防御者远离关键位置，并被切断联系，增加撤出、横向移动以加强其他地方的成本，这是武器对抗暴露目标和隐藏目标的效果差异很大的结果。当准时到达预先准备的位置时，前方防御者能很好地进行掩盖和隐藏，因此除了遭遇非常大的火力攻击外，都能幸免于难，但离开这些位置往往就会暴露，急剧增加其脆弱性。当然，正如进攻者可以通过仔细利用地形、火力压制、分散和兵种联合来避免暴露一样，防御部队也可以逆势运动。这种进攻方法需要时间，所以就给防御者后撤提供了时间，进攻者和防御者都不会在没有损失的情况下移动，尽管现代军事体系的地面移动技术减少了损失，但它们还不能完全被消除，而防御者通常不会比试图将他们固定在一个地方的进攻者有更多兵力优势。因此，即使谨慎行事，撤退的防御者也可能遭受更大的伤亡。相比之下，在前线后方集结的预备队，既不会拖延部署，又因脱离接触而不会有大的损失。请注意，20 世纪 70 年代中期美国陆军的"积极防御"理论引起的争议大多是由于对该理论在对横向位移替代预备部队撤退实用性方面的怀疑造成的，见 John Romjue, *From Active Defense to AirLand Battle* (Ft. Monroe, VA：U. S. Army Training and Doctrine Command, 1984), pp. 19－21。

的预备部队，现代防御方式为反集结提供了可用兵力，为这些预备部队抵达战场赢得时间，并为他们到达战场阻止进攻提供了更好的机会。

最终，时间、必要兵力以及进攻方的熵减效应这几方面因素的结合，使防御反击成功收复失地的可能性更大。以大量新集结的部队击退在破碎阵地上艰难行进、逐渐失去协调又在毫无准备的地点上作战的进攻方，反击者的伤亡会比进攻者前期战斗中的损失要小。①

具有讽刺意味的是，对防御者来说，将失去的阵地再夺回来比开始就一直坚守阵地更容易。差异化集结的现代军事体系进攻者极少能在战争开始时被前沿防御者的炮火击败，试图在前线击败进攻者的努力只会将太多的军队困在前线，而在进攻者占领前线阵地时却无法有效阻止其进攻。

作战纵深与复杂性

如果做得好，纵深、预备队和反击可以非常有效，但是正确实施这一战术比进行静态防御要难得多。例如，扩大纵深会分散部队，与攻方一样造成兵力分散，使指挥与控制变得复杂，增加低级军官的负担，给感觉被危险孤立的军队带来士气上的挑战。由于驻防分散及距离敌人太近，在攻方占领之前很

---

① 反击也降低了攻击者利用差异化集中的能力。为了集中攻击，就要接受其他地方可能会出现风险，集中度越高，其他地方出现风险的可能就越大。在选择的防御者的点上，若存在有能力实施反击的预备队，风险就更大，这会促使进攻者将力量转移到侧方进行保护，从而降低进攻者在攻击点创建更大局部优势的能力。例如，面对着一个强大的反击威胁，进攻者在整个战区的兵力部署必须比较均匀，进而最坏可承受多侧面 1∶1.1 的数量劣势，如此，在其主攻点上可获得不超过 2∶1 的局部数量优势；如果面对较弱的反击威胁，能使进攻者在其他地方承受 1∶2 的劣势，则主攻区域的局部数量优势可能达到 6.5∶1。

难加强力量，前沿防线士兵的士气尤其难以维持，士兵们很明白这一点，坚守阵地并至少战斗到能打掉对方攻击的势头，这要么依赖自我牺牲精神，要么须在高压之下一边战斗一边完成撤退。在火力打击下撤退是现代陆地战争中对部队最具挑战性的调动之一，而防守脆弱阵地时表现出的自我牺牲，需要官兵具有高度的自律和鲜明的动机。[1]

现代军事体系防御作战相比前线静态防御作战也需要更多的运动，防御阵地上的部队进行战斗撤退，增援部队进行大规模长距离的奔袭，反击部队则必须在进攻者侧翼的关键地点集结并展开行动。这些战场移动必须在空中打击或夜里灯火管制的条件下进行，在这种情况下，将由成千上万名官兵组成的各支部队调遣至适当的位置，需要有效的规划和参谋工作，从而避免混乱以及在关键岔路口或铁路车站发生运输堵塞。[2] 最终结果是，这种防御作战比大规模各就各位的静态防御更为复杂。

为什么兵力部署有变化？

如果现代军事体系这么有效，那为何不是所有的国家都采用这一体系呢？为什么各国在兵力部署上不一样？答案在于现代军事体系有许多政治和组织难题，使得很多国家无法实施。　48

---

① 见 Headquarters, Department of the Army, *FM100 – 5: Operations* (Washington, DC: USGPO, 1982), pp. 158 – 160。

② 参见 COL Ted A. Cimral, "Moving the Heavy Corps," *Military Review* 68, 7 (July 1988), pp. 28 – 34。

以纵深防御为例，纵深防御需要国家在早期放弃部分领土，以期在反击中将其再度夺回，这相当不受边境地区居民的欢迎，对国内高度关注边境冲突的民族主义者也缺乏吸引力。冷战中的绝大多数时期，德国的政治敏感性使该政策成为不可能，因此北约在宣示中一贯将纵深防御排除在外。① 对此，其他国家的公众即便可以接受，但由于本身国土面积小（以色列），或自然资源分布在边远地区（如法国），在冲突早期需要放弃的太多，所以纵深防御也没有吸引力。②

对那些国内和平主义势力强大或对邻国有疑虑的国家而言，通过反击来防御可能存在政治难题。反击所需的军事培训、组织和军队结构和进攻型的军队很难区分开来，国内反战团体通常对这类战备不感兴趣，而邻国又经常会将此解读为有威胁意图，进而通过加强自身军队建设或与对手结盟来予以应对。鉴于此，维持现状的国家不会为了准备反击而提高国内或国际政治的成本。比如二战后，德国和日本任何加强军力的态势和培训都面临国内反战团体的强烈反对，很难证明其正当性。与20世纪80年代对跟随式进攻（FOFA）和美国"空地战"（AirLand Battle）的争论一样，在北约内部，有反击倾向的学说和建议都遭到很多成员国自由主义者的强烈批评。③ 对

---

① Roger L. L. Facer, *Conventional Forces and the NATO Strategy of Flexible Response* (Santa Monica: RAND, 1985), pp. 15 – 17。事实上，与其宣示的政策相比，北约实际上悄悄地进行了相当大规模的纵深防御计划，见 Biddle et al., *Defense at Low Force Levels*, pp. 39 – 40。

② Ariel Levite, *Offense and Defense in Israeli Military Doctrine* (Boulder, Westview Press, 1990); Strachan, *First World War*, p. 163.

③ Facer, *Conventional Forces*, pp. 59 – 64.

日本来说，仅仅加强防御性军事准备都会受到邻国的严厉批评，这些国家铭记第二次世界大战的教训，对日本的动机保持长期的警惕。[①]

现代军事体系也需要低级军官和高级士兵个体进行大量的独立决策。出于社会和政治原因，很多国家难以接受如此多的个人专权，例如，在警察国家，采用这种方法往往是为了换取未来的军事能力，以便推翻（现在的）政权。[②] 在以阶级为基础的社会，上层阶级的军官往往不愿将自己的性命和声望寄托于下层阶级士官的勇气或决断。[③] 在以种族划分的社会，战斗单元经常按种族或民族成分来划分，使得军官、士兵或相邻作战子单元很难信任他们不能直接看到或控制的战友。[④]

现代军事体系最严重的缺陷之一在于其极端复杂，因此需要士兵和军官的高水平技能，而现实是，并非所有的军队都具备这样的技能水平。

例如，若军队实行短期征兵制，很多士兵在掌握所有必需的技能前就该退役了。而许多国家的国内政治或经济环境经常要求实行这种短期的征兵制，比如在战争间隙的法国，文职领导人感到政治权力被庞大的职业化军队所威胁，因此　49

---

① Nicholas Kristof, "Bills Allow Japan to Back up U. S. ," *New York Times*, April 28, 1999.

② Stephen Biddle and Robert Zirkle, "Technology, Civil-Military Relations, and Warfare in the Developing World," *Journal of Strategic Studies* 19, 2 (June 1996), pp. 171 – 212; Risa Brooks, *Political-Military Relations and the Stability of Arab Regimes* (London: IISS, 1998), Adelphi Paper No. 324.

③ 见如 Travers, *The Killing Ground*。

④ Stephen Peter Rosen, "Military Effectiveness: Why Society Matters," *International Security* 19, 4 (Spring 1995), pp. 5 – 31.

实行短期征兵制，士兵服役时间只有 12 个月。尽管法国高级将领意识到现代军事体系的重要性，但他们并不认为这种军队能够掌握现代军事体系。因此，他们采取了他们认为这些被分配的士兵能够掌握的较为简单的战术和行动。[①]

军民关系本身也可能以其他方式妨碍军事技术的发展。在独裁国家，由于担心军队制造政治暴力，文职领导人有强大的动机进行政治干预，并削弱军队发展专业技能的能力。这些干预可能包括高频率地轮换指挥官或定期清洗指挥实体，压制军队内部的横向交流，分割指挥体系，不接受国外的技能和培训资源，在军官选拔或部队组织中以种族划分，对军人进行监视，基于政治效忠而非军事能力提拔人才，处决持不同政见的军官，等等。[②] 这些手段可以有效防止军事政变，却也彻底妨碍了官兵专心提高军事技能，使追求提高军事技能的人才寥寥无几。[③]

社会或文化束缚同样会干扰军事技能的发展，例如，很多人认为，阿拉伯文化鼓励僵硬的等级制组织结构以及对权威的绝对顺从。为保持与下属的距离感和已有的身份地位，不鼓励

[①] Kiesling, *Arming against Hitler*; Elizabeth Kier, *Imagining War* (Princeton: Princeton University Press, 1997).

[②] 见如 Samuel Huntington, *The Soldier and the State: The Theory and Politics of Civil-Military Relations* (Cambridge: Harvard University Press, 1957), p. 82; Amos Perlmutter and Valerie Plave Bennett, eds., *The Political Influence of the Military* (New Haven: Yale University Press, 1980), pp. 205 – 208; Eliot Cohen, "Distant Battles: Modern War in the Third World," *International Security* 10, 4 (Spring 1986), p. 168。

[③] 更详细的讨论，参见 Biddle and Zirkle, "Technology," pp. 171 – 212。

上层军官亲自掌握具体的技能细节。[1] 这容易妨碍对问题的真实评估，并可能导致在培训中弄虚作假。错误极少被承认，自然也就极少能得到更正。这限制了军官对装备维护和使用的技术需求的了解水平，也同样限制了小的作战单元的主动性和灵活性，而这些对现代军事体系却至关重要。

拨款次序优先级的冲突也阻碍军事技能的发展。比如军事－工业复合体强大的国家，面临将稀缺资源用于装备生产而非用于组织培训的政治压力。另一种情况是，有些国家更倾向于将款项由战备和培训转移到军队装备现代化上。军事训练花费很大，效果却难以持久，高级军官更关心部队的长期遗产而渴望将资金用于长久的重要装备上，他们有动力将资源从诸如军事培训这类昂贵的、小国难以长久维持的行动转向发展新一代武器，[2] 那些认为短期内不会发生战争的国家尤其乐意这样做，然而这样的政策显然会导致军队平时备战训练的不足。冲突可能比决策者预计的来得更突然：例如，从 1919 年到 1933 年，英国每年的国防预算都是按照"十年规则"（假设至少十年内不会有大的战争）来规划的，然而第二次世界大战在 1939 年爆发。[3] 而重建

---

[1] Kenneth M. Pollack, "The Influence of Arab Culture on Arab Military Effectiveness" (Ph. D. diss. , MIT, 1996); Wade Hinkle et al. , *Why Nations Differ in Military Skill* (Alexandria: Institute for Defense Analyses, 1999), IDA D－2372. 关于战略文化对中国军事行为的重要性，见 Johnson, "Strategic Culture", Michael Desch, "Culture Clash: Assessing the Importance of Ideas in Security Studies," *International Security* 23, 1 (Summer 1998), pp. 141－170。

[2] George C. Wilson, *This War Really Matters: Inside the Fight for Defense Dollars* (Washington, DC: CQ Press, 2000), p. 50.

[3] 内阁原则上同意在 1932 年 3 月 23 日撤销该规则，但直到 1933 年 2 月 15 日才生效，见 Public Records Office: AIR 41/39, appendix 1。

军队已丢失的技能是非常缓慢的过程。直到 20 世纪 80 年代中期，人们通常认为，美国军队的能力一直没有恢复到越战前的

50   水平。[1]

因此，恰当实施现代军事体系所需要的技能培训是很难获得的，很多国家未能掌握这些技能。因此，技能不足是现代军事体系兵力部署的重要障碍。

更宽泛地说，政治、文化和组织等诸多因素都会妨碍国家的现代军事体系和军事学说，而在不同国家，这些因素的强弱差异很大。政治不稳定的独裁国家与稳定的民主国家面对的军事体系激励不同，各国间国内政治压力的强度和性质不同，种族碎片化的国家与同种族或种族和谐的国家面临不同的权衡和折中。如果军事学说完全由军事考虑决定，那么这些差异很大的非军事压力会变得无关紧要，所有国家都会沿着现代军事体系的路径采取类似的兵力部署。然而，由于现实中，军事体系是军事和非军事因素复杂互动的产物，因而国家与国家之间，以及国内不同时段之间，作为政治、组织和军事压力变化的相对平衡，真正的军事体系差异会很大。[2] 最终结果就是兵力部署在作为整体的国际体系中存在广泛差异。

51

---

[1]   James Kitfield, *Prodigal Soldiers* (New York：Simon and Schuster, 1995), pp. 299 – 320.

[2]   关于军事和非军事学说的决定因素，参见 Posen, *Sources of Military Doctrine*；Snyder, *Ideology of the Offensive*；Stephen Peter Rosen, *Winning the Next War：Innovation and the Modern Military* (Ithaca：Cornell University Press, 1991)；Kimberly Zisk, *Engaging the Enemy：Organization Theory and Soviet Military Innovations, 1955 – 1991* (Princeton：Princeton University Press, 1993)；Deborah Avant, *Political Institutions and Military Change* (Ithaca：Cornell University Press, 1994)；Allan C. Stam III, *Win, Lose or Draw* (Ann Arbor：University of Michigan Press, 1996)；Kier, *Imagining War*。

第四章
现代军事体系、兵力优势与变化中的技术

　　到 1918 年，德国、英国和法国都发现了实际上相同的应对致命杀伤力的方案，该方案就是现代军事体系。虽然现实证明，现代军事体系的构建及实施并非易事，但只要全面建立并得以实施，该体系便可使军队在战场上免遭炮火风暴的打击，并且在无法想象的致命武器肆虐的战场上更有效地作战。

　　但是，1918 年和现在有什么关系呢？自那时起，军事技术已经发生了巨大变化，军队规模也改变很大，难道这些都不重要吗？

　　技术和兵力优势都很重要，然而它们的作用与通常假设中的作用并不一样，且相对较小。即便到今天，要其发挥的作用仍与 1914 ~ 1918 年在西线形成的兵力部署原则密不可分。

　　究其原因，这既是现代技术的性质所致，也是现代军事体系的性质使然，现代军事体系正是通过利用军事技术的属性来发挥作用，后者自 1918 年以来几乎没有变化，如今的变化速度也非常缓慢。因此它抑制了技术变迁的效应：相较于非现代

军事体系的军队，现代军事体系的军队更少暴露于现代军事武器之下，尽管后者的杀伤力、速度和感知能力正变得日益强大。这反过来意味着现代军事体系随时间变得越来越重要，相比现代军事体系，技术变迁只是增加了非现代军事体系军队的脆弱性，使得二者之间的真实战斗力产生了很大的代差。

相反，兵力优势有赖于现代军事体系使暴露的人员数量减少，进而具有决定性影响。现代军事武器已然如此致命，如果暴露其下，非现代军事体系的部队只能化为炮灰，数量优势只有在现代军事体系力量的运用上才能发挥作用。

本章分为四个部分。第一部分考虑 1918 年之后的技术变迁，以及技术变迁对现代军事体系军队和非现代军事体系军队的不同影响。第二部分分析兵力优势及其影响。第三部分展望了未来巨大变迁的前景，界定新理论的适用范围。第四部分定性总结概括得出理论，以及该理论对现代战争的关键预测（该理论在附件中以战斗力数理模型的形式存在）。

1918 年以来的军事技术变迁

1918 年以来的技术变迁有三大主要影响：火力与杀伤力的持续提升，更远距离的更高机动性，在更大地域更广范围内发现、传递和处理信息的能力。本节将依次分析每个重要变化，并以二元技术不平衡作为具体例子来结束此部分。

提升的火力

现在，很多人都认为远程精确制导武器使战争发生了革命性变化，需要全新的军事学说和战术（来应对）。① 然而杀伤力急剧增长并非新事物：它首先使现代军事体系诞生，并事实上决定了其后的 20 世纪战场。因此，精确制导武器是这种长期趋势的延续，该趋势使现代军事体系的重要性日益增加。

这是因为，虽然从绝对意义上讲，武器对所有目标的杀伤力都有增加，但武器对暴露的大规模目标杀伤力的增加比对隐蔽而分散目标杀伤力的增加速度更快。随时间推移，增长率的差异使得大规模暴露目标和隐蔽分散目标间脆弱性的差异一直在稳定加大。该差异对现代军事体系战术非常关键，现代军事体系战术强调通过分散或利用地表的复杂性提供掩体和伪装。最终结果是，随着武器杀伤力越来越强，现代军事体系军队在相对脆弱性上获得更多优势。

例如，诸如步枪、机关枪、坦克等平直弹道的直射武器对暴露目标的杀伤力日益增长，但即使最重的坦克炮对隐蔽目标的杀伤力也几乎可以忽略。轻型和较浅的障碍物可以被现代高动能炮火打穿，但对一定厚度的坚实地面而言，即使 M1A2 坦克 120 毫米的贫铀弹也很难穿透，即便轻型掩体也能有效阻挡反坦克导弹使用的化学能弹头。② 实际上，如植被等可被穿透的伪装，只要能阻挡射击者的视线，不让射击者知晓目标的

---

① 参见 William J. Perry, "Desert Storm and Deterrence," *Foreign Affairs* 70, 4（Fall 1991），pp. 66 - 82；Andrew F. Krepinevich, "Cavalry to Computer: The Pattern of Military Revolutions," *The National Interest*, no. 37（Fall 1994），pp. 30 - 42；Toffler, *War and Anti-War*；Eliot Cohen, "A Revolution in Warfare," *Foreign Affairs* 75, 2（March/April 1996），pp. 37 - 54。

② Headquarters, Department of the Army, *FM 5 - 103: Survivability*（Washington, DC: USGPO, 1985），pp. 4 - 13.

路径或可用的交火点，就可与坚实的地面障碍物一样有效。[①]
因此现代直接射击武器虽然可以更远距离、更快速地歼灭暴
露的目标，但对隐蔽在斜坡或藏在废弃建筑物中的目标而
言，面对 2001 式 M1A2 坦克时不见得比面对 1918 年马克 IV
（Mark IV）坦克时更脆弱。

与此类似，1918 年以来，大炮在射程和杀伤性方面有了
重大提升，而其对暴露目标的提升力度更甚。例如，20 世纪
70 年代，美国 203 毫米自行榴弹炮的射程是 1942 年 105 毫米
榴弹炮的 2 倍。针对暴露目标，每个 203 毫米自行榴弹炮的杀
伤范围是 1942 年 105 毫米榴弹炮的 7 倍；而针对隐蔽目标，
与 1942 年相比，1972 年 203 毫米自行榴弹炮的杀伤范围只增
加了不到 1.5 倍。[②] 更重要的是，两种武器的实际效用都主要
受限于射击目标的获取，而获取隐蔽目标技术的发展远远落后
于获取暴露目标技术的发展。

大炮主要通过三种方式获取目标。第一种方式是由战场前
线的观察员识别目标，将目标位置传达给后方炮兵，由炮兵进
行发射校对。1918 年以来，战地观察员的能力得到了提升，[③]
但地面目标识别者最终受限于获取目标的视线。地面视野限制
了直射武器对现代军事体系注重掩护的目标的打击，同样也限

---

① 参见 Swinton, *Duffer's Drift*, pp. 35, 48。

② Schultis et al., *Military Potential*, p. 65；关于射程，见 David Isby and Charles
Kamps, *Armies of NATO's Central Front* (New York: Jane's, 1985), pp. 414–415。

③ 特别是通过通信改进，最近则通过新技术减少了地面侦察员的定位错误，见
R. B. Pengelley, "HELBAT: The Way to Tomorrow's Artillery," *International
Defense Review* 13, 1 (1980), pp. 83–88。

制了战地侦察员的视野，从而限制了他们获取大炮目标的能力。①

　　大炮获取目标的第二种方式是通过敌方火力（尤其是敌方大炮火力）推测射击者的位置，最早的方法始于 1915 年，是通过火光和声音测距。② 此后，人们开始使用雷达识别空中的炮弹，运用雷达，通过观测炮弹飞行中的几个点，可以算出其轨迹，并利用它推测射击者的位置。③ 雷达使掩体和伪装的效果大打折扣（虽然看不见射手，却可观察到炮弹）。但这种方法只针对高轨迹发射者（炮弹飞的足够高可被看见），而且只在其发射后才有用，平直弹道的直射武器因此不受影响，而炮兵可以通过开火后转移阵地来躲避真正的探测（打完就跑），或者将未被发现和尚未开火的火炮隐藏起来，在关键时刻突然使用。④ 因此，识别敌方火力只是对现代军事体系掩体和伪装的

---

① 和直射武器相比，火炮侦察员在打击掩护目标方面有两个优点：首先，他们有时可使用较高的海拔（例如，教堂尖塔或山顶中的观察哨）来查看较低的障碍物并延长其视野；其次，他们可以承受目标位置较大的失误（因为火炮是区域性火力，而非武器点射），因此知道目标的大致位置后，那些隐藏在小地形后的目标仍会受到打击。然而，没有什么会是完美的。高地观察也有脆弱性：对手会有意突出高点，诱导火力。因此，大多数观察者被告诫要避免过度升高，应尽量如周围的直射手那样从水平线进行观察。炮兵观察员承受错误的能力有限，甚至使用战术核武器都需要清楚目标的确切地点，见 Victor Utgoff and W. M. Christenson, "Battlefield Nuclear Forces," in Stephen Biddle and Peter Feaver, eds., *Battlefield Nuclear Weapons: Issues and Options* (Lanham, MD: University Press of America, 1989), pp. 97 – 124, 128 – 134。

② 见 Griffith, *Battle Tactics*, pp. 153 – 154; Bidwell and Graham, *Firepower*, pp. 109 – 110。

③ 见 J. Bailey, *Field Artillery and Firepower*, pp. 60 – 61; Headquarters, Department of the Army, *FM 6 – 20 – 1: Field Artillery Cannon Battalion* (Washington, DC: USGPO, 1983), pp. 1 – 19 to 1 – 26。

④ 见 *FM 6 – 20*, pp. 1 – 44 to 1 – 45。

部分应对。

　　飞机提供了大炮获取目标的第三种方式，尽管飞机的这种功能相对其作为直接武器携带平台毫不起眼。自 1918 年后，很明显，飞机在所有作战功能上都得到极大提升。对地攻击射程提高了 10 倍，有效载荷的提升超过了 100 倍，通过精确制导，武器自身也变得更为有效，现在空中侦察和目标获取都大范围地利用改进后的传感器。① 若取得制空权，针对大规模暴露目标，这些提升使得战机可在数小时内歼灭整个旅或师。②

　　一些巨大改进甚至对隐蔽目标的识别也产生了影响。地面上小的褶皱不能阻挡空中的视线和火力。即使对使用了现代军事体系而较少暴露的对手，这也减少了其可用的掩体，增强了炮火的杀伤力。

　　然而，就现代武器杀伤力的增长速度而言，隐蔽的现代军事体系目标所受到的打击要远低于暴露的大规模目标。原因有三：（1）即使是飞机侦察，现代军事体系的军队仍有大量掩体可用；（2）飞机是瞬时观测者，难以确保在现代军事体系军队发现侦察后实施瞬间隐蔽时仍能捕捉到目标；（3）自然

54

---

① Swanborough and Bowers, *Military Aircraft*, pp. 241, 248, 329.

② 例如，1991 年 1 月 29 日，共有三个伊拉克装甲旅试图在海湾战争中对多国部队进行攻击，一个旅到达并暂时占领了沙特的 Khajfi 镇，但其他两个旅被多国部队飞机发现，并在几个小时内被歼灭，见 *GWAPS*, vol. 2, pt. I, pp. 273 – 274；Scales, *Certain Victory*, pp. 189 – 191。事实上，具有空中作战优势的大飞机长期以来一直对暴露的地面部队有极大的杀伤力。例如，在 1944 年，试图逃离"法拉斯口袋"的德国地面部队因盟军空袭而损失惨重，见 Ian Gooderson, *Air Power at the Battlefront* (London: Cass, 1998), pp. 117 – 119；Martin Blumenson, *Breakout and Pursuit* (Washington, DC: Officeof the Chief of Military History, 1961), pp. 506 – 558。尽管运动时间缩短且飞机数量下降，但处在地面开放空间的大股部队的脆弱性始终存在。

掩体与反侦察技术相互作用——现代军事体系军队可以利用前者，使其更易于后者挫败新的侦察和精确打击技术。这些值得详述。

空中打击下的掩体

首先，在空中打击下，虽然有些类型掩体的隐蔽效果在下降，但有些掩体则变得更有效，而有些掩体在空中观测与在地面观测的结果都一样。比如，20世纪大部分时间里，最常用的两种掩护——黑夜和恶劣天气——对飞机比对地面部队更有效。在黑夜或者大雾中，地面武器的发射视线会受到巨大影响，但大多数情况下仍可在战场上使用。相反，至少到20世纪80年代以前，黑夜和恶劣天气会使绝大多数战机难以对地面作战发挥作用。[1] 即使到1999年，也只有极少数的飞机能够透过云层发现地面目标。[2] 大雾降低了红外对比度和激光射程，下雨则会影响在毫米波波段工作的雷达的性能。[3] 而这些天气情况在世界多地相当常见。除了北极圈，地球上所有地区每天都有黑夜，恶劣天气也几乎同样常见。比如在欧洲，实施地面打击的战机

---

[1] 第二次世界大战期间，英国皇家空军在夜间即便轰炸如城市等大的静止目标时，都会遇到严重困难，对小的移动目标的攻击则完全没用，见 T. Biddle, *Rhetoric and Reality*, pp. 184 – 185, 195。

[2] 例如，北约在科索沃的空袭中，能够透过云层打击目标的唯一武器是美国 B – 2轰炸机所携带的联合制导攻击武器（JDAM）。联合制导攻击武器在北约运至战场的军械中仅占少数，见 Benjamin Lambeth, *NATO's Air War for Kosovo* (Santa Monica: RAND, 2001), pp. 88, 91。

[3] 见 Headquarters, Department of the Army, *FM 7 – 92: The Infantry Reconnaissance Platoon and Squad* (Washington, DC: USGPO, 1992), appendix A: Limited Visibility Operations. For a more technical treatment of radar and laser attenuation, 见 Merrill Skolnik, *Radar Handbook*, 2d ed. (New York: McGraw Hill, 1990), pp. 1. 13 – 1. 18, 23. 5 – 23. 10。

有40%的时间会被80%～100%的云层遮挡。[1] 在春季，每四天就有一天早上会有大雾，持续时间平均超过 5 个小时。[2] 北约在科索沃的 78 天空袭行动中，超过 70%的时间云量超过 50%。[3]

此外，森林、丛林和建筑物都能阻挡地面和空中观测，在可见的未来恐怕会依然如此。现在雷达、红外传感器和光学传感器都无法穿透植被和砖石建筑。[4] 从森林和市镇中发射的电子信号可以被捕捉到，但除了电子信号本身外，极少能定位到其他东西。[5] 新低频宽带雷达可能最终会穿透植被，但该项目仍处于初期。如这项技术被证明可用，能应对反措施，可付诸实践，那么成为战场军事体系或许仍需一代人的时间。[6] 远程

---

[1] *United States Strategic Bombing Survey*, Vol. 62: *Weather Factors in Combat Bombardment Operations in the European Theater*, 2d ed. (Washington, DC: USGPO, 1947), p. 8. 此外，预计在将近三分之二的时间里，至少 50% 的云量对 1945 年的精确轰炸影响极大，同上。

[2] Department of the Army, *FM 100 – 5*, pp. 13 – 10 to 13 – 22.

[3] William S. Cohen and Henry H. Shelton, "Joint Statement on the Kosovo after Action Review," presented to the Senate Armed Services Committee, October 14, 1999. Defense Dept. News Release No. 478 – 499, p. 11.

[4] Alan Vick et al., *Enhancing Air Power's Contribution against Light Infantry Targets* (Santa Monica, CA: RAND, 1996), pp. 13 – 30; Peter Brooks and Edward Smith, "Evaluation of Airborne Surveillance Systems," *IDA Research Summaries* 3, 1 (Winter/Spring 1996), pp. 4 – 5; Dominick Giglio, "Overview of Foliage/Ground Penetration and Interferometric SAR Experiments," *SPIE Proceedings*, 2230 (1994), pp. 209 – 217.

[5] Robert H. Scales, Jr., "Accuracy Defeated Range in Artillery Duel," *International Defense Review* 24, 5 (May 1991), pp. 478 – 479; Vick et al., *Enhancing Air Power's Contribution*, pp. 19 – 20. 使用 COMINT 和 SIGINT 进行监视而不是目标采集的问题将在后面讨论。

[6] 关于美国国防部先进研究计划局（DARPA）倡议的叶簇穿透雷达系统，见 Michael O'Hanlon, *Technological Change and the Future of Warfare* (Washington, DC: Brookings, 2000), p. 49; Giglio, "Foliage/Ground Penetration"; Vick et al., *Enhancing Air Power's Contribution*, pp. 17 – 20。

部署的无人值守地面传感器也许能识别森林和城镇里的目标，但监控距离有限，而且想要大范围覆盖必须大量部署。在可见的未来，成本使它们只能局限在有限地域。① 理论上，特种兵小分队可以深入森林或城镇目标点，然后用无线电协调空中打击，但如果他们不能接近目标，那么这种方法是不可行的。例如，这种方式很难摧毁包含从隐秘射击点射击的交叉火力场、防渗透前哨区、拥有足够纵深的合适的现代军事防御体系。而且，可行的目标获取体系需要有效的军事装备来威胁丛林或防御构筑区中的目标，穿透植被的末端制导被证明比侦察的挑战性更高，而城镇地区则对以正常轨道降落的武器造成很多遮蔽。②

城镇与森林在世界上绝大多数地区都很常见。比如德国陆地40%以上是森林和城镇地区，③ 波兰几乎三分之一的地区被森

---

① Victor Utgoff and Ivan Oelrich, "Confidence-building with Unmanned Sensors," in Barry Blechman, ed., *Technology and the Limitation of International Conflict* (Lanham, MD: University Press of America, 1989), pp. 13 – 31.

② 穿透树叶遮蔽所需的低频雷达需要大孔径才能提供必要的分辨率，因为终端引导系统的物理孔径受限于武器的直径，这就需要合成孔径（SAR）技术。由于消耗弹药所以代价很大，对终端降落也是不切实际的，因为合成孔径飞行路径必须偏离监视方向（目前大多数的合成孔径使用大致垂直于监视方向的飞行路径）。见 John W. Sherman, III, "Aperture-antenna Analysis," in Skolnik, ed., *Radar Handbook*, 1st ed., pp. 9.1 – 9.40。因此，可能必须通过参考外部坐标系，例如全球定位系统（GPS）来进行武器制导，在这种情况下，可将目标位置描述出来并传送给弹药。由于初始目标位置错误无法通过终端归位来克服，所以这种弹药会受到监视装置和弹药本身引导系统的复合影响。关于终端制导和 GPS/惯性系统的相对准确性，参见 David Fulghum, "Small Smart Bomb to Raise Stealth Aircraft's Punch," *Aviation Week and Space Technology*, February 27, 1995, pp. 50ff。

③ Central Intelligence Agency, *The World Factbook*, *1999*, available at www. odci. gov/ cia/publications/factbook; Hans Essmann, "Land Use and Forest Policies to Enhance Biodiversity in Germany," Finnish Forest Research Institute, available at www. metla. fi/ conf/iufro95abs/d6pap104. htm (both accessed January 19, 2002).

林覆盖，爱沙尼亚44%的国土为林区，匈牙利的19%、波斯尼亚的39%、中国的14%、韩国的65%为林区。[1] 美国陆地的30%为林区、6%为城市。[2] 当然，中东地区属沙漠地带，几乎没有什么林区，但是大部分地缘作用突出的陆地为城市，而这些城市区域非常大，例如，仅巴格达市区的面积就有300多平方千米。[3]

而且，这些掩体经常是以小的、分散的碎片出现，易于使防御者从一处冲刺到另一处躲藏。比如在1944年诺曼底的古德伍德战役中，尽管整个战场仅26%的陆地被覆盖，但在1平方千米坐标网格中至少80%的区域被森林或城镇遮盖。即使上空持续有飞机侦察，从莱泽布雷特维尔（Bretteville-sur-Laize）向乌伊斯特海姆（Ouistreham）沿海港口（直线距离28公里）挺进时，步行的现代军事体系地面部队也只能选择迂回路径，以期最大限度地减少暴露，在穿过这段路程的85%的时间里，部队都处于隐蔽状态。[4]

---

① CIA，*World Factbook.*

② 同上，*Statistical Abstract of the United States*（Washington，DC：U. S. Census Bureau，1995），table 365。

③ media. maps. com/magellan/images/BAGHDA – W1. gif.

④ 在这条45千米的隐蔽路线（大约从莱泽布雷特维尔到梅苏尔·奥恩，然后到卡昂，再到贝努维尔，最后到达乌伊斯特海姆）中，高空观测中被覆盖的路线长度是38.9千米。平均暴露延伸长度为175米，最长单次暴露延伸长度为1300米。徒步步兵以每小时6千米的越野慢速行进，对高空观察平均暴露时间约两分钟，见 *Institut Geographique National Carte Serie M761，Feuilles XVI – 12（Caen）and XVI – 13（Mezidon）*。写作本书的办公室位于北卡罗来纳州西北达勒姆县，在这片162平方千米的土地上，95%以上的一平方千米坐标网格内至少都有一些覆盖（占总面积60%以上的是森林，15%以上的是建筑），在阔叶树枝枝繁叶茂的月份，部队徒步横穿该地区时，在许多条路径上能使部队暴露的长度不超过100米，见 U. S. Department of the Interior Geological Survey Map，Northwest Durham，NC，SW/4 Durham North，15' Quadrangle，36078 – A8 – TF –024，rev. 1987。

　　科索沃战争和阿富汗战争表明，即使面对现代高科技的空中力量，掩体仍然是十分重要的。例如，1999 年，科索沃的塞尔维亚地面部队可能并没有实施全面现代军事体系的能力，但如果没有来自北约地面部队的威胁，塞尔维亚部队依然能在绝大多数时间里隐蔽其重型武器，或将其部署在平民中间。因此，北约长达 78 天上千架次的轰炸至多只摧毁了塞尔维亚地面部队中的几百个目标。①

　　在阿富汗，作战技能低下的塔利班没有能力利用掩体，因此极容易遭到精确的空中打击，技能精良的基地组织在利用掩体以减少暴露方面则更为成功。例如，2001 年 11 月 5 日，在坎大哈的白蓓奇（Bai Beche），"基地"组织防守力量遭到美军三天的密集性轰炸后，仍有足够的军力幸存下来，并击退了阿卜杜勒·拉希德·多斯特姆（Abdul Rashid Dostum）将军率领的北方联盟（Northern Alliance）装甲部队的最初攻击。② 12 月 4～6 日，沿第 4 高速公路涵洞或利用废弃汽车所隐藏的基地组织防御阵地始终未被美国侦察系统发现，直至他们开火并击退美 - 阿联军的前进。③ 在赛义德·斯利姆·卡莱（Sayed Slim

---

① 北约声称已经袭击了 93 辆坦克，153 辆装甲运兵车，389 门迫击炮、高射炮和大炮，加上 339 辆"其他军车"，见 Gen. Wesley Clark and Brig. Gen. John Corley, "Press Conference on the Kosovo Strike Assessment," NATO Headquarters Brussels, September 16, 1999, p. 9。这些数字比之前宣称的数字少了 10% ～ 15%，数据不一定权威（例如，在战场上只发现 26 辆被毁坏的坦克，宣称的数字大都基于软性数据）。据估计，科索沃塞族有 350 辆坦克，430～450 辆装甲运兵车，750 门迫击炮、高射炮和大炮。同上。总体上，塞族所持有的武器会更多，见 International Institute for Strategic Studies, *The Military Balance*, 1998/99, pp. 99 - 100。

② MHI, Tape 032602p, CPT M. int.

③ MHI, Tape 032602a, CPT H. et al. int.

Kalay）和阿吉斯坦大桥（Arghestan Bridge），"基地"组织在被发现之前的反击已接近美军和联军的轻型武器射程范围，更不用说开火了。[①] 2002 年 3 月的森蚺行动（Operation Anaconda）中，虽然美国使用最先进的复杂侦察技术进行了大量的战前侦察，但在地面部队部署前，美军只了解到战场中不到一半的"基地"组织战斗位置。实际上，森蚺行动中美军遭遇的大部分攻击来自开始时没有发现、没有侦察到的"基地"组织战斗位置。[②]

56

"基地"组织和塞尔维亚部队的作战技能都不足以达到现代军事体系的要求。塞尔维亚从北约不进行地面入侵的政策中获益良多，其军队可采取躲藏而不必防守国土的行动——这可比用现代防御对付熟练的地面袭击要容易得多。"基地"组织与高技能的美国和加拿大步兵部队作战，要比与效率更低的阿富汗部队作战的损失高得多，尽管比当地的阿富汗反对派武装组织作战水平高，但"基地"组织并未能从整体上掌握现代军事体系。美国介入阿富汗战争后，这一点在促使其从阿富汗仓促出逃中起了很大作用。[③] 两个案例都不是现代军事体系完全起作用的案例，但两个案例都给我们提供了了解现代空中打击力量下掩体作用的窗口，并启示我们，如果掩体运用恰当，

---

①　MHI, Tape 032802a, MAJ D. int. ; Tape 032602a, CPT H. et al. int.

②　MHI：Tape 041902p, LTC Briley int. ; Tape 042002p, LTC Gray int. ; Tape 041802p, LTC Lundy int. ; Tape 041802p, LTC Preysler int. ; Tape 041902a, MAJ Busko int. ; Tape 041902a, CPT Murphy int. ; Tape 041902a, CPT Lecklenburg int. 有关在阿富汗战场上传感器性能的更详细的讨论，见 Biddle, *Afghanistan*, pp. 26 – 33。

③　关于"基地"组织的战术缺点，参见 MHI, Tape 032802a, MAJ D. int. ; Tape 041902a, CPT Lecklenburg int. ; Tape 041902a, CPT Murphy int. ; Tape 041902a, MAJ Busko int。

地表的自然复杂性仍足以妨碍空中打击的目标定位：当塞族和"基地"组织成员进行很好的隐蔽时，仅靠空中力量是难以将其击败的。

空中观测的瞬时性

限制现代军事体系发挥空中打击目标作用的第二大难题是空中观测的时间不能持续。地面作战时，可以持续地侦察地形，发现目标后立即开火，即使目标只是短暂出现。而飞行器很难有这么充足的时间连续不断地出现在整个战场上空。[①] 通常而言，空中侦察是间歇性的，或应对其他发现目标者的呼叫。因此，正常情况下，地面目标通常享受空中没有飞机的时间——实际上，天空中没有飞机的时间要比有飞机的时间多得多，即便在激烈战斗中也是如此。因此现代军事体系军队通常可以等到空中没有飞机后再在掩体间行进。只要行进的时间短，通常足够在空中打击来临前完成部署。

例如，在海湾战争中，尽管联军部署了堪称史上最庞大的机群，但伊拉克还是成功调动了 5 个师的兵力到达美国第 7 军团挺进的路上，包括大概 600 辆坦克和 600 辆其他装甲车，在兵力运输过程中，伊军队并没受到致命损失。与此同时，伊拉克调动了数个旅到布尔坎（Burqan）展开反击，与联军的海军陆战队近距离战斗，兵力调动途中也未遭到重大损失。其还将

---

① 有些人现在寄希望于无人侦察机，无人机可提供接近持续不断的空中监视，但随着地面部队学会将它击落，其脆弱性将限制它们在战场上无限巡游的能力。如在 1999 年，北约的 15 架无人机在科索沃被击落，它们大多被地面火力击中，无人机适用于缺少针对小目标的防空系统，见 Cohen and Shelton，"Joint Statement on the Kosovo AAR," p. 14。

一个营的兵力跨境调动至海夫吉（Khafji），在机动过程中也毫发未损。[1] 被发现的伊拉克部队则遭到沉重打击，但仍有一些部队在联军空军做出反应前成功完成了机动——而且这是在联军完全掌握了制空权、掩体极端稀缺，同时伊拉克军队几乎没有能力全面掌握现代军事体系的情况下。倘若当时联军空军盘旋在头顶，这些伊拉克部队在到达指定目的地前就会被消灭了。正因为空中力量本质上是不可持续的，所以大部队也有可能在暴露期幸存，进而完成重要的战术行动。

2001～2002 年，阿富汗"基地"组织成员很快就学会了在联军飞机盘旋头顶的时候撤退到掩体中，当飞机飞离后再出来射击、移动或执行重新补给任务。比如在森蚺行动中，"基地"组织成员通常会在联军飞机离开后从掩体中走出来进行扫射，最终迫使美国只能让步兵测出其暴露的时间并用迫击炮扫射。[2] 即使在 21 世纪，空中侦察的断续性仍制约着空军摧毁灵活的现代军事体系目标（在其找到掩体前）的能力。

掩体 - 反措施的相互作用

第三个影响空中力量对现代军事体系目标实施有效性打击的因素是掩体与专业反措施之间的相互作用。好的传感器和武器能刺激反措施不断发展。这包括诱饵、蒙蔽、干扰、电子欺骗、加密、信号抑制和主动防御等。所有这些技术很久以前就被用来保护高价值的空中和海上目标，而现在也被用来保护诸如坦克、装甲运兵车等地面军事目标，以应对精确制导的空中

---

[1] Gordon and Trainor, *The Generals' War*, pp. 267 - 288, 363 - 369, 387; Scales, *Certain Victory*, pp. 232 - 236, 266.

[2] MHI, Tape 041902a, CPT Lecklenburg int. ; Tape 041902a, CPT Murphy int.

和导弹运载武器。① 大规模移动的坦克群提供了多重信号源，因此暴露于很多追踪技术之下，几乎不可能同时、持续地欺骗、抑制或者干扰这些信号。然而，通过限制武器种类、降低敌方传感器的有效性，掩体、伪装和分散等战术减轻了反措施的任务量。在暴露的状态下，追踪技术已赢得侦测与反侦测之间的较量，这在很大程度上得益于多光谱传感和数据融合技术在挫败单独实施反措施过程中的有效性。② 隐蔽状态下，信号种类和强度减少，这或许会使可行的专业反措施占上风。而且，通常利用自然掩体的地面部队只会在不可避免的短暂暴露期间进行对抗。诸如可燃弹或多频段烟雾等消耗性的隐蔽措施也许能够有效地使部队在很宽的频段内进行隐身，但持续使用必然带来难以解决的物流难题。③ 能够使用自然掩体来降低自身暴露的时间，只在短暂的窗口期使用隐蔽技术，这样的军队可使此类消耗性反措施在战术上可行。与此类似，现代军事体系掩体主要将诱饵、干扰等手段用于关键的时间和地点，而并非在整个战场上和所有部队中使用。因此实际上，专业反措施和火力压制作用类似：不是永久性地打败敌方射手或导引者，

---

① 参见如 R. M. Ogorkiewicz, "Automating Tank Fire Controls," *International Defense Review* 24, 9（September 1991）, pp. 973 – 974; Stephen Biddle, "Can Conventional Forces Substitute for Battlefield Nuclear Weapons?" in Biddle and Feaver, eds., *Battlefield Nuclear Weapons*, pp. 74 – 81。

② 参见如 Defense Science Board, *Summer Study Task Force on Tactics and Technology for 21st Century Military Superiority*（Washington, DC: Department of Defense, 1996）; Stuart Johnson and Martin Libicki, *Dominant Battlespace Knowledge*（Washington, DC: National Defense University, 1996）。

③ 例如，美国 M58 是由 M113 装甲运兵车改装而成，专门用于隐身烟雾的运输和分发。它的整个负载对红外传感器只产生 30 分钟的连续隐藏，见 www.uniteddefense.com/www. m113. com/m58. html（accessed January 19, 2002）。

而只是在掩体到掩体间的短促冲锋时短暂地保护现代军事体系的小分队。①

　　因此，自 1918 年开始，杀伤力有重大提升的武器，不管是直射武器、大炮，还是空投武器，没有哪种针对隐蔽目标时能够和针对暴露目标时一样有效。当然了，针对隐蔽分散目标的武器的杀伤力也在提升，不会停滞，但此类武器杀伤力的增长速度比针对暴露目标的武器杀伤力的增长速度要慢得多，在可预见的将来会依然如此。除非针对隐蔽分散目标的杀伤力达到摧毁水平——短时间内不会，否则杀伤力有效性的差异将使现代军事体系军队相较于非现代军事体系对手更加强大，而且这一差距会日益加大。

　　这是否意味着今天的军队能简单地模仿 1918 年德国的战术以求在现代武器下幸存呢？答案自然是否定的。也不意味着针对隐蔽目标时，2002 年的传感器效果并不比 1918 年的传感器更有效，如森蚺行动那样，即使只在战场上找出一半的防御者也是对旧有技术的重大改进。这也不意味着现代空中力量不够强大，或者不是非常有价值的资产，很显然，空中力量十分强大，而且极具价值。

　　所有这些分析只是意味着，现代军队的幸存法则与 1918 年时一样。需要更加积极地实施这些法则，而且如果积极实施，这些法则仍能帮助军队幸存于现代火力之下，有足够的力

---

① 关于现代专业反措施与传统掩体、隐蔽和分散的协同，参见 Gen. John Shalikashvili, *Joint Vision 2010*（Washington, DC: Joint Staff, 1996）, pp. 15－16；关于反措施发展的总体情况和技术评价，参见 O'Hanlon, *Technological Change*, pp. 45－52, 58－64。

量去执行有意义的军事任务。仅仅火力本身，即使处在 21 世纪，也不足以打败使用现代军事体系且能更有效减少暴露的对手。火力极其重要，但它的主要作用是令那些将火力与现代军事体系地面机动紧密结合起来的军队能有效严惩那些非现代军事体系军队所犯的错误。火力是军队有效战斗力的组成部分，但并非全部。只有在与兵力部署有效配合时，火力的作用才能充分发挥。

掩体、伪装、分散、火力压制、多兵种联合、小部队独立机动，是 20 世纪中期在高强度战场上得以幸存的关键。不过，在 1918 年，这些技术只需要在前线几百到几千码的地方使用，那里的部队经常暴露在敌方火力下。在后方，军队则多少可以在暴露的情况下自由移动。随着武器射程的增加，需要使用现代军事体系战术的纵深也在增加。与此类似，武器杀伤力越强，要想在掩体之间进行冲锋时幸存，其暴露的时间就必须要更短，进攻者必须最大化地积极利用地形中的掩体。这反过来需要人员更分散，火力压制时更充分也要更小心，提供火力压制的各类武器必须紧密协调。因此技术影响兵力部署，但其效果并不是要推翻现代军事体系，相反，随着武器杀伤力不断提高，更加完整地实施现代军事体系的方法就变得越来越迫切。①

提升的机动性

速度加快和机动性加强了，这些是否会削弱自 1918 年以

---

① 随着技术的改进，保持生存能力要求更完整地实施现代军事体系。关于技术变迁与现代军事体系实施的关系，参见附录 A－10～A－14 和附文。

来的现代体系呢？当然，今天的军队比 1918 年时的军队机动性更强了：发动攻击时，1918 年的步兵每小时能够挺进 6 千米，没有攻击时的行军速度为每天 25 千米。到 1940 年，德军"虎式 IIIE"（PzKw）坦克在公路上的行进速度为每小时 40 千米（在乡村的行进速度为每小时 18 千米），不重复加油情况下每天可行进 175 千米，而 1991 年，美国 M1A1 坦克在公路上行进的速度为每小时 67 千米，不重复加油情况下每天可达到 465 千米。[①] 20 世纪 60 年代，直升机运输的速度增加了 4 ~ 5 倍，而固定翼飞机能在极短时间内抵达几百千米外的目的地。

很多人认为这些机动性的提高是革命性的。尤其是坦克，它经常被认为恢复了向西线的运动，是德国 1939 ~ 1941 年"闪电"攻势的催化剂。[②] 也有一些人把飞机看作时代的分水岭，或强调飞机能穿越战线，抵近所谓纵深后方的安全目标。[③]

正如第三章所述，在 1918 年结束堑壕战僵局的军事行动中，坦克至多是第二因素。坦克基本没有参与德国的春季攻势，在百日大战的最初战斗后，坦克在协约国军队中也越来越

---

① Martin Van Creveld, *Supplying War* (New York: Cambridge University Press, 1977), p. 116; Von Senger und Etterlin, *German Tanks*, p. 194; Foss, ed., *Jane's Armour and Artillery*, p. 143. 有关最新发展情况的回顾见 O'Hanlon, *Technological Change*, chap. 4。

② 参见如 Liddell Hart, *The Real War*, pp. 249 – 251; Liddell Hart, *History of the Second World War*, pp. 65 – 86; Ropp, *War in the Modern World*, pp. 267 – 270; Brodie, *Crossbow to H-Bomb*, pp. 196 – 199; Messenger, *Blitzkrieg*; Perret, *History of Blitzkrieg*. Cf. Harris, "Myth of Blitzkrieg," pp. 335 – 352。

③ 参见如 Simpkin, *Race to the Swift*; Giulio Douhet, *The Command of the Air* (1921; reprint Washington, DC: Office of Air Force History, 1983)。

少被使用，因为战斗损失和机械故障使越来越多的坦克退出战场。因此，虽然坦克有所帮助，但坦克既不必然也不足以打破堑壕战僵局——现代军事体系战术发挥了更为关键的作用。

当然，1918 年以后坦克技术得到极大提升，许多新的高速（武器）平台也加入坦克这一行列，包括装甲运兵车、自行火炮、直升机、运输机等。但是，这些武器机动性的改进使现代军事体系的必要性减少了吗？

恰恰相反，1918 年之后，武器机动性能的增加与火力增加一样，使现代军事体系的重要性也增加了，尤其是对战役层面的防御者来说。现代军事体系防御行动被用来延缓进攻者的推进，以求生存，即通过延长其纵深隐秘机动的时间，给防御者提供调兵遣将的可能。降低进攻速度是现代军事体系防御的核心，而对进攻者机动性能的增加相对没有那么敏感：对纵深防御来说，武器机动能力的增加只是小幅度地提升了穿透率。因此，现代军事体系的纵深防御限制了进攻者利用其技术增加速度的能力。

对现代军事体系防御而言，为什么武器机动性能的提高对穿透率不那么敏感呢？答案在于现代军事体系“进攻”战术的要求。如第三章所述，现代军事体系的进攻战术严格限制了进攻者推进的速度，而这些限制与进攻者运载工具的潜在速度很少有直接关系。例如，现代军事体系进攻战术需要更仔细的监视和侦察（无论战前还是战中），缜密的战前计划能最大化协调机动部队与火力支持。实际上，其间基本上不会有什么针对防御方的明显移动。参谋工作、规划、兵力预先部署、侦察和演练并不是所有人都可知的，却起着重要作用，所花费的时间也远超过实际进攻的时间。①进攻本身需要在计划之后，并等待所有炮兵准备工作或空中打击完成后才可实施。此外，必须预先确定雷区和防御屏障，并将其破坏，最好在进攻部队暴露在敌人火力之前。所有这些都是耗时却极为重要的例行程序，所有这些都对完成进攻的时间有重要影响，但是，没有哪一项与坦克或其他保障车辆的额定速度有关，没有哪一项可凭借速度更快的武器平台加快进攻。一旦最后进攻开始，必须充分利用联合兵种的协同，需要坦克与徒步步兵协同作战。如果无法协同，坦克的速度就不能超过步兵行进的速度，不管坦克本身能跑多快。因此，现代军事体系加诸了一系列速度限制，而这与支持进攻的坦克、兵力运输车、直升机或飞机等表面的机动能力几乎无关。

但是，一旦进攻方完成突破之后，情形就会发生变化。由于在敌人后方行动的追击部队遭遇工事内防御者攻击的可能性减少（可以选择避开已发现的工事），其对耗时以降低暴露的需求也就小了，这使得进攻者在追击时可充分利用武器平台的最大速度和射程，而不致遭受重大损失。计划周期可以大大压缩，指挥可以通过空中简短、碎片化的指令进行；炮兵支持的必要性降低，更少遇到雷区和障碍，步兵可以继续推进。部队可按队列行进在公路上，直升机和战机也能在可接受的风险内迅速地将步兵送至敌后纵深处。在此情况下，武器机动平台不仅自身可以更快地行进，而且其速度基本上也决定了部队推进

---

① 参见如 the accounts in Daniel P. Bolger, *Dragons at War: 2 - 34 Infantry in the Mohave* (Novato, CA: Presidio Press, 1986)。

的速度（因为这时军队停留在某处以准备行动的时间更少了）。因此，追击战前进的速度比在突破战时对武器平台的名义速度要更敏感一些，即随着武器机动技术的提升而速度加快，自1918年实现了追击战速度的大大提升。这反过来也增加了突破战的进步，因此，通过现代军事体系防御战来阻止突破战的代价更加昂贵，有时在战争之初甚至要丧失一些国土。

不过，固定翼飞机和远程导弹可能是重要的例外：它们可以安全地飞越地面防守阵地，直接快速打击敌方纵深而无须经过突破战。① 而且它们的速度也不受现代军事体系为降低暴露而规定的限制：不管有无突破，飞机和导弹都能在战场上实现最大速度。实际上，两者都可以实现突破战的最终目的——摧毁敌人的基础设施，而无须从敌人的地面防御中杀出血路。既然这样，为什么还要去搞什么突破战呢？为什么不直接打击真正的目标呢？随着空战和导弹技术的不断改进，这会使突破战变得没有必要吗？或者很快就会如此吗？

答案是否定的。现代导弹和航空器可以抵近任何地方、打击任何目标，而想要使现代军事体系的兵力部署难以发挥作用，现代导弹和航空器还必须具备"摧毁"任何地方任何目标的能力。在可

61

---

① 这种能力有时被称为"同时性"或"同步操作"。关于同步性，参见 Headquarters, Department of the Air Force, *AFM 1 – 1: Basic Aerospace Doctrine of the United States Air Force* (Washington, DC: US GPO, 1992), vol. 1, p. 5; Morris J. Boyd and Michael Woodgerd, "Force XXI Operations," *Military Review* 74, 11 (November 1994), pp. 22 – 24; Michael J. Mazarr, *The Military-Technical Revolution: A Structural Framework* (Washington, DC: Center for Strategic and International Studies, 1993), pp. 25 – 27; U.S. Army Training and Doctrine Command, *TRADOC Pamphlet 525 – 5: Force XXI Operations* (Ft. Monroe, VA: TRADOC, August 1994), pp. 2 – 8 to 2 – 11。

见的未来这仍难以实现，原因如上所述：面对具备现代军事体系的对手，航空器和导弹太容易受到掩体和伪装的影响，存在瞬时性。

对具备现代军事体系的对手来说，现代航空器和导弹通过纵深打击所"能"做到的就是减慢其在后方的移动、降低其指挥的效率。深度打击可迫使对手在双方完全没有接触的大后方采用现代军事体系机动技术，迫使其必须不断修复被炸毁的桥梁和公路等，或不得不在使用公路或铁轨前清除远程机动武器设置的雷区。现代航空器和导弹大大增加了防御者在后方地区集结兵力的时间，同时缩短了将进攻者所需的补给或兵员转运至攻击点的时间，尽管这并不能完全阻止防御方的军事行动。[①] 纵深打击可迫使对手隐藏和分散油料以及弹药库，使其再补给减缓，从而压缩了敌对行动的节奏。纵深打击还可迫使敌方指挥所限制信号发射，将天线和发射器转移到边远位置，改用陆上通讯线或通信员，并且必须频繁变换地点，以梯队替补死伤人员等。[②] 这些可以降低对方指挥者的效率、灵活性和反应能力，尽管这通常不能完全阻止对方的指挥运行。[③]

当然，对非现代军事体系对手，纵深打击能做到的会更多：

---

① 因此，对防御者来说，在更快集中以反击具有现代军事体系纵深攻击能力的对手时，平台速度的系统性增加不一定能完全实现。对进攻方和防御方平台速度系统性增加净影响的更详细介绍，请参见附录。

② 关于指挥通信安全技术，参见 Headquarters, Department of the Army, *FM 71-3: The Armored and Mechanized Infantry Brigade* (Washington, DC: USGPO, 1996), pp. 3-10 to 3-21。

③ 相比之下，地面部队的突破性追击，可通过在开阔和隐蔽地形上施加地面部队不可持续穿过的警戒线来阻止敌对行动。即使敌对方的补给储存在森林或城镇，也可将其直接摧毁。无论敌方在信号警示或当地安全预防方面做得多么成功，都可以摧毁其指挥所。因此，地面部队追击比只是依靠纵深打击能更彻底地消灭敌方基础设施。

暴露的行军可被切断，暴露的补给中心仓库可被直接摧毁，可通过物理破坏和电子干扰等使指挥瘫痪。因此，在打击非现代军事体系对手时，纵深打击越来越可以成为传统突破战的替代，而且从战争一开始就可以这样。这反过来再次增大了现代军事体系军队和非现代军事体系军队在真正军力方面的差距，前者能保护其运动和通信能力（即便或许会比之前更慢）。更强的流动性与重火力一样，也增加了现代军事体系兵力部署的成本。

改进的信息技术

新的信息技术使现代军事体系过时了吗？被称为 C4ISR 的系统（即指挥、控制、通信、计算机、情报及监视与侦察）自 1918 年以来得到极大改进。通信从 1918 年的原始战地电话、奔跑的通信员、信号弹、信鸽等进步到 2001 年定向脉冲无线电和光纤网络。 62 1918 年的情报收集绝大多数通过双翼飞机上的观测员，其汇报必须等到返回地面以后，其情报的准确度由于无法确定自身在敌方上空的位置而受限。现在，雷达和红外线传感器、光电传感器、声学传感器以及地震传感器可以实现实时收集信息，距离的扩展和精度都大大提高。对手的通信和雷达信号也提供了对方发射器位置的关键信息。事实上，人们广泛认为"信息革命"正在改变民用经济和战争行动，现在很多人将信息技术看作决定性因素。①

---

① 关于"信息革命"，特别参见 Tofflers, *War and Antiwar*; Joseph Nye and William Owens, "America's Information Edge," *Foreign Affairs* 75, 2 (March/April 1996), pp. 21 – 36; 关于信息技术的历史，特别参见 Martin Van Creveld, *Technology in War* (New York: Free Press, 1989); also Alfred Price, *Instruments of Darkness: The History of Electronic Warfare* (London: Macdonald and Jane's, 1977)。

人们可能会猜想，信息收集、处理和通信技术的爆炸式发展将使 1918 年信息不发达时代产生的战术失效，因此，现代军事体系在今天数据如此丰富的环境中将变得无足轻重。

人们最容易犯的毛病是过分夸大信息技术在战争中的作用，尤其是信息技术在民用经济中被大肆炒作的背景下。虽然它确实很重要，但只在针对非现代军事体系军队时，其重要程度才是决定性的。

区分军事信息的几个不同功能，能使我们更容易理解这个问题。简单来看，军事信息可被视为"机动使能器"（通过允许远距离的行动得到协调和指挥）、"火力使能器"（通过为诸如战斗机、导弹和大炮等远程武器提供目标信息）和"作战计划贡献者"（通过提供关于敌方位置和意图方面的情报）。在前两项内容中，信息技术的提升与火力和机动性能的提升有大致相同的作用；由于后者增加了现代军事体系的重要性，所以信息技术的提升也同样如此。

另外，从对作战计划的贡献来讲，信息的作用非同小可。对制订作战计划而言，众多的监视信息加上精确的目标数据已经足够：如果已知军队大体会在巴廷河（Wadi al Batin）附近集结，就足以判断预备队将去向哪个地方，或将要攻击何处，即使有些坦克的具体位置并不十分清楚。原则上，这种众多的监视信息比精确的目标数据更容易获取，而且若能可靠地获取，将能够在作战层面破坏现代军事体系。

这是因为现代军事体系差异集结和防御纵深的前提是，假设进攻者会在防御反应过来之前主动在某一地点集结，防御者就必须通过纵深部署赢得时间以实施反集结。若提前获知攻击地点，防御者提前在此进行了部署会使进攻者的差异集结不起作用，因此也就消解了纵深防御的必要性。如果是这样，那么现代军事体系的"战术"可能还是必需的，但现代军事体系的"实施"可能会被淘汰。①

1918 年以后的信息技术发展实现这种预知了吗？还没有，原因至少有三点。

第一，监视信息虽然比精确目标数据更容易获取，但监视信息从来都不是完美的，而且短时间内也不会完美。即使是传统的情报收集，也能对现代军事体系军队提供相当数量的信息：没有人能把成千上万的士兵和武器集中在某一地点，而完全不被发现，因为在 21 世纪前就已经有了窃听装置。而现代军事体系可以做的就是创造模糊性。如果尚不能发现什么，如果无法确定单个要素的位置，如果在任何给定的时间内大部分集结都是隐蔽的，那么敌方对兵力部署总体轮廓的认知就是模糊不清的。再通过老练地综合运用诱饵车、幽灵似的无线电网络、假的发射器等手段，可以对当今高容量信息收集器营造出许多虚假信息，这必然会在一定程度上模糊兵力部署的实际位置和真实意图。②

---

① 要注意，进攻者的完整知识将会产生不同的后果。现代军事体系防御作战认为进攻者会选择防御的最弱点，纵深和预备队准确地说能够使防御者通过包括进攻战术在内的反集结来还击，并预留足够的战斗力，使反集结有效。因此，现代军事体系防御作战要想方设法获取对进攻者的信息优势，因此进攻者增加有利的信息来消减这种不对称性只会更为重要。

② 例如，在阿富汗，"基地"组织广泛使用虚拟的战位，再加上掩体和隐藏，使得在森蚺行动中，他们的实际力量和意图显出不确定性。见 MHI，AFZS-LF-B，Memo，FOB 3/3 SSE Support Intelligence Summary，March 25 – 29，2002；Tape 041902p，LTC Briley int。

第二，这些模棱两可的信息造成了认知上和组织上的扭曲，这种扭曲在即便看起来很丰富的监视数据中也会导致产生错误。战争研究中有很多有关突袭的文献，[①] 研究这些文献的重要发现是，被突袭的一方并非完全不知道或缺少有关将会发生突袭的信息，但组织或认知因素使其对真实却模糊的信息进行了错误的判读和处理。回过头来看，绝大多数突袭战的牺牲方都收到过那种警示他们突袭时间和地点的信息，但情报机构被更多的信息迷惑了——有些信息是真实且相关的，绝大多数信息是真实但不相关的，也有一些信息是虚假的，但所有信息都是模糊的。而且，绝大多数信息都要加密和分割以保护信息来源和收集信息的方法。信息分割造成组织上的复杂性，也必然会限制信息的流动。需要处理的信息容量越大，通过各种各样收集方式造成的信息分割就越多，复杂性就越高。在此情况下，信息越多，反而可能把事情弄得越糟。在接收到的大量信息中，将有用的信息从无用的信息中分离出来，是情报分析者

---

① 参见 Richard K. Betts, *Surprise Attack* (Washington, DC: Brookings, 1982); James Wirtz, *The Tet Offensive: Intelligence Failure in War* (Ithaca: Cornell University Press, 1991); Ephraim Kam, *Surprise Attack: The Victim's Perspective* (Cambridge: Harvard University Press, 1988); Roberta Wohlstetter, *Pearl Harbor: Warning and Decision* (Stanford: Stanford University Press, 1962); Klaus Knorr, "Threat Perception," in Knorr, ed., *Historical Dimensions of National Security Problems* (Lawrence: University Press of Kansas, 1976); Michael Handel, *Perception, Deception and Surprise: The Case of the Yom Kippur War* (Jerusalem: Hebrew University of Jerusalem, 1976); Barton Whaley, *Codeword Barbarossa* (Cambridge: MIT Press, 1973); Amos Perlmutter and John Gooch, eds., "Special Issue on Military Deception and Strategic Surprise," *Journal of Strategic Studies* 5, 1 (1982); Klaus Knorr and Patrick Morgan, eds., *Strategic Military Surprise* (New Brunswick, NJ: Transaction, 1983). For a heterodox view, see Ariel Levite, *Intelligence and Strategic Surprises* (New York: Columbia University Press, 1987)。

最重要的工作之一，但是更强大的传感器在收集更多有用信息的同时也收集了更多的无用信息，而且是通过存在于组织不同部位的多个渠道收集的。在这种背景下，信息泛滥成了越来越严重的问题——数据收集过多增加了负载，使问题更加严重。

此外，在这种复杂组织中的人通常会基于之前的预期、希望和恐惧等背景来解读这些数据，这使所有决策者都倾向于在模糊数据中找到他们预期的或想要看到的，战争带来的心理压力、危险和疲劳则更加重了这一倾向。① 比如1950年11月，杜鲁门和参谋长联席会议都认为朝鲜几乎已被击败，胜利在望，尽管情报显示中国正在准备实质性介入，但是，这些重要证据在战争马上就会结束的强大预期中未被重视。11月25日中国大举进攻时，战线过长的美国军队遭遇突然袭击，被打败，从而引发了美国军事史上最长的撤退。② 2002年3月的森蚺行动中，盯着从捕食者无人侦察机（Predator reconnaissance drones）传回的现场录像的指挥官看到了塔库尔哈尔山（TakurGhar mountain）上正在移动的"基地"组织人员，却误以为他们是美国人，因为他们预期在那里会看到美国人。③ 在

64

---

① 特别参见 Jervis, *Perception and Misperception*; also Richard Ned Lebow, *Between Peace and War: The Nature of International Crisis* (Baltimore: Johns Hopkins University Press, 1981); Lebow, "Deterrence: A Political and Psychological Critique," in Paul C. Stern et al., eds., *Perspectives on Deterrence* (New York: Oxford University Press, 1989), pp. 25 – 51。

② Roy Appleman, *South to the Naktong, North to the Yalu* (Washington, DC: Office of the Chief of Military History, 1961), pp. 751 – 765; Billy Mossman, *Ebb and Flow: November1950 – July 1951* (Washington, DC: Center of Military History, U. S. Army, 1990), pp. 61 – 83.

③ Personal communication, LTC Andrew Milani, USA, Carlisle Barracks PA, November 26, 2002.

这个问题上，对手围绕分析者先入之见进行的欺诈、伪装等，放大了分析情报的困难。德军预料"D 日"（D-Day）盟军登陆计划会取道加莱海峡（Pas de Calais），即选择最短路线，其实当时盟军更希望让德国相信海峡对岸伪装的几个师是真的，尽管有迹象显示盟军实际上已经向南集结。①

因此，情报不单单是传感器和光纤物理——精确感知需要雷达和计算机等"硬件"加上组织和认知等"软件"。现在还不清楚更好的硬件是否会突破人类软件的限制，进而从战争中消除突袭战，事实上，许多研究信息技术在真实的人类组织中所起作用的社会学家，反而担心更多的信息只会使这个问题难上加难，而不会使其变得更容易。② 因此，那些善于模糊自己的行动、利用对手偏见的现代军事体系军队，完全有能力阻止对手提前掌握信息，从而维持突袭的可能。这反过来意味着，为阻止这种可能性，差异化集结和纵深防御仍然十分重要。

1918 年以后的信息发展并未削弱现代军事体系的第三个原因是，后勤方面的限制使得绝大多数防御者甚至难以利用传统上获得的那么多监控数据，更多的数据，即使是"完美"的数据，也无法克服这些问题。也就是说，即使进攻者失去了突袭的能力，也很少有防御者能充分利用这一点而放弃纵深防御，进攻者照样可从差异化集结中获益。

---

① T. L. Cubbage, "German Misapprehensions Regarding Overlord," in Michael Handel, ed., *Strategic and Operational Deception in the Second World War* (London: Cass, 1987), pp. 114 – 174.

② 参见如 Thomas Landauer, *The Trouble with Computers* (Cambridge: MIT Press, 1996); W. Wayt Gibbs, "Taking Computers to Task," *Scientific American* 277, 1 (July 1997), pp. 82 – 89。

　　防御者需要足够长的准备时间以应对进攻。当清楚对方的
进攻地点后，他们必须制订大规模军队的行军计划、调动部
队，并在新的地点使部队做好战斗准备。① 这带来两个矛盾的
难题，如果攻击地点知道得太晚，防御反击就不能及时完成；
但若知道得太早，防御者已到达确定地点，挖好防御工事，而
此时，防御者或许会被进攻者的谋略击败，进攻者可以主动改
变攻击地点，却将防御者"钉"在了那里，错误部署的军队
只能在原来的前线进行一些次级军事行动——已做出决定的防
御者没有预备力量适应这种变化。因此时机极难把握，与是否
充分了解进攻者意图完全无关。比如，进攻者经常出乎意料地
在最后一刻推迟攻击：通过计算，1940 年 5 月 10 日德军跨过　65
边境前，曾推迟入侵荷兰达 29 之次多。② 即便防御者在他们
必须决定的时候正好充分把握了进攻方的真实意图，但若防御
者尝试提前迎战，仍会冒过度出兵的风险：如果进攻者自己都
不知道是否会在最后一刻推迟进攻，防御者又如何能更早地知
道呢？如防御者想在关键地点及时迎战，就不得不在进攻方
调动部队前调兵遣将，而一旦部署完毕，他们就有可能被进
攻方用少部分兵力困在那里。考虑后勤保障的限制，防御方
即使自认为知道了对方的攻击点，也通常会选择不派出自己

---

① 例如，在突出部战役中，巴顿的第三军团只用 48 小时来计划和执行从萨尔布
　　吕肯附近前线移动 100 英里，去反击巴斯托涅附近地点的任务，这被广泛视为
　　了不起的成就。参见 Paul Munch, "Patton's Staff and the Battle of the Bulge,"
　　Military Review 7, 5（May 1990），pp. 46 – 54。

② Henry L. Mason, "War Comes to the Netherlands: September 1939 – May 1940,"
　　Political Science Quarterly 78, 4（December 1963），pp. 557, 562 – 564.

的预备队。① 纵深的关键优势在于它使防御者能在部署纵深防御的同时不冒被突破的风险，并迫使进攻者在某个地点小心翼翼地进攻以取得阵地，赢得时间后，纵深防御可使防御者将进攻方的真实行动与佯攻区分开来，直到进攻方完全确定在某地进攻后，再调配预备部队到某个前线。因此，即便很好地掌握了进攻者意图的信息，也不大可能改变这一动态。后勤补给也是同样的原因，所以防御者通常要掌握比能用来行动的更多信息，而现代军事体系能够在已有信息基础上使防御者在获得更多行动时间方面起关键作用。② 即使有更多的信息，至少在可预见的将来，防御纵深和预备部队对现代军事体系而言依然是必要的。

很难说信息革命与此完全不相关——信息革命是 21 世纪初杀伤力持续增长的重要组成部分，这种杀伤力的增长会对非现代军事体系军队造成更高的伤亡率。但新信息对现代军事体系军队的威胁还没有达到几乎同样的程度，这种脆弱性的差异随时间发展会使二者之间实际军力的差距拉大。信息技术同更强大的火力和机动性一样，使现代军事体系变得更为重要，而非相反。

---

① 例如，在 1918 年，联军知晓了德国正在准备实施大的春季攻势的信息，这可能对英国第三和第五军团产生打击，事实也是如此，但这并没有阻止德国人实现差异化集结，参见 Travers, *How the War Was Won*, pp. 51 – 53；Terraine, *White Heat*, pp. 282 – 283。

② 一些军事革命的支持者认为，防御者很快就能单独靠长期的火力进行防御，从而避免在攻击点进行大量地面部队移动和挖掘工事。如果这样，将消除上述所倡的后勤限制。尽管这可能足以应对大量暴露的进攻者，但实施现代军事体系减少暴露技术的进攻者不会那么脆弱，仅通过远程火力来防御极其危险。

火力、机动性或信息的二元不平衡

上述讨论集中于系统性技术变迁，但二元不平衡呢？更高级的武器能碾压兵力部署吗？理论上，必然是这样。如果一方确实脆弱，另一方较为强大，那么仅仅技术变迁就会具有决定性作用。技术上的差异已经决定了，M1A2 坦克对燧发枪肯定具备绝杀优势。

然而，在实践中，1900 年之后能以一定优势胜过兵力部署的因素一直没有出现，短时间内也难以出现。竞争压力导致各国都积极推进技术创新或仿制他国装备，这导致战场上技术的真正不对称很少成为决定性因素。1991 年的海湾战争是世界上仅有的超级大国和发展中国家的战争，也是二战后双方技术差距最大的战争，而即便这样，二者之间技术的平均引入时间也只相差 12 年。统计数据显示，在 1956 年之后世界范围内爆发的其他冲突中，没有哪次冲突交战双方的平均技术差距超过 6 年，差异的中位数少于 3 年。[①]

可以预见，在不远的将来，这种情况不会发生根本性的反转。关键的精确制导技术和信息技术正在全球范围内不断扩散，如今，想买又有钱的买主已经可以在国际军火市场上买到

66

---

① 参见第二章。回顾历史上为提供决定性的技术不对称所做的努力，参见 George Raudzens, "War Winning Weapons: The Measurement of Technological Determinism in Military History," *Journal of Military History* 54, 4（October 1990）, pp. 403 – 434。即使在 19 世纪的殖民战争中，技术非常不对称的情况下，当地的军队有时也会用非常高级的战术击败欧洲军队。例如，1879 年在伊山得瓦纳战役中，祖鲁人主要用矛击败了装备现代来复枪的英国军队，参见 Donald Morris, *The Washing of the Spears: The Rise and Fall of the Zulu Nation*（New York: Simon and Schuster, 1965）, pp. 352 – 388。

先进的现代攻顶型末端制导反坦克武器，以及其他诸如激光制导导弹、巡航导弹、用于空中火力压制的反辐射导弹、干扰器、宽频度蒙蔽器、诱饵，等等。① 商用卫星现在能够给任何买家提供高清图像，通过这种高清图像，人们甚至可以从外太空识别单个的机动车，图像还会越来越清晰。② 每一年，通信和战场管理数据的处理都会变得更快速，也更廉价，国际市场上可选择的服务供应商也越来越多。③ 目前美国在这些技术上都保持领先地位，但其能否永远保持这种技术差距正变得越来越不确定，尤其是在民用经济越来越成为军事技术创新重要渠道的今天：全球化正在不断加速民用技术的传播。④

那么，究竟多大的技术差距才可能产生决定性影响呢？答案是这有赖于兵力部署。现代军事体系可以在很大程度上弥补技术劣势。比如，火力压制可导致敌方射击速率减少1/7或更多，⑤ 掩

---

① 参见 *Jane's Weapon Systems*, *1988 – 89* (Coulsden, Surrey: Jane's, 1988)。

② Vipin Gupta, "New Satellite Images for Sale," *International Security* 20, 1 (Summer 1995), pp. 94 – 125; Ann Florini, "The Opening Skies: Third-Party Imaging Satellites and U. S. Security," *International Security* 13, 2 (Fall 1988), pp. 91 – 123.

③ 见如 Clive Walker, ed., *Jane's C4I Systems*, *2000 – 2001* (Coulsden, Surrey: Jane's, 2000)。

④ 有人认为，美国技术如此遥遥领先，也只有它能利用军事革命，因此其领先地位将会继续扩大，参见 Joseph Nye and William Owens, "America's Information Edge," *Foreign Affairs* 75, 2 (March/April 1996), pp. 21 – 36。其他人的预期则相反，认为由于新信息技术的特殊性，晚期进入者将更容易超越早期领导者，参见 Krepinevich, "Cavalry to Computer," pp. 30 – 42。后者更符合历史潮流，然而即便现在美国的领先也不足以克服兵力部署的不利，正如我在下文所写到的。

⑤ 火力压制若畅通无阻，单个 TOW 导弹机组在 5 分钟内可在 3 平方千米范围内消灭多达 7 个目标，如果机组被迫禁火来寻找掩体以及在不同的地点重新定位，那么即使机组不受伤害，其消灭率也会降到 1 个或更少，见 L. G. Starkey et al., *Capabilities of Selected U. S. and Allied Antiarmor Weapon Systems* （转下页注）

体和伪装可使敌方射程减少几千米,①这至少相当于 10 ~ 20 年的技术差距,或历史上冲突双方最大技术差距的两倍。② 因此,现代军事体系军队自然可以游刃有余地应对手中握有更先进武器的非现代军事体系军队。

相反,非现代军事体系军队则完全暴露在对手的武器之下。针对暴露的目标,更先进的武器能起到更具决定性的作用——尤其是其能以现代军事体系运用这些武器,保护自身不受先发制人的火力打击。因此,只有双方都不使用现代军事体系,二元技术才能回归自身。即使没有更先进的武器,现代军事体系军队也经常打败非现代军事体系对手——技术优势能使一方更容易胜利,但技术优势本身并不必然也不足以决定胜败。然而在作战双方都暴露的情况下,双方武器的质量或数量差距就变得具有决定性意义了。③

此外,当作战双方都使用现代军事体系后,任何不得不暴露的一方,都会设法使对手的技术无法发挥最大潜能。战争中现代军事体系的双方都强烈地表现出明显趋势,即以适度的领土损益遏制进攻,伤亡和持续时间呈线性增长。想克服这一趋

（接上页注⑤）（Alexandria, VA: Weapon System Evaluation Group, May 1975）,WSEG Report 263, declassified Dec. 31, 1983, p. 49, for M113/TOW combination ca. 1975。通过强迫敌方炮兵"射击和扫射",即使没有杀伤,反炮击压制也可将目标的净开火率降低 90% 或更高,见 Vick et al., *Enhancing Air Power's Contribution*, p. 49。这里假设 5 ~ 10 分钟到达并占据新的开火位置,然后重新计算开火数据,并开火。

① Starkey et al., *Capabilities*, pp. 35 - 36。作为接近路径的函数,有 1 ~ 2 千米的范围误差。

② 关于武器变迁速率的最大范围,参见 Biddle, "Past as Prologue," p. 69。

③ 对武器数量和质量权衡作为军力运用函数的正式分析,参见附录。

势，促使突击战或实现阵地零损失，则需要超凡地发挥武器作用，无法充分实现技术的全部潜力使这一对抗变得鲜有可能。这并不是说先进技术无关紧要，无论如何，更好的武器装备总会有所帮助，但这种帮助只能起到边缘性的作用，如果想在领土、伤亡和时间这三个方面都具有高能力，则需要进攻方一开战，就能突破或完全粉碎对方的防御。而当双方都使用现代军事体系时，这两种极端现象都不可能出现。

如果交战双方空军实力严重不匹配呢？美国几次面对的都是几乎没有或完全没有空中战斗力的对手，很多人预料这种情况会越来越普遍。现代军事组织大的分支几乎缺失，可能会掩盖对手整体武器的现代化程度或复杂性。一方的空中优势是否足以压倒兵力部署并决定其结果呢？

当然，制空权是重要资产，能够带来重要的优势，尤其是与现代军事体系的地面作战相结合。这种配合在 2001～2002 年阿富汗战争中发挥了决定性作用，未受到挑战的美军空中力量与相当规模的精干的地面部队联合打败了塔利班。[①] 在地面部队实力相当的情况下，空中力量能否占有优势可能会产生重大差别。

然而，空中优势也有重大局限。在阿富汗战场，美国的阿富汗盟友所采用的战术和其敌手并无太大差别，但也有例外。当阿富汗当地的部队在战术上被压制时，即塔利班掌握的现代军事体系方法超过美国和阿富汗盟军时，即使对手没有精确的空中力量，盟军只靠空中优势也被证明是不够的。例如，2001年 12 月 5 日在阿根斯坦大桥，缺乏训练的普什图武装（Pashtun

---

① 关于阿富汗地面部队情况，参见 Biddle, *Afghanistan*, pp. 38 - 49。

militia）在美国空军重型火力支援下，几次冲锋都没有攻陷筑有掩体、伪装和地下工事的塔利班防御阵地，只是在训练有素的部队接替进攻后，才达成目标。[①] 森蚺行动开始时，在希克安克尔（Shirkankeyl）山脊，虽然有美国精确空中打击支援，穆罕默德·齐亚（Muhammed Zia）仓促训练出来的阿富汗政府军仍然被在战壕中防御的"基地"组织的重火力牵制，并最终被击退。[②] 在这两个案例中，"基地"组织防御者都有显著的技能优势，阿政府军即使有一边倒的美国空中力量支援也无法取胜。

尽管如此，在战斗中，"基地"组织的防御部队在空中打击下也遭受了巨大伤亡（就像一战时德军在西线面对协约国军队猛烈轰击时的遭遇一样）。而且，在阿根斯坦大桥战役和森蚺行动中，阿富汗进攻者被迫快速移动。若当时进攻延迟以使初期空中打击更彻底的话，估计情况会更好些。若时间足够，单方面从空中轰炸能最终摧毁所有防御，即使是现代军事体系防御。幸存的防御越弱，进攻方地面部队的优势较弱但仍需占上风，他们进攻的损失也就越小。然而，面对现代军事体系防御，即使是21世纪的空中力量也不能快速获胜。这使得占据空中优势的一方必须在作战时间、阵地获得和战斗伤亡之间进行权衡。实际上，如1999年北约部队在科索沃78天的空中打击中所表明的那样，即使对手没有空中支援，要想让隐蔽 68

---

① MHI, Tape 032602a, CPT H. et al. int. ; Memorandum for the Record, CPT H. int. , July 2, 2002.

② MHI, Tape 042002p, LTC Gray int. ; Memorandum for the Record, COL J. int. , July 2, 2002.

很好的对手遭受中等程度即 20% ~ 30% 的损耗都需要花费数月之久。[①] 因此，空中力量极端不对称是一般的现代军事体系战争中技术不对称与战斗力间关系的特例：它当然有帮助，但面对现代军事体系对手，它不能在所有三个维度同时提供高能力。[②]

兵力优势与现代军事体系

兵力优势也是重要的，但其作用与兵力部署完全不同。因此，不必过分强调，仅凭兵力优势难以取得战争的胜利。单独来看，数量优势是有帮助的，但其既非必要也不足以保证成功。

兵力优势不是必需的，因为现代军事体系进攻者的兵力即使不占有优势，也可突破非现代军事体系的防御。即便兵力少于敌人的进攻者亦可通过差异化集结获得局部优势，并通过现代军事体系减少暴露，这种局部优势足以攻城略地。对非现代军事体系的横向防御来说，这样的局部优势在防御者反集结前就可能被利用，使得进攻者可击破防御并接近防御者后方的关键基础设施。

兵力优势也不足以获胜。现代武器杀伤力如此强大，即便数量不多也可以消灭更大的编队，如果后者又没有能力压制进攻方火力就更是如此。只要有弹药和时间，1915 年的机枪可以持续地在前方每分钟发射 400 ~ 600 颗子弹，一挺机枪就足以歼

---

① Clark and Corley, "Press Conference on the Kosovo Strike Assessment," p. 9.
② 具有讽刺意味的是，从根本上来说，技术最重要的作用也许在于使拥有者能在无视现代军事体系（及其负担）的同时迫使对手使用现代军事体系。例如，绝对的制空权使拥有者能在安宁的后方地域安全移动，而敌人却不能。不用考虑隐藏的移动会更快，因此这是重要优势——尽管不足以突破现代军事体系防御，也不能在其轨道上阻止现代军事体系攻击。

灭整个营的兵力，若后者在暴露中强行穿越的话。[①] 一发 155 毫米的榴弹炮可在两分钟内消灭位于比 4 个足球场还大些的区域上的所有暴露部队，若在此区域集结更多部队只是增加伤亡而已。[②] 20 世纪 60 年代，单个 M60A1 坦克在五分钟内可摧毁 10 ~ 15 辆 T62 主战坦克，如果后者被发现暴露在 1000 米以内的话。[③] 理论上，即使面对这样强大的火力，兵力优势一方最终或许也可获胜，但代价是惊人的。基本上没有哪个国家愿意以 20 ~ 100 人甚至更多人的伤亡换取 1 个敌人的伤亡，也很少有军队能够持续动员部队做这样的自杀式"自我牺牲"。[④] 实践中，不能减少暴露的军队是很难通过以数量喂饱敌人炮火后而获得胜利的。因此，没有现代军事体系来降低暴露，即使兵力非常占优势的部队也难以幸存足够长时间来获得发挥数量优势的时机。

另外，即使通过现代军事体系减少暴露，面对现代军事体系的防御，兵力占优势的进攻方也难以获得突破。在战术层面，现代军事体系的防御非常强大，即使是现代军事体系进攻 69

---

① Hogg and Weeks, *Military Small Arms*, pp. 205, 210, 220.

② Schultis et al., *Military Potential*, p. 65.

③ Isby and Kamps, *NATO's Central Front*, pp. 50 – 51，假设每分钟 4 次攻击。1991 年，美国坦克乘员每分钟有 10 多次的开火率，见 Michael Krause, *The Battle of 73 Easting, 26 February 1991* (Washington, DC: U. S. Army Center for Military History and the Defense Advanced Research Projects Agency, 27 August 1991), pp. 11 – 12; personal communcation, MAJ H. R. McMaster, USA, September 8, 1995。

④ 难以想象的、成功的、火力饱和的"人海战术"在历史上是罕见的；大多数所谓的例子反映了防御者的缺陷，而不是攻击者的真实行为。即使是朝鲜战争中的中国人民志愿军也严重依赖于渗透和侧面攻击，而不是将暴露的兵力抛在正面防御之前: Clay Blair, *The Forgotten War* (New York: Doubleday, 1988), p. 382; Max Hastings, *The Korean War* (NewYork: Simon and Schuster, 1987), p. 335。

者，面对现代军事体系防御者也需要获得局部优势。但是，纵深和预备部队使得现代军事体系防御者可通过反集结抵消进攻者局部的数量优势，这意味着进攻者最终必须在不多于其战区临界的局部力量平衡处发起攻击。只有数量极端占优势的入侵者能压倒防御者，对抗现代军事体系防御，无须进行差异化集结。现代军事体系防御行动还迫使进攻方必须进入纵深，从而使其侧翼防守难度加大。数量极端占优势的进攻方或许能向前挺进而不必进行差异化集结，但即使是这种推进，进攻者仍需防守自己的侧翼以防止对手反击。持有大量防守预备队和防御纵深所赢得的时间，使现代军事体系防御者可以在进攻者侧翼薄弱部分展开反攻，这反过来需要进攻方全线防守侧翼。侧翼越长，需要分散的兵力就越多，前进越多，侧翼越长。若防御足够深，最终任何进攻者都会被这种不断增长的成本所逼停。[①]

　　面对现代军事体系军队的进攻，占优势的防御方也不能排除失去阵地的可能。差异化集结与现代军事体系进攻战术结合，使几乎任何进攻者都可在防御者重新布防时取得若干阵地。针对现代军事体系防御，进攻方难以足够快地攻取阵地并实现突破，但获得防御的灵活性，是以前线防御太弱而难以阻止在前线占优势的、差异化集结的现代军事体系突破为代价

---

①　相比之下，对防御者而言，需要不断增加防御的深度。进攻者必须不断突破已做好部署的防御：在攻击开始前，整个区域都部署了防御者。防线越深，这些部署越密集。假使其余情况相同，无论进攻者是否到达，防御者都将到位，因此，进攻者的更深推进不要求增加新的防守位（除非反击突破）。需注意在有限情况下，如果只在战区范围正面攻击（即无侧翼攻击），兵力优势足以在整个纵深的所有点同步推进，那么反击威胁随时存在，进攻者就不能在无突破的情况下获取阵地，尽管会产生与获取阵地大小成正比的伤亡代价（参见附录）。

的。让现代军事体系进攻者根本无法获得阵地的唯一途径是同时在前线所有地方都部署足以妨碍进攻者在任何一点集结的最大兵力，做到这一点需要防御者拥有巨大的兵力优势：对将其部队的一半集中在 10% 战斗面的进攻方，防御者需要在整个战场上具有近乎 3∶1 的兵力优势，才能成功实现这一点。① 在实践中，现代军事体系进攻可以被遏制，但无论防御者军队的实力如何，都很难做到不丢失一处阵地。

　　然而，这并不是说兵力优势无关紧要。相比而言，军队数量优势总是有用的——不管怎样运用这些兵力，兵力充足总比兵力不足要好（尽管非现代军事体系军队所获优势微不足道）。对可降低暴露的现代军事体系军队而言，数量优势能使进攻者扩大所得阵地，更多地突破敌人的防御。

　　双方都使用现代军事体系的话，这点就尤其重要了。对现代军事体系防御者实现彻底突破通常是不可能的，但进攻者兵力优势越多，向前挺进的距离就越长，虽然最后仍会被反集结防御遏制。若数量不对称的程度足够大，兵力非常占优势的进攻者最终可以将未受损的防御者逐出战场。没有突破战，这样的前进是以伤亡更多和战斗时间更长为代价的。若双方都未使用现代军事体系，仅凭借兵力优势就可以攻取大量阵地——在这样的冲突中，兵力优势通常是决定性因素。

　　上述内容主要涉及兵力比（force-to-force ratio，FFR），而兵力空间比（force-to-space ratio，FSR）又如何呢？这里适用

70

---

　　① 对现代军事体系进攻者来说，2∶1 是推进所需的最小局部兵力优势，可以战术性地战胜现代军事体系防御者。

的逻辑一样。低兵力空间比给进攻者机会，但利用该机会需要使用现代军事体系以减少暴露。

　　低兵力空间比增加了进攻者在进攻点可获取的局部兵力比。以每平方千米军队数量计算，低兵力空间比为进攻者提供了借此可以攻击防御者侧翼和后方的豁口。[1] 二者都可以在边缘帮助现代军事体系进攻者，[2] 但如果大规模集结被暴露，没有哪种优势可以抵得住现代武器的炮火，即便最高的局部兵力比也无法承受防御者不受阻碍的杀伤力，而即使是非常稀松的防御也极少稀松到可使大规模暴露的进攻者突破目标而不遭到攻击。如果现代防御武器火力全开，发挥最大潜能，那么其地面力量的密度就是次要的了，进攻者根本不可能在进入射击覆盖区的同时而幸存，无论防御密度如何，无论其兵力优势如何——要想让每个低兵力空间比或者高兵力比发挥作用，进攻者必须想办法降低对手武器的最大杀伤力，而这就需要现代军事体系。

　　因此，兵力优势通常不能碾压兵力部署。在其他条件相同的情况下，兵力优势总是有用的，但它难以克服不利的兵力部署所带来的问题。这是否意味着无论兵力优势如何，同样的部署都足以抵抗任何进攻，或者说无论进攻者数量如何，同样的进攻方法都适用呢？并非如此，无论兵力优势如何，现代军事体系原则都是需要的，但数量上所占优势越小，越需要积极贯彻这些原则，以避免灾难。以防御纵深为例，纵深的长度需要防御者进行权衡：纵深越深，被突破的风险就越低，但同时也

---

① 见第二章。

② 更详细的分析，见 Stephen Biddle et al. , *Defense at Low Force Levels*, IDA P - 2380。

会使前线任何给定点位的防守越薄弱，因此在进攻者被反集结阻止前，其获得的阵地就会越多。为使进攻方所得阵地最小化，防御者需要足够的纵深防止突破，但超过最小纵深会放弃多余的领土。进攻方兵力优势越小，其在被遏制前所攻取的阵地就会越少，因此防御方用来保证不被突破的纵深也越少。有远见的防御者会建立很大的缓冲地带，比他们认为实际需要的有更深的防御，以确保不会出现误判。一般而言，现代军事体系的强大是以重要品质（即使最终是次要的）的不足为代价的：防御预备队（大致与纵深一样）降低了被突破的概率，然而却使进攻者可以攻取更多的土地；进攻方降低暴露是以速度为代价的，差异化集结提高了攻击点的局部兵力比，却容易引起其他地方的脆弱和易受攻击。局势越危险，越不能紧抱次要目标，越要接受现代军事体系的劣势以发挥其核心优点。因此，数量对比越不利，越需要全面实施现代军事体系，反之亦然。

变迁前景

自 20 世纪开始，上述关系一直保持稳固，但并非永恒。[①]毕竟，现代军事体系本身就是对 19 世纪中后期特定复杂技术变迁的回应，假定其在未来有可能被其他类似的深度技术变迁所推翻，那么，需要怎样做？这种情况会很快到来吗？

---

① 也就是说，至少从 20 世纪开始到 21 世纪的第一个十年，我主张的理论是有效的，这并不意味着相同的纵深、预备队、暴露或集结值都足以应对所有技术或数字失衡。变量之间的关系是常数，而不是变量的值。关于作为技术变迁和兵力优势函数所需的兵力运用值，见附录。

关键的一点是，新的技术能使地形变得不再重要。地表的复杂性、大部分地表对传感器的阻碍、地表背景给监视带来的混杂性、地形阻碍射击的功能，都造就了现代军事体系兵力部署抵抗火力和减缓敌人行进的可能性。若真的有可能发现并摧毁地球表面的所有东西，无论是掩体、伪装还是复杂地形，那么兵力部署会失去大部分重要性，更先进的技术或数量优势可能会在陆战中起主导作用。①

有些人认为这样的透明性已经唾手可得：军事革命论者、退休上将、前参谋长联席会议副主席威廉·欧文斯（William Owens）称，发现并摧毁 200 平方英里内的任何东西将很快成为可能。② 鉴于地球表面即便对正在研发的传感器而言，仍存在许多不透明的地方，城市地区混杂及附带损害问题，以及掩体可以为专业反措施的使用提供便利，正如我之前已论证过的，这种透明性在短期内不太可能实现。

---

① 纯粹的空战和海战与陆战有很大的不同，主要原因是天空或海面相对于地形而言非常简单。在空战和海战中，没有任何地方可以隐藏，技术和兵力优势有更大的主宰力量，因此战斗动态与陆战非常不同，参见 Wayne Hughes, *Fleet Tactics*（Annapolis：Naval Institute Press, 1986）。需注意，陆战与空战和海战相伴，后者通常结束得更快、更完全。例如，1940 年和 1967 年先发制人的空中作战分别在几小时内摧毁了盟军和阿拉伯国家的空军力量，随后的地面攻势花了几星期的时间才取得成功，还在战场上留下了大量地面部队的对手。1944 年 2 月至 6 月大约 5 个月的时间，德国空军实际上被从天空中赶走，欧洲盟军的地面战则需要近一年时间才能对德国国防军造成较小伤害。1944 年 10 月，美国海军基本上在莱特湾一战中摧毁了日本舰队，但地面战争一直持续到 1945 年 8 月。如果技术使地球表面如空中或海面一样简单暴露，陆战很可能会像军事革命的倡导者现在所预期的准海上冲突那样。

② William Owens, "The Emerging System of Systems," *U. S. Naval Institute Proceedings* 121, 5（May 1995）, pp. 35 – 39; Alan D. Zim, "Human-Centric Warfare," *U. S. Naval Institute Proceedings* 125, 5（May 1999）, pp. 28 – 31.

然而，该结论建立在已知技术和至少目前正在开发的项目特性上。大部分正在开发中的项目都意在针对暴露的大规模目标（尤其是夜晚和天气不好时），提升武器和传感器性能，[①]系统地转向优先发展针对隐蔽、伪装、混合目标的技术，在可预见的将来（可能 10 ~ 25 年后），可能会带来重大进展。少有基础支撑这种预期，然而，在更久远的未来，则存在可能——至少欧文斯上将描述的那种透明程度有可能实现，不排除在 21 世纪晚一点时就能见证。

然而有两点是清楚的：第一点，能彻底削弱现代军事体系理论的技术发展，将是那种使得地形变得透明可见、易攻击的技术——这是该理论适用的关键标准；第二点，这不可能很快实现，在可预见的将来，文中论证的关系依然对军力有重要意义。

新理论总结

附录中给出了上述逻辑的完整形式说明，这里以表格和定性的方式来做总结，以方便之后章节的讨论。表 4 - 1 定性概括了该理论的主要预测，图 4 - 1 ~ 图 4 - 3 利用附件中理论的正式版本以图形形式总结了相互关系。

图 4 - 1 描绘了在三种不同兵力部署组合下，作为系统性技术成熟度函数的进攻方获取领土的能力，三种组合即现代军事体系进攻与非现代军事体系防御、两边均为现代军事体系、现代军事

---

① Stephen Biddle et al. , *New Approaches to Planning for Emerging Long Term Threats* (Alexandria, VA: Institute for Defense Analyses, 1994), IDA P - 2896, vol. 1, pp. 26 - 27, 54.

表 4 – 1　中心预测

		进攻方	
		现代军事体系(低暴露/中包围速度;窄战斗面)	**非现代军事体系**(暴露/高包围速度;广战斗面)
防御方	**现代军事体系**（纵深,多预备部队；低暴露）	**遏制进攻:** • 进攻方、防御方伤亡中等;阵地所得增多 • 阵地所得中等,受限于进攻者兵力优势 • 可能战斗持续时间长 • 对技术不太敏感 • 对兵力优势敏感性中等 军力的几个维度的权衡;对装备的敏感性有限	**遏制进攻:** • 进攻方伤亡率非常高,防御方伤亡率非常低 • 阵地所得少 • 战斗持续时间短 • 随技术先进程度增加,进攻方伤亡率增长得很快 • 对兵力优势不太敏感:进攻方过高的数量才能占据优势 防御者战斗力:高～非常高; 进攻方战斗力:低～非常低; 程度取决于技术
	非现代军事体系（浅纵深,少预备部队；高暴露）	**突破战:** • 进攻方伤亡率低 • 追击前景随技术先进程度增强而提升 • 若追击战获胜: 　◆ 防御者伤亡率非常高 　◆ 阵地所得非常多 　◆ 战斗非常短	**有条件遏制进攻:** • 伤亡率、阵地所得、战斗时间对技术和兵力优势敏感 　◆ 若双方兵力、技术差距大,则伤亡率、阵地所得、战斗时间对占上风者有利

续表

		进攻方	
		现代军事体系(低暴露/中包围速度;窄战斗面)	非现代军事体系(暴露/高包围速度;广战斗面)

防御方	非现代军事体系
	(浅纵深,少预备部队扣留;高暴露)
		• 若追击战失败:
		  ◆ 防御者伤亡率高
		  ◆ 阵地所得与兵力优势成正比
		  ◆ 战斗持续时间中等
		• 对兵力优势不太敏感:兵力不占优势的进攻者可能胜利
		
		防御者战斗力:低~非常低
		进攻者战斗力:高~非常高
		程度取决于技术
			◆ 其他情况,防御者伤亡率高,进攻者伤亡率也非常高;阵地所得低;可能战斗时间非常长
			◆ 伤亡率随阵地所得、战斗时间上升而上升
			◆ 战斗时间随阵地所得增多而增加
			◆ 若进攻方装备非常占优势则突破战可能实现,但追击战不可能实现
			
			军力的几个维度的权衡;对装备敏感性显著

注:"包围速度"或"进攻速度"可用于进攻战术中作为实现降低暴露的指数。现代体系降低暴露非常耗时,因此高速、高包围率战术意味着高暴露:见附件。

体系防御与非现代军事体系进攻。[①] 三种情况下,只考虑对现代军事体系规范的适度偏离。如不考虑进一步技术变迁的作

---

① 具体来说,非现代军事体系防御假定防御者50%的前线驻地是暴露的,预备队的速度等于80千米/天(即正式模型中,fe = 0.5,Vr = 80)。为防止非现代军事体系防御被攻破,纵深必须要增大,产生特别大的纵深:1900~1920年为80千米,1921~1940年为300千米,1941~1960年为600千米,1961~1980年为800千米,1981~2000年为1300千米。预备队保留设定(转下页注)

用，偏离越大，突破越快，或攻势停止。① 图中显示了上述定性描述的结果：技术造成现代军事体系军队和非现代军事体系军队之间真正军力的差异。在 20 世纪 10 年代的技术条件下，对非现代军事体系军队会造成的损伤为：针对非现代军事体系防御者，进攻方可获得两倍多的阵地；针对非现代军事体系进攻者，防御者会失守 50% 的阵地。然而到 1940 年，现代军事体系的影响变得更大。此时对防御者而言，非现代军事体系失守的阵地是现代军事体系失守阵地的 12 倍；对进攻者而言，非现代军事体系所得阵地只是现代军事体系所得阵地的 8%，二者之间的差异达到 143 倍（书中如此——译者注）。到 2000 年，二者之间的差距则激增超过 2000 倍。与此同时，系统技术的变迁对此产生的影响却微乎其微：总的来说，阵地获得先上升之后稍有下降，总体来说，90 年的技术变迁所影响的净结果显示，阵地获得的差异不超过 15%。此外，由于技术的确有反作用：若只有进攻方采用现代军事体系，系统技术变迁

（接上页注①）为 50%（fr = 0.5）。非现代军事体系攻击假定以 20 千米/天的突击速度（Va = 20）攻击。现代军事体系防守假定为零暴露、15 千米纵深、0.5 预备队保留（fe = 0，d = 15，fr = 0.5）。1900 ~ 1920 年的预备队速度（Vr）设定为 60 千米/天、1921 ~ 1940 年为 30 千米/天、1941 ~ 1980 年为 20 千米/天、1981 ~ 2000 年为 15 千米/天。现代军事体系攻击假定 1900 ~ 1920 年为 3 千米/天的突击速度（Va）、1921 ~ 1940 年为 1.5 千米/天、1941 ~ 1980 年为 0.8 千米/天、1981 ~ 2000 年为 0.4 千米/天。注意“速度”不是车辆中的速度表读数，而是军队朝向目标前进的净速率，包括计划、侦察、野营和防火准备，具体参见附录。

① 例如，最大防御纵深为 5 千米、预备队保留为 0.25，1900 ~ 2000 年，现代军事体系进攻方一直在突破。在超过 30 千米/天的非现代军事体系攻击速度下，在 100 千米宽的前沿面（位于 500 千米宽的战区前线）会在任一点针对现代军事体系防御产生不多于 1 千米的阵地收益。

对进攻方极为有利；若只有防御方采用现代军事体系，技术变迁则对防御方非常有利。

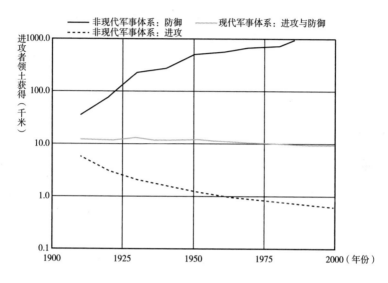

图4-1　系统技术影响

图4-2类似地分析了二元技术对比的影响，描绘了作为进攻方和防御方在武器装备时期平均差异（正数意味着进攻方占优势，负数意味着防御方占优势）函数的进攻方阵地所得。① 三种兵力部署的组合结果与图4-1相同。先进技术总是有用的：三条曲线的斜率都是单调正的。但是，先进技术给非现代军事体系军队提供的优势很小。即使二者间相差15年——比1991年美国在伊拉克战争中与对手的差距还大，也

73

----

① 现代军事体系和非现代军事体系兵力运用如图4-1所示，防御方技术在1940年保持不变（$\gamma_B = 1940$），其他值依据表4-1。

只能为非现代军事体系军队进攻现代军事体系防御者时增加几百米的阵地。先进技术主要是在惩罚非现代军事体系对手的错误时能发挥巨大威力：同样是 15 年的差距，现代军事体系进攻者利用它来对抗非现代军事体系防御者，所得的阵地可以翻两番。与系统技术变迁一样，二元技术因此主要是在与兵力部署的相互作用下才显得重要。技术不平衡越大，非现代军事体系行为者的后果就越严重。

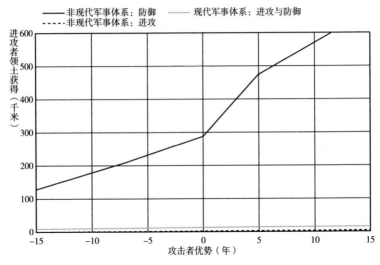

图 4 - 2　二元技术的影响

75

　　最后，图 4 - 3 考察兵力优势的影响，描绘了作为进攻方战场比率函数的领土获得情况：同样三种兵力部署组合下防御方兵力增强。[1] 兵力优势也有帮助：同样，三个曲线斜率都是

---

① 现代军事体系和非现代军事体系兵力部署再次如图 4 - 1 所示，战区力量比率（R／B）参数从 0.5 变到 3.5，其他值依据表 4 - 1。

单调正的。然而，非现代军事体系进攻者对抗现代军事体系防御者，则影响很小：兵力优势增加 7 倍，阵地所获仅增加几千米。相反，非现代军事体系防御者对抗现代军事体系进攻者，76 则进攻者的兵力优势影响是灾难性的：同样情况下，现代军事体系进攻者所得阵地增加了 300 多倍。因此，作为兵力部署的函数，兵力优势影响截然相反——这里即使只考虑中等战术上的差异，兵力优势作为函数有可能是决定性的，也有可能是完全不重要的。

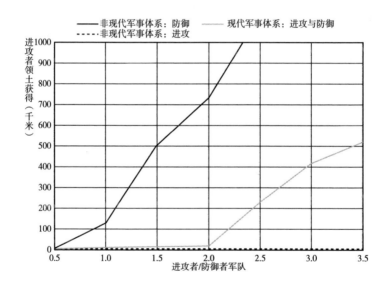

图 4 – 3　兵力优势的影响

当然，上述观点只是有根据的推测，有待系统的实证检验。为开始检验过程，第四章（原文如此，应为第五章——译注）转向三个历史案例研究的第一个：德国在第二次索姆河战役中的攻势——米切尔行动。

第五章

米切尔行动——第二次索姆河战役

（1918 年 3 月 21 日至 4 月 9 日）

　　各种理论如何在实践中获得验证？本章介绍了三个案例方法检验的第一个。1918 年 3 月 21 日至 4 月 9 日，德军在西线的第二次索姆河战役（Second Battle of the Somme）中发动的攻势——米切尔行动（Operation MICHAEL）——是一个对本研究理论有特殊价值的例子。其结果恰恰证实了新理论，却与正统的选择理论相矛盾，因此，其所带来的信心转变比其他单一案例研究要大得多。

　　我将依照六个步骤逐渐引出这一论点。第一，讨论案例方法研究中的选择偏见问题，并选择米切尔行动作为艾克斯坦检验军力理论的关键案例（Ecksteinian critical case），从而降低偏见的可能性。第二，简要概述案例的主要事件。第三，介绍与竞争理论相关的关键自变量确定数值。第四，根据这些数值，将这场战役的实际结果与各自理论预测进行比较，并评估预测与观察之间的相对契合度。第五，对在其现有文献中发挥了重要作用的另外两种战争结果的解释进行说明。第六，总结和评估该案例对所研究理论产生的影响。

为什么选择米切尔行动？

案例方法存在选择偏见的危险：某种理论在某一个小案例中的成功（或失败），可能是由于选择了具有误导性的或非代表性的案例。我们如何得知一种理论在某个选定案例中的表现通常也是在更多案例中对其优势的有效测试呢？减少这种偏见的一种方法是采用哈利·艾克斯坦（Harry Eckstein）的关键案例（critical-case）分析法：选取关键自变量带有极值（extreme value）的案例，这个案例可创造出理论表现为最强（或者最弱）的场景，如果一种理论没有展示出预期的表现，那么它将具有非同寻常的启发性。一个极有可能的案例是指，极值可使某种理论具有最牢固的支撑——如果它在任何地方均可以是正确的，那么它在此也应是正确的。在此类情况下，一种有效的理论应该很少失败；如果我们仍然观察到失败，这一出乎意料的结果也就表明，在不太理想的条件下，对理论置信度的丧失将比单方面观察到的更大。相反，一个最不可能的案例是这样的，极值使理论极其不可能成功——即使该理论通常是有效的，但在这种不利条件下，它可能还是会失败。对于这样的案例，我们会认为，较弱的理论会被混淆的效果推翻；但如果我们观察到预测成功了，那么这一意外结果将会比在不太极端情况下的验证让理论获得更大的置信度。①

78

---

① 因此，关键案例方法不依赖"代表性"案例来对抗选择偏误；相反，它寻找极端，认为这些结构可以用来实现有效推理。它强调异常值，但不会产生误导。Harry Eckstein, "Case Study and Theory in Political Science," in Fred Greenstein and Nelson Polsby, eds., *Strategies of Inquiry*, vol. 7 of The （转下页注）

米切尔行动是能为军力正统理论提供最有利验证的案例，同时也是对新理论最不利的验证，这使其成为极有用的测试。尤其是，它提供了非常接近优势制胜论和正统攻防理论家所认为的理想防御优势。此次行动实际上是在没有坦克的情况下进行的，而且对地攻击飞机的贡献非常有限，攻击主要是由步兵和炮兵组成的部队进行的。这是一场以臭名昭著的防守僵局而闻名的战争，进攻方为战争中最不利于攻击者的兵力比率所累。如果技术和数量不平衡的结合能够阻止成功的攻击，这一行动便有所体现。① 如果正统理论无法预测与其所描述的防御

（接上页注①）Handbook of Political Science（Menlo Park，CA：Addison-Wesley，1975），pp. 79 – 137。一般情况下的方法和案例选择标准参见 Timothy McKeown，"Case Studies and the Statistical Worldview," *International Organization* 53，1（Winter 1999），pp. 161 – 190；Andrew Bennett，"Lost in the Translation：Big（N）Misinterpretations of Case Study Research,"，1997 年多伦多国际研究协会年会提交的论文；Alexander George，"Case Studies and Theory Development：The Method of Structured，Focused Comparison," in Paul G. Lauren，ed.，*Diplomacy：New Approaches in History，Theory，and Policy*（New York：Free Press，1979），pp. 43 – 68；Alexander George and Timothy McKeown，"Case Studies and Theories of Organizational Decision Making," *Advances in Information Processing in Organizations* 2（1985），pp. 21 – 58；Arend Lijphart，"Comparative Politics and the Comparative Method," *American Political Science Review* 65，3（September 1971），pp. 682 – 693；Lijphart，"The Comparable-Cases Strategy in Comparative Research," *Comparative Political Studies* 8，2（July 1975），pp. 158 – 177。

① 但是，请注意，这种情况是比二元技术理论更系统的测试。对于系统理论家，米切尔是一个极端；米切尔的技术平衡（参见下文）以二进制表示不太显著，低于艾克斯坦的临界值。这并不意味着二元理论是不确定的：其他条件不变，米切尔的技术平价将预测一个平局，既没有突破也没有彻底的进攻挫折（如果观察到的话，其中任何一个往往不确定）。此外，在同样技术和更大优势之下的前 40 个月的战争期间，如果假设磨损系数与僵持系数一致，则兰切斯特理论的二元技术和优势的双变量组合将不正确地预测攻击失败（参见下文）。正统理论家可能会看到技术平价的影响被数值和系统的技术防御优势所压制，再次错误地预测了进攻失败［兰切斯特理论是双（转下页注）

性范例理论极为匹配情况下的结果，那么，该案例就对其有效性提出了异常巨大的挑战。[①]

相反，米切尔行动为军力运用理论制造了高难度的障碍。新理论预测1918年3月的进攻会成功：正如我将展示的那样，英军采用了靠前和浅纵深的防御部署方式，该防御直接面对德军隐蔽的现代化攻击体系。然而，技术和数量平衡在这里显然表现为更有利于防御，如果这些影响压倒了双方军事力量部署的战术，也就不足为奇了——即使后者确实是在正常情况下的最佳解释。相反，如果军力部署与1918年3月的不利情况相同，还被证明具决定性，才真正让人惊讶。因此，米切尔行动是对新理论最不利的验证：在如此明显不利的条件下进行，提供了比单一案例研究更有力的佐证。因此，该案例的具体特征与被测理论本质之间的契合，使得该案例成为具有挑战性的测试，并有助于减轻选择偏误会损害结果的危险。

最后，第一次世界大战和20世纪的军事史通常对米切尔行动有着本质的关注。第一次世界大战是现代战争史上的一个分水岭，而德国的春季攻势（Spring Offensive）可能是

（接上页注①）变量和非线性的；到目前为止没有这样的线性三变量合成］。很难想象简单的唯物主义理论，可以预测除了这里的进攻失败之外的任何东西。因此，米切尔行动与现实生活中的情况一样很难接近对方位的判断；在不完美的数据世界中，没有任何情况可能同时提供多个变量的所有可能的组合极值。在所有可能的唯物主义挫败中，米切尔行动因此是数字和系统技术理论的决定性因素，但它也是对二元技术理论的——如果不太那么有力的话——决定性检验。

① 事实上，大部分防御性文献都受到第一次世界大战西线战事的启发。作为防御优势的典范：如 Van Evera, "The Cult of the Offensive"; Jack Snyder, "Civil-Military Relations and the Cult of the Offensive," *International Security* 9, 1 (Summer 1984), pp. 108 – 146; Snyder, *Ideology of the Offensive*, pp. 9, 15 – 18, 20 – 22。

战争末期的最重大事件。第二次索姆河战役打破了西线 3 年的堑壕战僵局，并开启了长达 8 个月的一段时期，在此期间，战场变化比西线余下的所有战争的变化加起来还要多。因此，这场战斗对冲突的最终结果产生了重大影响。正如马丁·米德尔布鲁克（Martin Middlebrook）所言："1918 年 3 月 21 日是第一次世界大战结束的先兆。当天上午 10 时的前几分钟，当德军突击队穿过英军前线的废墟时，他们开始了一系列的活动，以结束战争。"[①] 因此，第二次索姆河战役是现代军事史的核心事件。虽然我的主要目的是利用这一案例来阐明理论，但也为利用理论来阐明重要案例提供了宝贵机会。

战事概要（1918 年 3 月 21 日至 4 月 9 日）

第二次索姆河战役是 1918 年春天德国四次主要攻势的第一次。[②] 在马恩河战役及始于 1914 年的海战失败后，德军在西线的战略发生了重大转变，由战略进攻转入了战略防御。[③] 两个关键事件促使德国在 1917 年底重新评估西线战略。1917 年 4 月 2 日，在德军于 2 月 1 日宣布实施"无限制潜艇战"后，美国对德宣战。潜艇行动遏制了英国的力量，这意味着德国最

---

① Middlebrook, *The Kaiser's Battle*, p. 308.

② 其余的是 4 月 9 日在利斯河（Lys River）的战役，5 月 27 日第三次埃纳河（Aisne）战役，有时也被称为圣母院（Chemin des Dames）进攻，以及第二次马恩河战役（7 月 15 日），协约国 7 月 17 日的反攻可称为高潮，并逐渐获得战略主动权。总体情况见 Terraine, *To Win a War*, pp. 59 – 102; Liddell Hart, *The Real War*, pp. 387 – 428; Pitt, *1918*, pp. 75 – 192。

③ 一个明显的例外是 1916 年法尔肯海恩在凡尔登的消耗战，参见 Liddell Hart, *The Real War*, pp. 214 – 223。

终将面对英国、法国和美国的联合力量，同时面临日益紧缩的联合海上封锁，以及奥匈帝国日益削弱的军事潜力。然而，12月16日，《布列斯特－立托夫斯克和约》（Treaty of Brest-Litovsk）的签订，使俄国退出战争，导致东线的40多个德国师可以调往西线。① 大卫·劳合·乔治（David Lloyd George）胜利获选英国首相后，外交陷入僵持局面，德国认为，其唯一的选择就是在西线发起进攻："1918年，在美军抵达前，德国决定在法国采取攻势以取得战争的决定性胜利。这是施里芬计划（Schlieffen Plan）的重演：在紧迫的时间压力下进行的赌注，利用的是暂时的数量优势，而其本身并不具备压倒性优势。"②

为了实施这一计划，德军计划在天气允许的情况下开始行动，利用三个军（第17军、第2军和第18军）在阿拉斯（Arras）和拉费勒（La Fere）之间50英里（约80.5千米）的前线，攻击英国远征军（British Expeditionary Force）的南翼，并在突破英军阵地之后，向西北方向攻击前进，将英军从南部挤压至北部，对英法两军进行分割，迫使英军撤退到海峡港口（Channel port）。③

防御德军此次进攻的英军，由驻扎法国的4支英国军队中最南端的两支部队组成，陆军元帅道格拉斯·黑格（Douglas

---

① Terraine, *To Win a War*, p. 37.

② Corelli Barnett, *The Swordbearers: Supreme Command in the First World War* (New York: William Morrow, 1964), p. 278. 关于战略背景的简略摘要，参见同上，pp. 272 - 282; Sir James Edmonds, *Military Operations, France and Belgium, 1918* British Official History (London: Macmillan, 1935) (hereafter "BOH"), pp. 34 - 37; Cruttwell, *A History of the Great War*, pp. 486 - 490。

③ 详情参见 BOH, pp. 138 - 52; Barnett, *The Swordbearers*, pp. 278 - 289; Cruttwell, *A History of the Great War*, pp. 490 - 492; and Pitt, *1918*, pp. 47 - 51。

Haig）担任总指挥。最右翼是休伯特·高夫（Hubert Gough）将军率领的第 5 军，在其左侧是朱利安·拜恩（Julian Byng）将军率领的第 3 军。黑格元帅的计划是从防御的立场出发，优先保护海峡海岸免受直接攻击，否则会造成军队与英国本土之间的通信中断。如果南面受到攻击，黑格打算利用第 3 军和第 5 军来坚守阵地。如果防守失败，他们就会慢慢地撤退到"普龙尼－索姆河－克罗津运河"（Peronne-Somme River-Crozat）防线〔距其最初位置 5～10 英里（8～16 千米）的地方〕，以达到"不惜一切代价坚守"的目的。①

凌晨 4 时 40 分，进攻开始，6473 门德国火炮进行了持续 5 个小时的炮击。在 9 时 40 分，德国步兵发起攻击，首先发动进攻的是受过专门训练的"突击队"（storm troopers）。至午夜时分，这些部队已抵达了第 3 军防区的末端防御工事，并在第 5 军防区大约 2000 码（约 1828.8 米）的前线突破了防御工事。② 高夫将军连夜撤退到了克罗扎运河（Crozat Canal）旁毫

① BOH, pp. 98 - 99. 详情参见 Travers, *The Killing Ground*, pp. 223 - 228; Barnett, The *Swordbearers*, pp. 299 - 300; Middlebrook, *The Kaiser's Battle*, pp. 71 - 73; Pitt, *1918*, pp. 52 - 60. 需注意，黑格显然没有预料到也没想到德国人前进的速度或深度。例如，约翰·托兰（John Toland）引用黑格的话说，他只担心敌人会发现英军的战线如此强大，以至于犹豫是否让自己的军队以几乎确定的速度输掉这次进攻。*No Man's Land：1918, The Last Year of the Great War*（New York：Doubleday, 1980), p. 8. 根据自己的经验，黑格预计，德国人将会以高昂的代价缓慢地推进，这种状况可能会在德国人有条不紊地耗尽自己预定的储备后停止：BOH, pp. 91 - 94。

② Public Record Office (hereafter PRO), W. O. 95/2846, 51st Div. Gen. Staff War Diary, attachment, "Report on the Operations from March 21st - 26th 1918," 51st (H) Div., No. S. G. 740.; W. O. 95/1607, 16th Infantry Brigade Headquarters War Diary; W. O. 95/1874, 14th Div. Gen. Staff War Diary, App. D, "Report on Operations during the Period 21st March to 31st March 1918."

无防御准备的阵地上，第 5 军已无法坚守阵地，于 3 月 23 日早上被迫撤退。第 3 军紧随其后，这是自 1914 年以来，德国首次以公开的战争状态返回西线。[①]

英军的撤退很快就演变成一场近乎彻底的溃败，因为英军部队的军事经验几乎仅限于堑壕战，当其自身处于一场运动战（尽管运动速度极慢，几乎就是步兵的行进速度）中时，其所具有的经验不足以应对这种情况。[②] 这一狼狈溃逃持续了一个多星期，在这段时间里，英军右翼和法军左翼之间存在 3 英里（4.8 千米）的空隙。[③] 英法两军明显面临被德军分割的危险，再加上协约国联军的各个总部无法沉着应对，最终促使联军召开一系列高层会议，并决定由费迪南·福煦（Ferdinand Foch）担任协约国联军最高指挥官。[④]

然而，与此同时，德军的进攻已开始乏力。在武器损耗、体力消耗，以及英军和法军在受威胁地区预备队逐渐增加的共同压力下，德军的追击行动最终于 3 月 28 日停止。3 月 29 日至 4 月 4 日，一系列新的攻势收效甚微，德国损失惨重，4 月

---

① BOH, pp. 161 – 302；第一天战斗的详细情况，特别参见 Middlebrook, *The Kaiser's Battle*, pp. 108 – 307。

② 关于撤退的更多个体化的描述，参见 Herbert Read, *In Retreat* (London: Faber and Faber, 1925）; Charles R. Benstead, *Retreat: A Story of 1918* (London: Methuen, 1930）。

③ 3 月 25 日的情况见 BOH, p. 462。

④ 参见 BOH, pp. 448 – 450, 538 – 544; also Barnett, *The Swordbearers*, pp. 319 – 327; Toland, *No Man's Land*, pp. 70 – 73, 88 – 93, 98 – 100; Pitt, *1918*, pp. 97 – 102; Joseph Gies, *Crisis 1918* (New York: W. W. Norton, 1974）, pp. 99 – 104; Winston S. Churchill, *The World Crisis, 1911 – 1918* (London: Thornton Butterworth, 1931）, pp. 763 – 764; Cyril Falls, *The First World War* (London: Longmans, 1960）, p. 318。

5 日，鲁登道夫（Ludendorff）取消了在该地区的进攻行动，实际上结束了德国春季攻势的首场进攻。①

自变量

这些事件与相应理论的预测有何不同？为回答这一问题，首先，我从技术、数量不平衡和兵力部署等关键自变量角度来描述这场战役。

米切尔行动中的武器技术

米切尔行动中的武器技术在第一次世界大战中具有代表性，而且作为进攻方的德军，相对于防守方的英军，其优势并不明显。

新理论的正式版本是通过对双方主要武器系统的平均引入日期来描述技术（参见附录）。按照这个标准，德军和英军在米切尔行动中的武器几乎没有区别，引入日期分别是 1908 年 7 月和 1908 年 9 月。这些数值与大僵持（great stalemate）期间典型战役的数值并无二致。例如，1916 年 7 月第一次索姆河战役中所用武器的平均引入日期为：英军进攻方为 1908 年 9 月，德军防御方为 1907 年 2 月。②

83

---

① 分散的战斗持续到 4 月 9 日，尽管任何一方的路线都很少或没有变化：Erich von Ludendorff, *My War Memories, 1914–1918* (London: Hutchinson, 1920), vol. 2, p. 600。

② 鉴于坦克和对地攻击飞机的作用可以忽略不计（参见下文），计算考虑了战斗实际使用的炮兵和轻武器技术。这些数字的平均数代表每一方的步枪、机枪、重炮和野战火炮型号的引入日期。每种类型和口径最普通的武器都有记分；同一类别的不同口径（例如，150 毫米和 210 毫米重型火炮）的权重相等。考虑德国人 1918 年 3 月使用的武器是 1898 年的 GW98 步枪、1901 年的（转下页注）

在正统理论的视角下，米切尔行动的技术看上去并不利于进攻方。1918 年 3 月，二元技术理论家肯定不会发现德军突破的证据。不仅双方的武器引入日期几乎一致，而且更为详细的性能特征也趋于平衡。到 1918 年，德军野战炮的射程超出了英军大炮的射程约 3000 码（2743.2 米），但就重型火炮而言，英军的 60 磅炮和 6 英寸（15.24 厘米）榴弹炮射程优于标准的德军 15 厘米榴弹炮和 21 厘米迫击炮约 6500 码（5943.6 米）。[①] 德国迫击炮比英国的斯托克斯掷弹筒（Stokes

---

（接上页注②）MG08 重型机枪、1915 年的 MG08／15 轻型机枪、1916 年的 FK16 和 lFH16 野战炮、1913 年的 sFH13、1910 年的 Mrs 和 1918 年的 21cm Mrs 重炮（1918 年推出的 21cm Mrs 榴弹炮到 3 月为止，被认为仅占 210 毫米火炮库存量的 1/3；其余仍是 Mrs 型）。考虑 1918 年英国人使用的武器是 1903 年的李·恩菲尔德（SM Lee Enfield Mk1）步枪、1912 年的维克斯（Vickers Mk1）重机枪、1915 年的刘易斯（Lewis Mk1）轻机枪、1904 年的 18 磅野战炮以及 1915 年的 6 英寸和 9.2 英寸重型榴弹炮。1916 年，德国 FK16 和 lFH16 野战炮仅占野战炮的 1/3，剩余部分包括 1908 年的 C96n／A 和 1910 年的 FH98／09，所有 210 毫米榴弹炮都是 Mrs 型，其他值按 1918 年计算。数据来自 Hogg and Weeks, *Military Small Arms*, pp. 127, 131, 210, 222 - 224；D. B. Nash, *German Army Handbook* (London: Ian Allen, 1980), pp. 95 - 99；Leslie W. C. S. Barnes, *Canada's Guns: An Illustrated History of Artillery* [Ottawa: Canadian War Museum, 1979], pp. 69, 78。战争后期，反炮兵战目标比火炮本身的发展更为广泛，但主要创新涉及使用先前已存在技术（特别是空中侦察）的方法，而非新设备本身；即便闪光和声音测距装置早在前线僵局结束之前，自 1915 年以来就被使用，1916 年已相当成熟：Paddy Griffith, *Battle Tactics of the Western Front* (New Haven: Yale University Press, 1994), pp. 153 - 154。因此，炮兵效能提升方面最重要的发展就是部队在装备使用上的改进，而不是装备本身。

①　德国的 FK16n／A 口径为 7.7 厘米，最大射程为 11264 码，10.5 厘米口径野外榴弹炮 lFHKp 最大射程为 11210 码；而英国 18 磅野战炮的最大射程为 9500 码，4.5 英寸野战榴弹炮的最大射程为 7000 码。德国 sFH13 15 厘米榴弹炮和 21 厘米 Mrs 迫击炮的最大射程分别为 9296 码和 11155 码；英国 60 磅炮和 6 英寸榴弹炮的最大射程为 16000 码和 17500 码。Nash, *German Army Handbook*, pp. 95 - 300；Shelford Bidwell, *Gunners at War: A Tactical Study of the Royal Artillery in the Twentieth Century* (London: Arrow, 1972), p. 243。

Projector）的机动性更强，但英国的手榴弹和枪榴弹在 1916 年早期引入了改进型 5 号卵形手榴弹（Mills Bomb）、23 号卵形枪榴弹和 24 号枪榴弹之后，被普遍认为优于德国同类武器。[①] 德国重型机枪在战斗中要比英国武器更为有效，但这更多是战术和训练的问题，而不是武器本身的质量问题。[②] 英军的刘易斯（Lewis）轻机枪比德军的 08/15 式（31 磅对 43 磅）要轻，但不太适合持续射击；然而，德军虽然获得了刘易斯机枪，但往往更倾向于使用 08/15 式机枪。[③] 在两军部队中，直至 1918 年，轻机枪都普遍存在于排级单位中。[④] 任意两支军队的技术都不可能完全相同，但在 1918 年 3 月，也很难看出有任何大的差别，这意味着德军将有较大优势。

相比之下，系统性的攻防理论家则指向了主流技术的广泛共享水平，以及它们所隐含的特征或主要武器类型，而非局部的不平衡。在 20 世纪上半叶，坦克、对地攻击飞机、炮兵和轻型步兵武器通常被视为占有主导地位的武器；据称，前两种

---

① Guy Hartcup, *The War of Invention*: *Scientific Developments*, *1914 - 18*（New York: Brassey's, 1988）, pp. 61 - 68; Bidwell and Graham, *Firepower*, pp. 125 - 126.

② 然而，重型机枪在战后英军步兵师中可用性更高。到 1917 年，英国师中通常装备 64 挺重型维氏重机枪，而加拿大师中有时配置多达 96 挺；1918 年，英国师的机枪营从 3 个扩大到 4 个。相比之下，德国师有 36 ~ 54 挺。Middlebrook, *The Kaiser's Battle*, p. 89; Bidwell and Graham, *Firepower*, p. 123; Gudmundsson, *Stormtroop Tactics*, pp. 95 - 97。

③ Gudmundsson, *Stormtroop Tactics*, pp. 98 - 99。

④ 虽然并不完全相同，但到 1918 年，德国许多部队的一个排有两个步枪班和两个轻机枪班（连级有一个步枪掷弹兵班）。英国一个排有一个刘易斯机枪班、两个步枪和手榴弹班及一个纯步枪班。在许多情况下，与德国相比，英国一个排的轻机枪更少，枪榴弹更多: Gudmundsson, *Stormtroop Tactics*, p. 101; Bidwell and Graham, *Firepower*, pp. 126 - 127.

武器均有助于进攻优势，而后两种则具备防御优势。从这些方面来看，在第一次世界大战时，技术决定的防御优势主要由步兵和炮兵控制；在这些方面，米切尔行动就是第一次世界大战中的一次典型战役。

当然，米切尔行动是以步兵和炮兵为主导的军队之间的战斗。参与的111个师中，108个为步兵师，其余3个为英国骑兵师。① 此外，由于第一次世界大战时，骑兵师兵力只占步兵师的1/3，在"师级权重大致相等"的条件下，99%多的主要机动部队是步兵。② 这些机动部队得到炮兵的大力支援。事实上，到1918年，英国远征军中25%以上的战斗人员都在炮兵部队。③ 在米切尔行动中，这代表了在第3军和第5军的库存资产中，有2686门野战炮和重型火炮，前沿阵地大约有1400门短程迫击炮。④ 与他们对抗的德军共装备了6473门火炮和大约3500门迫击炮。⑤ 第一次世界大战有时被描述为"炮兵之战"，在第二次索姆河战役中，两军都得到了炮兵的大力支援，即使以第一次世界大战的标准来看，亦是如此。⑥

相比之下，坦克数量稀少，技术落后；此外，在米切尔行

84

---

① BOH, pp. 114 – 115, 152.

② 这里的"机动部队"指的是步兵、装甲兵和骑兵，与提供火力支援的火炮和海军炮火等部队，或服务于供应或工程等任务的部队不同。按类型划分，参见 BOH, p. 116n。

③ BOH, appendix 7, p. 33.

④ BOH, pp. 114 – 115；关于短程迫击炮，见 Middlebrook, *The Kaiser's Battle*, p. 99。

⑤ BOH, p. 153n.

⑥ 炮兵在第一次世界大战中的突出地位，见 Terraine, *To Win a War*, pp. 87, 187 – 188; and *Smoke and Fire*, pp. 127 – 128, 119, 132, 173。

动中动用的少数坦克绝大多数是由采取守势的英军所有，而不是由采取攻势的德军控制。德军共部署了9辆坦克，以支援74师进攻，其中5辆是缴获的英军坦克。英军坦克比德军要多，但从绝对意义上来说，部署的数量非常少。第3军和第5军总共拥有大约370辆坦克，将其进行编组后，每组约36辆。从理论上讲，这些都是为了可能的就地反击而进行的储备。[1]然而，以上坦克几乎没有被投入任何行动，也没有证据表明它们在战斗中发挥了重要作用。[2]

此外，即使数量足够多，1918年的坦克也还没有采用成熟的技术。正如第四章所述，第一次世界大战时的坦克既没有射程优势，也不具备足够的可靠性来决定战场效果，而且在长达数小时的激烈战斗中，坦克里的酷热、噪音和浓烟，使乘员仅能承受至多几个小时的激烈战斗。此外，到1918年，德国的反坦克火炮对英国坦克构成了严重威胁。总体来讲，坦克的机械性能不可靠、其脆弱性和乘员的疲劳，使其在1918年遭受了非常严重的损失。[3] 正如约翰·特雷恩（John Terraine）所言："很明显，在机械和人力方面，1918年的坦克并不是战

---

① BOH, p. 118；Gies, *Crisis 1918*, p. 85.

② 作为米切尔行动中为数不多的英国坦克的战斗活动记录，以其稀有而非效力为人所瞩目，参见 Middlebrook, *The Kaiser's Battle*, pp. 294 – 295；还请注意第九师指挥官的战后评述："如果坦克在'德国佬'大炮火力微不足道的情况下发挥作用，它们有什么用呢？" PRO, W. O. 95/1741, Tudor to Congreve, March 30, 1918。

③ 如第三章所述，例如，在亚眠（Amiens），1918年8月8日协约国联军投入作战的414辆坦克中只有6辆在8月12日还能运转，见 Bidwell and Graham, *Firepower*, pp. 137 – 138。

争的制胜武器。"[1]

相比之下，双方的飞机数量都相当可观。德军在进攻前线集结了大约730架飞机，而英国皇家空军（Royal Flying Corps）则动用了约580架飞机与之对抗。[2] 然而，与坦克的情况类似，在米切尔行动中，飞机所发挥的作用可谓微不足道，原因有三。第一，恶劣的飞行天气使双方空军在战斗早期决定性阶段的行动受阻。第二，对地攻击技术——通常在文献中被认为是具有攻击性的空中力量——在1918年还处于非常原始的状态，甚至在天气允许执行飞行行动的情况下也无法产生决定性的影响。第三，米切尔行动中空中力量的净效应尽管微乎其微，但显然有利于英军防御方，而不利于德军进攻方。因此，它无法解释德国进攻的成功，即便飞机在1918年是强大或重要的武器。

从天气方面来看，浓雾迫使双方的飞机停飞，直到进攻当天下午早些时候，方才云消雾散。当迷雾散去，发动首轮进攻时，德军步兵已经占领了整个防御系统的1/3。[3] 也许更重要的是，由于这一情况，英军的地面部队已经变得极为混乱并混

---

① Terraine, *To Win a War*, p. 117.

② 尽管在英军前线，总体上英国皇家空军飞机数量略超过德国（1144架再加上111架皇家海军航空兵飞机，而德军只有1130架飞机），见BOH, p. 118。

③ Middlebrok, *The Kaiser's Battle*, p. 203。此外，少数几架试图在雾中飞行的飞机无法有效地发挥作用，见PRO, W. O. 95/2017, 18th Division General Staff War Diary, attachment, "The 18th Division in the Retreat to the Oise, March 1918," appendix A, p. 25；W. O. 95/3035 61st Division Diary, attachment, "Preliminary Notes on Points That Have Come to Notice during Recent Operations," G. C. 40/5, April 4, 1918, p. 2；AIR 1/475/15/312/201, Salmond to Trenchard, March 22, 1918。

85　杂在一起，以致空军也无法提供足够的火力。[1] 在后来的几天里，飞机逐渐参与战斗，但是前方步兵的成功进攻，继续干扰了空中力量的应用。例如，德军需要将机场向前推进以跟上前所未有的进攻速度，这使飞机的运用受到阻碍，德军发现越来越难找到合适的机场地点，因为推进行动将其带入了堑壕战的地形当中。[2] 与此同时，英军在将作战部队后撤从而避免被击溃的行动中，也面临着同样的困难。[3]

　　即使战斗人员设法将飞机送入空中，并越过可识别的目标，当时飞机直接攻击地面目标的技术仍旧太原始，无法产生决定性的影响。[4] 在第一次世界大战中，飞机的主要任务是侦察，而不是直接攻击地面目标，攻击最多算是次要甚至是三级任务。特别是在战争中，飞机已经成为火炮瞄准系统中几乎不可或缺的组成部分。到 1918 年时，建立对敌方制空权的战斗被视为进行成功攻击的必要因素，但这是因为它提供了有效的火炮使用手段（特别是反炮兵火

---

[1]　H. A. Jones, *The War in the Air* (Oxford: Clarendon, 1934), British Official History of the Air War, hereafter BOHAW, pp. 293 – 301; S. F. Wise, *Canadian Airmen and the First World War* (Toronto: University of Toronto Press, 1980), Canadian Official History, hereafter COHAW, vol. 1, pp. 490 – 494.

[2]　Ernest Wilhelm von Hoeppner, *Germany's War in the Air* (Leipsig: A. F. Koehler, 1921), p. 106; BOHAW, pp. 301, 364 – 365.

[3]　BOHAW, pp. 297n, 301.

[4]　有关第一次世界大战中的飞机技术，见 Kennett, *First Air War*, pp. 93 – 112; Terraine, *White Heat*, pp. 190 – 202; 关于空中战术，参见 War Department Document No. 883, "A Survey of German Tactics, 1918," prepared by Historical Subsection, General Staff, A. E. F., Monograph No. 1, December 1918, pp. 15 – 22, 55 – 59。

力），而不是因为它可从空中直接攻击敌方。[1] 有一些飞机被指定为"轰炸机"，但它们的有效载荷和低精确度使其对地面行动的贡献甚微。[2] 相反，绝大多数的对地攻击活动都是非专业飞机进行的非同步扫射（不具备机炮同步器），在对地面战斗的影响方面，其效果被广泛认为远不如炮兵的定点打击（artillery spotting）。[3]

最后，即使空中力量确实有所贡献，其更大的贡献也是由处于防御态势的英军，而非处于进攻态势的德军做出的。在战斗结束时，英国已经确立了有效的空中优势，并开始使用它来骚扰后方道路上或突破战线后的无掩护的德军步兵。[4] 事实上，空军在战斗中最常被讨论的影响，是德国报道中经

---

[1] 在实际效果上，第一次世界大战中的飞机更像是炮兵的一个分支而非独立的作战力量，见 Kennett, *First Air War*, pp. 93 – 112, 207 – 216；Bidwell and Graham, *Firepower*, pp. 101 – 103, 143 – 144；Terraine, *White Heat*, pp. 190 – 202。

[2] Kennett, *First Air War*, pp. 41 – 62, 211 – 212. 事实上，它们的主要任务是对人口中心和工业目标进行战略或恐怖轰炸，而不是在战场上攻击军事目标。

[3] 就连皇家空军总司令特伦查德少将1918年也这么说："因此，空军在这个时期能提供的最好帮助就是在空中确保火炮持续发射。如果能够达到这个目标，相比对敌前线部队的低空飞行或轰炸，其对步兵和炮兵来说——尽管看不见敌人——却是更有效的帮助。"引自 BOHAW, p. 359n。官方历史学家持非常相似的意见，同上，p. 358。相比之下，德国在米切尔行动中则集中使用了专门的对地攻击飞机进行攻击。参见 United States Air Force Historical Research Center, 512. 621 v11/14, "Development of the German Ground Attack Arm and Principles Governing Its Operations Up to the End of 1944," German Air Historical Branch（8th Abteilung）, December 1, 1944, pp. 1 – 2；BOHAW, p. 275；Kennett, *First Air War*, pp. 211 – 212。这在事前被料到，因此飞机的损失非常高，其效力微乎其微，没有证据表明其在米切尔行动中产生了重大的战场效应：COHAW, pp. 492 – 493；Kennett, *First Air War*, pp. 212 – 213；BOHAW, p. 363。

[4] COHAW, pp. 492 – 510。

常提到的英军在战斗后期对德军前进纵队进行的猛烈扫射。[①]
如果说有什么不同的话，那就是在第二次索姆河战役中，空
中力量至多只是一种防御武器。然而，总的来说，飞机不太
可能对结果产生任何重大影响——特别是在关键的初期穿插
渗透行动中，这是在各方空军较多参与战争前出现的情况。

1918 年 3 月，常被视为打破大僵局的两项主要的技术革
新——坦克和对地攻击飞机，都没有做出重要贡献。最终结果
是，技术组合与前三年的堑壕战没有什么不同。

米切尔行动中的数量非均势

米切尔行动中的数量均势远远低于优势制胜理论家用于预
测进攻成功的标准经验法则。事实上，1918 年 3 月德军进攻
时比联军作为进攻方在大僵持严重失败中的数量优势明显
要小。

兵力比

对新理论来说，关键的数量均势是战区内进攻方与防御方
部队的对比〔战区内的"兵力比"（force to force ratio），或简
称为 FFR，参见附录〕。按照这一标准，1918 年 3 月的西部前
线均衡比为 1.17∶1。[②] 相比之下，1915 年 1 月的战区均衡比是

---

① Hoeppner, *Germany's War in the Air*, p. 106；COHAW, pp. 492 - 493. 虽然英军的
撤退提供了比较明显的目标（即行军暴露），但德国人没有抓住这一机会：
BOHAW, pp. 363 - 364。

② 使用师计数作为直接交火部队人力的代理变量（如附录中所示的模型设定）。
在此期间，联军和德军在师实力和组成上大致相似。见 BOH, pp. 103, 142,
152, 116, 117。前面的图排除了美国师（其中有些参与了战斗，有些没有），
从而高估了德国的实际兵力优势。

1.56∶1，1916年的是1.33∶1，1917年的是1.29∶1。[①] 因此，1918年德军面对的是战争中对进攻方最不利的战区数量均衡比之一。

正统的优势制胜理论家经常考虑本地（以及战区）的均势、特殊武器类型的均势（在第一次世界大战中尤指大炮），以及这些均势和各式进攻充分性经验法则之间的关系。[②] 在米切尔行动中不存在这种不利的兵力对比情况。

德军在其攻击正面50英里（80.5千米）地段，总共集结了63个师（除了被认为无法执行攻击性行动且未被指派进行攻击的11个"阵地"师）。他们分别以32个师、18个师和13个师分成三波进攻。炮兵支援包括6473门火炮（其中有2508门为大口径火炮）和3532门迫击炮。英国的第3军和第5军在前线总共部署了27个师，其中21个"在线"（即位于准备好的防御阵地上），6个是军级或陆军预备队。此外，协约国联军英国司令部预备的8个师中，有4个位于第3军和第5军战区的后方。英国本土的炮兵部队部署了2686门火炮（976门为大口径火炮）和约1400门迫击炮。[③]

----

① 1915~1917年联军被视为主要攻击者。数据来自 Liddell Hart，"Ratio of Troops to Space" pp. 3 – 14。

② 在新理论中，局部均势是内生的，而不是外在的自变量。

③ BOH, pp. 114 – 115, 116, 152, 153n. 德国人在这里拥有战斗中支持单次进攻的最多炮量，但就其他指标，如每英里炮量数、每英里重炮数、预备炮击持续时间，发射的总炮弹数或每英里炮弹数等而言，相比1916~1917年协约国联军的"炮兵攻势"，米切尔行动中的炮兵支援更慢。强度只表现在（每小时每英里的）炮火异常猛烈。德国人集结了许多大型火炮，但将其不同寻常地扩展到宽阔的50英里的正面，最终结果只形成了短暂而高密度的火力攻击，以当时的标准来看，火炮强度高，但火力总量较低。

这些配置意味着，正面攻击所面对的防御兵力比为 2.0∶1（即 63∶31）。如果只计算最初投入的师（英军"在线"的师和德军参与首波攻击的师，即实际上最开始参与的部队），当地的兵力比则只有 1.5∶1（32∶21）。① 此外，本地火炮的均衡比更高——火炮数为 2.4∶1（大口径数量为 2.6∶1），迫击炮约为 2.5∶1。

为了将这些数字展现出来，图 5-1 描述了进攻战线上双方师级总数的比例，以及进攻战线上双方参与师的比率，为 1915 年年中到 1918 年年初间的主要进攻行动提供说明性的示例。② 除了米切尔行动外，显示的所有数据都代表成功的防御行动。事实上，这些战役包括一些声名狼藉的僵持战，例如：凡尔登战役、第一次索姆河战役，以及帕斯尚尔战役（Passchendaele）。然而，相较提及的战争，米切尔行动的本地兵力比为第二最小值，也就是 1916 年凡尔登战役的一半（师级总数为 2.0∶1 和 4.25∶1，参与师总数为 1.5∶1 和 3.25∶1），不到第一次索姆河之战兵力对比（相应为 3.7∶1 和 3.1∶1）的 60%。

87

---

① 人们可以从这些配置中计算出更高的兵力比，但只能使用直觉上不合理的计数规则。例如，算上所有三个德国攻击波，仅有 21 个英国师最初"在线"，兵力比为 3.0。如只计算在最前线的占英军"在线"的 1/3 的防御堑壕体系，但包括所有三波的德国进攻部队，则可将兵力比推高至 9.0。两种方法都随意地排除了大量的英国防御者，当然也包括类似的德国人。

② 数据来自 Girard Lindsley McEntee, *Military History of the World War*（New York：Charles Scribner's Sons, 1937），pp. 182, 186, 276-277, 291；Wynne, *If Germany Attacks*, pp. 166-167, 186, 217-218, 268, 274；为了简洁地呈现，该数字不包括 1915 年 3 月 10 日的新佩勒（Neuve Chapelle）战役，见 Wynne, pp. 21-23：参与部队的兵力比为 9.1；参与部队加上预备队为 6.6；1915 年 5 月 9 日的欧贝—李奇战役（Aubers Ridge），见 Wynne, pp. 45, 48：参与部队的兵力比为 12.0；1915 年 5 月 16 日的费斯蒂贝尔（Festubert）战役，见 Wynne, p. 60：参与部队的兵力比为 16.0，后面这些数据代表比米切尔行动更高的兵力比的失败进攻（参与师为 1.5，再加上预备队则为 1.8），因此上述结论是保守的。

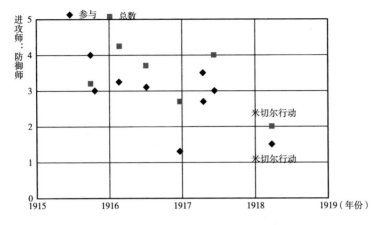

图5-1 第一次世界大战局部兵力比

图5-2提供了1915年年中至1918年年初的类似火炮比率样本。同样，在米切尔行动之前，所有的数值都代表成功的防御行动。结果表明，虽然米切尔行动的火炮比（2.4:1）并不是战争中最低的，但也远未达到最高值，实际上还远低于所得数据的平均值（3.0:1）。按照第一次世界大战的标准，1918年3月的火炮不均衡并不显著。例如，其低于第一次索姆河战役僵持战中的不均衡（3.1:1），且仅是凡尔登战役火炮不均衡的60%（4:1）。①

在严格的数字上，双方在1918年3月非常接近。但是，

①　可得数据无法对重型火炮进行系统描绘，但是米切尔行动中的重口径比率并不比1917年麦西尼斯之战（Messines）的2.6:1高，而且远低于1915年欧贝·李奇之战（Aubers Ridge）的3.8:1，见Sir James E. Edmonds, *Military Operations, France and Belgium, 1915*, British Official History（London：Macmillan, 1928), hereafter BOH1915, p. 9n; Edmonds, *Military Operations, France and Belgium, 1917*: *Vol. 2*, British Official History（London：His Majesty's Stationery Office, 1948), hereafter BOH1917, pp. 41n, 49。

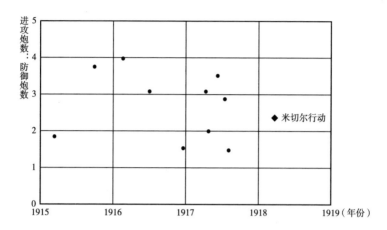

图 5 - 2 第一次世界大战的局部火炮均衡

这些数字背后的军队质量是否存在严重的不均衡？实际上，质量差异是否会比单独数量产生更高的净"战斗力"兵力比呢？[1]

答案是否定的。德军的技能一般都比较好，但重要的是只有一小部分德军的技能有差异，这一部分占比太小，不足以在总兵力对比中产生较大影响。特别是，德军军一级中的突击队

---

① 例如，有人认为，3:1 的规则是以净"战斗力"来衡量，而非以武器或形式计数，见 Liddell Hart, *Defense of Britain*, pp. 54 - 57；Mearsheimer, "Assessing the Conventional Balance", and "Numbers, Strategy and the European Balance," *International Security* 12, 4（Spring 1988）, pp. 174 - 185。然而，这里存在争议，见 Joshua Epstein, "Dynamic Analysis and the Conventional Balance in Europe," *International Security* 12, 2（Spring 1988）; and "The 3：1 Rule, the Adaptive Dynamic Model, and the Future of Security Studies," *International Security* 13, 4（Spring 1989）, pp. 90 - 127；新理论把军队力量、技术和军队行为视为逻辑上不同的自变量，而不是将它们按照某种不透明的方法加总为"战斗力"来衡量，但即使人们凭经验法则认为军队"质量"是优势的组成部分，米切尔行动也并未提供可以解释德国成功的重要的质量差异（见下文）。

（*stosstrupp*）营由装备特殊、训练有素的精英突击部队组成。这些精心挑选的专业人员在进攻之前充当战场引导人员，并于3月21日发动了最初攻击。但是，尽管其战斗力明显优于陆军的常规步兵，但突击队营只占参加战斗的德军总数的一小部分：没有足够多的突击队甚至是连级规模的突击队（*sturmblock*），以分配给参与第一波攻击的师。①

考虑到这一点，精英突击队对进攻方总"战斗力"的贡献，不足以在兵力比上做出有意义的改变。例如，即使每个突击队的效能都相当于普通步兵的10倍，在"师战斗力当量"中，最终兵力比对于进攻点对面的总编队仍小于2.6∶1，对于在线编队，兵力比为2.4∶1。② 即便是这些上限，也远低于1915年至1917年可获得数据的均值。

德国陆军的其余部分，与英国远征军（British Expeditionary

---

① Gudmundsson, *Stormtroop Tactics*, pp. 162 – 163。

② 3月21日，共有32个连规模的突击队可用（第一波32个师平均各有一个标准的突击队，但某些师一个都没有，同上）。每个突击队的得分等于10个正规步兵连，因此低于320的"连当量"。假设1918年每个德国师有18个步兵连，则意味着总的师突击队战斗力低于18"师当量"。反过来，攻击点总的师"战斗力"兵力比为（63 + 18）/ 31 = 2.6∶1，攻击点在线师"战斗力"兵力比为（32 + 18）/ 21 = 2.4∶1。这些上限"战斗力"比率非常保守——不只是针对突击队的实战有效性（肯定小于普通步兵同事的十分之一），也和德国1918年所报道的师组织的变化有关。在德国1918年的标准师中，步兵连的数量在不同资料来源中有所不同。如古德门松（Gudmundsson）认为每个师有18个（p.96）；纳什（Nash）称有36个（pp.35, 40）。纳什估计32个突击队得分为（32 × 10）/ 36 = 9个师当量，而不是以上所得出的18。这反过来会使进攻点师的总"战斗力"兵力比上限减为（63 + 9）/ 31 = 2.3∶1，进攻点在线师的"战斗力"兵力比为（32 + 9）/ 21 = 2.0∶1。最后，32个突击队的得分相当于18个正规步兵师，突击队的建制火力支援等同于常规师，尽管突击队没有重武器。

Force，BEF）相比，在平衡训练和领导方面，没有达到精英突击队营所表现出来的优势程度。当然，很难定量评估差异的大小。但是，应当指出的是，德军在 1916 年法尔肯海因（Falkenhayn）指挥的凡尔登战役进攻中战败，虽然当时其拥有更大的数量优势，其训练和领导能力也比对手更好。[1]

相对而言，米切尔行动的兵力比异常适中。这也远远低于任何标准的经验法则。其中最著名的是 3∶1 规则，认为进攻方需要三倍于防御方的力量才能成功。[2]即使是上限，"质量调整"后的本地兵力比 2.6∶1 也远低于这个阈值；在进攻点（1.5∶1），"在线"师比率仅为所需值的一半。另一种经验法则认为，在整个战区内，进攻方需要高于防御 1.5 倍的力量才能获得成功。[3]在这里，1.17∶1 的战区兵力比也远低于这一标准。然而，不管以什么为标准，米切尔行动的兵力比都非常低。

兵力密度

一些优势制胜理论家（还有一些攻防理论家）强调军队部署的密度，或者称为"兵力密度"（force-to-space ratio，FSR）。对于那些持此观点的人来说，较低的"兵力密度"值

① 关于 1918 年德国军队和英国军队的训练和专业精神，见 Middlebrook, *Kaiser's Battle*, pp. 43 – 44, 82 – 84。对任一方军队（除了高度机动的突击队之外）都给予了很好的描述，见 Middlebrook's phrase, as "steady"（pp. 105, 63）。更多的细节，见 G. D. Sheffield, "The Morale of the British Army on the Western Front, 1914 – 1918," in Geoffrey Jensen and Andrew Wiest, eds., *War in the Age of Technology*（New York: New York University Press, 2001）, pp. 125 – 128。

② 参见 Mearsheimer, "Numbers, Strategy"。

③ 参见 Congressional Budget Office, *U. S. Ground Forces and the Conventional Balance in Europe*（Washington, DC: USGPO, 1988）, e. g., pp. xv, 25 – 26。

被认为有利于进攻方。① 然而，在米切尔行动中，防御方的兵力密度比1915年至1917年许多最成功的防御行动都要高，必然无法达到足够低的值，从而实施成功的防御行动。

要了解原因，首先要记住，在很多方面都可以测量出兵力密度，就像兵力比一样。"兵力"（force）不仅可以用上面所述的任何方式来测量，"空间"（space）也可以利用正面的线性单位（例如，英里或码）或面积单位（平方英里或平方码）来测量。

此外，这些"空间"的替代措施有非常不同的性质。例如，正面的线性单位可以方便地描述在给定地域上遭遇进攻的防御方总人数。然而，线性测量不能确定防御方的"多孔性"，也不能确定防御存在空隙或漏洞的可能性。这是因为，线性单位会产生相同的兵力密度，例如：单条堑壕线4英里前线驻守单个师（出现很少空隙），或者单个师驻守同一个4英里前线，但在深度上分布超过100条战线（出现许多空隙）。相比之下，面积单位很适合用来评估空隙，但不适合用来确定特定前线防御方的总人数。例如，每平方英里的一个师，可能意味着一个师的兵力在1英里的进攻前线对面，部署在1英里的纵深上；也可能意味着5个师的部队在同一条1英里的战线对面，部署在5英里的纵深上。

矛盾的是，这些文献主要使用线性的度量单位，却往往强调在其因果逻辑上的"连续性"（或"连续前线"的可用

---

① 参见 Liddell Hart, "Ratio of Troops to Space"; Mearsheimer, "Numbers, Strategy"。

性）。① 为了提供最广泛的观点，本文提出下面的线性和平方度量，这些差异对此处战斗得出的结论十分重要。

至于数值本身，在战区层面上，联军的 165 个师和 15182 门大炮（美军依然不计入内）在 1918 年 3 月部署在大约 325 英里长的前线，从靠近奥斯坦德（Ostend）的北海延伸到南部的孚日山脉（Vosges）。② 这意味着在每英里战线上，战区兵力密度为 0.52 个师、47 门炮。

然而，这些兵力并非均匀分布。黑格（Haig）优先指派英国远征军去保卫海峡的海岸，造成其南翼防守不甚牢固。第 3 军和第 5 军总共有 30 个步兵师和 3 个骑兵师，它们共同防御 70 英里的前线，每英里前线师总数的兵力密度为 0.44。③ 在这些部队中，有 21 个步兵师在做好防御准备的阵地中行动（剩余部队包括特种部队、陆军或总司令部预备队）。尽管部署情况多变，但英军 3 月 21 日的平均纵深距离少于 4500 码（4114.8 米）。④ 这意味着在攻击的时候，每一英里的本地兵力密度为 0.30 个前置师，或每平方英里为 0.12 个前置师。

第 3 军和第 5 军的 2686 门火炮，虽然名义上分配给两军的整个战线，但部署非常集中，主要火力集中于 21 日要遭受攻击的那一小部分战线上；因此，可进行进攻的防御火炮密度

---

① 参见 Liddell Hart, "Ratio of Troops to Space," p. 11。

② 这不包括孚日山脉与瑞士边界之间的山区，那里控制得不强。德军在 1917 年撤离至兴登堡防线后，缩短自己的战线，同上，p. 4。

③ 这包括在前线第 3 军和第 5 军后面的 4 个司令部师，每个骑兵师的兵力只有步兵师的 1/3，见 BOH, pp. 116, 116n。

④ BOH, pp. 38（sketch 2），40（sketch 3），122 - 5；BOH, map vol., sheets for March 21, 1918.

为进攻正面每英里 54 门。①

应该如何解释这些数值呢？兵力密度建立的标准规则比兵力比建立的规则更少。然而，罗勒·利德尔·哈特（Basil Liddell Hart）也许是最著名的兵力密度理论家，他预计进攻点每线性英里师的部署达 0. 17 ~ 0. 25，即可在第一次世界大战中成功进行防御。② 根据利德尔·哈特的标准，米切尔行动的兵力密度（攻击点每线性英里师的部署为 0. 30）远高于最低标准。

或者，可将这些兵力密度与第一次世界大战中的其他防御行动进行比较。例如，图 5 - 3 将 1918 年 3 月战区每线性英里部署的帅的兵力密度与 1915 年 1 月、1916 年和 1917 年的兵力密度进行了比较。1918 年协约国联军的值为 0. 52，为三个时间点中最高的，是 1915 年德国防御兵力的两倍（每英里 0. 26个师）。

图 5 - 4 提供了 1915 年至 1918 年，主要战役本地进攻点每英里部署师的情况。③ 除了米切尔行动之外，所有显示的数据都是关于成功的防御行动。以兵力密度作为成功的标准，1918 年以前的防御行动可分为两组。一组为：1917 年 0. 4 到

---

① 与上述的进攻相比，每英里的炮的数量更多一些，约 38 门。防御性火炮总数通常是指对进攻战线发射的炮数而不是部署在那里的炮数。为了与第一次世界大战的其他经验相比较，我以这种方式表达了当地的炮兵密度。

② Liddell Hart, "Ratio of Troops to Space," p. 4; Liddell Hart, *Deterrent or Defense*: *A Fresh Look at the West's Military Position* (New York: Praeger, 1960), pp. 97 – 109.

③ 这些数据来自 McEntee, *Military History*, pp. 178, 276; Wynne, *If Germany Attacks*, pp. 23, 63 – 65, 67n, 68, 192, 218, 228, 264 – 266, 296, 300, 310; Balck, *Development of Tactics*, pp. 63 – 65, 75; Liddell Hart, *The Real War*, pp. 406 – 407; BOH, p. 114。

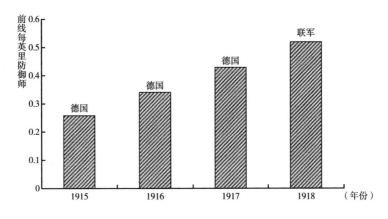

图 5 - 3 第一次世界大战战区兵力密度

0.6 间的 7 个值，相当于德国在战争后期的沃坦（Wotan）和弗兰登（Flandern）阵地〔例如阿拉斯战役、帕斯尚尔战役和尼韦勒攻势（Nivelle Offensive）〕。剩余部分为第二组，在 0.1 到 0.25 之间，对应着诸如凡尔登战役、第一次索姆河战役、新沙佩勒（Neuve Chapelle）战役和第一次埃纳河战役（First Battle of the Aisne）。米切尔行动的值比第一组要低，但比第二组要高，也比整个数据的平均值要大。

图 5 - 5 对比了 1915 年到 1918 年，主要战役在进攻点每平方英里师的兵力密度，从而提供了一个示例。[①] 同样，1918 年之前的所有数据都代表成功的防御行动。然而，米切尔行动代表了第三高值，比可用数据的平均值高出 50%（即 0.13 和 0.08）。根据地域平方单位，米切尔行动的兵力密度最高，超

---

① 数据来源见 Wynne, *If Germany Attacks*, pp. 67 - 68, 70, 93, 95, 102, 264 - 266, 285, 300; Balck, *Development of Tactics*, pp. 63 - 65, 75; McEntee, *Military History*, pp. 274, 276。

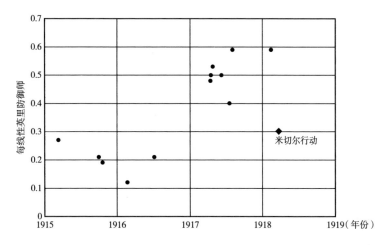

图 5 - 4　第一次世界大战局部兵力密度（线性）

出了像帕斯尚尔战役（0.08）这类战争晚期的僵持行动，且是第一次索姆河战役德国防御密度（0.04）的 3 倍，而且是凡尔登战役中法国防御密度（0.02）的 6 倍。

最后，图 5 - 6 提供了 1915 年至 1918 年初，主要战役进攻战线每英里本地防御火炮的样本。[①] 1918 年之前的所有数据仍是代表成功的防御行动。此处，就像每线性英里前沿师那样，米切尔行动（每英里 54 门）低于德国 1917 年的值（从斯卡尔普河战役的 63 门到帕斯尚尔战役的 92 门），但高于 1916 年和 1915 年的值（除了 1915 年 3 月的新沙佩勒战役）。但是，此处的米切尔行动略低于可得数据的平均值（每英里 60 门）。

---

① 数据来源见 Wynne, *If Germany Attacks*, pp. 20，24，47，51，106，166 - 167，176，230，266；John Terraine，"Indirect Fire," pp. 9 - 11；BOH1915, pp. 19n，177 - 178；BOH1917, pp. 49，135 - 136；McEntee, *Military History*, p. 277。

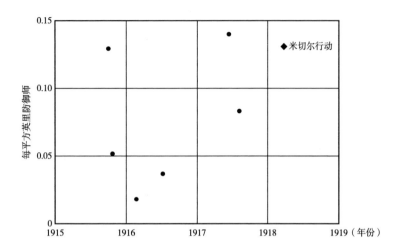

图 5 – 5　第一次世界大战局部兵力密度（平方）

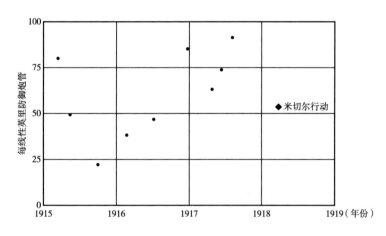

图 5 – 6　第一次世界大战局部兵力密度（火炮）

那么，这些结果意味着什么呢？实际上，协约国联军部署的战区部队，比任一上述西线防御部队都要多，但令部署在阿拉斯和拉费勒之间战线上的防御部队比其他地方都要少。[1] 这一行动的结果就是，在平方单位上，与一战后期德国在沃坦和弗兰登地区相比，德国进攻点的局部兵力密度还要高，在线性密度上要高于击败 1915 年和 1916 年联军进攻的防御行动，但低于德国 1917 年的防御行动，在师的数量和火炮数量方面均如此。

　　在 1917 年时，德国的线性密度高于在米切尔行动中对方的密度有多重要？回想一下，评估各种线性密度的真正影响是观察其对相对于给定进攻战线的防御方总数的影响。一个低的线性密度，意味着在攻击路线上防御方的兵力较少；一个高的线性密度意味着攻击路线上防御方兵力较多。因此，低线性密度防御为进攻方提供了机会：进攻方可在狭窄战线上集中攻击力量，当防御方的线性兵力密度很低时，进攻方可在攻击点创造强大的兵力比。但 1918 年 3 月德军基本上丧失了这个机会。鲁登道夫（Ludendorff）采用极宽即 50 英里（约 80.47 公里）长的进攻战线，从而削弱了德国有限的资源利用效果，结果，正如上面所述，本地兵力比为战争中最低。[2] 在攻击点上，1917 年时线性兵力密度会使本地

① 黑格认为，任何进攻都会在一次延长的炮击之前进行，而且只会取得缓慢的进展，这为他提供了充足的时间来重新部署部队。实际结果令人不快，见 BOH, pp. 91 – 94；Toland, *No Man's Land*, pp. 8ff。

② 相比之下，英国在帕斯尚尔（1917 年 7 月）战役中的进攻战线只有 17 英里，在阿拉斯（1917 年 4 月）战役中只有 12 英里，在第一次索姆河战役中（1916 年 7 月）为 14 英里，在欧贝—李奇战役中（1915 年 5 月）不到 2 英里。见 Terraine, "Indirect Fire as a Battle Winner/Loser," pp. 20 – 21；Terraine, *Passchendaele* (London：Leo Cooper, 1977), p. 64；Balck, *Development of Tactics*, p. 75；Liddell Hart, *The Real War*, pp. 325, 335；Keegan, *Face of Battle*, p. 240；Wynne, *If Germany Attacks*, pp. 45, 47；BOH1915, p. 9n。

兵力比更低，但是，实际上线性密度对英国所产生的军事后果也不算太严重。

当然，即使没有很大的本地兵力比，极低的兵力密度也可能存在问题，如果它造成了漏洞，进攻方可以进入防御后方。最好的衡量标准是平方单位——而不是战线的线性单位——即每平方英里英国师的密度，实际上，若以第一次世界大战的标准来衡量，这一值会非常高。[①] 1918 年 3 月，英军防御的漏洞明显少于德军 1917 年防御行动时的情形，后者在任何情况下都远不够密集，无法提供成功的防御。

总的来说，米切尔行动显示出非常有利于防御的数量均衡。例如，与第一次索姆河战役相比，米切尔行动的执行情况为：较低的战区兵力比（师为 1.17:1，不及 1.33:1）；较低的"在线"师局部兵力比（1.5:1 与 3.1:1）、师的总数量（2.0:1 与 3.7:1）和火炮（2.4:1 与 3.1:1）；每线性英里战区兵力密度（0.52 与 0.34），每线性英里的局部师数（0.30 与 0.21），每平方英里的局部师数（0.12 与 0.04），以及每线性英里的局部火炮（54 与 47）都更高。[②] 根据优势制胜理论家的认知，1918 年 3 月德军应该停止进攻。

---

① 对于英国在米切尔行动中的防御来说，这种极高的面积密度是他们很好地集结了现有部队的结果，请参阅下文"兵力部署"一节的讨论。深度与密度之间的权衡对所有防御者来说都是重要的，英国人在 1918 年 3 月选择了密度而不是深度。

② BOH, pp. 38, 40, 103, 114 - 115, 116, 117, 122 - 125, 142, 152, 153n; Wynne, *If Germany Attacks*, pp. 102, 106; McEntee, *Military History*, p. 291; Liddell Hart, "Ratio of Troops to Space," pp. 3 - 14; Balck, *Development of Tactics*, p. 75.

米切尔行动的兵力部署

在米切尔行动中，德军在战术层面上非常彻底地执行了现代军事体系方法，而且从某种程度上来讲，在行动层面上也执行了；然而，英军却未能在战术上或行动上实施现代军事体系方法。

进攻战术

米切尔行动在西线使用了成熟的现代军事体系进攻战术。德军采取了分散进攻阵形，广泛利用地形进行掩护和隐蔽；取消了破坏性的炮火，用一个简短可预测的"飓风式攻击"（hurricane barrage）作为替代来实现压制效果；采用联合武器 94 技术提供局部压制火力，以辅助火炮；同时允许子部队独立地沿阻力最小的路径前进，而不是将整体的运动束缚在最慢的速度上。① 最终的结果是，相对于中期的炮兵进攻，总体攻击速度提高，但没有达到1914年至1915年以步兵为主的战术的最高完成率。

图5-7总结了这一特性，它为主要进攻的一个说明性样

---

① 参见 Timothy Lupfer, *The Dynamics of Doctrine* (Ft. Leavenworth, KS: U. S. Army CSI, 1981), pp. 37 - 48; Gudmundsson, *Stormtroop Tactics*, pp. 155 - 170; David Zabecki, *Steel Wind* (Westport: Praeger, 1994), pp. 33 - 77; English, *Infantry*, pp. 18 - 22; Rod Paschall, *The Defeat of Imperial Germany*, *1917 - 1918* (Chapel Hill: Algonquin Books, 1989)), pp. 130 - 38; Pitt, *1918*, pp. 45 - 47, 75 - 78; Middlebrook, *Kaiser's Battle*, pp. 52 - 55, 63; Barnett, *Swordbearers*, pp. 290 - 291; Cruttwell, *A History of the Great War*, pp. 494 - 495, 505; House, *Combined Arms Warfare*, pp. 25 - 27, 33 - 37; Georg Bruchmuller, *The German Artillery in the Breakthrough Battles of the World War*, 2d ed. (Berlin, 1922), trans. J. H. Wallace and H. D. Kehrn (Ft. Sill: U. S. Army Field Artillery School, n. d.); BOH, pp. 143, 153 - 156, 156 - 160。

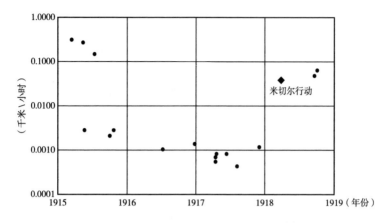

图 5 - 7　第一次世界大战进攻速度

本绘制了净进攻完成率。[①] 例如，1915 年春的新沙佩勒战役或欧贝—李奇战役（Aubers Ridge），炮兵准备时间可能短至 30 ~ 45 分钟，产生的净完成速度高达 0.3 千米/小时。[②] 然而，到了 1917 年 6 月，在帕斯尚尔战役的 19 天火力网下，净完成速度降低到了惊人的 0.0004 千米/小时。[③] 相比之下，1918 年 3 月德国新技术的使用使净完成率约为 0.04 千米/小时，与 1917 年 6 月相比增加了大约两个数量级，但仍远低于 1915 年早期的每小时 0.1 ~ 1 千米的战争初期速度。

　　进攻行动

　　米切尔行动并不是一个战区级的正面进攻行动，也没有尽

---

①　在新理论的正式规范中，完成率被用作现代军事体系依从性的指标（参见附录），它被计算为进攻跳出点（通常是进攻者最前面的堑壕线）与其初始目标（通常是防御者构筑的第一道防御）之间的距离（千米），除以从开始准备火力到第一批突击部队畅通无阻到达目标所用的时间（小时）。

②　Wynne, *If Germany Attacks*, pp. 20 - 25, 45, 47.

③　Wynne, *If Germany Attacks*, pp. 20 - 25, 45, 47.

可能地利用差异化集中方式而强化进攻性。鲁登道夫设定的
50 英里进攻战线，实际上是战争中最宽的战线，而且大大超
过了有效后勤保障的最低限度。1918 年的火炮射程仅限于战
线后的 4～5 英里，针对运动目标的有效射程非常有限；窄至
10～15 英里的战线就可以保证一个数英里宽的补给通道免受
敌方炮火的干扰。较宽的战线可以提高反击的安全性，但英军
作战条令对构成重大威胁所需的大规模反击几乎没有任何规定
（见下文）；即使更窄的战线也能具备反击的效力。相比之下，
1915～1917 年西线的进攻通常是在 5～15 英里的进攻战线展
开的。如 1915 年 4 月德军采用了 5 英里前线，1915 年 9 月在
卢斯（Loos），英军采用了 6 英里的前线；1916 年 7 月的第一
次索姆河战役中，前线为 14 英里；1917 年 7 月的帕斯尚尔战
役中，进攻战线为 15 英里。[①] 即使在 1918 年的进攻行动中，
联军战线也比 1917 年要宽得多：在 1918 年 9 月的默兹－阿尔
贡战役（Meuse-Argonne）攻势中，战线达 25 英里；在圣米耶
勒（Saint Mihiel）战役中，战线达 35 英里。[②] 因此，与许多进
攻行动相比，米切尔行动前线的宽度是它们的两倍多，即使与
较大宽度的进攻战线相比，也是它们的一倍半。如上所述，如
此宽的战线削减了德军可实现的本地数量优势；即便如此，通
过集中在长达 325 英里战区前沿的 50 英里上，德军仍从不同的
集中策略中获益：德军师一级的本地兵力比为 2∶1，接近战区

95

[①] Liddell Hart, *The Real War*, p. 177; Wynne, *If Germany Attacks*, pp. 68–70;
Terraine, "Indirect Fire," pp. 10–11, 20–21.

[②] Liddell Hart, *The Real War*, pp. 455, 463–464; Middlebrook, *Kaiser's Battle*,
p. 525.

平衡 1. 17∶1 的两倍。

防御战术

英军的防御策略在使用现代军事体系的原则方面远不如德军的防御有效。1917 年德军已意识到，防御时，永久的、相互连接的堑壕线虽然提供了掩护，但丧失了隐蔽能力：战斗前的空中侦察可以非常详细地绘制出这些固定位置，使进攻方悉知其隐蔽位置，从而大大增加了防御的危险性。于是，在协约国联军步兵进攻前，德军将防御部队分散到弹坑中，或使用其他方法进行掩护，令联军无法得知其具体位置，从而增强了隐蔽掩护能力。[①] 相比之下，1918 年 3 月英军防御方在受到攻击时，没有采取任何系统性措施来分散其固定位置。相反，英军靠前防御部队在德军熟知的堑壕阵地发动攻击，因此德军可以根据战斗前的广泛侦察来开展行动。[②]

此外，由于英军堑壕线的特殊选址，这种战前侦察的质量也得到了提高。英军在索姆河旁的大部分阵地都位于正面的斜坡上，使其直接暴露在德军前沿观察哨所的持续监视下，纵深达几千码，跨越了德军进攻前线的大部分区域。当德军在1917 年撤退到兴登堡防线（Hindenberg Line）时，他们迅速搜寻反向斜坡，以进行主要部署。[③] 这不仅使英军地面观察员无法获悉他们的主要防御地点，而且使德军观察员能够清晰地看

---

① Lupfer, *Dynamics of Doctrine*, p. 15；Wynne, *If Germany Attacks*, pp. 129 – 130.

② 见如 Middlebrook, *Kaiser's Battle*, pp. 170 – 202；Travers, *How the War Was Won*, p. 64。

③ Lupfer, *Dynamics of Doctrine*, pp. 13，30，34；Wynne, *If Germany Attacks*, pp. 133 – 164.

到对面英军沿脊所挖堑壕的地点。当德军在 1918 年春天开始进攻时，这种地形为理想的战前侦察做出了贡献：进攻部队可以在其前沿阵地的观察位置调查进攻跳出点与其初始（在某些情况下为中继级）目标间的大部分地域。[1] 因此，英军的部署在战斗开始的前几周就在德军的持续观察中暴露无遗。[2] 再加上英军防御部队对固定、永久阵地的严重依赖，就给德军提供了理想的机会，在进攻前，其基本已对英军大部分的战斗阵地部署了如指掌。[3]

防御行动

1918 年 3 月，英军在索姆河的防御比当初德国的做法更单薄，更注重正面。战争初期，德军的防御准备有时就像单条堑壕线一样单薄，前面装有铁丝障碍物，总体纵深不到 500 码（457.2 米）。后来，德军防御很快增强为拥有两到三条防线的系统，相互间由交通壕连接起来，到年底，德军已拥有 6000~7000 码（5486.4 米至 6400.8 米）的防御纵深。到 1917 年晚

---

[1]　我曾考察过 1918 年英国部队在圣昆廷的所有方位，并证实了这一点，从德军前方观察，整个前进区域都是可见的；穿过大部分的进攻战线，英国战区的重要部分也被暴露出来了，见 Stephen Biddle, "Trip Memorandum: Notes on Battlefield Survey, St. Quentin, 15 - 19 June 1995," Institute for Defense Analyses, typescript。

[2]　需注意，开战时的大雾大大降低了能见度（见下文）。然而，战前的侦察受益于固定的英国永久阵地的清晰呈现，而预先侦察协助德军在 3 月 21 日对英国的防御进行了袭击。

[3]　在附录提出的正式模型中，防御方的前线部队位于暴露的位置，fe 的分数为 0.5，而同期的德国防御则为 0.0；尽管英国前方防御部队进行了隐蔽，但他们的位置事先已基本被进攻者所掌握。相比之下，1917~1918 年的德国防御部队隐蔽和隐藏得很好，意味着 fe 为 0。没有隐蔽或隐藏的防御意味着 fe 值为 1.0。

期，德军的阵地扩大到多达 7 ~ 8 条单独堑壕线，最后一条堑壕线是在距离无人地带 2 万码（18288 米）的地方。[①]

但是，在米切尔行动中，英军防御系统只有 4 ~ 5 条堑壕，其中最深的堑壕平均距离无人地带不到 4500 码。[②] 总司令部在1917 年 12 月 14 日发布的防御准备指示中，规定了三个"地域"——前方、战区和后方。[③] 陆军和特种部队的防御计划进一步规定，这些地域将包含总共 12 条堑壕线，按地域划分颜色以供参考。[④] 后方最深的（绿色）堑壕线，平均距英军前线有近 16000 码（14630.4 米）。[⑤] 然而，在部署的时候，只有 3

---

① Wynne, *If Germany Attacks*, e. g. , pp. 143, 185 – 188, 288.

② BOH, pp. 38（sketch 2）, 40（sketch 3）, 122 – 125；BOH, map vol. , sheets for March 21, 1918.

③ BOH, appendix 6, pp. 23 – 24. 统帅部在 1917 年底已认识到，英国的防御学说已过时了。随着春天到来，德军将发起重大攻势，英国人试图通过模仿他们所理解的 1916 ~ 1917 年的德国体系，来更新 BEF 的防御理论。英国的学说是对德国体系的模仿。参见 Barnett, *Swordbearers*, p. 310；Middlebrook, *Kaiser's Battle*, p. 329；Woodward, "Doubts and Debate," p. 291；Falls, *First World War*, p. 314；A. J. P. Taylor, *The First World War*（New York：G. P. Putnam's Sons, 1980）, pp. 217 – 218. The copy, however, fell well short of the original。

④ 前方区域是包含三个壕沟的"系统"，战区包含两个这样的系统，后方包含一个这样的系统，见 BOH, appendix 15, pp. 75 – 76.

⑤ BOH, appendix 6, p. 23，假设前方区域深度为 2000 ~ 3000 码。所有师既没有完全理解也未忠实执行统帅部的指导。例如术语，各部门之间（有时甚至在部门内部）使用不同的术语，包括新的"蓝 – 红 – 棕"色系术语和旧的"前线—支持—预备—中间"区域名称等各种术语混合使用。如 PRO, W. O. 95/2133, 21st Division General Staff War Diary；W. O. 95/1956, 16th Division Diary；W. O. 95/3121, 66th Division Diary；W. O. 95/2846, 51st Division Diary；W. O. 95/3011, 59th Division Diary；W. O. 95/1380, 3d Division Diary；W. O. 95/2205, 24th Division, 17th Infantry Brigade Headquarters War Diary；and W. O. 95/2208, 24th Division, 8th Battalion Royal West Surrey Regiment（The Queen's）War Diary. 因此，实际做法千差万别，在许多情况下，甚至在概念层面上也未能跟上统帅部的指导，更别说在实际建设中了。

条线存在，即计划中 12 条线的最前面 3 条线。[1] 整个冬天都在进行施工，至 3 月 21 日，只有前方地域按设计完成了施工。在作战区域仅完成了计划 6 条线中的两条，而后方地域的施工只停留在蓝图设计阶段。总体来讲，所完成的最深堑壕线平均距离无人地带不到 4500 码。[2]

　　结果是，1918 年 3 月，英军构筑的防御工事纵深与 1915 年中期德军的典型做法大致相当（见图 5 - 8）。[3] 因此，英军的做法在战斗中已经过时了将近 3 年，而且其防御纵深还不到战争后期德军典型防御的一半。

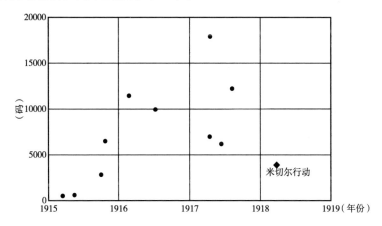

图 5 - 8　第一次世界大战中准备的防御纵深

① BOH, p. 45.

② BOH, pp. 38（sketch 2），40（sketch 3），122 - 125；BOH, map vol., sheets for March 21, 1918.

③ 这些数据的来源见 McEntee, *Military History*, p. 274；Wynne, *If Germany Attacks*, pp. 23, 45, 70, 93, 95, 102, 169, 264, 285；BOH, map vol., sheets for March 21, 1918；operations maps from PRO, W. O. 95/2436, 34th Division General Staff War Diary；W. O. 95/3011, 59th Division Diary；W. O. 95/1874, 14th Division Diary；58th Division Diary；W. O. 95/3121, 66th Division Diary。

　　英军预备队的分配也类似于德军在 1915 年中期的做法。与防御纵深一样，预备队分配在战争期间也逐步增加。在 1915 年的新沙佩勒战役中，德军作为防御方将 29 个可用步兵连中的 23 个向前推进至最初的接触线——预备率仅为 21%。到 1917 年初，这一比例已经上升到 30% ~40% 的典型值，而到了 1917 年底，作为防御方的德军在"机动预备队"中保留了多达 50% ~60% 的可用兵力，这一点并不罕见（见图 5 - 9）。① 然而，1918 年 3 月，英军将第 3 和第 5 军下属 27 个师中的 21 个师携至前线，只有 6 个师被保留在军团或军级的预备队中，预备率只有 22%。② 其结果是一种更面向前线的战争防御。

97

98

---

① 图 5 - 9 仅包括地方预备队部分，即在陆军集群、陆军和反对特定攻势的军团指挥官的军事控制下的师级预备队。但总的来说，战区预备队的保留往往与陆军集群和陆军军团的做法平行：重视机动预备队的陆军往往一贯这样做，而不是一次性行为。我将"机动预备队"定义为在投入战斗前，至少能够移动一个师到前方的部队，而不是从一开始就占据阵地（或其附近）进行战斗的前方部队。然而，对于 1915 年的几次战斗，我指出了一个例外：整个防御行动是在师以下进行的（1915 年初有几个师是这样的），个别师被分划到位于前线更后方的预备和后方阵地，我将"机动预备队"定义为最大单位水平，可以用"前进"或"预备"来描述：例如，在新沙佩勒，甚至营也被分为两部分，即占据已准备好的防御工事的单一壕沟线的前方连和位于无准备集结区域的后方连。由于任何一个营都不能被称为"前进"或"预备"，所以在新沙佩勒的德国防御是通过连来表征的。这些数据的来源是 McEntee, *Military History*, p. 276；Wynne, *If Germany Attacks*, pp. 23, 106, 167, 180, 182, 185, 192, 218, 228, 265 - 267, 288, 296, 297, 310, 311；BOH, pp. 114, 116.

② 即使其中包括英国统帅部的预备队，1918 年 3 月的预备队比例也只上升到 30% 左右（即 6 个第三和第五陆军预备师，5 个第一和第二陆军预备师以及 8 个统帅部预备师，总共相当于 61 个师）——相比德国当时的局部预备部队，战场范围内这一数字更低。

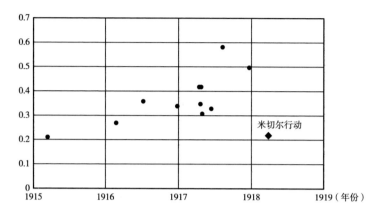

图5−9　第一次世界大战防御方预备师比率

后果与意义

考虑到这些特征，各种理论家们该如何预测米切尔行动的结果呢？传统理论家预测此处会有一次有节制的进攻：数量均衡远远达不到通常取得进攻成功的经验法则，而与大僵持中失败的进攻相比，数量均衡比也差很多；德军不具备任何有意义的技术优势，主要武器类型仍然与1915～1917年时相同，依旧是步兵和炮兵。在这种情况下，进攻方应该无法突破准备充分的防御。

相比之下，新理论则预测会出现突破：一个现代军事体系的战术进攻，面对一个非现代军事体系的防御。依据附录中的正式模型，该理论预测：攻击速度为0.95千米/天、进攻战线为80千米（50英里）的进攻，将突破深度为4千米、预备率为 0.2、预备速度为 100 千米/天，以及暴露比率为 0.5 的防御。[1] 但是，新理论也认为，利用 20 世纪前十年的技术，取得突破会很困难：由于缺乏纵深打击系统或高速、远程车辆，在防御方在后方某处构筑稳固的新战线之前，进攻方很难摧毁足够的防御基础设施，从而摧毁整个战区的防御。

事实上，这场战役取得了进攻突破。在第 5 军前线第一天战斗的午夜时分，德军就突破了英军最后方的堑壕防线，并于第二天凌晨 3 时在第 3 军前线也取得突破。[2] 到 3 月 23 日，德军攻占了英军全部 50 英里的防御工事，幸存的守军在暴露下全面撤退。[3] 正如约翰·特雷恩（John Terraine）次日所言：“英军的防线被攻破，德军源源不断地涌入。这不再是进攻的问题，而是形成了全面追击。”[4]

这一结果在近四年的西线战事上应该是史无前例的，在

---

[1] 给定 $T_R = 0.87$，$Y_B = 0.89$，$R/B = 1.17$，$W_{th} = 524$（即 325 米）。以及表 A-1 的常数值（除了 k5 = k6 = 0，因为这里的计算重点是单个进攻性单位的损失，而非整个战区的损失）。

[2] BOH, pp. 160, 264, 307, 312; W. O. 95/2846, 51st Div. Gen. Staff War Diary, attachment, "Report on the Operations from March 21st - 26th 1918", 51st (H) Div., No. S. G. 740; W. O. 95/1607, 16th Infantry Brigade Headquarters War Diary; W. O. 95/1874, 14th Div. Gen. Staff War Diary, App. D, "Report on Operations during the Period 21st March to 31st March 1918."

[3] BOH, p. 326.

[4] Terraine, *To Win A War*, p. 60. For similar assessments, 参见 Cruttwell, *A History of the Great War*, p. 508; Barnett, *Swordbearers*, p. 319。与此相反，有人声称德军绝对没有实现 "突破": e. g., Middlebrook, *Kaiser's Battle*, pp. 339 - 348; Churchill, *World Crisis*, p. 760; Falls, *First World War*, pp. 319 - 320。不清楚他们的标准是什么，但按照上面通常的定义，这里突出了 "突破"。米德尔布鲁克（Middlebrook）、丘吉尔（Churchill）和福尔斯（Falls）都认为德国人没有取得战略性胜利（当然是真的，请看下面的讨论），但这并不意味着他们没有突破——只是他们未能利用这一突破，下面将详细讨论这一区别。

这之前从未有进攻方到达过防御线。然而到 3 月 22 日午夜，德军已经缴获了 530 多门英国大炮。[1]战争第一天，英军作战前线的空军基地就被德军火力攻击；第 5（海军）中队在 21 日中午前因受炮火袭击，被迫放弃蒙昂绍塞（Mons-en-Chausee）的机场。[2]在一天之内，超过 2 万名英军官兵被俘，不计其数的补给和弹药被缴获，大约 47 个步兵营不复存在。[3]

然而，这一突破未能产生决定性的进攻效果。相反，两军 99 在一场巨大的混战中交错地向西走了大约 40 英里——撤退的英军无法形成一个连续防御来阻止德军追击，而德军无法进行最后决定性的打击。[4]伤亡人数不断增加：这一突破本身大约造成 4 万名德军官兵死伤（第 17 军、第 2 军、第 18 军大约总共有 100 万人）；到战争结束时，德军的损失已达 25 万人。[5]联军的损失也不少，第一天大约损失 3.9 万人，整个战斗中大

---

[1] Middlebrook, *Kaiser's Battle*, p. 341.

[2] BOHAW, p. 297n, 301.

[3] 第 3 军、第 5 军的 21 个前沿师约有 190 个营，见 Middlebrook, p. 204。

[4] 事实上，有时德军和英军几乎是列队前进的："有好几次，英军因为筋疲力尽而放慢脚步——因为疲劳也在影响着他们，德军也以同样的速度跟在几百码外。"见 Pitt, *1918*, p. 103。

[5] Middlebrook, *Kaiser's Battle*, p. 322, 估计在第一天有 10851 人死亡，28778 人受伤，300 人被俘。关于德国最后的伤亡情况，见上一条文献，p. 347；亦见 Sir James E. Edmonds, *A Short History of World War I* (London: Oxford University Press, 1951), p. 297; Terraine, *To Win a War*, p. 65；估计德国的总损失为 24 万~25 万人。相比之下，在第一次索姆河战役中，作为进攻者的联军也可能失去了约 61 万人或更多，第一天损失约 6 万人；在 1916 年 2 月 21 日至 12 月 18 日，凡尔登战役使德国伤亡人数达 43.4 万人：George Bruce, ed. *Harbottle's Dictionary of Battles* (New York: Van Nostrand Reinhold, 1979), pp. 238, 264。

约损失24万人。[1] 最终，追击停止，德军因疲劳造成的损失与英军因抵抗造成的损失几乎相同。正如温斯顿·丘吉尔（Winston Churchill）所言："实际战斗迫使两支疲惫的军队极度痛苦地向西前进，当撤退的英军得到足够的增援来阻止德军的进攻时，德军发现自身已筋疲力尽，根本无法获得大炮和补给。"[2]

尽管按照西线标准来看，德军的突破是前所未有的，而且在任何情况下（今天从东面向德国再推进40英里，就能占领柏林）都非常有意义，但这并没有结束战争。事实上，随着时间的推移，优势逐渐转移到联军一方，为彻底赢得战争胜利而发起的春季攻势的失败，实际上敲响了德军在整个战争中战败的丧钟。

这场战争的关键结果恰恰证实了新理论，并与传统理论相矛盾：德军获得突破，但未能果断地加以利用。然而，这个结果是如何产生的呢？战斗开展的方式是否符合正在研究的任何理论的预期呢？

对传统理论来说，其不成熟的因果机制使过程追踪变得更加复杂，现有的逻辑却很少符合此处所述事件。例如，攻

---

[1] Middlebrook（pp. 322, 347）估计第一天有7512名英国人死亡，1万人受伤，21000人被俘，战斗中联军共有22000人遇难，63000人受伤，75000人被俘。Edmonds, *Short History*, p. 297；Terraine, *To Win a War*, p. 65；Toland, *No Man's Land*, p. 121, 估计联军总损失在234000（Toland）和250000（Terraine）之间；其中70000~80000是法国人。相比之下，第一次索姆河战役中的德军伤亡约65万人，第一天伤亡也是8000人；法国防御部队在1916年2月21日至12月18日凡尔登战役期间失去了542000人，见 Bruce, *Harbottle's Dictionary*, pp. 238, 264；Middlebrook, *Kaiser's Battle*, p. 322。

[2] Churchill, *World Crisis*, p. 758.

防理论认为步兵、机枪和火炮有利于防御，因为它假定需要装甲保护来对抗自动武器和炮弹。尽管人们可能会认为，鲁登道夫的失败可以在一定程度上支持这种说法，但该理论的基本逻辑集中在突破问题上，而不是压制，且无法解释一个攻击步兵在枪林弹雨的进攻中幸存的能力，虽然可能会突破，但未能摧毁防御。传统的攻防理论认为，德军步兵会在无人地域被消灭，进攻会失败的原因是没有占领阵地。战斗并不是这样展开的。

在众多的优势制胜理论中，兰切斯特的二乘法（Square Law）体现了最清晰的因果逻辑。[1] 然而，这一逻辑意味着，数量占优势的一方造成的伤亡要比它所遭受的更多，而激烈战斗中的消耗结果应该很快就会发生转变，更强大的一方会逐渐变得更强，而较弱的一方则会变得更弱。[2] 但是，在第二次索姆河战役中，尽管德军在战场上占据数量优势，但双方的伤亡却不相上下。此外，随着时间的推移，伤亡的轨迹几乎没有明显的变化：在最初的突破战中，德军与联军的损失比率约为 1.03∶1，最终的伤亡比率仍然只有 1.04∶1。无论有无突破，这都不符合兰切斯特理论的动态不稳定性和数量不均衡的不成比例效应。

相比之下，对新理论而言，尽管可以找到一些分歧点，但

[1]　无论是非兰切斯特优势理论还是二元技术理论，其因果逻辑都不足以清晰地进行过程跟踪。

[2]　这是假设杀戮系数大致相同，正如 1918 年 3 月的技术平等所暗示的那样。一些兰切斯特理论家将防御者的系数提高了 3 倍，以反映与掩护和隐蔽者相关的"防御者优势"。然而，即使增加三倍，也不会超过兰切斯特二乘法检验中攻击者的 2∶1 的局部数量优势所产生的消耗效应。

战争行为的重要元素基本相符。新理论的动态结构将大陆的军事行动视为渗透与反击之间的竞争；防御深度和保留预备队的核心目的是赢得时间和必要的资源来进行反击。单薄的正面防御无效的原因是，在足够的预备队到达前，进攻方可以突破构筑好的防御线。在米切尔行动中，英军薄弱的正面防御系统正好印证了这种效果。最终承诺前往第二次索姆河战役前线的联军预备队有 24 个师，但只有 5 个师及时赶到，防止对手突破；其他 19 个师在英军放弃构筑好的阵地并撤退到空旷地面后才赶到。[①] 英军薄弱的防御使德军在超过 80% 的联军预备队到达战场前，突破了英军防线，这一结果与新理论的因果逻辑相一致。

新理论关于进攻策略分析的核心是，现代军事体系的方法甚至允许非装甲武装的进攻方在没有损失的情况下，面对充分准备的防御扫射而前进。米切尔行动正好印证了这一情况。一个基本上没有坦克的现代军事体系步兵进攻，迅速占领了在 320 平方千米范围做好准备的、正面是铁丝网堑壕的阵地，在面对大量机枪扫射和炮火攻击的情况下，第一波进攻部队损失了不到 10% 的兵力。[②] 这也与第三章和第四章中提出的因果机制相一致。

这为实现新理论的正式模型提供了额外的过程跟踪机会。

---

① BOH, pp. 246 – 247.

② 英国准备的防御工事距离德国突击前线 80 千米，平均深度为 4 千米，形成 320 平方千米的防御工事：BOH, pp. 38, 40, 122 – 125; map vol., 1918 年 3 月 21 日。德国突击时的伤亡人数约为 4 万人，最初 32 个师的攻击波构成了百万级进攻的一半，意味着突击本身的损失率约为 8%。大多数德国的损失发生在突破之后而不是之前，见 Middlebrook, *Kaiser's Battle*, pp. 322, 347。

该模型的计算时间和伤亡预测仅限于被遏制的进攻行动，如果把结果按比例缩小，只反映在突破过程中穿透预先准备好的防御所付出的努力，那么就有可能在这里评估额外的预测。特别是，对上文所述的条件，该模型意味着突破需要大约8天的战斗。这种不同的集中度将使德军在进攻点部署大约240万名士兵，德军在突破时的损失将超过12.5万人，英军在突破阶段的损失将接近10万人，而突破行动中进攻方对防御方的损失交换比（loss exchange ratio，LER）将会达到1.3。[①] 事实上，在经过了大约两天的战斗之后，德军于3月23日完成了这一突破；因此，该模型对持续时间高估了6天。德军实际上选择了以100万人的军队来发动进攻；因此，该模型高估了德军在进攻点上的兵力，估计为实际的2.4倍。德军在突破中的损失总计为39929人。因此，该模型高估了德军的伤亡人数，超过了实际的两倍。英军在突破中的伤亡人数约为38512人，实际突破损失交换比约为1.04。[②] 因此，该模型高估了英军损失达2.5倍，但损失交换比大致正确。

101

正式模型很好地预测了关键结果（例如：突破），也与历史的伤亡比率接近，但大大高估了几个重要的数值。该模型未能

[①] 首先假设突破前预计的进攻者伤亡为 d * Ca，防御者伤亡为 b0 * d（附录中的方程式20和21仅适用于被遏制的进攻行动），其次，在1918年，直接火力作战机动人员约占总人力的30%。该模型是以直接火力作战机动人员而不是总兵力来取样的（参见附录）。为了与次要的历史记录中报告的数值相比较，本章报告了部队总数，但模型计算主要围绕这些武器的直接火力作战机动武器子集（只要联军和德军的直接火力作战机动人员与总兵力之比相当，对第二个假设敏感的唯一结果就是伤亡总数：在其他条件相同的情况下，比率越高，预计损失越大）。

[②] 同上，pp. 322, 347。

预见到德军针对米切尔行动适度的部队分配，部分原因在于其隐含的假设：进攻方单独承担主要的战区攻击。相比之下，鲁登道夫从一开始就计划进行四次这样的袭击，他也相应地节省了自己部队的力量。[1] 历史学家批评了这一选择：例如，科雷利·巴内特（Corelli Barnett）认为，鲁登道夫在多方面的行动中不必要地削弱了已经适度的进攻性盈余力量，并认为他应更积极地集中兵力。[2] 该模型假设了一种更接近巴内特思想的方法。模型对伤亡人数的过度预测，部分源于其假设进攻方将在攻击点暴露更多的部队，部分源于其两个简化战术的策略：使用线性公式计算伤亡和速度之间的关系（非线性形式将更好地利用现代军事体系的能力，通过耗时组合的武器和火力加机动的技术减少进攻方损失，但代价是一个更为复杂的模型），而且忽略了防御性撤退（放弃阵地，但减少了在防御中的伤亡）。在建模中所固有的简化程序，使得预测与观察之间的一些分歧不可避免；我在这里的选择是，将注意力集中在预测结果上，尽可能地保持模型的简单，但这一选择的代价是会在其他地方产生更大的分歧。

德军突破的其他解释

上述论点与现有的关于德军突破的历史解释有何不同？事实上，许多历史学家认可德军的一些进攻原则，认为英军的防

---

[1]　Barnett, *Swordbearers*, p. 285。

[2]　同上。

御准备不足，且英军对防御性原则的忽视也是重要的原因。[①]

然而，最常见的解释与上面提及的分析存在很大不同。尤其是自 1935 年英国官方历史出版以来，对战斗所持的普遍观点是英军是被"大雾和军队数量"击溃，也就是说英军受到了进攻当天早晨大雾的影响，同时德军具备极大的数量优势。[②] 然而，这种观点存在严重缺陷。

102

德军数量优势

英国官方历史学家詹姆斯·埃德蒙兹爵士（Sir James Edmonds）认为，由于劳合·乔治故意拒绝提供黑格在 1918 年春天发动另一场英国攻势所需的人力资源，英国军队的实力严重不足。加上德国东部的增援部队，以及黑格同意于 1917

---

① 关于德国军事部署重要性的论点，参见 Cruttwell, *A History of the Great War*, p. 505; Pitt, 1918, pp. 43 – 44, 60 – 61; Taylor, *First World War*, p. 215; Paschall, *Defeat of Imperial Germany*, pp. 130 – 140; Lynn Montross, *War through the Ages* (New York: Harper and Brothers, 1946), p. 745; House, *Combined Arms Warfare*, p. 34; Gudmundsson, *Stormtroop Tactics*, pp. 155 – 170; Falls, *First World War*, pp. 314 – 319. Cf. Terraine, *To Win a War*, p. 38; Timothy Travers 和 Brian Bond 提出德意志学说尽管很重要，但并不是决定性的：Travers, *Killing Fields*, pp. 228, 231; Bond, "The First World War," in C. L. Mowat, ed., *The Shifting Balance of World Forces, 1898 – 1945* (Cambridge: Cambridge University Press, 1968), p. 202. 对引用英国防御薄弱重要性的论点，参见 Paul Kennedy, "Britain," p. 52; Taylor, "*First World War*," pp. 217 – 218; Woodward, "Doubts and Debate," p. 291; House, *Combined Arms Warfare*, p. 27; 关于英国堑壕的质量，参见 Pitt, 1918, pp. 7 – 12; Bond, "*First World War*," p. 251; Stokesbury, p. 263; Woodward, p. 291; 关于英国对防御纵深误解的重要性，参见 Travers, *How the War Was Won*, e. g., p. 65; Barnett, *Swordbearers*, p. 310; Middlebrook, *Kaiser's Battle*, p. 329; Taylor, pp. 217 – 18; Woodward, p. 291; Falls, p. 314。

② "薄雾和气团"这一短语被认为是麦克斯韦·莫里森（Maxwell Morrison）的杰作，见 Travers, *The Killing Ground*, p. 231 and n. 32。

年 12 月接手另外 20 英里的法国防御战线，使得英国这种过度
扩张的危险防御行动，被德国军队的数量压得喘不过气来。①
这一观点后来得到了历史学家的广泛认同，并以各种形式在战
争史学中持续存在。②

　　如前所述，这一论点与上面详述的实际均衡不符：本地兵
力比和兵力密度都不符合第一次世界大战的标准。事实上，对
战争中任何重大的进攻而言，本地兵力比都是对进攻方最不
利的。③

　　但是，仍然要解决埃德蒙兹将军论述中的一个重要的分论
点，即英军在进攻战线的分布并不均匀——特别是第 5 军正面
的南翼远比英军其他防御力量薄弱得多。因此，该论点认为，
德军能够压制第 5 军，然后利用其在南面的成功，从侧翼包抄
原本稳固的第 3 军，使整个局面更加失控，迫使英军全面
撤退。④

　　事实上，第 5 军比第 3 军更弱（13 个师对 14 个师），防

①　BOH, pp. 50, 114 - 115, 255 - 258; also Edmonds' much later *Short History*, pp.
　　275 - 280, 284.

②　见如 Terraine, *To Win a War*, pp. 38, 42 - 49（who emphasizes German artillery
　　superiority）; and the much earlier W. Shaw Sparrow, *The Fifth Army in March 1918*
　　（London: John Lane, 1921）, pp. 4, 9, 15 - 18, 33 - 36, 38, 39, 80, 99, 105 -
　　106, 123, 128, 246, 253, 259, 279 - 280, 292, 300 - 311; Falls, *First World
　　War*, pp. 314 - 315; Bond, "*First World War*," p. 201. Pitt, *1918*, pp. 60 - 61;
　　Travers, *The Killing Ground*, p. 231; and Montross, *War through the Ages*, p. 745,
　　尽管它们在因果关系的权重上存在分歧，但至少所有人都将次要作用归于德国
　　的数量优势和英国的过度扩张。这也是黑格自己对这一突破的解释，也是英国
　　媒体随后做出的解释，见 Woodward, pp. 290 - 292。

③　此外，在战区层面（与劳合·乔治的人力决定论关系最为重大），德国的优势
　　相对于早期进攻失败的联军而言特别小（参见上文讨论）。

④　BOH, pp. 127, 130 - 131, 300 - 303, 324 - 325.

御战线更长（42英里对28英里）。① 然而，我们还远远不清楚，即使是第5军，是否也面临着特别困难的数量不均衡问题，德军正面的兵力对比仍只有2∶1（正面师）和2.5∶1（正面加预备师），仍是图5-1显示的第二低值。第5军兵力密度大约为每英里0.26个师，该值仍处于图5-4的两组值之间。

此外，埃德蒙兹的观点基于这样一个命题：第5军的防御能力明显低于第3军（该区别可通过第5军面对的更大的数量悬殊来解释）。然而，战争第一天，德军在两军前线的实际进展几乎没有什么不同。对双方而言，德军都在21日下午通过狭长的正面地带渗透到了战区。② 然而，在北部，这种差距被规模从两个排到两个营不等的英军部队在当地的多次反击中堵住了。③ 在南部，并没有试图反击和收复阵地，尽管有多达三个营的以前未参与过作战的新步兵在突破口对面待命。④ 高夫随后将最南端的部队从最后准备好的阵地中撤出，并将他们重新部署到后方位于克罗扎特运河河岸约6500码　103

---

① 同上，pp. 114, 116。

② 同上，pp. 198-199, 244-247。

③ PRO, W. O. 95/2846, 51st Division General Staff War Diary; W. O. 95/1607, 16th Infantry Brigade Headquarters War Diary; BOH, pp. 244-245.

④ 这些部队是第8营和第9营、步枪旅和第5牛津与巴克斯轻步兵，全部属于第14师。见 PRO, W. O. 95/1874, 14th Division General Staff War Diary, appendix D, "Report on Operations during the Period 21st March to 31st March 1918"；同样参见 William W. Seymour, *The History of the Rifle Brigade in the War of 1914-1918* (London: Butler and Tanner, 1936), pp. 232-234, map oppos. p. 248; BOH, pp. 148-149.；在突破口的直接侧翼作战时，亦参见 Richard Byron, ed., *The King's Royal Rifle Corps Chronicle* (London: Warren and Son, 1919), pp. 120-122。

（5943.6 米）处。① 结果，第二天上午的前线跟踪显示，第 5
军后撤超过第 3 军约三英里，但这种差别几乎完全是因为高
夫决定撤出，而第 3 军决定反击所致，并不是南部德国军队
实力强大的必然结果。

大雾

第二个论点把这一突破归因于袭击开始时那天早上的雾。
从黎明到中午，在一些地方，战场上笼罩着白色浓雾，能见度
只有 200 码。因此，英军小型武器火力的有效射程大大降低，
防御性火炮的视线变得更加困难，而且，当德军步兵部队潜入
英军前线阵地时，一些地方的情况根本无法看清。

当然，大雾也给德军进攻方造成了困难——指挥和控制因
糟糕的能见度而大大复杂化，部队分散，迷失方向，观测火炮
的飞机被迫停飞，限制了火炮对预定目标和严格程序化的渐进
行动的支援。

---

① BOH, pp. 195 – 199. 负责的军团指挥官，即第 3 军的巴特勒（Butler）将军在
3 月 21 日才被提拔，并第一次在这个级别指挥行动。高夫在下午与巴特勒会
面，发现他很 "沮丧"（Middlebrook, Kaiser's Battle, p. 278）；此后不久，高夫
下达了撤回克罗扎特运河的命令。可以说，巴特勒缺乏经验导致了一定程度的
悲观情绪，误导了高夫认为需要立即撤军以应对即将到来的迫切需求，导致过
早放弃防御区；关于撤军决定的说明，见 General Sir Hubert Gough, *The Fifth
Army*（London: Hodder and Stoughton, 1931）, pp. 266 – 267; and *Soldiering On*
（London: Arthur Barker, 1954）, p. 155; Anthony Farrar-Hockley, *Goughie: The
Life of General Sir Hubert Gough*（London: Hart-Davis, MacGibbon, 1975）, pp.
277 – 283, 其中认为，高夫在与巴特勒会晤之前已经下定决心; Sparrow, *Fifth
Army*, pp. 79 – 81; Middlebrook, *Kaiser's Battle*, pp. 276 – 279。当然，德国人第
二天在广阔的战线上占领了尚存的战区阵地。争论的焦点仅在于两支英军在战
斗第一天的相对命运，而不是任何一方的坚持能力。

但是，总体来讲，低能见度对防御方的伤害要大于进攻方。进攻方在接近防御位置时极为脆弱。低能见度减少了他们在这一时期的暴露时间，从而减少了对成功攻击的最大威胁——这一好处超越了指挥困难或火力支援协调的不足。

考虑到这一点，许多历史学家得出结论：晨雾造成的低能见度是德军得以突破的主要原因。[①] 事实上，这一论点在战斗的几天后就出现了，并被以战争日记的形式记录下来，至少有10个英军师记录了大雾。[②] 这一论点很快被英国媒体挖到，随

---

① E. g. , Middlebrook, *Kaiser's Battle*, pp. 329 – 332; Pitt, *1918*, pp. 78 – 80; Liddell Hart, *The Real War*, pp. 391, 398; Churchill, *World Crisis*, p. 756. 还有更多的人认为，雾即便不是主要作用，也至少起了重要作用，Terraine, *To Win A War*, p. 60; Cruttwell, *A History of the Great War*, pp. 506 – 507; Taylor, *First World War*, p. 218; Paschall, *Defeat of Imperial Germany*, pp. 139, 140; Travers, *Killing Ground*, pp. 228, 231; Gies, *Crisis 1918*, p. 83; Montross, *War through the Ages*, p. 742。

② PRO, W. O. 95/3000, 173rd Infantry Brigade (58th Division) Headquarters War Diary, attachment, "Report on Operations, 21 March 1918 and Succeeding Days," p. 1; W. O. 95/2017, 18th Division Diary, attachment, "The 18th Division in the Retreat to the Oise, March 1918," pp. 7, 8; W. O. 95/1874, 14th Division Diary, appendix D, p. 3; W. O. 95/3035, 61st Division Diary, entry for 10: 50 P. M. , March 21; also attachment, "Narrative of Operations," G. C. 40/5, p. 1; and Report of Maxse, XVIII Corps No. G. a. 155/5, p. 1; W. O. 95/2492, 36th Division Diary, attachment, "Account of Operations," p. 2; W. O. 95/2313, 30th Division Diary, attachment, "Narrative of Operations," n. p. ; W. O. 95/1741, 9th Division Diary, attachment, "Lessons Learned," p. 1, and "Report on Operations of the South African Brigade," p. 1; W. O. 95/2846, 51st Division Diary, attachment, "Report on the Operations from March 21st – 26th 1918," No. S. G. 740, p. 4; W. O. 95/2436, 34th Division Diary, attachment, "The Action of the 34th Division in the Battle of the Sensee River 21st March 1918," p. 6; W. O. 95/2212, 72nd Infantry Brigade (24th Division) Headquarters War Diary, entry for 10: 30 P. M. , March 21.

后形成了埃德蒙兹解释德国成功的第二大主要原因。[1] 尽管没有被普遍接受，但"大雾使突破成为可能"的观念却成了这场战争史学的重要组成部分。[2]

但是，这种观点也存在严重的缺陷。虽然能见度降低确实有利于进攻方，但其效果对解释突破来说，既不是必要条件，也不是充分条件。

大雾是德军突破的充分条件吗？

第一次世界大战的许多进攻行动都是在雾天条件下进行的，但四年来，几乎没有出现任何突破。雾天在欧洲西北部极为常见。平均来说，早春时节，大约每隔三天就会出现一次雾天，平均持续时间将近 5 个小时。[3]事实上，在西线正面发动进攻，很难会不遇到足以降低能见度的大雾天气。举几个例子，英国在 1915 年 3 月对新沙佩勒的攻击是在"白色浓雾"下发起的，1916 年第一次索姆河战役和凡尔登战役也是在大雾天气中发起的，1917 年 4 月在阿拉斯的第一次袭击之后，"斯卡尔普河战役"同样是在周期性的晨雾天气中进行，该浓雾足以削弱视线。1917 年 10 月，声名狼藉的帕斯尚尔战役的进攻被雾和雨所笼

---

① 见 BOH, e. g. , pp. 112, 163, 166, 255 – 256。

② 不同，见 Baldwin, p. 141；and Sparrow, *Fifth Army*, pp. 59 – 60。巴内特（Barnett *Swordbearers*, pp. 309 – 310）认为大雾是英国指挥失误的替罪羊。

③ 秋季和冬季的雾比春季更为常见（平均持续时间较长）。见如 the statistics in Headquarters, U. S. Department of the Army, *FM 100 – 5*, pp. 13 – 10 to 13 – 12："Environmental Conditions"。

罩，①但这些战斗均未取得突破。

此外，在1918年之前，还有许多其他的方法可以用来遮挡防御方视线——并被广泛地开发，但没有一种方法能够保证突破。例如，夜间进攻在许多方面类似于在雾所产生的效果下发起攻击。② 然而，早在1915年的费斯蒂贝尔（Festubert），或1917年的阿拉斯（Arras），夜间进攻就没能实现突破。③ 人造烟雾——是一种人为制造的烟雾，早在1915年就在卢斯被广泛使用。④ 事实上，到1918年，烟幕弹被视为随处可见的英国斯托克斯掷弹筒的主要弹药类型，这是联军最常见的迫击炮弹之一。⑤ 在1915年法军的香槟进攻、1916年第一次索姆河战役、1917年阿拉斯和帕斯尚尔战役等战斗中都使用了烟幕弹。⑥ 事实上，德军在为米切尔行动进行的火炮准备中也发射

---

① 关于新沙佩勒的雾，见 Wynne, *If Germany Attacks*, pp. 25, 36, 40；例如在索姆河和凡尔登战役期间发生的浓雾笼罩下的攻击，见如 Terraine, *Smoke and Fire*, p. 124；以及 Sparrow, *Fifth Army*, p. 58；在斯卡尔普河战役中的雾，见 Wynne, *If Germany Attacks*, pp. 221, 230；帕斯尚尔战役中的天气情况，见 Balck, p. 104；Terraine, *Passchendaele*, pp. 206, 216, 217, 255, 271, 320, and esp. 280 – 281, 根据黑格当天的日记记录，10月4日黄昏的毛毛雨将英国黎明袭击期间的能见度限制在"大约30码"，或者说不到米切尔行动中最糟糕区域的1/5。然而，这次进攻只推进到了斯沃森德村，又一次远未突破德国的防御。
② 见如爱德蒙兹对夜间战争和雾中战争相似性的讨论，BOH, p. 255。
③ 在费斯特拜（Festubert），见 Wynne, *If Germany Attacks*, p. 61。阿拉斯之战在黎明前的黑暗中发起，雨夹雪吹到德国守军的脸上，进一步降低了防御能见度，同上，p. 175。
④ 同上，p. 69。
⑤ Hartcup, *War of Invention*, pp. 66 – 67。关于第一次世界大战中的烟雾策略及其使用，见 Balck, *Development of Tactics*, pp. 147 – 148。
⑥ 关于香槟战役的烟雾，见 Wynne, *If Germany Attacks*, p. 90；在第一次索姆河战役中，见 Balck, p. 73；在阿拉斯，见 Wynne, pp. 175, 219；在帕斯尚尔战役中，见 Balck, *Development of Tactics*, p. 104。

了烟幕弹。[①] 但是，除了米切尔行动之外，这些攻击行动都没有取得突破。

雾、烟、黑夜本身都不构成突破的充分条件，原因有三。首先，虽然这些情况可以削弱防御视线，但不能彻底消除视线。进攻方最终必须接近防御方，即使是在浓雾中，这也意味着他们最终会变得清晰可见，从而暴露在静止的、通常是隐蔽的防御方的火力之下，而能见度的降低也会使防御方的隐蔽更加有效。总的来说，较低的能见度虽有助于进攻方，但不能达到无限的程度。

其次，降低的能见度对防御反击者和初始进攻者都有某种优势。因此，训练有素的防御者在进行攻击性反击行动（如同德国人那样，而非英国人）时可以适当地利用雾或夜间行动的优势，并利用其来恢复防御的完整性。

最后，最为重要的是，雾（和烟）是短暂性的。天气终会变晴朗，防御方的视线也可恢复。防御深度的关键优势是可确保在发生这种情况时进攻方仍处于防御地域内。相比之下，浅层防御能在晨雾消散，或人造烟雾消除之前，使进攻

---

① BOH, p. 165. 3 月 21 日至少有四个位于前线的师报告了烟雾，见 PRO, W. O. 95/1741, 9th Division Gen. Staff War Diary, attachment, "Narrative of Operations, 21st to 27th March, 1918," G. S. 22/50, p. 4; W. O. 95/1380, 3rd Division Diary, attachment, "Lessons Learned from the Recent Fighting 21st March – 30th March 1918," p. 3; W. O. 95/2436, 34th Division Diary, attachment, message from 9th Brigade, 11. 30 A. M.; W. O. 95/1615, 18th Infantry Brigade（6th Division）Headquarters War Diary, attachment, "Narrative of the Fighting on the 21st and 22nd March," p. 1。亦见 Middlebrook, p. 80; Sparrow, p. 152; Bond, p. 202。英国人在米切尔行动中用烟雾来掩护反击，并且在袭击前掩护战壕，见 W. O. 95/2205, 17th Brigade（24th Division）Headquarters War Diary, Operation Order No. 218, January 18, 1918, appendix A, artillery tables; BOH, p. 309。

方一举突破防御。①在米切尔行动中，德军在第一天早晨就严重削弱了英军的防御系统，当时雾仍然很浓；第一次世界大战中，很少有其他防御工事如此单薄，能够被如此迅速地突破。

大雾是德军突破的必要条件吗？

雾也不是突破的必要条件。事实上，第四次春季攻势——"贵妇小径战役"（Battle of the Chemin des Dames）在没有雾或烟的情况下，也取得了突破。② 同样，1914 年坦能堡战役（Tannenberg）的步兵进攻和 1918 年的米吉多（Megiddo）攻势是在晴朗天气下突破了防御。③

必要的是提供某种形式的掩护，以降低进攻方的脆弱性。但是，如上所述，这种掩护不一定是雾。它可以是烟、黑暗，或者类似春季进攻时所做的将压制火力、掩护和隐蔽结合起来。④ 没有理由要求用雾的形式来掩护步兵攻击，以取得成

105

---

① 因此，雾和烟是一种特殊情况。一般来说，通常在早期阶段的进攻中最有用，但在向纵深推进时会失去效能。精明的进攻者可以利用一个有雾的早晨来掩盖进攻的早期阶段，就像一个人可以在早期时小心地协调机动和火力支援一样。进入纵深后，这种最初的谨慎协调就会失效，正如低能见度所带来的隐蔽性最终会消失一样。如果防御薄弱，这种进攻效率的最终损失就很难觉察，无关大局，防御的成败取决于其是否有能力承受最佳组织的攻击。如果防御较深厚，其将使进攻者无法在更长的时间内保持理想的初始条件，防御方可在防御纵深较为有利的条件下进行决定性的交战。

② Liddell Hart, *The Real War*, p. 415.

③ 同上，pp. 71, 439 – 448。

④ 参见米切尔行动的例子，见 PRO, W. O. 95/3035, 61st Division Gen. Staff War Diary, entry for 12：05 P. M. , March 21, 1918; W. O. 95/2133, 21st Division Diary, attachment, "Report on Operations from March 21st to March 30, 1918," p. 2; W. O. 95/3011, 59th Division Diary, attachment, "Narrative of Operations, March 21 – 6, 1918," p. 4。

功，而且几乎没有证据表明，在袭击发生当日早晨的大雾是德军在 3 月 21 日取得突破的原因。

结论和意义

对于单个案例研究，米切尔行动提供了异常有力的佐证。这一案例为防御优势技术和数量不均衡提供了一个极端的例子。然而，进攻方取得了突破成功。这与新理论的预测一致，即英军防御采取薄弱的、靠前的、非现代军事体系的兵力部署对抗德军利用掩护、隐蔽和联合武器的现代军事体系的进攻。此处的技术和数量优势对兵力部署的解释极端不利，因此，米切尔行动确证的事实是特别重要的结果。

尽管如此，新理论并不能完美地与案例相匹配：正式模型没有预料到鲁登道夫不愿将全部精力投入到一次行动中，而且它高估了德军的损失和行动持续的时间。但是，该模型正确地预测了防御方无法集中力量进行反攻，并预测了德军步兵对抗1918 年火力的能力，当然，这与在没有决定性袭击的情况下取得突破的核心结果是一致的。相比之下，传统理论既不符合关键结果，也不符合其行动或动态细节。

因此，新理论在人们理应期待相反结果的案例中表现出了优于传统的替代方案。虽然没有单一案例可以验证理论，但这确实建立了新理论和真正战争重要案例之间一定程度的联系；和正统理论相比，这个关键的案例更符合新理论；因此，这为转变我们对各自理论的信心提供了依据。

此外，通过米切尔行动还可以看出，新理论有助于更深入地了解真实的历史事件。该行动是现代军事史上的核心事件；新理论为其结果背后的原因提供了合理的、一致的解释，这一理论在历史文献中要比著名的"薄雾与气团"观点更为成功。更广泛来讲，上述分析表明，大僵持的局面被打破，既不是由于新技术，也不是由于美国的干预，亦非因为战争中疲惫的军队所致，而这些因素是战争史学中广泛持有的观点。[1] 无论是技术上还是数量上的不均衡，都无法解释米切尔行动在理论上坚不可摧的防御面前取得的进攻突破；军事力量部署的新方法提供了更有效的方式。虽然对米切尔行动的分析本身不能证明这一解释适用于1918年所有的攻势行动，但其结果却有力地暗示了在结束战争的决定性战斗中，兵力部署的强大作用。因此，本章的分析不仅是用案例来阐明理论，而且表明理论同样可阐明重要的案例。

106

107

---

[1] 参见，如 Liddell Hart, *The Real War*；Fuller, *Armament and History*, chap. 6；Ferguson, *The Pity of War*；Travers, *How the War Was Won*。

第六章

古德伍德行动（1944 年 7 月 18 ~ 20 日）

　　本章通过对古德伍德行动（Operation GOODWOOD）的案例研究，来进一步验证新理论，该行动是 1944 年 7 月盟军（英国）试图突破诺曼底滩头的倒数第二次行动。尤其是我认为，如果传统理论正确，那么与米切尔行动相比，古德伍德行动就应是取得戏剧性成功的进攻行动。按 20 世纪的传统理论，该行动的系统技术和数量不平衡，进攻占有优势。相反，新理论则预测此次进攻失败：非现代军事体系的进攻方袭击现代军事体系的防御方。事实上，英国的攻势确实失败了，其失败过程和原因细节再次为新理论提供了确凿证据，并提供了不利于传统理论的证据。

　　和第五章一样，本章以六个步骤呈现该案例：第一，将其作为艾克斯坦（Ecksteinian）关键案例；第二，概述主要事件；第三，为关键的自变量确定数值；第四，将战争的实际结果与各自理论的预测结果进行比较，评估预测与观察之间的相对契合度；第五，考虑了对战争结果产生影响的其他主要原因；第六，针对该案例对所研究理论的影响进行总结评估。

为什么选择古德伍德行动？

与米切尔行动一样，古德伍德行动为关键传统理论提供了一个艾克斯坦式最大有利验证，也是对新理论的最大不利验证。[1] 如下所述，古德伍德行动是历史上坦克和攻击机最为集中的一次行动，在战区和地区一级层面，英军进攻方都占有主要的数量优势。如果优势或系统技术能够预先决定进攻的突破，本次行动应是很好的例证。[2] 如果传统理论在与其所描述的进攻范式极为匹配的情况下未能正确预测结果，那么该案例就对其理论的有效性构成了异常巨大的挑战。[3]

相反，古德伍德行动在验证军力运用的理论方面困难重重。新理论预言了一种被遏制的攻势：如下所述，德军部署了以预备队为导向的纵深的现代军事防御体系，而英军则采用高度暴露、非现代军事体系的进攻手段。然而，此处的技术和数量平衡显然是令人不快的，如果这将压倒兵力部署的防御影响，那也不足为奇——即使在通常情况下，后者确实应该是对军力的最佳解释。相反，如果在 1944 年 7 月的行动结果与传统理论预测不相符的情况下，军力运用仍被证明具有决定性，那才会让人觉得

108

---

[1] 最可能和最不可能的案例分析方法讨论，参见第五章。

[2] 就像米切尔行动一样，二元技术平衡在这里也差不多。因此，同米切尔行动一样，古德伍德行动是比二元技术理论更具系统性的经验；同米切尔行动一样，这种情况对二元技术理论来说仍是决定性的（而且是不确定的），但是这一发现并不那么有力，因为此案例在这个维度上没达到艾克斯坦的临界性。

[3] 事实上，攻防文献通常将第二次世界大战的装甲进攻作为进攻优势范例，见如 Van Evera, "The Cult of the Offensive," and Snyder, "Civil-Military Relations"; Snyder, *Ideology of the Offensive*, pp. 9, 15 – 18, 20 – 22.

不可思议。因此，古德伍德行动是对新理论的最大不利验证：保持类似明显的不利条件，可比单一案例研究提供更强的佐证。因此，古德伍德行动的特殊性使得从单一案例中获得具有挑战性的验证成为可能，并有助于减轻选择偏见对结果的不良影响。

1944 年 7 月 18 ~ 20 日战事概要

6 月 6 日的诺曼底登陆（D-Day landings）为盟军提供了在欧洲大陆的初始阵地，但事实证明，在登陆成功后的几周内，向内陆推进的难度要大得多。在盟军左翼，英军于莱河畔蒂利县（Tilly sur Seulles）、维莱博卡日战役（Villers Bocage）、埃普索姆战役（Operation EPSOM）和查恩伍德行动（Operation CHARNWOOD）的一系列进攻中，遭受了损失惨重的代价，只占据了很少的地区；在右翼，美军在灌木丛林立的地区进展缓慢。① 随着时间的推移，再加上海滩日益拥挤，限制了联军

---

① 参见 L. F. Ellis, *Victory in the West*, Vol. 1: *The Battle of Normandy*, British Official History（London: Her Majesty's Stationery Office, 1962）, hereafter *BOHN*, pp. 149 – 326; Martin Blumenson, *Breakout and Pursuit*（Washington, DC: Office of the Chief of Military History, 1961）, the American official history, hereafter *AOHN*, pp. 188 – 196; Carlo D'Este, *Decision in Normandy*（New York: HarperCollins, 1983）, pp. 105 – 334; Max Hastings, *Overlord*（New York: Simon and Schuster, 1984）, pp. 69 – 169; Alexander McKee, *Caen: Anvil of Victory*（London: Souvenir Press, 1964）, pp. 246 – 304; Eversley Belfield and H. Essame, *The Battle for Normandy*（London: B. T. Batsford, 1965）, pp. 128 – 146; Henry Maule, *Normandy Breakout*（New York: Quadrangle, 1977）, pp. 80 – 111; David Belchem, *Victory in Normandy*（London: Chatto and Windus, 1981）, pp. 154 – 157; Chester Wilmot, *The Struggle for Europe*（New York: Harper and Row, 1952）, pp. 353 – 364; Weinberg, *A World at Arms*, pp. 689 – 690。

的集结，人们越来越担心诺曼底战役可能会变成另一个堑壕战僵局。[1] 为了避免发生这种情况，在欧洲指挥联军地面部队的英国将军伯纳德·蒙哥马利（Bernard Montgomery）策划了两场主要行动，代号分别为"古德伍德"（GOODWOOD）和"眼镜蛇"（COBRA），旨在突破德军的主要防御，并为从诺曼底半岛高速通向巴黎打开一条通道。[2]

第一个行动是古德伍德行动，由英国第 2 军迈尔斯·登普西（Miles Dempsey）中将率领一支由 7 个师组成的部队，对卡昂（Caen）南部和东部一处宽 15 千米的前线阵地进行攻击。4 个步兵师（加拿大第 2 和第 3 师，英国第 3 和第 51 师）的主要任务是保护攻击两翼，并将德军从奥恩河（Orne River）河岸和卡昂南部郊区赶出去。但是，最主要的工作是建立一个由 3 个师组成的装甲部队（VIIIth），它被聚集在不到 3 公里的前线，并被命令要突破德军在布尔盖比山脊（Bourguebus Ridge）上已准备好的防御体系。[3]

---

[1]　关于联军议会陷入僵局的担心，见 BOHN，p. 352；D'Este，*Decision in Normandy*，p. 321；Hastings，*Overlord*，pp. 221，228。

[2]　蒙哥马利是希望将古德伍德行动作为突破，还是仅仅将其作为对"眼镜蛇"行动的辅助是有争议的。蒙哥马利在战前的声明模棱两可。在古德伍德突破未能取得成功之后，蒙哥马利和他的捍卫者将战斗描绘成有限而成功的牵制攻击，而他的诋毁者把这个行动看作一次失败的突破尝试，从而导致了英国的主要失败：参见 D'Este，*Decision in Normandy*，pp. 391–399；BOHN，pp. 327–337，347–361，493–496；AOHN，pp. 194–196。然而，无论蒙哥马利的意图如何，登普西（攻击部队指挥官）和其幕僚（战斗计划人员）显然是将古德伍德行动作为突破性尝试：如见 D'Este，pp. 334，337–351，354。就我个人而言，无论人们怎样评价蒙哥马利的意图以及他在诺曼底的领导才干，古德伍德行动在其实际行动和规划上都是（失败的）突破性行动。

[3]　*BOHN*，pp. 327–40；D'Este，*Decision in Normandy*，pp. 352–369。

德军在这一被攻击地区的防御系统包括3个已被重创的党卫军第86军的步兵师（第272师、第346师和第16师）和第1装甲军的3个装甲师（第21师、党卫第1师和党卫第12师）的残部，由海因里希·艾伯巴赫（Heinrich Eberbach）将军指挥。艾伯巴赫的部队，除了党卫第1军，全都力量不足，这些部队被部署在位于城市南部和东部平缓起伏田野中的村庄里，全部构筑了防御阵地；第272师的部队隐蔽于卡昂南部郊区的废墟内。[①]

伴随着历史上最紧张的一次轰炸准备，战斗打响。从7月18日上午5时30分开始，英国皇家空军轰炸机司令部（RAF Bomber Command）和美国空军第8和第9航空军动用了4500多架飞机，投掷超过7900吨弹药，地毯式轰炸了德军的防御系统；再加上三大炮兵军团发射的800吨炮弹，以及负责战场监视的"罗伯茨"号（Roberts）和两艘皇家海军巡洋舰的舰炮火力支援，德军阵地遭到猛烈攻击，爆炸威力超过八个千吨级的战术核弹，炮火准备时间达3小时之久。[②]

随后的地面进攻迅速取得了进展，原因是集结的英军装甲部队越过或绕过了德军前方阵地上已遭受重创的残余部队。然而很快，攻击开始乏力，因为进攻方在卡尼（Cagny）和埃米

① *BOHN*, pp. 332 – 34；*AOHN*, pp. 191 – 192；John J. T. Sweet, *Mounting the Threat: The Battle of Bourguebus Ridge, 18 – 23 July 1944* (San Rafael, CA: Presidio, 1977), pp. 61 – 65；A. G. Heywood, "GOODWOOD," *Household Brigade Magazine* (Winter 1956/7), pp. 171 – 177.

② 有关情况参见 Department of the Scientific Advisor to the Army Council, *Military Operational Research Unit Report No. 23: Battle Study, Operation "GOODWOOD,"* October 1946, declassified January 16, 1984, pp. 13 – 20；*BOHN*, pp. 337 –340。

韦尔勒（Emieville）小镇遭遇了幸存德军的反坦克阵地袭击。随着德国预备队的增援，进攻的阻力加大。到第一天结束的时候，英军的前进速度已经越来越缓慢，此时距布尔盖比脊已经很近。在接下来的两天中，突破该地区的行动取得的进展微乎其微，在 20 日中午时分，这一令人不乐观的进攻被迫告停，布尔盖比脊仍掌握在德军手中，而德军的后方防御系统也完好无损。到了 7 月 20 日下午 4 时，一场暴雨把战场变得泥泞不堪，导致英军停止了进攻行动，古德伍德行动就此结束。①

111

自变量

这些事件与各自理论的预测有何不同？为了回答这个问题，首先，我从技术、数量不平衡和兵力运用等关键自变量的角度来描述这场战役。

武器技术

在传统理论中，古德伍德行动的系统技术优势应该偏向于进攻方而不是防御方；特定的防御方缺乏足够的二元技术优势，无法克服这一系统性影响。

系统攻防理论家指出，坦克和攻击机的盛行，是进攻优势的关键指标。1944 年 7 月，在诺曼底部署了两个史上拥有最多重型坦克和攻击机的部队。英军进攻方集结了 1277 辆坦克

---

① 有关战斗进程，参见 BOHN，D'Este，*Decision in Normandy*，pp. 370 – 385；Sweet，*Mounting the Threat*，pp. 67 – 106；Hastings，*Overlord*，pp. 233 – 236。

（第 8 军有 738 辆中型和 189 辆轻型坦克，加上另外 350 辆保障 4 个步兵师的中型坦克）和 4500 多架飞机，以支援 11.8 万名士兵的进攻行动。[1] 德军部署了 118～319 辆坦克和多达几百架飞机，以支援大约 2.9 万名防御部队士兵。[2] 英国用于支援士兵的飞机数量在主要的地面攻击战历史中应属最多；相比之下，联合空军在 1991 年海湾战争中部署了不到 1800 架战斗机，以支援 54 万士兵组成的地面部队，这比例不到古德伍德行动的 1/10。[3] 古德伍德行动的人均坦克数虽不一定达到历史最高水平，但依然非常高。例如，在 1941 年，英军进攻方部署的坦克数量是阿拉曼战役（El Alamein）中进攻方或防御方

---

[1] British Army Tactical Doctrine Retrieval Cell, *Battlefield Tour: Operation GOODWOOD* (Camberly, n. d.), TDRC－7725, pp. A－4 to A－5; Sweet, *Mounting the Threat*, p. 112; *BOHN*, pp. 336, 338; 假设每个英军装甲师有 14964 人，步兵师有 18347 人，见 *BOHN*, p. 535。与德国防御者不同，7 月 18 日英国动用了全部实力进行攻击: *BOHN*, p. 332。

[2] National Archives（hereafter NA）RG242, T－313－420, Kriegstagbuche der Panzer Gruppe West, Nachtrag zur Tagesmeldung（hereafter KTB PzW）, 15. 7. 44, Anlage 135; KTB PzW 10. 7. 44, Anlage 105; British Army Tactical Doctrine Retrieval Cell, untitled（Camberly, n. d. ）, TDRC－5041, p. 6. TDRC－7725, 根据战后对参与者的采访，估计德国有 118 辆坦克；另一方面，装甲集团西部战争日志显示战斗前夕（7 月 15 日～16 日）党卫队第 21 师、第 1 师、第 12 装甲师及 第 503 重型装甲师、第 101 装备师和第 200 攻击炮营共有 391 辆可用坦克和各种类型的突击炮。然而，这些并非全部分配到古德伍德的正面战场，因此 319 这个数字代表上限。对于步兵和空军力量，参见 TDRC－7725, pp. A－6 to A－7; TDRC－5041, pp. 6, b－1; Wesley Craven and Frank Cate, *The Army Air Forces in World War II*（1951; reprint, Washington, DC: Office of Air Force History, 1983）, p. 62n. Luftflotte 3。1944 年 7 月，德国在法国和比利时部署了 244 架单引擎战机，不过，这些战机和其他德国飞机都没有在战斗中发挥重要作用。

[3] Eliot Cohen and Thomas Keaney, *Gulf War Air Power Survey Summary Report*（Washington, DC: USGPO, 1993）, p. 7.

的两倍，是 1943 年库尔斯克（Kursk）会战中德军或苏军的三倍以上，是 1940 年和 1941 年德军入侵法国和苏联的 10 倍多。即使是古德伍德行动中的德军防御方，也比在阿拉曼、库斯克（Kusk）或入侵法国和苏联时作为进攻方部署的坦克要多。[①]在空间分布方面，这一行动集结的装甲数量在历史记录中最高：在不到 3 千米宽的前线部署了 900 多辆坦克，古德伍德行动中每千米集结的坦克数量甚至要比第二次世界大战中最大的坦克战役——库尔斯克会战中最高防御密度地区每千米集结的装备总数的两倍还要多。[②] 即使是 1991 年的海湾战争也未能像古德伍德行动中那样部署装甲部队：例如，东相线 73 战役（Battle of 73 Easting）中，只有不到 70 辆美国装甲车在宽 15千米的前线前进，装甲密度不到古德伍德行动的 1%。[③] 无论如何，在古德伍德行动中武器种类极其丰富，传统的攻防理论家认为其对进攻最为有利。

　　此外，二元技术平衡接近于势均力敌，但在整个武器类型范围内，它可能使英军略占优势。更具体地说，在新理论的条件下，德军在战斗中所使用武器的平均引入日期大约是 1940

112

[①] Larry Addington, *The Patterns of War since the Eighteenth Century* (Bloomington: Indiana University Press, 1994), pp. 202, 213; Bruce, ed., *Harbottle's Dictionary*, pp. 87 – 88; Geoffrey Jukes, *Kursk* (New York: Ballantine, 1969), pp. 53 – 55.

[②] 普罗霍罗夫卡在库尔斯克的反攻使苏联 850 辆坦克和德国 700 辆坦克在约 7 公里的战场上正面对峙（Jukes, *Kursk*, pp. 94, 100 – 103），产生约 220 辆坦克/公里的密度，而古德伍德的密度约为 460 辆（2 公里前线有 927 辆坦克）。关于古德伍德前线的坦克，参见 TDRC – 5041, p. 1。

[③] Stephen Biddle, "Victory Misunderstood: What the Gulf War Tells Us about the Future of Conflict," *International Security* 21, 2 (Fall 1996), p. 155.

年 3 月；对英军来说，大约是 1942 年 2 月（参见附录）。①

这个特征与许多历史学家所持观点不同，他们经常强调诺曼底战役中，德军豹式坦克（Pzkw V Panther）和虎式（Pzkw VI）坦克的性能要优于英国谢尔曼（Sherman）坦克和克伦威尔（Cromwells）坦克。② 豹式和虎式坦克确实比谢尔曼和克伦威尔坦克要先进得多③——但这种比较远不能代表整体情况。例如，在 1944 年，豹式坦克和虎式坦克在古德伍德行动的战

---

① 这些数字显示联军有 432 辆谢尔曼坦克和 306 辆克伦威尔坦克，39.5 个中队，19 个台风、13 个蚊子、20.5 个野马、3 个暴风、13 个闪电、4.5 个黑寡妇，以及 37.5 个霹雳战斗机中队；而德国人有 110 辆 Pzkw IV、62 辆 Pzkw V 和 53 辆 Pzkw VI 坦克，44 门 StuG III、IV 号突击炮；50 门履带式 75 毫米突击炮，改装自废弃的法国坦克底盘（这里所有的突击炮都算作坦克），以及 283 架 Bf 109 和 229 架 FW 190 战机。武器计数取自：NA RG242，T – 313 – 420，KTB PzW 15.7.44，Anlage 135；KTB PzW 10.7.44，Anlage 105；TDRC 5041，p. 6；TDRC 7725，pp. A – 4 to A – 7；BOHN，pp. 556 – 560；and Craven and Cate，*Army Air Forces*，p. 62n. 介绍日期取自：Peter Chamberlain and Chris Ellis，*British and American Tanks of World War II*（New York：Arco，1981），pp. 43，114，130；F. M. Von Senger und Etterlin，*German Tanks*；Swanborough and Bowers，*Military Aircraft*，pp. 359，466，502，523；Bill Gunston，*Allied Fighters of World War II*（New York：Arco，1981），pp. 32，48，50，54；Bryan Philpott，*German Military Aircraft*（London：Arms and Armour Press，1980），pp. 102，131。这些数字代表了德国坦克实力的上限，特别是 Pzkw Vs 和 VI 坦克的上限（除了五辆 Pzkw Vs 坦克和许多 VI 坦克外，其他都在机动预备队中，未预先提交给古德伍德前线）。这可能高估德国坦克在第一天战场上的普及率。这些数据还使用 1944 年 7 月交付给德国空军的第 3 航空舰队作为其 7 月 17 日战斗机兵力的近似值，这可能高估了（较新的）FW 190 相比（旧的）Bf 109 的普及率：随着时间推移，德国飞机生产从 Bf 109 转向 FW 190，因此在任何给定时间交付的 FW190 都比库存量多。1944 年 7 月德国战机损失惨重，到 7 月 18 日交货时和库存量可能非常相似（尽管 7 月份交付了 512 架单引擎战斗机，但空军第 3 航空舰队在 7 月底的总兵力仅为 244 人：Craven and Cate，第 62 页）。总的来说，预估结果一致认为德国人拥有比古德伍德战场上实际出现的武器更新的武器。

② 参见 Hastings，*Overlord*，pp. 186 – 195；D'Este，*Decision in Normandy*，pp. 71 – 72。

③ 参见 Hastings，*Overlord*，pp. 190 – 195。

场上只占德军坦克的 1/3。[①] 古德伍德行动中最常见的德国坦克是 Pzkw IV 虎式坦克，该型号坦克于 1937 年引入，尽管在 1944 年得到极大改进，但在战斗时仍略逊于谢尔曼和克伦威尔坦克。[②] 古德伍德行动中的德军装甲是由 86 个无炮塔突击炮来平衡的；其中 50 辆是临时改装的，是在 1940 年缴获的法国坦克底盘上安装德国 75 毫米反坦克炮。虽然很有帮助，但这些仿制装甲车无法与谢尔曼和克伦威尔坦克的技术相提并论。[③] 即使德国有一些坦克占据明显的优势，但实际上大多数坦克的性能都不如英军坦克。

---

① NA RG242，T – 313 – 420，KTB PzW 15. 7. 44，Anlage 135；KTB PzW 10. 7. 44，Anlage 105；TDRC 5041，pp. 6，b – 1。

② 1944 年 Pzkw IVh 坦克的公路速度为 38 千米/小时，越野速度为 16 千米/小时，行驶里程为 200 千米，弓装甲为 82 毫米 RHA 90 度当量厚度。以及一把在 500 码下具有 92 毫米 RHA 30 度的等效厚度穿透力的 75 毫米口径的枪。1944 年 M4A4 的公路速度为 40 千米/小时，越野速度为 32 千米/小时，范围为 240 千米，重量比为 12，弓装甲基础 68 毫米 RHA 90 度等效厚度，以及一把在 500 码下具有 68 毫米 RHA90 度等效厚度穿透力的 75 毫米口径的枪；"萤火虫"变型（约包括古德伍德行动中谢尔曼坦克的四分之一）装备了一枚 17 磅重的枪，在 500 码下具有 140 毫米 RHA 30 度的等效厚度穿透力。谢尔曼因此比 Pzkw IVh 更具机动性，但保护性较差。谢尔曼"萤火虫"的火力超过 Pzkw IVh，标准的谢尔曼在火力上被超过。可能这两种坦克在该领域最重要的区别就是谢尔曼在机械可靠性、射速和炮塔回转力方面的优势。例如，谢尔曼的全动力横移，能够在德国对手可能开火之前先于他们开火。Chamberlain and Ellis, *British and American Tanks*, pp. 114 – 130；Von Senger und Etterlin, *German Tanks*, pp. 198 – 199；*BOHN*, p. 549；Hastings, *Overlord*, p. 191. Armor basis calculated using formulae in I. F. B. Tytler et al. , *Vehicles and Bridging* (London：Brassey's, 1985)，p. 141. 谢尔曼的机械可靠性优势与后来的新式德国坦克相比更为明显。如 1944 年 7 月 4 日，党卫军第 9 装甲师的豹式坦克总数的 50% 因机械原因无法使用：NA RG 242 T – 354 – 147，KTB PzW, Lagebericht für die Zeit vom 4. 7. 19. 00 – 5. 7. 19. 00 Uhr.

③ NA RG242，T – 313 – 420，KTB PzW 15. 7. 44，Anlage 135；TDRC – 5041，p. 6；Heywood, "GOODWOOD" p. 173；Von Senger und Etterlin, *German Tanks*, pls. 205, 208.

　　此外，坦克只是在战斗中发挥重要作用的主要武器类型之一。例如，在反坦克炮中，德军的 88 毫米反坦克炮可能是战争中效率最高的，但 88 毫米反坦克炮仅仅为德军所拥有武器的一部分；更常见的 75 毫米 PAK 反坦克炮比英军的 6 磅炮要小，明显不如英军的 17 磅炮。[①] 德军的机枪通常被认为优于联军的同类武器，但联军的步枪具备优势，此外联军的榴弹炮、重型火炮和弹药通常比德国同类武器的质量要高。[②]

　　不过，可以说，在古德伍德行动中最重要的武器类型是飞机。空军主要负责在 18 日上午进行毁灭性的打击行动，但同时也提供持续的干预支援，从根本上使德军预备队在后方的行动变得艰难，飞机还经常在战斗中进行近距离空中支援，这大大增强了盟军火力。到 1944 年，联军飞机的所有主要功能中都明显优于德军飞机。例如，P-51 野马战斗机（P-51 Mustang）在射程、速度和爬升速率方面都优于德军的 FW 190（在第三航空联队中最为先进，但不是最常见的战斗机）。P-47 闪电（P-47 Lightning）为最常见的联军战斗轰炸机，在射程、速度和有效载荷方面都优于 FW 190 的对地攻击型号——事实上，P-47 的最大炸弹载荷超过了 FW 190 两倍之多。[③] 7 月 18 日投掷到德军的多数炸弹都来自联军兰卡斯特（Lancaster）和哈利法克斯（Halifax）重型轰炸机，德

---

①　*BOHN*, p. 549.

②　Hastings, *Overlord*, pp. 186 – 95；*BOHN*, pp. 541 – 545.

③　Swanborough and Bowers, *Military Aircraft*, pp. 475, 528；Philpott, *German Military Aircraft*, p. 99.

国空军根本构不成任何竞争力。广泛服役的德军重型轰炸机——Do 217 轰炸机——载弹量不到兰卡斯特的 1/3，射程则缩短了近30%。[1]

113

在大多数情况下，德军可以宣称拥有先进的机枪，并且其 1/3 的坦克编队占有最先进的技术优势。但在古德伍德行动中实际使用的火炮、飞机和大多数坦克方面，联军的武器在技术上优于德军。对两种坦克型号——豹式坦克和虎式坦克的聚焦，提供了一个关于整体技术平衡的误导思想。即使坦克真的是战场上的主导，以及胜利和失败的关键主宰者——这与当时任何一方的正式军事理论所依据的武器组合原则都互相矛盾，坦克的总体平衡也并非如通常描述的那样是一边倒的。何况，坦克本身也不是唯一重要的武器种类。纵观整个武器等级，英军可能在技术上比德军稍占优势，尽管武器类型的水平不同，武器等级之间的差别也很少能达到决定性的规模。

数量不平衡

古德伍德行动的数量平衡，远远超过了优势制胜理论家预测进攻成功的标准法则。尤其是联军享有极高的战场和当地兵力对比。德军的兵力密度虽然不是最低，但远低于许多其他在第二次世界大战中防御失败的国家。综上所述，这些数值说明了传统的解释军力的数量优势理论对进攻突破能力的明确预测。

---

[1]　*BOHN*, pp. 563, 570.

兵力比

在诺曼底战区，联军的总兵力在 7 月 4 日达到 100 万人，7 月 25 日达到 145.2 万人。[1] 假设兵力仍会持续增加，这意味着进攻方的兵力在 7 月 18 日能达到约 130 万人。德国的部队人数很难确定。在诺曼底登陆之前，德军在法国和低地国家集结地面部队，57 个师总计约有 109.7 万人。[2] 到 7 月 18 日，其中 23 个师在诺曼底作战（其余的师则在其他地方的海岸线进行防守），伤亡人数已达 10 万多人，很少有部队能得到补充。[3] 这意味着在古德伍德行动时，在诺曼底有大约 34 万人的部队，或者在传统理论的条件下，战区兵力比为 3.8∶1。[4]

---

[1] Roland Ruppenthal, *Logistical Support of the Armies*, vol 1（Washington, DC: Office of the Chief of Military History, 1953），pp. 457n, 458.

[2] *BOHN*, p. 58 and map opposite p. 120. 这个数字归功于有 13 万德国空军防空炮兵和伞兵人员（除"空军"地面师）可作为地面部队使用。

[3] *BOHN*, p. 323, maps opposite pp. 120, 378. 德军第 9 和第 10 两个党卫军装甲师在诺曼底登陆日后从俄罗斯转够到法国，但最初部署在法国的第 703d 和第 716 两个师在 7 月 18 日的战斗中被歼灭：*BOHN*, p. 259。因此，7 月 18 日，法国和低地国家师的数量与诺曼底登陆时的 57 个相比没什么变化。

[4] 相比之下，新理论在直接火力作战机动人员（见附录）方面有数字优势，而不是如上所述的总人力（或"配给量"）；前者只占总兵力的一小部分。对 1944 年 7 月在诺曼底的英军来说，这一比例约为 16%，而德军约为 27%。在新理论中，正式模型中 R、B 的值分别为 208000 和 91800（战区数字，R 包括英国和美国军队）。对联军来说，这些数字来自 BOHN, appendix 4, pt. 2, map，1944 年 6 月 30 日午夜的情况，假设美国和英国分区相当。对德国人来说，数据来自 TDRC-7725, pp. A-6 and A-7；TDRC-5041, p. 6; and James Hodgson, "The Eve of Defeat," Office of the Chief of Military History MS R-57, October 1954, pp. 25, 37, 38；连同我自己对（23 个师中的）7 个师和 3 个独立坦克营的估计，这些并未包括在资料内。我的估计是假设新建步兵师有 5000 名可以直接作战的有生力量（数据来源参见 W. J. K. Davies, *German Army Handbook, 1939-1945*（New York: Arco, 1974, pp. 28, 30, 39; and BOHN, p. 539），第 2 装甲师有 2800 名。第 101 和第 102 党卫军坦克营和第 503 重型坦克营每辆坦克有 5 名士兵。运用手头的坦克力量作为基础，评估（转下页注）

这一比率远远超过了任何通常适用的攻击充分性标准。一般来说，成功的攻击所需的战区兵力比经验法则是 1.5∶1；古德伍德行动兵力比数值是这个值的两倍多。[①] 事实上，1944年 7 月，战区兵力不平衡状况超过了当地兵力对比的一般经验法则，也就是 3∶1。[②] 古德伍德战区兵力对比超过了 1940 年德国对法国入侵时兵力比的四倍。这几乎是德国入侵苏联时兵力对比的三倍，是德国入侵波兰时兵力对比的两倍多，甚至超过了 1939 年苏联在芬兰的优势。[③] 1944 年 7 月，盟军在诺曼底获得了能够摧毁防御战区的绝对数量优势。

114

除了战区平衡，传统理论家经常考虑本地兵力比，并平衡特定的武器类型（第二次世界大战中尤指坦克）。然而，对当地平衡来说，计数规则往往更加模棱两可。这是因为，"当地"这一定义会因不同的历史学家而产生差异，不同的定义又可以产生非常不同的结果。

为了说明这个问题，表 6 - 1 给出了各种直观计算规则（或"当地"力量定义）的当地兵力对比。其结果是部队数量

（接上页注④）党卫军第 9 和第 10 装甲师相对于第 1 装甲师（价值已知）的价值，给定的坦克力量见 NA RG242/T - 313 - 420，Anlage 135 zu KTB PzW，Nachtrag zur Tagesmeldung，15. 7. 44；Anlage 105 zu KTB PzW，Nachtrag zur Tagesmeldung，10. 7. 44（unchanged for 7/16）；Anlage 135；and TDRC - 5041，p. 6。

① CBO, *Strengthening NATO*, pp. 11 - 13, appendix C; and *Army Ground Force Modernization*, pp. 30 - 31.

② Liddell Hart, *Defence of Britain*, pp. 54 - 55; Mearsheimer, "Assessing the Conventional Balance."

③ Philip Karber et al. , *Assessing the Correlation of Forces: France 1940* (McLean, VA: BDM Corp. , 1979), BDM/W - 79 - 560 - TR; David Glantz and Jonathan House, *When Titans Clashed* (Lawrence: University Press of Kansas, 1995), p. 301.

的差异可能会达到 7 倍，而坦克则可能超过 14 倍。这些变化源于双方的配置和计划。邓普西的部队并未全部统一地分布在第 2 军进攻前线，尤其是英军的主要力量——第 8 军的 3 个坦克师集中在一个非常狭窄的 2 千米战线上，而整个进攻战线超过 15 千米。① 这是为了在关键点上提供最大的优势，以期支援任何一种希望以较小的数量优势实施的作战。② 因此，兵力对比的不同之处在于，一个人关注的是主力部队（第 8 军的狭长地带），还是整个进攻前线。此外，第 8 军在第一天就无法按照原计划把所有的 3 个师都投入战斗（因进攻地带交通堵塞而延误，第 7 装甲师在战斗的第二天前几乎没有参与战斗）；③ 如果把第 7 装甲师计算在英军总数中，那么在进攻点上，同样可以得到一个不同的初始"当地"兵力对比值。最后，德国在该地区的大部分战斗力量都保存在后方的机动预备队中。④ 防御性的预备队经常被排除在"当地"兵力比计算中，因为其机动性使其有可能在许多地方参与战斗，而不是在任何特定

---

① TDRC – 5041, p. 1.

② 地形也对第 8 军战线的狭长起了一定作用，因为在卡昂以东的奥恩河上有狭窄的桥头堡，这限制了兵团从河以北的集结区部署到另一侧的进攻出发线，在途中还需要清理穿过英国老雷区的通道，这使事情变得更糟，*BOHN*, pp. 334 – 335, 339; McKee, *Caen*, p. 255。然而，地形并没有预先确定 2 公里的第 8 军前线。选择另一个攻击点可能就没有这样的限制，或者在向这样一个狭窄的前线部署三个师的装甲兵之前，使用初步攻击来扩大桥头堡（事实上，在进攻之前的那个晚上，第 8 军在前线以西进行了初步攻击）。邓普西选择的核心是希望以最低限度的初步行动在狭窄的前线集结强大的打击力量。

③ *BOHN*, p. 343.

④ 约 80% 的部队和 55% 的坦克都被两个流动预备师控制，见 TDRC – 7725, pp. A – 6 to A – 7; TDRC – 5041, p. 6; NA RG242, T – 313 – 420, KTB PzW 15. 7. 44, Anlage 135。

的前线。然而，德军预料到英军会在卡昂附近发动进攻，故将预备队部署在这一地区附近，以便在这种进攻发生时迅速做出反应；这些机动预备队的邻近可能会导致一些人将其视为"当地"德军最初部署在英国进攻点的一部分，从而产生了另外一个兵力比值。

表 6–1　当地兵力比作为计数规则函数*

计数规则	当地兵力比	
	部队	坦克**
先锋师，第 8 军狭长地带	22.7	82.7
先锋师，第 2 军攻击正面	10.2	16.3
7 月 18 日第 8 军地带中的先锋师	15.2	55.1
7 月 18 日第 2 军进攻战线的先锋师	9.2	12.6
第 2 军进攻战线的正面和兵团/陆军预备师	3.0	5.9

*在正统理论中，部队数量是一定的。邓普西从根本上缩小了第 8 军战线，使得当地兵力比计算变得更加复杂，因为在此战线的侧翼，进攻方和防御方都可在此范围内开火。此外，德国的师以下部队边界还不具备足够的精确度，无法在这样一个狭窄的前线内外明确师以下部队（甚至不能确定哪些分队可以向第 8 军前线开火，哪些在射程之外）的部署。此外，英国在第 8 军狭长地带上的攻击可能在一定程度上吸引了侧翼防御方的注意力。因此，我通过第 1 党卫军和第 86 党卫军 26 千米前线每千米部队和每千米坦克计算的当地兵力比，来分配德军前线部队，然后将 26 千米的 15 千米分配给第 2 军战线，2 千米分配给第 8 军战线。数据来源于 TDRC–7725, pp. A–4 to A–5, A–7; TDRC–5041, p. 6; NA RG242, T–313–420, KTB PzW 15.7.44, Anlage 135; KTB PzW 10.7.44, Anlage 105; TDRC–5041, pp. 6, b–1; Sweet, Mounting the Threat, pp. 55, 112; BOHN, pp. 333, 535。注意，数据是针对师一级和师级以下的部队；由于 1944 年英国军种和军队的数量远远超过了德军，因此对英军在数量上的优势来说，结果是比较保守的。

**下面的数字只计算中型和重型坦克，因此不包括 3 个英国装甲师中可用的 189 辆轻型坦克（参见 Sweet, *Mounting the Threat*, p. 112）。

那么，如何评估当地均衡呢？有三点值得注意。

第一，这些计数规则没有一种可使部队的当地兵力比低于3∶1，坦克低于5.9∶1。所有这些变量都意味着平衡达到或远远超通常3∶1的经验法则，可以实现充分进攻。事实上，如果我们把注意力集中在第8军主要进攻地带上（正如邓普西所预期的那样），英国的数量优势是惊人的：部队兵力超过22∶1，坦克超过80∶1。按照3∶1规则，任何合理的计数规则都能产生进攻突破的预测。①

第二，古德伍德行动的当地兵力比与第二次世界大战时使用类似计数规则的其他行动相比异常高。例如，图6－1和图6－2为第二次世界大战的多次作战行动的整个进攻战线的全

---

① "质量调整"的兵力比如何？如第五章所述，一些优势理论家认为，按照3∶1规则的数字标准应以质量调整的"战斗力"来评估，而不是战斗人员的原始数字。虽然在古德伍德行动中，英国和德国武器大致相当，但部队技能显然不同。两国都在古德伍德行动中部署了许多各自认为最好的编队，但普遍认为德国党卫队精锐部队比英国卫队装甲师、第7装甲师和第51（高地）师的技能更高：Hastings, *Overlord*, pp. 179－186；D'Este, Decision in Normandy, chap. 16。此外，在古德伍德最终交战的德军部队中，有很大一部分是德军在7月19日之前投入使用的70%的部队和55%的坦克，被分配到党卫队第1和第12装甲师：TDRC－7725, pp. A－6 to A－7；TDRC－5041, p. 6；NA RG242, T－313－420, KTB PzW 15.7.44, Anlage 135。因此，人们可能会认为古德伍德行动中的原始数值比较具有误导性。事实上，这正是我的观点：在政府和学术界，主导能力评估的简单数值比较都是非常有问题的，因为没有系统考虑这些力量实际运用方式的变化。然而，3∶1的规则并未就如何进行此类"质量调整"提出明确指导，这种模糊性引起了相当大的争论，如第五章所述。相比之下，上述理论为"质量"在非物质层面如何影响军事的结果提供了系统、确定的解释。因此，我同意米尔斯海默和哈特的观点，即"质量"意义重大，但我主张明确而系统地解决这个问题，而不是将其隐含在对数字经验法则的不透明调整中。因此，米尔斯海默和哈特的观点和这里提出的新理论不是真正的替代品：后者代表前者的延伸和改进，而不是相互排斥的竞争对手，因此，我在这里对新理论进行了测试，针对的就是一种关于军力的严格数值解释的独一无二的替代物。

部部队（参与战斗的部队和预备队）提供了当地兵力比的说明性数据。[①] 根据表 6-1 中给出的计算规则，相比二战时的其他经历，此规则最不可能有利于英国的古德伍德行动（该行动中德军防御方在进攻战线附近部署了异乎寻常的庞大预备兵力，因为英国的主要行动仅占整个进攻战线很小的一部分）。但是，古德伍德行动的兵力比（3∶1）仍是图 6-1 中所给出的 25 个数据点中的第五高，几乎比整个数据的平均值高出 50%（2.1∶1）。该行动中的坦克兵力比（5.9∶1）是图 6-2 中 16 个数据点的第三高，几乎是数据平均值的两倍（3.1∶1）。　　116

　　第三，这些数字都没有考虑盟军在空中的数量优势。在古德伍德行动中，盟军飞机为进攻方贡献了大约 8000 吨的火力，而德国空军基本上无力还击。[②] 至少，这表明，表 6-1 中关于地面部队的比较相对于英军可用的数量优势程度是较为　　117

[①] 这些数据来自：*AOHN*, pp. 224 - 228；Charles B. MacDonald, *The Siegfried Line Campaign* (Washington, DC: Office of the Chief of Military History, 1963), p. 409；I. S. O. Playfair, *The Mediterranean and Middle East* (London: Her Majesty's Stationery Office, 1954 - 1960), vol. 1, pp. 282 - 287, 290 - 293; vol. 3, pp. 30, 97, 220, 260 - 262, 265, 274；Ward Miller, *The 9th Australian Division versus the Africa Corps* (Ft. Leavenworth, KS: U. S. Army Combat Studies Institute, 1986), pp. 11 - 17；Bruce, ed., *Harbottle's Dictionary*, pp. 87 - 88, 110, 232, 240, 253；Jukes, *Kursk*, pp. 53 - 54, 108, 110, 112, 151, 152；David M. Glantz, *From the Don to the Dnepr* (London: Cass, 1991), pp. 27 - 29, 35, 74, 87 - 89, 152 - 153, 225, 230, 381；Glantz, *Zhukov's Greatest Defeat: The Red Army's Epic Disaster in Operation Mars, 1942* (Lawrence: University Press of Kansas, 1999), p. 336；R. Ernest Dupuy and Trevor Dupuy, *The Harper Encyclopedia of Military History*, 4th ed. (New York: HarperCollins, 1993), pp. 1173 - 1175, 1185 - 1187, 1230, 1280 - 1281；Glantz and House, *When Titans Clashed*, p. 301；and D'Este, *Decision in Normandy*, p. 400. (All values are ration strengths.)。

[②] *Military Operational Research Unit Report No. 23*, pp. 13 - 20；*BOHN*, pp. 337 - 340.

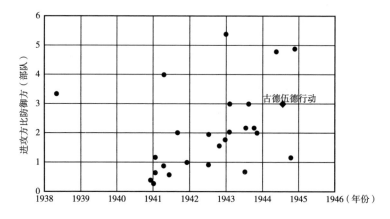

图 6-1　第二次世界大战局部兵力对比（部队）

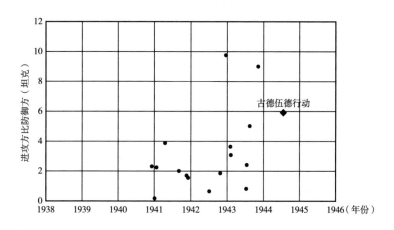

图 6-2　第二次世界大战局部兵力对比（坦克）

保守的。

　　无论是通过经验法则，还是通过与其他经验的比较，以及在战区范围内或从当地采取的措施来看，古德伍德行动的兵力比都远远超过了预测会实现突破的标准门槛。

兵力密度

一些优势制胜理论家（还有一些攻防理论家）强调部队密度，或者称为兵力密度（force-to-space ratio，FSR）。对于那些持此种观点的人来说，高值被认为有利于防御方。[1] 古德伍德行动中的兵力密度虽然不是战争中最低的，但远不够高，无法阻止成功的袭击。

兵力密度和兵力比一样，对使用的计数规则很敏感，正如第五章所述，最重要的特点之一是关注前线线性部队人数和区域平方单位。类似米切尔行动中英国的兵力密度按照每线性千米测量的部队与按每平方千米测量的结果非常不同，在古德伍德行动中，密度按照两种计数规则来衡量德国的兵力密度，结果也截然不同。

德军在古德伍德行动攻击点前线每线性千米部署了大约 1100 人的部队（如果将防御后方包括准备好的机动预备队计算在内，相对于世界大战中的其他行动而言，计数规则更倾向于提高古德伍德行动的兵力密度），每平方千米部署了 20 个先锋部队。[2] 为

---

[1] 参见：Liddell Hart，"Ratio of Troops to Space，"pp. 3 – 14；Mearsheimer，"Numbers，Strategy，"pp. 174 – 185。

[2] 资料来源：TDRC – 7725，p. A7；TDRC – 5041，p. 6；NA RG242，T – 313 – 420，KTB PzW 15. 7. 44，Anlage 135。根据传统理论的标准处理方法，部队总数是配给兵力，第 11 军和第 76 军团总兵力为 28800 人。这些来源都没有报道第 22 装甲团、第 503 重型坦克营、第 101 党卫军装甲营或第 200 突击炮营的兵力总数；这些子单位的兵力是根据它们坦克和火炮的实力估算的，假设团和营级部队的三分之二是武装人员，每辆作战坦克或火炮有五名士兵。TDRC – 7725 报告党卫军第 1 装甲师的兵力"高达 15000 人"（p. A7），这里假设为 13500 人（该值的 90%）。TDRC – 5041 报告说第 272d 步兵师的兵力相当于"一个团"（第 6 页）；因此，我假设该部门有 1400 名士兵。两个军团的正面情况来自：Hodgson，"Eve of Defeat，"situation map，15/16 July 1944，总共 26 公里。计算了深度 16 千米的每平方千米的部队兵力：TDRC – 5041，p. 7。

了在上下文中分析这些数字，图 6-3 和图 6-4 为第二次世界大战其他行动中以线性和平方单位计算的当地兵力密度提供了代表性样本。[1] 研究结果表明，古德伍德行动前线线性部队的部署超过平均兵力密度值（即 973 人/千米），但远低于其面积的平方单位值（629 人/平方千米）。[2]

为了解释这些数字，从第五章中的内容可知，线性兵力密度主要是作为高当地兵力比的宽松条件：线性兵力密度只描述进攻方最终在突破防御时遇到的防御方的总人数；如果这个数字很小，进攻方就有机会在进攻时集结强大的攻击力量来创造大的局地兵力比值。因此，德军相对较大的线性兵力密度之所以重要，主要是因为它减少了盟军的当地兵力比。然而，即便如此，这里的兵力比还是非常高的：盟军在整个战区的优势非常大，以至于他们甚至可以将具备极大优势的当地防御比下

---

[1] 数据来源：*AOHN*, pp. 224-228; Jukes, *Kursk*, pp. 53-54, 108, 110, 112; Glantz, *Don to the Dnepr*, pp. 27-29, 35, 74, 87-89, 152-153, 225, 230, 381; Playfair, *Mediterranean*, vol. 1, pp. 282-287, 290-293; vol. 3, pp. 260-262, 265, 274; Bruce, *Harbottle's Dictionary*, p. 253; Miller, *9th Australian Division*, pp. 8, 11, 12; Dupuy, *Harper Encyclopedia*, pp. 1186-1187; Esposito, ed., *West Point Atlas*, vol. 2, maps 24, 78; John Erickson, *The Road to Stalingrad* (New York: Harper and Row, 1975), p. 71; Glantz and House, *When Titans Clashed*, pp. 133-135, 301; Martin Blumenson, *Salerno to Cassino* (Washington, DC: OCMH, 1969), pp. 189-190; Ernest F. Fisher, Jr., *Cassino to the Alps* (Washington, DC: Center of Military History, U.S. Army, 1977), pp. 17-19; Martin Blumenson, *Bloody River* (Boston: Houghton Mifflin, 1970), pp. 24, 55; MacDonald, *Siegfried Line Campaign*, pp. 283-284, 330, map 6; Glantz, *Zhukov's Greatest Defeat*, pp. 336, 34-35, 51, 49, 54, 55, 62, 68. (All values are ration strengths.)

[2] 而且在两个方向上有大致相同的量值：在古德伍德行动中，线性单位值比平均值高 0.4 个标准差，面积的平方单位值比平均值低 0.36 个标准差。

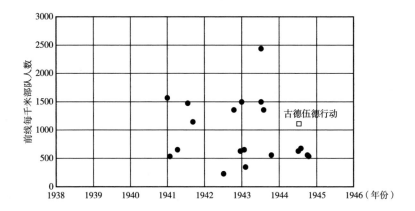

图 6 - 3 第二次世界大战局地兵力密度（线性）

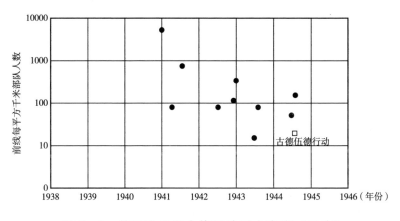

图 6 - 4 第二次世界大战局地兵力密度（平方）

去，因此，高线性兵力密度的效果在很大程度上被抵消了。

　　相比之下，面积的平方单位更能表明大多数兵力密度论证的主要因果逻辑。每平方千米部署少量部队的防御据说为进攻方提供了可以机动的间隔，并在任一特定地点的任何特定攻击波范围内提供更少的防御武器；综上所述，这些影响应该使进攻方易于摧毁此类防御。然而，按照这种逻辑，在第二次世界大战期间，古德伍德行动的防御实际上是漏洞百出的。虽然英军面对较强的防御力量，但防御方被巨大的纵深阵地分散开来，使得其在防守区域内的任何一点上都显得较为稀疏。事实上，在面积的平方单位上，古德伍德行动的兵力密度只是"眼镜蛇"行动（Operation COBRA）中德军防御密度的一半，在"眼镜蛇"行动中，美军在接下来的一周内就突破成功。[1]如果传统的兵力密度逻辑的论点是对战斗结果的有力解释，那么以第二次世界大战类似的行动标准来看，古德伍德行动应是一次可以取得突破的行动。[2]

119

---

[1] AOHN, pp. 224 – 28, map V；D'Este, *Decision in Normandy*, p. 400.

[2] 事实上，无论用哪种方法衡量，古德伍德行动的兵力密度都要比第二次世界大战中许多知名的防御失败的战争更低。7 月 18 日，德国在诺曼底 130 公里的战线部署了 34 万名士兵（如上所述）（Esposito, *West Point Atlas*, vol. 2, map 51）战区范围的兵力密度为每公里 2600 名士兵。相比之下，1940 年 5 月法国的联军防御部队每公里部署 4100 多名士兵，但未能阻挡住德军对英吉利海峡的突袭和追击：Dupuy, *Harper Encyclopedia*, p. 1158；Esposito, vol. 2, map 12。在攻击的时候，古德伍德对面的德军防御工事比他们 1943 年 6 月在奥雷尔突击部或 1942 年 9 月在阿拉曼的阵地更为密集，与 1942 年 11 月在斯大林格勒的防御工事差不多，所有这些防御工事都被突破：Jukes, *Kursk*, pp. 108, 110, 112；Dupuy, pp. 1186 – 1187, Esposito, map 78；Glantz and House, *When Titans Clashed*, pp. 133 – 135。经验法则如何？正如第五章所指出的那样，与兵力比相比，兵力密度更不明确，1918 年至 20 世纪 80 年代中期尤为如此。利德尔·哈特暗示，在第二次世界大战中，进攻时每公里 1250 人以上的防御性兵力密度通常会成功；另一方面，高达 1200 人的兵力密度仍可被精明的进攻者打破：*Deterrent or Defense*, pp. 102 – 108。（关于 1200 人/公里的讨论参见：Liddell Hart's discussion of the FSR at Sedan in 1940, pp. 102 – 105。）我在这里使用人/公里而不是师/公里，因为到 1944 年 7 月，诺曼底的许多德军远低于名义实力。7 月 18 日，古德伍德对面的德国阵地上，每公里部署了约 1100 人，鉴于哈特大多的隐含阈值不精确（以及实地兵力报告不完善，即便是兵力密度档案数据也不准确），该数字可被视为与哈特措辞最接近的数字（所有的值都是定量强度）。

兵力部署

在古德伍德行动中，英军未能在战术层面上实施现代军事体系，反而在作战层面提供了一个罕见的案例，即在一个过于狭窄的进攻战线尝试突破。相比之下，德军在战术和作战层面上都非常全面地实施了现代军事体系。

进攻行动

英军的进攻行动有两个方面值得注意。其一，实际上，古德伍德行动是一次突破性尝试，而不是一次有限的目标攻击。已经有很多关于蒙哥马利对古德伍德行动意图的推测。支持他的人认为其计划是个有限目标攻击，仅是为了将德军的装甲部队诱至卡昂阵地对面，从而为盟军的眼镜蛇行动做准备。[1] 蒙哥马利的批评者则认为，这是一种后设合理化（post hoc rationalization），旨在掩盖其突破意图的失败。[2] 无论如何，邓普西和实际计划并指挥进攻的第 2 军军官都清楚地认识到，他们的任务是突破德军防线，向法莱兹（Falaise）进攻。[3] 不管他们是否误解了蒙哥马利，这次行动确实就是一

---

[1]　参见 BOHN, pp. 327 – 332；Alun Chalfont, *Montgomery of Alamein* (New York: Atheneum, 1976), pp. 242 – 244；Nigel Hamilton, *Master of the Battlefield: Monty's War Years, 1942 – 1944* (New York: McGraw Hill, 1983), pp. 713 – 745. Perhaps Montgomery's single most strident defender is Sweet, *Mounting the Threat*, pp. 116 – 122。

[2]　参见 AOHN, p. 195；Ralph Ingersoll, *Top Secret* (New York: Harcourt Brace, 1946), pp. 162 – 163；Martin Blumenson, "Some Reflections on the Immediate Post-Assault Strategy," in *D-Day: The Normandy Invasion in Retrospect* (Lawrence: University Press of Kansas, 1971), pp. 210 – 218；Russell Weigley, *Eisenhower's Lieutenants* (Bloomington: Indiana University Press, 1981), pp. 211 – 215.

[3]　D'Este, *Decision in Normandy*, chap. 19。

次突破性尝试，而不是有限目标攻击。通过观察，我们可以为突破的战斗动态提供重要线索，无论蒙哥马利是否事先做了准备。

第二，邓普西计划要求在非常狭窄的进攻战线实施行动。虽然三支部队（英国第 1 军、第 8 军和加拿大第 2 军）名义上的战线约为 15 千米，但绝大多数被分配给四个步兵师进行支援攻击。分配给第 8 军三个装甲师——实际上被派去突破德军防御——的关键地带只有 2 千米宽。[1]

在整个战争中，对由三个装甲师组成的部队而言，这是最窄的进攻战线。比较一下，1940 年，突破了法国色当（Sedan）防御工事的德国第 19 军的三个装甲师的前线达 30 千米；1941 年在阿拉曼（Alamein），英军第 1 和第 10 装甲师各自前线几乎和古德伍德行动中整个第 8 军的前线一样宽；在古德伍德行动之后立即开展的眼镜蛇行动中，美国防御部队三个师的机动预备队的前线达到 8 千米，也就是英国第 8 军的四倍。[2]

这一狭窄的进攻战线帮助确保了较高的当地兵力比，反之，它也带来了一些严重的问题。前线过于狭窄，德军阵地上的火力可以横扫整个狭长地带，干扰英军的补给，降低英军的自主机动能力。[3]狭窄的战线迫使英军将三个装

---

① *BOHN*, map oppos. p. 350；TDRC - 5041, p. 1.

② Doughty, *Breaking Point*, pp. 34, 37；I. S. O. Playfair and C. J. C. Molony, *The Mediterranean and Middle East*, vol. 4（London：Her Majesty's Stationery Office, 1966）, map 4；*AOHN*, map 10.

③ D'Este, *Decision in Normandy*, p. 380.

甲师排成梯队，而不是使这三个师同时展开攻击。① 也许最重要的是，这造成英军在集结地区和道路上的严重拥堵，从而延迟了第 7 军和近卫装甲师的进入，在战斗的第一天，后者都未被充分利用，并且限制了所有距英军先头部队较远的部队的支援行动。由于邓普西将坦克排在梯队前面，将支援武器排在后面，从而大大增加了正确协调联合武器的难度。②

进攻战术

在古德伍德行动中，英军进攻方未能系统地利用现代军事体系的掩护、隐蔽、分散、压制、小部队独立机动和武器联合作战的战术。相反，英军的装甲只是在密集的暴露进攻波中向前行进。英军步兵在开阔地前进，在受到炮火攻击时往往会聚在一起，两者均无法充分利用地形的掩护来前进。③

英军的装甲和步兵机动分队也没有以任何持续的方式相互支援。在诺曼底战役中，英国装甲和步兵的合作一直很差。④ 在古德伍德行动中，邓普西的具体计划加剧了这一长期存在的

---

① *BOHN*, p. 335; as D'Este notes, VIII Corps' 2-km frontage was more common for a brigade than a 3-division corps: *Decision in Normandy*, p. 376.

② D'Este, *Decision in Normandy*, p. 376.

③ 同上，pp. 281 – 282, 295; NA RG 338, FMS MS B – 470, Generalmajor Sylvester Stadler, 9. SS. Pz. Div (20. 6. 44 – 24. 7. 44), p. 10; NA RG 338, FMS MS B – 630, Oberstleutnant l. G. Horst von Wangenheim, 277. I. D. (Januar bis 24. Juli 1944), p. 20; note also the exposure of British tanks at GOODWOOD as seen in plates 50 and 51 of *BOHN*, and plate 32 of Keegan, *Six Armies*.

④ NA RG 338, FMS MS B – 630, Oberstleutnant l. G. Horst von Wangenheim, 277. I. D. (Januar bis 24. Juli 1944), p. 20; D'Este, *Decision in Normandy*, pp. 291 – 296, 490; Hastings, *Overlord*, pp. 135 – 136, 145 – 146, 218, 237.

问题。被安排支援坦克的许多步兵分队都拥堵在行军途中，使
早期战斗阶段取得的进展难以持续。[1] 那些士兵在距出发线不
到 2 公里的屈韦维尔（Cuverville）和迪莫维尔（Demouville）
小镇遭遇抵抗，随即陷入困境。[2] 与此同时，英军的装甲部队
则继续前进，将步兵甩在后面，而当其深入到德国阵地后方
超过 2 千米时，只能发起没有其他兵力支援的、纯坦克式的
进攻。[3]

　　在开战首日上午，英军未能系统地协调行动和压制火力。
在战斗的早期阶段，大规模地毯式的轰炸使得大多数的防御者
失去战斗力，但得以幸存的士兵全部参与了战斗。[4] 到上午 11
时，德军已经恢复元气，并寻找出路。[5] 原则上，在进攻方继
续推进时，应通过武器的组合移动来保持火力压制。然而，英
军的压制火力几近消失。当时的攻击已经超出了英军在奥恩河

---

① D'Este, *Decision in Normandy*, p. 372.

② 同前，p. 376；TDRC－5041, pp. 10－11.

③ *BOHN*, pp. 340－45；TDRC－5041, pp. 10－12；Keegan, *Six Armies*, pp. 204－205；Belfield and Essame, *Battle for Normandy*, p. 145.

④ 正如德国第 503d 重型坦克营连长弗雷瑞尔·冯·罗森（Freiherr von Rosen）在
轰炸后描述他的部队时所说："该连 15 人死亡，轰炸期间两名士兵无法忍受极度
紧张状态而自杀，另一名士兵不得不被送到精神病院进行观察。这些可怕的经
历给我们所有人带来的心理冲击将在很长一段时间内持续存在。"（引自
Heywood, "GOODWOOD," p. 174）。火力网还掩埋了许多德军坦克和反坦克炮
（其中大部分被放置在深而陡峭的壕沟中）。虽然通常是完整的，但在使用之前
必须先将它们挖出来：参见 NA RG 242 T－313－420, Anlage 156 zu KTB PzW,
Tagesmeldung 18.7.44。许多炮弹的光学器件也被震动，在武器有效使用前要归
零。例如，在第 503d 重型坦克营，直到中午，该部队的"虎式"坦克才能使
用：D'Este, *Decision in Normandy*, p. 371；Hans von Luck, *Panzer Commander*
（Westport：Praeger, 1989），pp. 154, 158；Heywood, "GOODWOOD," pp. 174, 176；
Hodgson, "Eve of Defeat," p. 10。

⑤ Von Luck, *Panzer Commander*, pp. 154, 158；Heywood, "GOODWOOD," pp. 174, 176.

（Orne River）北侧布置排炮的射程范围，而行军纵队的拥堵使得炮兵无法前进到支援区域。[1] 当天晚些时候，试图安排对布尔盖比脊（Bourgebus Ridge）的德军反坦克阵地进行第二次轰炸，但当天早些时候的大规模空中打击使得盟军空军无法迅速对一项新任务做出反应。小规模的近距离空中支援在第一天下午和之后被证明有助于挫败德军的反攻势力，但是，在开阔的地面上掩护大规模集结部队继续推进所需要的那种持续火力压制则无法实现。[2]

121

　　所暴露的这类问题的部分原因在于邓普西极端狭窄的进攻地带。然而，还有更为深层次的原因。大多数英国部队缺乏实施现代军事体系战术所需的训练和技能，不管进攻战线是如何，其能力都是低水平的。例如，登陆前的训练要求不高，不切实际，一旦部队到达法国，他们就处于不断的进攻中，几乎没有时间在战区内进行再训练。[3] 士官和下级军官的素质是一个特别突出的问题：表现积极的下级军官试图敦促其部队不断深入推进，但这种方法导致了危险的暴露。战斗中不成比例的死亡率，及有才能的幸存者迅速升迁至更高职位，使得小单位中长期缺乏有技能、会打仗的下级军官。[4]

---

[1]　BOHN, p. 340；D'Este, *Decision in Normandy*, p. 360；Keegan, Six Armies, p. 205.

[2]　D'Este, *Decision in Normandy*, pp. 378 – 379.

[3]　同上，pp. 283 – 284, 286；Tim Harrison Place, "Lionel Wigram, Battle Drill, and the British Army in the Second World War," War in History 7, 1（November 2000），pp. 442 – 462.

[4]　D'Este, *Decision in Normandy*, pp. 279 – 280, 287；Hastings, *Overlord*, pp. 48, 149, 210.

而有经验军官的缺乏，就使分散的、联合编队的独立小股机动部队的作战难以掌控。一位经验丰富的步兵军官解释道："看，我所能做的，就是说服我的手下跳出战场上的坑洞，向目标前进，在前面再挖一个壕沟，然后钻进去。"[1] 这与实施现代军事体系所需要的主动性、专业技能和战术判断相去甚远。

因此，最终的结果是：在没有步兵配合和其他火力支援的情况下，暴露的、易被攻击的、近乎纯坦克式的进攻迅速向前推进。这导致进攻很快被遏制，并使现代军事体系下的减少伤亡成为不可能。根据新理论的说法，英军这一战术的净速度为每天 10～20 千米，这一数字是后来美军在眼镜蛇行动中进攻速度的两倍多。[2]

防御行动

在古德伍德行动中，德军的防御工事较深，在机动预备队中保留了大部分兵力。就像在第一次世界大战中一样，第二次世界大战期间，随着冲突的发生，也会出现类似的从早期单薄

---

[1] D'Este, *Decision in Normandy*, p. 283; see also pp. 280 – 281, 284, 286 – 287, 356; Hastings, *Overlord* pp. 145 – 150; NA RG 338, FMS MS B – 470, Generalmajor Sylvester Stadler, 9. SS. Pz. Div (20. 6. 44 – 24. 7. 44), p. 10.

[2] 蒙哥马利的发号施令为古德伍德行动作战计划中确定了第 8 军的首日目标即"夺取布尔盖比脊 – 维蒙特 – 布雷特维尔地区"（转自 *BOHN*，第 330～331 页第 5 段）。这些构成了三角形的目标区域，其最近的边缘（布尔盖比脊 – 维蒙特线）距最初的英军前线有 10 千米远，其最远端（苇滋河畔布雷特维尔）距最初的前线 19 千米远。根据新理论，英国的战术意味着预期的净攻击速度为 10～19 千米/天。相比之下，眼镜蛇行动的首日，美国在圣吉尔和马里尺村的目标距美军最初前线分别不到 3.5 千米和 6.5 千米；*BOHN*, pp. 380 – 381; *AOHN*, pp. 216, 219。

配置到纵深防御的过程。这一过程如图 6 - 5 所示。[①] 例如，
1940 ~ 1941 年，3 千米至 5 千米纵深的防御系统较为常见。到
1943 年，防御方通常部署 5 ~ 10 千米的深度，到 1944 年中期，
防御纵深达到 15 千米已成为家常便饭。

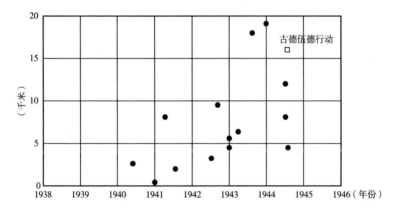

图 6 - 5　第二次世界大战有准备的防御纵深

在古德伍德行动中，埃伯巴赫的防御工事纵深延至 16 千
米，包括 4 道相连的不同防线。在最前方的是第 16 空军野战师
的残余部分，他们的步兵隐藏在屈韦维尔和迪莫维尔小镇的废

---

① 数据来源：Jukes, *Kursk*, pp. 53 - 54；Glantz, *Don to Dnepr*, pp. 27 - 29, 35, 74,
225, 230, 381；Glantz, *Zhukov's Greatest Defeat*, pp. 336, 34 - 35, 51, 49, 54,
55, 62, 68；*AOHN*, pp. 224 - 228, map V；Doughty, *Breaking Point*, pp. 103 -
104, 123；Miller, *9th Australian Division*, p. 11；Playfair, *Mediterranean*, vol. 1,
pp. 282 - 287, vol. 3, pp. 260 - 262, 265, 274, 383 - 384, 391, map 39；
Erickson, *Road to Stalingrad*, p. 71；Keegan, *Six Armies*, pp. 171 - 173；
Blumenson, *Salerno to Cassino*, pp. 207 - 208, map 8；Fisher, *Cassino to the Alps*,
pp. 17 - 19；Blumenson, *Bloody River*, pp. 24, 55。在 1943 年 7 月库尔斯克会战
中，防御深度为 160 千米，为使图形紧凑，这一会战被排除在图外，但被包含
在文本中值计算中。

墟中，处于英军前线 2~3 千米的纵深范围内。[①] 第二道防线由第 21 装甲师两个装甲掷弹营负责，由该师装甲团在纳维尔（Sannerville）周围部署的一个营、第 503 重型坦克营（位于其南部埃米韦尔勒附近）和第 200 突击炮营（在其西部迪莫维尔附近部署）来加强。此地带长约 6 千米，距英国前线约 9 千米。

第三道防线由第 21 装甲师侦察和工程营（作为步兵）支援的堑壕反坦克炮和火炮组成，均部署在距离前线大约 10 千米的布尔盖比脊山脊线及其背后。第四道防线是由第 1 和第 12 党卫军装甲师组成。这些部队被指定为机动预备队，暂时位于集结地区，他们将在战斗打响之后随时移动，但鉴于其接近预期即将到来的英国主要进攻轴线，因此已构筑好的工事在必要时可作为其后方防线，并从最初的接触线扩展，总纵深约达 16 千米。[②]

因此，即使是以第二次世界大战后期的标准来看，这一防御阵地的纵深程度也异乎寻常地高。事实上，它构成了图 6-5 所示的 15 个数据点的第三个纵深高值，1944~1945 年数据的第二个纵深高值，是总体数据中值（7.2 千米）的两倍多。

埃伯巴赫（Eberbach）的防御储备规模也极为庞大。尽管装甲集群西部的 13 个师中只有 4 个师处于备用，但这 4 个师占了装甲集群整体实力的很大一部分。例如，在古德伍德行动进

---

① NA RG 338, FMS MS P - 157 (unfinished), Generalmajor a. D. Hellmuth Reinhardt, Das LXXXVI Armeekorps Antransport und Einsatz der 16. Lw. F. Div. in der Normandie beiderseits der Ornemündung von Mitte Juni 1944 bis 22. Juli 1944, pp. 2 -3.

② TDRC - 5041, pp. 9 - 10.

攻战线对面的 5 个师中，有 70% 多的战斗人员属于该部队（例如第 1 和第 12 党卫军）的两个预备师。在整个战区中，约 45% 的德军作战人员在 7 月 18 日之前都被纳入机动预备队中。[①]

为了在上下文中分析这些预备队的配置情况，图 6－6 提供了第二次世界大战军事行动的数值。[②] 在所示的 11 个值中，古德伍德行动（0.73）是最高的单个数值，超过中值（0.24）的两倍，比总体数据的平均值（0.31）高出两个以上的标准偏差。按照第二次世界大战的标准，德国人在机动预备队中保留了相当大的一部分兵力。

123

防御战术

在古德伍德行动中，德军非常有效地使用了现代军事体系防御战术。特别是，他们构筑的阵地非常隐蔽，其预备队的行动积极利用了减少暴露的技术，来降低对抗盟军空袭的脆弱性。

在整个诺曼底战役中，德军的防御都擅长隐蔽。有时，盟军坦克在不知情的情况下，会驶入距离隐蔽的德国装甲车 20～30 米的地方。[③] 在隐蔽方开火之前，英军很少能发现德军的战斗位置。这样，盟军在攻击德军阵地之前截获战术情报就困难

---

① TDRC－7725, p. A－7; TDRC－5041, p. 6; Hodgson, "Eve of Defeat," p. 25.

② 数据来源：Jukes, *Kursk*, pp. 53－54; Glantz, *Don to the Dnepr*, pp. 27－29, 35, 74, 225, 230, 381; *AOHN*, pp. 224－228, map V; Doughty, *Breaking Point*, pp. 103－104, 123; Miller, *9th Australian Division*, pp. 13－17; Playfair, *Mediterranean*, vol. 3, pp. 383－384, 391, map 39; Fisher, *Cassino to the Alps*, pp. 17－19; Blumenson, *Bloody River*, pp. 24, 55; MacDonald, *Siegfried Line Campaign*, map 6, p. 330; Glantz, *Zhukov's Greatest Defeat*, pp. 336, 34－35, 51, 49, 54, 55, 62, 68, 11. (All values are ration strengths.)。

③ D'Este, *Decision in Normandy*, pp. 98－99, 101－103. On German cover and concealment, see also Paul Carrell, *Invasion—They're Coming* (London: Harrap, 1962), pp. 142－147; Keegan, *Six Armies*, p. 177; Hastings, *Overlord*, p. 212.

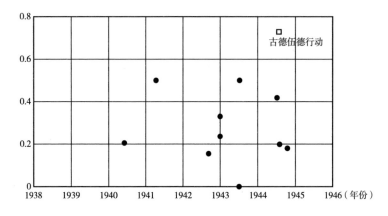

图 6-6　第二次世界大战防御方预备部队占比

重重：例如，在古德伍德行动中，英军情报大大低估了德军的部署纵深，德军实际的防御纵深约为英军估值的两倍。[①]

德军部队也擅长隐蔽，特别是对付空袭行动时。德军的预备队在行动中受到了极大干扰：盟军在诺曼底行动中完全占有空中优势，在战役过程中投入了数万架次飞机来执行地面进攻任务。仅6月，在法国的德军地面部队就遭遇了6.7万多次的空袭。[②] 但事实证明，在联军登陆和古德伍德行动之间的六周时间里，德军仍能从法国其他地方、低地国家（指荷兰、比利时、卢森堡三个国家）、波兰和其他数百公里以外的地方将超过21个师的兵力调动至诺曼底战区。[③] 虽然这些部队在运

124

---

① Ralph Bennett, *Ultra in the West* (New York: Charles Scribner's Sons, 1979), p. 106; Von Luck, *Panzer Commander*, p. 151.

② *BOHN*, p. 306.

③ 事实上，在诺曼底战斗的德军大部分是在盟军登陆后从别处调来的；在1944年6月6日之前，只有9个师部署在卡博格和阿夫兰奇之间，而在6月6日至7月24日期间，有21个师进入战区：*BOHN*, situation maps for June 6, 17, 30 and July 24。

输过程中遭受损失，但这些损失比其到达战区时遭受的盟军地面炮火的损失要小得多。[1] 如果德军的行动是在暴露的情况下进行的，那么面对如此大规模的空袭行动，只能有很少的人幸存下来到达目的地。在面对前所未有的火力封锁行动时，德军能够在如此遥远的距离内成功地调兵遣将，关键在于其采取了一系列措施，即减少在路上的暴露，这足以补充减速带来的损失。

德军主要是在黑暗和恶劣的天气中行动，他们尽量不走大路，通过迂回的路线以小规模部队形式行进，并最大限度地利用自然地形进行掩护。他们在移动时会严格保持无线电静默（listening silence）；在离开掩体前，会对天空进行全面认真的观测，以确保天空中没有盟军的飞机在飞行，当确认天空中没有任何敌军飞机时，他们才会在开阔地带行进。白天，他们选择躲藏而不是移动，躲在铁路隧道、森林、果园和城镇里。无论何时何地，只要部队停下来，他们就会挖战壕，并在上面安装简易的掩护设施。[2]

总的来说，这些技术非常有效地使德军大部队进入诺曼底战区，但极大地延长了重新部署所需的时间。例如，党卫军第

---

① Gooderson, *Air Power*, pp. 213 – 214.

② NARA RG 338 FMS MS P – 162, Walter Harzer, Oberst a. D. , Der Einsatz der 9. SSPz. Div. "Hohenstaufen" im Westen vom 20. Juni 1944 bis 31. Oktober 1944, p. 23; RG 338, FMS MS B – 470, Generalmajor Sylvester Stadler, 9. SS. Pz. Div (20. 6. 44 – 24. 7. 44), p. 16; RG 242 T – 354 – 623, SS-Panzer-Grenadier-Regiment 2, Leibstandarte SS Adolf Hitler, Kriegstagebuch Nr. 157/44, 15. 7. 1944 02. 00 Uhr, paragraph 6; Ralf Tiemann, *Chronicle of the 7. Panzer-Kompanie 1. SS-Panzer Division "Liebstandarte,"* trans. Allen Brandt (Atglen, PA: Schiffer, 1998), pp. 92 – 93, 95; Von Luck, *Panzer Commander*, p. 152; Carell, *Invasion*, p. 221.

9 和第 10 装甲师从波兰前往洛林只用了四天的时间，行程达 1300 千米；相比之下，面临盟军空袭威胁，其从洛林到诺曼底集结地区的行程用了八天的时间，大约 1/4 的路段上都需要进行隐蔽。[①] 更广泛地说，用新理论的标准衡量，德军在诺曼底重新部署预备力量的平均速度为每天 30 ~ 40 千米，其速度理论上大约只是在无封锁情况下的 1/3。[②]

因此，现代军事体系的减少暴露会带来很严重的问题：它无法在不大幅降低速度的情况下完成。但是，即使是在 1944 年的封锁行动中，以暴露换取速度的代价也是相当高昂的。例如，在 8 月，德军被迫在白天宽阔的地带行动，以逃离法莱斯包围战（Falaise Pocket）。盟军的包围可能会切断德军在莫尔坦（Mortain）反击中失败的大约 21 个师之间的联系，而德军司令部面临着严峻的选择：如果他们谨慎行事，则会使这些部队被盟军地面部队包围并消灭；如果他们迅速行进以撤离包围圈，就会使自己暴露在盟军空袭之下。[③] 他们选择了后者，结果遭遇了屠杀：盟军连续几天的大规模空袭，使德军在突围时

---

① NARA RG 338, FMS MS B - 470, Generalmajor Sylvester Stadler, 9. SS. Pz. Div (20. 6. 44 - 24. 7. 44), p. 1; Keegan, *Six Armies*, pp. 179, 177 - 178.

② 比如，党卫军第 9 装甲师在 8 天内走了 340 千米，净速率为 42.5 千米/天；党卫军第 1 装甲师在 11 天内走了 350 千米，净速率为 31.8 千米/天；党卫军第 2 装甲师在 22 天内走了 720 千米，净速率为 32.6 千米/天：NARA RG 338, FMS MS B - 470, Generalmajor Sylvester Stadler, 9. SS. Pz. Div (20. 6. 44 - 24. 7. 44), p. 1; Tiemann, *Chronicle*, pp. 91 - 92; Max Hastings, *Das Reich* (New York: Holt, Reinhart and Winston, 1981), pp. 1, 211。附录中假定的 100 千米/天的标准无阻截速率将行进时间和在新地点挖掘工事和做战斗位置准备相关的时间均包含在内。

③ 关于法莱斯包围战，参见 D'Este, *Decision in Normandy*, pp. 418 - 434; *AOHN*, pp. 479 - 558。关于德军情况，参见：Keegan, *Six Armies*, p. 250。

损失了约一万辆装甲车和大炮，约占行动开始时装备的
80%。① 但是，在其他大多数行动中，尤其是在古德伍德行动
期间，德军选择的战术以现代军事体系的掩护和隐蔽为特
征——以牺牲速度为代价。

125

后果与重要性

考虑到上述特征，战争结果是否与各自理论的预测相一
致呢？传统理论预测该行动会实现突破：古德伍德行动是 20
世纪进攻方投入坦克和攻击机最多的战斗之一，德军防御方
不具有任何技术优势。数量平衡既超出了通常的经验法则，
与第二次世界大战的其他经验相比较也更具优势。相比之下，
新理论预测了一种被遏制的攻势：暴露的、战术上非现代军
事体系战术的进攻，对抗成熟的现代军事体系防御。根据附
录中所描述的模型内容，新理论预测：攻击速度为 10 千米/
天，战线为 2~15 千米的攻击行动将无法突破纵深达 16 千米
的防御，预扣率为 0.45，预备队速度为 35 千米/天，暴露比

---

① Gooderson, *Air Power*, pp. 117 - 119. 车辆和枪支损失来自英国作战研究局
（ORS）在战后随即进行的战场检查，可靠度很高。相比之下，先前对德军后撤
力量的估计则少得多，因此损失百分比本身不准。作战研究局估计有 30000 辆德
国车辆进行撤离，意味着净损失率为 33%。该估计显示，250 辆装甲车逃离包
围，然而德国的随后记录只报道了 72 辆，这意味着作战研究局高估了逃离者数
量三倍以上，并表示如果装甲车情况能代表德国总体情况的话，德军的损失率
可能高达 80%：同前，p. 119。请注意，德军的许多车辆损失只是在空袭下被遗
弃，而不是直接被飞机摧毁。作战研究局计算的一些车辆损失也归因于盟军地
面部队的进攻，尽管其中很多情况是由于德军匆忙逃出包围时的寻常遭遇所致。

率为 0 的防御。[①] 该模型进一步预测了进攻方将获得约 4.4 千米的阵地，进攻行动将在战斗进行到约一天半时停止，而进攻方的伤亡人数将大大超过防御方。[②]

相比传统理论的预测，实际的历史结果与新理论的预测更相符合。传统理论以为，古德伍德行动虽然没有取得极端的进攻成功，但是以获得大约 8~10 千米的阵地进行了一种有节制的进攻。[③] 进攻方的部队损失不大，但坦克损失非常大：英军损失了 400~500 辆中型坦克，大约是第 2 军最初兵力的一半，还损失了当地全部英军装甲部队的 1/3 以上。[④] 事实上，古德伍德

---

① 给定 $J_R = 4.22$，$J_B = 4.30$，$R = 208000$，$B = 91800$，$W_{th} = 128$（即 80 英里），$w_a = 8.5$；表 A-1 的每个常数（除 $k_5 = k_6 = 0$，因为计算主要集中在单个进攻性部门的损失而不是战区损失）。如下所述，w_a 可能会被认为是 2 千米或 15 千米，因为英军第 2 军的攻击正面分布不均匀。考虑到模型的结构（假设穿过进攻战线的行动中部队平均分配，不会受到过分狭窄的战线的影响），2 千米的标记会高估古德伍德攻击性的渗透率；15 千米的标记会低估它。鉴于此，我采用 8.5 这个折中值。在此条件下，下限 w_a 为 2 意味着攻击者地面收益为 16 千米；15 的上限则意味着只有 3 千米。

② 具体地，$G = 4.42$，$t^* = 0.44$，$C_R = 180030$，$C_B = 2120$。

③ *BOHN*, map: The GOODWOOD Battle.

④ 英军损失达 5537 人：D'Este, *Decision in Normandy*, pp. 385 – 386。关于英国装甲损失，参见同上；*AOHN*, p. 193。亚历山大·麦基（Alexander McKee）把这场战斗称为"装甲师的死亡之旅"：*Caen*, chap. 17。请注意，其中许多损失已从战场中恢复并在随后进行了修复（基于非常严格标准的较低评估，参见 Sweet, *Mounting the Threat*, pp. 114 – 116。）德国的损失，无论坦克还是人员，都是未知的，只能估计。有些单位受到严重打击：例如，德国空军第 16 师被缩减为"残骸"（特鲁姆），到 7 月 23 日，只有两个营的步兵力量：NA RG 242 T – 313 – 420，附 174 zu KTB PzW, 23.7.44。76 军团司令赫尔穆思·莱因哈特（Hellmuth Reinhardt）估计，其军团在古德伍德的人员损失高达 50%：NA RG 338, FMS MS P – 157（未完成），Generalmajor a. D. Hellmuth Reinhardt, Das LXXXVI Armeekorps in der Zeit von Juni bis Nov. 1944, Pt. 2. IV. 2。假设暴露于轰炸区域的党卫军部分（即第 272d 步兵师和党卫队第 101 装甲营）的损失率相当，在战斗初期大量投入战斗（如第 1 和第 12 装甲师）中的 （转下页注）

行动的结果非常令人失望，以至于盟军司令部委员会中的一些人要求撤去蒙哥马利盟军地面部队司令一职。① 正如艾森豪威尔所言："使用了 7000 多吨的炸弹才获得了 7 英里的阵地，而盟军不可能指望以每英里 1000 吨炸弹的代价穿过法国。"② 历史上坦克投入最多的行动、对进攻方最具优势的坦克数量却带来如此戏剧性的失败，这不能不说是对传统能力理论的一次极大挑战。

相比之下，新理论的预测与历史结果基本一致。最重要的是，它正确地预测了防御遏制进攻的情况，尽管行动中进攻方具备有利的装备优势，新理论预测的所获阵地数也与历史结果中的 4 ~ 6 千米相吻合，所预测的持续时间也近似于英军进攻停止的时间。③

然而，正式模型和历史结果也有不同之处。特别是该模型暗示进攻方会将大约 20 万人的攻击部队集中部署在攻击开始

（接上页注④）预备部队可能损失三分之一，根据交战前的实力，这意味着有 7000 名到 8000 名德军死伤，TDRC - 7725，pp. A6 to A7，and TDRC - 5041，p. 6。根据党卫军第 1 师和第 21 装甲师在战斗前后报告的坦克力量差异，估计在战斗中有 120 ~ 130 辆坦克损失，我认为这具有普遍代表性：TDRC - 5041，p. 6；NA RG 242 T - 313 - 420，Anlage 135 zu KTB PzW，Nachtrag zur Tagesmeldung，15. 7. 44；Anlage 172 zu KTB PzW，Nachtrag zur Tagesmeldung vom 20. 7. 44；and Anlage 193 zu KTB PzW，Nachtrag zur Tagesmeldung，23. 7. 44。根据这一估计，英国坦克的损失要高于德国至少是 3 : 1，甚至超过 4. 2 : 1 或更高。

① D'Este，*Decision in Normandy*，chap. 22："The Furor over GOODWOOD"；*BOHN*，pp. 351 - 358.

② 引自 D'Este，*Decision in Normandy*，p. 394。

③ 尽管英国的所有进攻几乎都是在第一天早上发生的，但这场战斗持续了两天。一等到第 11 装甲师先头部队于 7 月 18 日中午到达布尔盖比山脊的基地，英军的战斗就进入高潮：同上，pp. 378 - 379；TDRC - 5041，p. 10。

时，而且这将损失绝大多数兵力。① 而在实际战斗中，英军为古德伍德行动集结了 118000 多名士兵，但其中战斗部队只有不到 5 万人（与防御有关的步兵和坦克乘员），其中只有大约 11%（5537 人）的人员伤亡。此外，在第 8 军主要正面阵地，英军只集结了 14500 名实战突击人员，伤亡人数为 1818 人。② 因此，该模型高估了英军突击部队在攻击时的规模，尤其是其伤亡人数。③

是什么导致出现这些差异，它们对新理论的挑战有多严重？大多数分歧源于两个简化的假设，这些假设与英军在古德伍德行动中的配置特征相冲突。当考虑这些问题时，该模型的伤亡预测与历史结果会有更密切的一致性，这表明该理论的潜在因果逻辑与该案例大体一致，即使它的一些简化假设并非如此。

首先，该模型假定进攻方会集中力量进行攻击，而其他部分则保持静默。但是，类似米切尔行动，1944 年 7 月，进攻方实际上策划了几次几乎同时展开的行动：古德伍德行动几天后还要进行"眼镜蛇"行动，因此必须在这两次行动中分配可用部队。此外，在整个 6 月和 7 月，诺曼底的盟军在战区边境处频繁地发动小规模进攻，从古德伍德和"眼镜蛇"等重大行动中抽调部队（在此之前，从埃普索姆或查恩伍德进攻中抽调）。④ 多次行动分散了部队的力量，因而在古德伍德行动中，盟军选

---

① 特别地，设定参数 $r_o = 189.145$，$C_R = 180030$。

② BOHN, pp. 333, 535, appendix 4, pt 2；D'Este, *Decision in Normandy*, p. 385.

③ 相比之下，该模型对德国方面损失的估计是正确的。它预计整个行动约有 2100 名德军战斗人员伤亡。实际上，德国所有分支机构队伍中的人员损失达 7000 ~ 8000 人，其中约 1900 ~ 2200 人是直接火力战斗人员。请注意，在古德伍德，地毯式轰炸对德国战斗和非战斗部门造成的伤亡比其他时候更为均匀。

④ 见 BOHN, pp. 225 – 326；AOHN, pp. 53 – 203.

择了比模型所假定的更少的部队。

其次，模型的伤亡计算假定在攻击开始时部队坦克数量相同，步兵部队均衡，该模型没有为进攻方选择让其步兵离开战场做出规定。[1] 相比之下，邓普西却做出了这一选择：他选择了不同寻常的进攻战线和攻击的梯队组织，这也意味着，英军在古德伍德行动中部分关键的战斗主要是由突击的装甲部队实施的——步兵受困于交通堵塞，错过了最早期的决定性战斗。[2] 坦克部队的人员比类似的步兵部队要少得多，因此，在攻击中被置于危险当中的士兵数量相对更少：在 1944 年 7 月，英军一个坦克营（或称"中队"）的士兵只有英军步兵营的约 1/4。[3] 此外，坦克的装甲防护使乘员能够迅速从被击中的车辆中逃生，从而在坦克本身的损失中幸存下来：平均而言，每辆谢尔曼式坦克的五名乘员中只有两名被炸死或受伤。[4] 因此，坦克部队的人员伤亡往往比同等的步兵部队要少得多。因而在古德伍德行动中，出现了与英军坦克和人员损失完全不同的数据——坦克的损失大约达 50%，而人员只有 11%——这

---

[1]　该模式允许进攻者滥用步兵（如通过与装甲部队的不协调合作），但不能让它远离危险。

[2]　一些英国步兵在 7 月 18 日确实进行了行动，但主要是对行军途中遭受地毯式轰炸（特别是库维尔和德穆维尔）的村庄进行扫尾工作，尽管这需要时间（阻止了步兵为支持装甲部队向主要目标前进），但造成的伤亡很少：*The 1st and 2nd Northamptonshire Yeomanry, 1939 - 1946*（Brunswick, Germany：J. H. Meyer, 1946），pp. 119 - 120。

[3]　*BOHN*, pp. 537 - 539.

[4]　Alvin D. Coox and L. Van Loan Naisawald, *Survey of Allied Tank Casualties in World War II*（Ft. Leslie McNair：Operations Research Office, Johns Hopkins University, March 31, 1951），ORO - T - 117, declassified March 27, 1978, pp. 33, 42.

种不成功的进攻行动却出现了非常低的人员伤亡率。[1] 该模型没有设定进攻方将其步兵从战斗中撤出的行动，因此根据第 8 军规模和暴露情况预测的人员损失偏高。[2]

127

如果控制了该模型假设的部队配置和参与者实际选择之间的差异，那么预测和观察到的伤亡人数之间的差异就会消除。尤其是，如果一个人把进攻时的进攻方和防御方的当地部队力量作为外生变量，根据历史水平设置它的数值（而非如该模型那样进行内生计算），关注实际部署在关键地带的第 8 军部队，并假设实际上暴露于火力之下的英军主要是一部分装甲部队，并有四分之一官兵处于风险中，这样的话，预计的伤亡人数值会更接近实际的历史结果。[3] 尤其是，预计在该区域第 8 军部队进攻者伤亡人数达 3370 人（与实际的 1818 人不同）；领土攻取为 2 千米（而非实际的 8 ~ 10 千米），持续时间 0.2 天（而非英军在实际战役中达到最大突破深度所用的 0.5 天）。[4]

第五章中，建模中内在的简化使预测和观察值之间不可避免地出现分歧。此处并不试图解释战区指挥官分配部队的特殊

---

① 有人认为英国进攻型重型坦克意在于替代品日益减少的情况下努力保护英国步兵：见 D'Este, *Decision in Normandy*, pp. 252 - 270, 337 - 390。

② 该模型假设高速、非现代军事体系的进攻者无法有效地使用步兵，但考虑到随之而来的暴露，结果是假定步兵损失异常严重。正如古德伍德行动中的进攻者英军那样，仅将步兵留在后面，未将其暴露在火力下，因此没有遭受不成比例的步兵损失。该模式并非为适应这种使用的伤亡影响而设计的。

③ 通过关注第 8 军狭长地带本身，这里剔除了攻击者集中和单位组成一致的区域。

④ 假设 r_0 外生值为 14450，b_0 外生值为 37.5（即德军武装党卫队第 1 师和第 86 军团在 2 千米宽、16 千米纵深前线，每千米配置 300 名直接火力作战士兵），而不是如附录中等式 9 和等式 10 所给出的内生 r_0 和 b_0，并假设其他独立变量和常数如上所述。德军前线每千米的人数来自 TDRC - 7725, p. A - 7，以及 TDRC - 5041, p. 6，如上所述，假设两个军团有 26 千米的前线。

性，而是专注于我认为是战区级战争的核心动力，并将这些细节抽象为次要因素。任何理论都不能解释具体案例的所有细节，但新理论的基本因果动力却与实际情况基本一致，正如上文所述，在控制特定的历史处置时得到的对应关系所表明的那样。而且大多数重要的历史事件，即突破与遏制、进攻方攻取领土、冲突持续均获得了准确预测，尽管模型简化了对 1944 年 7 月双方部队的地理分布的假设。总的来说，这一结果比传统理论所提供的结果更为接近历史事实。

英军突破失败的其他解释

上述论点与现有历史解释有何不同？许多历史学家提及了德军防御纵深与战术技巧的结合、英国部队糟糕的协调（尤其是装甲部队与步兵的配合），以及由邓普西设定的狭窄进攻战线所引起的拥塞。[①] 这也是德国人自己在行动结束几天后分

---

① 关于德国的防御纵深与战术技巧，参见：BOHN, pp. 332 – 33, 336; D'Este, *Decision in Normandy*, pp. 376 – 377, 387; Keegan *Six Armies*, p. 218; Hastings, *Overlord*, pp. 170 – 186; Belfield and Essame, *Battle for Normandy*, p. 140; Maule, *Normandy Breakout*, p. 88; Von Luck, *Panzer Commander*, p. 151。关于英军部队的糟糕配合，见 BOHN, p. 352; D'Este, pp. 291 – 296, 388 – 389; Belfield and Essame, pp. 144 – 45; McKee, *Caen*, pp. 250, 280; Maule, p. 82; Von Luck, p. 150. On congestion, see BOHN, pp. 335, 345, 352; D'Este, pp. 376 – 378, 380; Keegan, pp. 218 – 219; Belfield and Essame, p. 135; McKee, pp. 251, 255; Maule, pp. 82 – 83; Martin Blumenson, *The Duel for France*, 1944 (Boston: Houghton Mifflin, 1963), p. 70。关于英国机动部队和火力支援分离的相关问题，以及德国观测英国军队集结待命地区的能力（由于邓普西将第 8 军的部署推迟到最后一分钟，试图保持突发性，引起了英军的拥塞。），参见 BOHN, p. 335; McKee, p. 256; Belfield and Essame, p. 135。

析结果时所做的解释。①

　　不过，有几处重要的解释与上面的分析不一致。例如，一些人提及了德国的先进技术，特别是坦克。② 然而，正如我在上文所述，只在两种坦克，即豹式坦克 V 和虎式坦克 VI 上，德军具有某种意义的优势，但以此来解释英军的失败，不仅忽视了战斗中使用的大量不同种类的武器，尤其是飞机，而且还会忽视战斗中实际使用的大部分坦克（因为在古德伍德行动中，豹式坦克和虎式坦克在德军装甲战车中占比很小）。事实上，在豹式坦克和虎式坦克极大参与战斗之前，英军在很大程度上已经停止进攻。尽管主坦克部队协助实施了致命一击，但大多数关键的早期袭击都是在主坦克部队到达战场前，利用拖

128

---

① 事实上，德军总结战斗中的主要教训时认为，将来应更加强调防御纵深。特别是冯·克鲁格（Von Kluge）的结论，他认为，前沿守军应该进一步缩小，见 NA RG 242，T - 354 - 147，Anlage 165 zu KTB PzW，Besprechung in Anwesenheit des Gen. Feldm. v. Kluge am 20. 7. 44。请注意，一些德国指挥官觉得他们在诺曼底的前线步兵师训练不够均衡：NA RG 338 FMS MS B - 526，Generalleutnant Kurt Badinski，276th I. D.（1. 1. 44 - 20. 8. 44），p. 21；NA RG 338，FMS MS B - 630，Oberstleutnant l. G. Horst von Wangenheim，277. I. D.（Januar bis 24. Juli 1944），pp. 21 - 22，24 - 25，30；NA RG 338 FMS MS B - 441，Generalleutnant Edgar Feuchtinger，21. Pz. Div.（1942 bis Juli 1944），p. 38。如果是这样，可以为该模型高估英国损失的倾向提供另一个解释：例如，如果 f_e 从 0 到 0.25 温和增长，反映了前进的步兵训练不均匀，在上述讨论的外生变量为 b_0 和 r_0 的情况下，英国的伤亡人数将降至 2500 人（相对于上面估计的 3370 人），且在保持地面增益不变而 b_0 和 r_0 内生的情况下，结果将会有所不同：攻击将在 0.6 天（而非 0.5 天），在前进 6 千米（而非 4 千米）后被遏制。

② Hastings，*Overlord*，pp. 186 - 195；Belfield and Essame，*Battle for Normandy*，p. 140.

曳式反坦克炮完成的。① 古德伍德行动的武器技术是一个比虎
式和谢尔曼坦克之间决战更大的问题。任何一种武器的效果都
受到了双方战术的极大影响——特别是英军装甲的暴露，以及
近距离未得到步兵、炮兵和空中支援。破坏力强大的德军反坦
克炮，如果在关键的时间和地点出现，也会非常容易受到英军
步兵或压制炮火的攻击。② 在类似古德伍德行动的战斗中，人
们往往过分强调了坦克之间的决战，当时英军把一切装备都留
在了后方，但这并非因为存在技术上的劣势。虽然豹式坦克和

① 绝大多数豹式坦克和虎式坦克（大约 83%）都在党卫队第 1 和第 76 军团下面的
两个后备师，即第 1 和第 12 党卫队装甲师和第 503 重型坦克营麾下：NA
RG242，T-313-420，KTB PzW 15.7.44，Anlage 135；KTB PzW 10.7.44，Anlage
105；TDRC 5041，p.6。7 月 18 日上午没有人看到行动。党卫队第 1 坦克团的主
力直到 18 日 14 时 30 分才与英国第 11 装甲师遭遇，党卫队第 12 装甲师在 19 日
下午才与英军第 11 装甲师遭遇，而第 503d 重型坦克营在地毯式轰炸中陷入困
境，直到 18 日中午才恢复战斗力，当时有 6 到 8 辆虎式坦克参与埃米韦尔勒反
击行动：TDRC-5041，pp.12-13；Heywood，" GOODWOOD，" at p.175；
Keegan，Six Armies，p.208。即使这样，第 503 重型坦克营的虎式坦克也未起到
作用，因为这次轰炸使他们的瞄准镜偏离了主线，从而使主炮无法准确安放：
Heywood，p.176。相比之下，英国第 11 装甲师的主力部队于 18 日 11 时左右在
布尔盖比脊山脚下停住，此后进展微乎其微；Sweet，Mounting the Threat，
p.84。（尽管英国消息来源的公开报道不时提到 18 日上午的豹式坦克和虎式坦
克火力，但德国消息来源显示，事实上直到下午，才有可用的豹式坦克或虎式
坦克出现，而且出现在下午偏晚的时间。在战斗的第一天早上，德国反坦克的
大部分火力来自 75 毫米和 88 毫米拖拽式反坦克炮。痴迷于豹式坦克或虎式坦
克的盟军坦克驾驶员误认为任何德国坦克或反坦克火力都来自豹式坦克或虎式
坦克，这可能是错误报道的原因，参见：Keegan，Six Armies，p.177，on Allied
soldiers' fixation with Tigers and Panthers）。

② 卡尼（Cagny）的 88 毫米炮兵连最初没有任何步兵支持，那天晚些时候，冯·
勒克参谋连的一个排到达这里，为当地提供安全保障，但即便如此，88 毫米
炮兵连仍接到命令，如果英国步兵出现，即摧毁其炮并撤出：Von Luck，
Panzer Commander，pp.154-157。如果英国步兵与主力坦克协同作战，18 日上
午在卡尼（和其他地方）造成如此大损失的火炮本可轻易地被压制。

虎式坦克显然更加高级，但没有理由相信它们是决定战争结果的必要条件。

另一些人则认为，德军防御部队实在太多，英军无法取胜。蒙哥马利在德国最强大的前线实施打击，致使其面临的对手过于强大。[①] 德军确实努力加强卡昂的正面力量，部分原因是此地会为盟军提供最好的进攻地形，另一部分原因是德国收到情报，显示英国事实上会在该地发动进攻，还有一部分原因是，一旦条件允许，德军也打算在此地发动攻击。[②] 但即便如此，古德伍德行动当地兵力的对比也很难阻止成功的攻击。正如上文所述，盟军在诺曼底的兵力非常强大，在 1944 年 7 月时，其甚至可以突破德军最强部分的防御工事。与第二次世界大战的其他战斗相比，古德伍德行动的兵力对比和兵力密度都对进攻方有利。根据任一貌似合理的计数规则来看，当地兵力对比都达到或超过了进攻成功的标准经验法则。英国人的进攻并不是由于缺乏足够的数量优势而失败的。

一些人认为，美国空军第 8 和第 9 联队的不准确轰炸，致使太多的德军在其目标地域中得以幸存，从而导致英军坦克到达飞机轰炸后的（更深的）目标地域时，遭受了不必要的巨大损失。[③] 但是，几乎没有证据表明，在美国和英国皇家空军的目标地域，德军的伤亡率差别很大。例如，英国皇家空军

---

① Belfield and Essame, *Battle for Normandy*, p. 137；Maule, p. 110.

② 参见 D'Este, *Decision in Normandy*, pp. 338, 368；Martin Blumenson, "Reflections," p. 215。

③ *BOHN*, p. 351；Belfield and Essame, *Battle for Normandy*, p. 139；McKee, *Caen*, p. 261.

轰炸机指挥部（Bomber Command）在卡尼（Cagny）地区投放了
650 吨炸弹，但对德国人至关重要的 88 毫米火炮还是安然无恙，
在上午 10 点左右，德国人用其摧毁了第 2 法伊夫和福尔弗斯
（Fife and Forfar）及第 5 警卫装甲旅。① 然而，盟军地毯式轰
炸中的主要问题有两方面。首先，德军的防御太过深入，
德军的关键反坦克阵地（尤其是布尔盖比脊及更远的地方）
处在地毯式轰炸之外，因而无论炸弹空投有多准确，都没
有被摧毁。② 其次，那些暴露的、由坦克组成的英国部队，
即使是面对已幸存下来的少量德军，也极易受到攻击。③ 没
有任何初始的密集火力攻击——即使是在古德伍德行动中
进行了千吨级的类似地毯式的轰炸，也不可能摧毁整个堑
壕防御系统。地毯式轰炸会造成巨大的伤亡，但防御方的
一些兵力仍会幸存下来。如果拙劣的攻击战术让那些少数
幸存者暴露在光天化日之下，而他们又得不到支援，那么
进攻方的损失将是非常大的，无论其付出多少努力来实施
初始火力打击。单靠火力无法取得突破，只有使火力和移
动紧密配合，并使用联合武器，才能在可接受的损失范围
内突破良好的防御。

129

---

① *Military Operational Research Unit Report No. 23: Battle Study, Operation "GOODWOOD,"* p. 14；关于在卡尼的法伊夫和福弗尔以及警卫装甲旅的命运，见 R. J. B. Sellar, *The Fife and Forfar Yeomanry, 1919 – 1956*（London: Blackwood, 1960），pp. 168 – 71；Captain the Earl of Rosse and Col. E. R. Hill, *The Story of the Guards Armoured Division*（London: Geoffrey Bles, 1956），pp. 39 – 40。

② 有关德国防御纵深和地毯式轰炸效果的更一般情况，参见 Gooderson, *Air Power*, chap. 6, esp. pp. 146, 158。

③ 在卡尼，如此大的破坏造成 88 毫米火炮只幸存四门：Von Luck, *Panzer Commander*, p. 153。

另一种观点是，一些人认为，进攻实际上取得了成功。[①]
战斗结束后，蒙哥马利声称他从未想过要突破，他的目标仅仅
是将德军的装甲师包围在卡昂附近，并"记下"他们的装甲
力量，以此减轻布拉德利随后的"眼镜蛇"进攻任务。这一
立场被证明是极具争议性的，部分原因是在战斗之前，蒙哥马
利在有关信件中并没有明确这一点。但是，其辩护者坚持认
为，这次攻击绝非为了突破，事实上，它也确实成功地保留了
盟军左翼的大部分装甲力量。然而，正如上文所述，邓普西和
古德伍德行动的实际策划者显然是想突破，不管蒙哥马利
（含糊不清）阐述的实际意图是什么。因此，可以把古德伍德
行动作为失败的突破尝试来衡量它的价值，至于这是否会损害
蒙哥马利的声誉，就留给其他人去判断了。

最后，有些人认为英军的进攻过于谨慎，认为如果攻势更
具"推力"，它就会在德军从地毯式轰炸中恢复过来之前，突
破德军的防御。[②] 事实上，在地毯式轰炸后，英军进攻时并没
有得到炮兵密集火力的支援。[③] 这次失败导致了不必要的伤
亡。只归罪于缺乏足够的"推力"，似乎很难解释一场或许是历
史上最大规模坦克进攻行动的失败。位于卡尼、福尔（Four）、

[①] 例如 Sweet, *Mounting the Threat*, pp. 108 – 116; Belchem, *Victory in Normandy*, p. 155; John North, *North-West Europe 1944 – 1945: The Achievement of 21st Army Group* (London: Her Majesty's Stationery Office, 1953), pp. 59 – 60。

[②] 参见 D'Este's: *Decision in Normandy*, p. 388. 亦见 Blumenson, *Duel for France*, p. 70; Von Luck, *Panzer Commander*, pp. 158 – 159。该观点在盟军最高司令部得到一些人的认同，例如，空军元帅泰德（Tedder），其看法见 Keegan, *Six Armies*, p. 217。相反，也有人认为古德伍德行动的失败是因为太冒险了：例见 McKee, *Caen*, p. 250; Hastings, *Overlord*, p. 238。后者更符合我的发现。

[③] *BOHN*, p. 340.

索列尔（Solier）和布尔盖比脊的德军反坦克炮在地毯式轰炸中毫发无损地幸存了下来，这些曾摧毁了第11军和警卫装甲师暴露的坦克的武器此时已超出了英军缓慢移动的炮火射程；如果早一点到达，这些火炮会极具威胁。事实上，"过分谨慎"的论调恰恰应该反过来：英军进攻的问题在于，他们不顾一切，为了加快进攻行动，甚至不惜使进攻者处于高度暴露的境地。人们希望，在一次大规模的轰炸行动中，依靠出其不意和大胆行动，使集结的装甲部队在德军实施防御之前占领他们的防线。其问题在于，只求速度，却牺牲了联合作战一体化或隐蔽和藏匿的适当机会，不重视徒步步兵需要隐蔽的装甲部队，被战壕反坦克炮，以及快速从奥恩河北侧逃脱的排炮压制在自己的炮火范围内。如果仅利用大胆地配置集结装甲部队来袭击就可创造出突破，那么此次行动本该如此；事实是，如此庞大的装甲部队被集中在其无法看到且以为不会遭遇的防御方反坦克火炮前，这一事实为我们提供了重要的实战教训，让我们认识到，在现代战场上暴露的、没有支援的坦克很难发挥应有的作用。

130

结论和影响

就个案研究而言，古德伍德行动为新理论提供了异常有力的验证性证据，并对传统观点构成了关键性反例。该行动提供了一个极端案例，在技术和数量不平衡上占优势的进攻方，却在攻击未达到10千米时就停止了，而且在这一攻击中，英军损失了在整个欧洲大陆上近三分之一的装甲部队。这与新理论对德军纵深防御、良好隐蔽的现代军事体系防御和英军进攻方暴露的非现代军事体系进攻的预测相一致。在这种极端的技术和数量不利的条件下，面对大量反对兵力部署的解释，古德伍德行动对兵力部署的佐证是个特别重要的结果。尽管如此，新理论并未完全吻合这一情况：正式模型未能预见盟军几乎同时进行的多次进攻，并高估了英军的人员伤亡。但是，它正确地预测了进攻方无法突破的障碍，以及英军前进的持续时间、突破的大概纵深，包括德军损失的严重程度。相比之下，传统理论既不符合战争的关键结果，也不符合其行为或动态的细节。因此，新理论在人们理应期待相反结果的情况下，表现出相对于传统理论的优势。虽然没有单独的个案能够证实理论，但结果确实建立了新理论与真实战争某个重要案例之间一定程度的一致性。在沙漠风暴行动这一关键案例中，新理论显示出比传统理论更接近事实，这为我们在各自的理论中转变信念提供了
131 依据。

第七章
沙漠风暴行动
（1991 年 1 月 17 日至 2 月 28 日）

    本章选用1991 年 1 月 17 日至 2 月 28 日海湾战争的联盟攻势——沙漠风暴行动（Operation DESERT STORM），作为最后的案例开展研究。我认为，沙漠风暴行动的执行细节与传统理论的观点相互矛盾，却支持新理论的观点。海湾战争对今天的防御讨论具有很大的影响力。但是，对大多数观察者来说，战争的主要教训——技术起决定性作用，与战争的实际行为不符。如果不考虑军力运用，及其与技术的非线性互动情况，就无法解释多国部队在海湾地区极低的伤亡率——这印证了新理论所提供的观点，而传统的分析则缺乏这一认知。

    以六个步骤来论证这一论点。与之前一样，我打算将沙漠风暴行动作为案例研究的起点。但是，与第五章和第六章不同的是，我在这里对所要解释的历史结果及其重要性进行了初步讨论，以阐明该案例的理论作用。其次，我概述了主要的事件。再次，我为关键的自变量设置了数值。虽然对这一理论的描述主要是由米切尔行动和古德伍德行动的案例组成，但我主要关注的是论证的后两部分：通过结合过程追踪和对基层部队的分析来评估对比理论；阐述对沙漠风暴行动结果的其他解释。最后，我将总结评估这一案例对所研究理论的影响。

为什么选择沙漠风暴行动？

与米切尔行动和古德伍德行动不同，沙漠风暴行动看起来并不是一个关键案例。正如下文所述，作为进攻方的多国部队具备数量、技术和兵力部署优势。因此，最终的结果——突破——是多种因素决定的。然而，情况并非不确定。关键不在于这些理论对突破或遏制的总体预测，而在于对联军为何以及如何突破的不同因果解释。各自的理论为预测突破提供了非常不同的理由，这意味着在战争开展方式上存在可对比和可观察的预测。通过将这些预测与战争的实际行动进行比较，人们可以将针对基本相同结果的较强叙述与较弱叙述区分开来。

此外，突破和遏制并非唯一相关的结果。事实上，沙漠风暴行动最重要的一个特点不是多国部队的突破，而是以前所未有的低阵亡率获胜。在不到六周的时间里，79.5 万名士兵组成的多国部队摧毁了由数十万人组成的处于防守态势的伊拉克军队，而多国部队只阵亡了 240 名人员。[①] 每 3000 名士兵死亡 1人这一阵亡率不到 1967 年六日战争（Six-Day War）或贝卡谷地（Bekaa Valley）行动中以色列伤亡人数的 1/10，不到德国于1939～1940 年先后对波兰或法国发动的闪电战中德军伤亡人数的

---

① 其中美国士兵总共有 54 万人，阵亡 148 人。以美国为首的多国部队伤亡人数（牺牲者和伤员）总计 1116 人：Freedman and Karsh, *The Gulf Conflict*, p. 409；Atkinson, *Crusade*, pp. 491－492。

1/20，是美国海军陆战队在 1943 年发起攻势抢夺塔拉瓦环礁战斗中伤亡人数的 1%。[1] 鉴于 1991 年的优势和技术，预测突破本身在理论上是较为容易的，但以历史上前所未有的低伤亡率来解释突破则更有挑战性。而传统方法在战争之前的预测则失败了。[2]

这一惊人的低阵亡率已经产生了重要的政策后果。事实上，它使海湾战争成为塑造今天国防规划的一件大事，类似于 20 世纪 80 年代越南战争惨败对美国规划的影响。美国军队现在的规模和结构都与海湾战争的标准有关。新理论、武器和组织评估是模拟升级的海湾战争。可接受的伤亡水平是根据 1991 年的基准来判断的。[3] 事实上，这场战争改变了美国军事

---

[1] Cordesman and Wagner, *Lessons of Modern War*, Vol. 1, pp. 15, 18, 150; Addington, *Patterns of War*, pp. 182, 184, 237; Karber et al., *Correlation of Forces*, pp. 2 - 3; Bruce, ed., *Harbottle's Dictionary*, p. 95.

[2] 相关评论，参见第一章。

[3] 参见：Andrew Krepinevich, *The Bottom-Up Review: An Assessment* (Washington, DC: Defense Budget Project, February 1994), pp. i, 22, 25 - 26, 49; Lawrence J. Korb, "The Impact of the Persian Gulf War on Military Budgets and Force Structure," and Bobby R. Inman, et al., "U. S. Strategy after the Storm," in Joseph S. Nye, Jr., and Roger K. Smith, eds., *After the Storm: Lessons from the Gulf War* (New York: Madison Books for the Aspen Strategy Group, 1992), pp. 221 - 240 and 267 - 289, respectively; Rep. Les Aspin, *An Approach to Sizing American Conventional Forces for the Post-Soviet Era: Four Illustrative Options* (Washington, DC: House Armed Services Committee, Feb. 25, 1992); Christopher Bowie et al., *The New Calculus* (Santa Monica: RAND, 1993); Michael O'Hanlon, *Defense Planning for the Late 1990s* (Washington, DC: Brookings, 1995), e. g., pp. 30 - 32; Philip Finnegan, "War Emphasizes Stealth Need, Says Cheney," Defense News, February 11, 1991, p. 10; U. S. House Armed Services Committee, *Defense for a New Era: Lessons of the Persian Gulf War* (Washington, DC: US GPO, 1992), hereafter HASC; John Collins, *Desert Shield and Desert Storm: Implications for Future U. S. Force Requirements* (Washington, DC: Congressional Research Service, 1991); Scales, et al., *Certain Victory*, p. 364; Gordon and Trainor, *The Generals' War*, p. 470。

思想的整个进程——如今军事革命理论主导着国防辩论，它是沙漠风暴行动阵亡率极低的本质的产物。虽然与军事革命相关的理论在战前就已提出，但几乎没有人被说服。然而，海湾战争惊人的低阵亡率是个催化剂，在不到四年的时间里，对未来战争的全新愿景已经成为华盛顿的传统观念。这种如今已被普遍接受的观点——实际上，是支撑当今国防规划技术的一整套基本假设——基于对 1991 年低阵亡率原因的独特认识。因此，理解这一低阵亡率对当前讨论具有深刻的内在重要性，超出了该案例对能力测试理论的价值。

因此，这里要解释的结果是，联军的突破方式，特别是它能以前所未有的低阵亡率来实现该目标，这一结果本身极为重要，此外，它还提供了关键的方法论杠杆，以区分重新分析理论的相对有效性。因此，即使沙漠风暴行动算不上是关键案例，但该案例提供了具有挑战性的测试。[①]

1991 年 1 月 17 日至 2 月 28 日战事概要

这场战争始于一场为期六周的大规模空袭，这迅速削弱了伊拉克的防空系统，摧毁了伊拉克指挥和控制网络的关键要素。在一个多月的时间里，进攻方不分昼夜地持续对伊拉克和

---

① 请注意，沙漠风暴行动比米切尔或古德伍德行动提供了对二元技术本身更强的测试，因这里的技术不平衡是有纪录以来最大的（见下文）。尽管在埃克斯坦的理论中，沙漠风暴对突破与遏制的总体结果并不重要，但极端的技术不平衡表明，该案例的细节应与二元技术理论的预测一致，因为任何一个案例都不会如此，因此这是对二元理论异常有力的不确定性证据。

科威特战区（Kuwait Theater of Operations，KTO）的地面目标进行轰炸。[1]

　　随着空中战争的开展，以美国为首的多国部队秘密地从东向西重新部署。到 2 月 23 日，多国部队已经将两支部队部署在了伊拉克军的最右翼。伊军在准备好的防御带中部署了 26 个应征步兵师。在其后方是 9 个高质量的陆军机械师，其中有 8 个精锐的共和国卫队（Republican Guard）师位于后方。[2]

　　多国部队的地面进攻始于 2 月 24 日清晨。当时，两支美国海军陆战师的主要部队进入了靠近海岸高速公路的伊拉克防御地带。然而，最主要行动是在最左边的地方展开，在那里，美军第 7 和第 18 军很快就在伊拉克前线防御阵地进行了大规模包围行动。这个"左勾拳"（left hook）迅速瓦解了伊拉克右翼，并在伊拉克后方打开了一条进攻共和国卫队的清晰通道。

　　进展非常迅速。伊拉克士兵几乎没有抵抗，并在多国部队越过前方防线时大规模投降。到 2 月 26 日，科威特城已被攻下，多国部队第 7 军的三个重型师集结在一起，直接攻击伊拉克共和国卫队。

　　自 2 月 26 日开始，第 7 军从西向东驱车穿越了伊拉克共和国卫队的防地。然而，与边境线上步兵不同的是，共和国卫队进行了反击。当时，在科威特战区幸存的伊军试图通过巴士

---

① *GWAPS*, vol. 2, pt. 1, pp. 102, 120 – 58, 264 – 66; Summary Report, pp. 7, 11 – 13, 40 – 52.

② U. S. Department of Defense, *Conduct of the Persian Gulf War*, Final Report to Congress Pursuant to Title V of Public Law 102 – 25（Washington, DC: US GPO, April 1992）, hereafter Title V, pp. 251 – 258. 虽然按西方的标准，伊拉克共和国卫队的表现肯定称不上是"精英"，但他们显然是伊拉克最好的部队。

拉（Basra）撤退。大约有三个共和国卫队师和另外三个陆军重型师持续进入封锁阵地，以保障其撤退路线畅通。[①] 结果发生了这场战役中最激烈的战斗，因为他们遇到了多国部队中的重头部队。

在长达 41 个小时的战斗中，第 7 军战胜了伊拉克的封锁部队。2 月 26 日下午，美国第 2 装甲骑兵团（Armored Cavalry Regiment，ACR）开始了初次交锋，在地图点位线"东线 73"（73 Easting）附近的一段几乎没有标志的沙漠中袭击了伊拉克真主（Tawakalna）机械化师。随后的交战被称为"东线 73 战役"（Battle of 73 Easting）。通过立即发动进攻，第 2 装甲骑兵团的 9 辆 M1 坦克和 12 辆 M3 布雷德利战车随后摧毁了面前的整个防御阵地，在大约 40 分钟内击中了 37 辆伊拉克 T－72 坦克和 32 辆其他装甲车。两支相邻部队立即跟进。在停下来重新组织之前，这三支美军部队实际上已经占领并消灭了整个共和国卫队旅。[②] 随后，伊拉克的反攻被击退，损失惨重，总共

---

① 这些是共和国卫队真主师，麦地那光明师和阿德南师，以及第 52 师，第 12、第 10 装甲部队：Scales, *Certain Victory*, pp. 232 – 236, 266; Richard M. Swain, "*Lucky War*": *Third Army in Desert Storm*（Ft. Leavenworth, KS: U. S. Army Command and General Staff College, 1994）, pp. 244, 247; Gordon and Trainor, *The Generals' War*, p. 387; U. S. News and World Report,（USNWR）, *Triumph without Victory* p. 335; Lieutenant Colonel Peter S. Kindsvatter, "VII Corps in the Gulf War: Ground Offensive," *Military Review* 72, 2（February 1992）, p. 34.

② 美国装甲骑兵团（ACR）有三个地面中队，每个地面中队都配备三个骑兵中队和一个坦克连。每支部队大约相当于拥有 20～30 辆装甲车的加强坦克连或机械化步兵连。因此，"东线 73 战役"使真主师（Tawakalna）一个旅（第 18 旅）的人对抗第 2 装甲骑兵团的一半人数，见 Jesse Orlansky and COL Jack Thorpe, eds. , *73 Easting*: *Lessons Learned from Desert Storm via Advanced Distributed Simulation Technology*（Alexandria, VA: Institute for Defense Analyses, 1992）, IDA D – 1110, pp. I – 114, I – 121 to 125。

有 113 辆伊拉克装甲车被毁，美军损失了 1 辆布雷德利战车，一名乘组人员死于伊拉克火力（另 1 辆被认为是误伤而损失）。伊拉克伤亡人员大约 600 名。[①]

其他的行动也遵循了类似的模式。其中最大的一场战役是麦地那岭之战（Battle of Medina Ridge），美军第 1 装甲师第 2 旅与麦地那光明师（Medina Luminous Division）第 2 旅的较量。在四十分钟的战斗中，美军歼灭了伊拉克装甲部队，俘虏了 55 名伊拉克士兵，杀死了另外 340 名伊军人员。美军不存在人员伤亡。[②] 在诺福克之战（Objective Norfolk）中，美军第 1 步兵师的两个营摧毁了伊拉克真主机械化师和第 12 装甲师的 100 多辆装甲车，美军方面则仅损失了 2 辆布雷德利战车。[③] 在巴廷干河之战（Battle for Wadi Al Batin）中，美军第 3 装甲师的一个营消灭了一个伊拉克旅，摧毁了 160 多辆装甲车，而美军自身损失了不到 6 辆装甲车。[④]

至 2 月 27 日早晨，伊拉克防御部队已经被有效地消灭了。第 7 军总共摧毁了 1350 辆伊拉克坦克、1224 辆装甲运兵车、285 门火炮、105 个防空壕和 1229 辆卡车。相比之下，第 7 军

134

[①] Orlansky and Thorpe, *73 Easting*, pp. I – 111 to I – 136; Krause, *73 Easting*; J. R. Crooks et al., *73 Easting Re-Creation Data Book* (Westlake, CA: Illusion Engineering, 1992), IEI Report No. DA – MDA972 – 1 – 92, appendices, shoot history by vehicle for Eagle, Ghost, Iron Troops; "The Battle of 73 Easting," briefing slides prepared by Janus Gaming Division, TRADOC Analysis Command, White Sands, NM, March 30, 1992, henceforth TRAC brief, esp. slide 3 text, slide 16 text.

[②] Scales, *Certain Victory*, pp. 292 – 300; Gordon and Trainor, *The Generals' War*, pp. 407 – 408; Atkinson, *Crusade*, pp. 465 – 467; USNWR, *Triumph without Victory*, pp. 377 – 386.

[③] Scales, *Certain Victory*, pp. 282 – 284; USNWR, *Triumph without Victory*, pp. 357 – 370.

[④] Scales, *Certain Victory*, pp. 267 – 270.

本身在敌人炮火中只损失了 36 辆装甲车，总共只造成 47 人死亡、192 人受伤。[①]

自变量

武器技术

沙漠风暴行动中的武器技术对多国部队非常有利。[②] 尽管伊拉克装备了用萨达姆石油资金能购买到的最好武器，但 1991 年时美军仍具有明显的技术优势。美国的 M1A1 坦克加装了复合装甲、贫铀弹和 120 毫米口径炮，击穿距离超过伊拉克的苏制 T－72 坦克和 T－55 坦克达 1 千米，而 M1 的红外探测仪在目标获取方面提供了更大的优势。[③] 美国的反炮兵雷达甚至在第一发伊拉克炮弹触地之前，就通过对伊拉克火炮的反击，促使美军火炮能在决斗中获胜。[④] 美国全球定位系统卫星

---

① Kindsvatter, "VII Corps," p. 17.

② 系统技术理论在海湾战争中模棱两可。一方面，1991 年纵深打击和对地攻击空中技术显然非常先进和丰富（尤其对多国部队而言），美国 M1A1 坦克是历史上最先进的坦克。这些特征强化了进攻者的优势。另一方面，精准制导反坦克技术也非常先进且多样，火力有效且致命。这些特征有助于防御优势。因此，并不清楚该如何编码"沙漠风暴"。传统攻防理论的一个重要缺点是缺乏清晰、可操作的攻防平衡编码标准。尽管如米切尔和古德伍德这样的极端情况能够被明确描述，但许多其他案例却不能如此：Jack Levy, "Offensive/Defensive Balance"; Biddle, "Rebuilding the Foundations," pp. 741－774.

③ *GWAPS*, vol. 2, pt. 1, p. 87n; Scales, *Certain Victory*, p. 295. 由于美军承担这场战争的大部分战斗，我在这里重点介绍美军的技术。

④ Scales, "Accuracy Defeated Range," pp. 473－481; Alex Vernon, *The Eyes of Orion* (Kent, OH: Kent State University Press, 1999), p. 204.

接收器可使美军部队在伊军无法通过的无道路沙漠中行进。[1]
也许最重要的是，美军的监视、精确制导和防空压制技术，使
美国空军对暴露的地面目标具备新的杀伤力，而这些目标是伊
军遥不可及的。[2] 根据新理论，美军在沙漠风暴行动中所使用
武器的平均引入日期大约是 1973 年 10 月；对伊军来说，大
约是 1961 年 10 月（参见附录）；这一 12 年的领先优势是可
获得数据的 16 场战争中最大的，比第二领先优势超出了两倍
以上。

数量不平衡

"沙漠风暴"行动的精确数值可能永远无法得知，因为伊
拉克官方的数据不可用，甚至可能不存在。尽管如此，多国部
队的兵力明显超过伊军，而且伊军的兵力密度可能相对较低。　135

兵力比

美国中央司令部（Central Command，CENTCOM）评估的
战争期间力量显示，2 月 24 日，多国部队的地面部队人数为
62 万，伊拉克的军队人数是 54 万。[3] 多国部队的数据是准确
的，但对伊拉克兵力的估计是假设其在科威特战区的所有部队
都是满员的。但是，通过战后与俘虏的面谈，他们表示，大多
数部队在部署时都严重兵力不足；在空战之前和空战时的士兵

---

[1]　Gordon and Trainor, *The Generals' War*, pp. 353, 475; Scales, *Certain Victory*, p. 254; *GWAPS*, vol. 2, pt. 1, pp. 58 – 59.

[2]　*GWAPS*, Summary Report, pp. 223 – 34, vol. 2, pt. 2, pp. 109 – 111; Title V, p. 164; Perry, "Desert Storm," pp. 66 – 82.

[3]　Scales, *Certain Victory*, p. 216.

逃亡进一步减少了伊拉克的兵力。目前对伊拉克剩余军队的最佳估计是，至 1 月 17 日不超过 34 万人，在地面进攻开始前夜不超过 22 万人。[①] 在这些数字中，大约 10 万名多国部队战斗人员和不到 6 万名伊拉克军人属于直接交火作战的机动部队。[②] 根据新模型，战区战斗机动兵力比可能接近或超过 2∶1，而总人员兵力比可能接近 3∶1。

这远远超出了成功攻击的通用标准。通常的经验法则是在战区层面为 1.5∶1；沙漠风暴行动的数字至少高出三分之一。[③] 沙漠风暴战区的兵力比超过了以色列在 1967 年西奈半岛攻势中的两倍，且几乎是 1982 年英国重新占领马尔维纳斯群岛（Falklands）时兵力比的 3 倍。[④] 在地面入侵前夕，多国部队显然在科威特战区拥有很大的数量优势。[⑤]

兵力密度

在战区范围内，伊拉克的部队非常分散。[⑥] 科威特战区跨

[①] *GWAPS*, vol. 2, pt. 2, pp. 168, 220. 其他估计从最高的 540000（战时英军中央司令部的数字）到最低的 183000 都有：HASC, pp. 29 – 34。

[②] 该假设大致相当于诺曼底登陆时的数字。

[③] Congressional Budget Office, *Strengthening NATO*, pp. 11 – 13, appendix C; and *Army Ground Force Modernization*, pp. 30 – 31.

[④] Cordesman and Wagner, *Lessons of Modern War*, vol. 1, p. 17; vol. 3, p. 261.

[⑤] 另一方面，在主要战争中的局部兵力比是大不相同的。在第 7 军团的初始攻击点，相比伊拉克第 26 步兵师，第 1 步兵师在局地可能有 3∶1 或 4∶1 的人数优势（假设第 1 步兵师有 18000 名士兵，而伊拉克第 26 步兵师不到 5000 人，per *GWAPS*, vol. 2, pt. 2, pp. 166, 212）。其他后来发生的战斗有时局地兵力比更低：见下文。

[⑥] 另一方面，主要战役中的局地兵力密度也与兵力比一样是大不相同的。伊第 26 步兵师在第 7 军团的攻击点大约每千米部署约 200 名士兵，每平方千米可能部署 10 ~ 15 支先头部队：Scales, *Certain Victory*, p. 231；军力估计参见 *GWAPS*, vol. 2, pt. 2, p. 168。其他后来的战斗有时有更高的局地兵力密度，见下文。

越了沙特与伊拉克和科威特之间约 500 千米的边界，另外还有 250 千米的科威特海岸线，以抵御可能的两栖入侵。① 综上所述，这意味着一个战区的兵力密度仅为线性每千米 260～290 人，每平方千米有 5～6 支先头部队。相比之下，20 世纪晚期兵力密度的标准经验法则通常认为，稳定的防御线性每千米至少需要 300～700 个或更多的人员。② 在沙漠风暴行动中，伊拉克的兵力密度也明显低于各种失败的当代防御，包括 1967 年埃及对西奈的防御（线性每千米部署了 825 人），或 1982 年叙利亚/巴勒斯坦解放组织（Palestine Liberation Organization）在黎巴嫩的防御（部署了约410 人）。③ 总的来说，绝大多数的兵力密度理论家都会预测此类防御必然会失败。

兵力部署

在沙漠风暴行动中，伊军在作战层面上适度实施了现代军事体系的方法，但在战术层面上却做得很差。相比之下，美军在战术和作战两个层面上都非常彻底地实施了现代军事体系④。

---

① Scales, Certain Victory, fig. 5 – 1.

② 参见 Thompson and Gantz, *Conventional Arms Control*, p. 12；Davis et al. , *Central Region Stability*, p. 31；Mearsheimer, *Conventional Deterrence*, p. 181；William Mako, *U. S. Ground Forces and the Defense of Central Europe*（Washington, DC: Brookings, 1983）, p. 37；using troop counts per division and brigade per Mako, p. 113。

③ Cordesman and Wagner, *Lessons of Modern War*, vol. 1, pp. 17, 118.

④ 我在这里专注于美军（较小程度上也有英军），因为他们承担了大部分的战斗。

防御行动

136　　伊军的部署纵深属于中等。先头步兵师的预备阵地纵深大约为 15 千米，其中两个师的三个机动旅位于第一个防御阵地，第三个师位于其后的第二个防御阵地。[1] 这一纵深比同时代的其他一些案例要更深。例如，1973 年埃及对以色列在西奈半岛的反攻进行了防御，其纵深不到 6 千米。[2] 然而，在海湾战争的沙漠盾牌防御阶段，伊军的防御纵深比美军的部署要浅得多。例如，美国第 1 海军陆战队的防御纵深超过 75 千米。[3] 第 24 机械化师在其左侧的防御纵深为 120 千米。[4] 此外，这些师部署在阿拉伯混合师及其所挖战壕的后面，多国部队防御工事的总纵深超过 150 千米，大约是伊军的十倍。[5]

　　伊拉克的大部分作战力量都在机动预备队中。伊拉克在战区的 42 个师中，有 17 个师被滞留在战区的前线阵地，约占 40%。[6] 事实上还低估了实际的比例，因为各前线师中的兵力比后备师中的人员要少得多。在空战之前，前线步兵师的人员配备水平远低于机动预备队的重装部队和警卫部队——而且在空战期间，步兵开小差的比例要高得多。到地面行动开

---

① Scales, *Certain Victory*, p. 67.

② Peter Allen, *The Yom Kippur War* (New York: Scribner's, 1982), pp. 68, 118.

③ Scales, *Certain Victory*, pp. 91, 95.

④ MG Barry McCaffrey, Testimony before the Senate Armed Services Committee, May 9, 1991, slide 11; MAJ Jason Kamiya, *A History of the 24th Mechanized Infantry Division Combat Team during Operation DESERT STORM* (Ft. Stewart, GA: 24th Mechanized Infantry Division, nd), p. 3.

⑤ Scales, *Certain Victory*, pp. 91, 95.

⑥ *GWAPS*, vol. 2, pt. 2, p. 163.

始时，大约 70% 或更多的伊拉克战区部队都属于预备队。[1] 以历史标准来看，这一比例非常高：相比之下，在沙漠盾牌行动中，美军的预备兵力仅仅为五个师中的两个师，是战场上地面作战人员的 40%。[2]

防御战术

伊拉克的防御系统既不注重隐蔽、掩护和独立的小部队机动，也缺乏现代军事体系战术要求的对各种武器进行有效整合。例如，伊拉克防御阵地上的战斗人员基本上暴露于美军的观察和炮火之下。伊拉克的步兵被部署在隐蔽性能很差、极易被发现的堑壕中，这显然是一种公式化的布局模式。[3] 至少从 1917 年开始，西方军队就意识到这种暴露的堑壕会泄露防御者的位置——不注重隐蔽的掩护措施，实际上起不到掩护的作用，无法保护防御人员免受现代火力的攻击。更小规模的、不规则分布的、精心隐蔽的阵地，将弹道导弹防御和实际隐蔽相结合，才能抵御进攻火力。[4] 此外，伊拉克的步兵甚至没有利

---

① *GWAPS* 报告说，战前伊军的人员配备水平在 57% 到 85% 间，但非常保守地假定，除了已知的 11 个最差的前线师外，所有师的人员编制都是上限（同上，第 168 页）；这几乎令人难以置信，共和国卫队和普通部队步兵单位在空战前有相同的配员水平。我认为剩下的 14 个前线师属于 65% 的中位配置水平（按 *GWAPS*，陆军重型部队和共和国卫队的人员配置为名义授权水平的 85%）。我进一步假设，空战期间的所有逃兵都来自前线师，但空袭造成的实际伤亡是均匀分布的（事实上，前线师受到的打击更大）。考虑到 *GWAPS* 的整个沙漠行动和伊拉克战前伤亡的数字（第 220 页），这意味着在地面战前夕，约 70% 的伊军兵力在机动预备队中。

② Scales, *Certain Victory*, p. 95.

③ 参见 Title V, pp. 251 – 253。

④ 参见 Lupfer, *Dynamics of Doctrine*, p. 15；关于联盟精确建造战壕的能力，参见 Scales, *Certain Victory*, p. 228。

用那些在规则上相互关联的堑壕的有限潜力：防御纵深太浅，面太宽，甚至连基本的伪装都没有，炮火也很少提供地面掩护。用于防护的雷区和铁丝网也杂乱无章，地雷大多散布在沙漠表面，因而可以被察觉并避开，且很少使用反坦克堑壕或其他阻碍进攻的设施。①

137　　对装甲车辆的掩护更差。西方军队在地面下挖出隐藏车辆的地方，并将挖出的泥土藏起来。相比之下，伊军却把挖出的沙土松散地堆在装甲车周围，形成护堤或土堆。② 这不仅暴露了装甲车的位置，而且从几千米的上空来看，在其他地方都是平坦地形的情况下，沙堤成了唯一的凸起，而且没有提供任何真正的保护来抵抗火力的攻击。③ 松散的沙堆根本不能阻挡现代高速坦克的炮击。事实上，攻击方的坦克也几乎没有放慢速度。在东线 73 地区的美国人员报告称，看到 120

---

① 参见 Title V, pp. 251 – 253；Murray Hammick, "Iraqi Obstacles and Defensive Positions," *International Defense Review* 24, 9 (1991), pp. 989 – 991。伊拉克人在他们的前沿步兵阵地前挖了一条浅壕沟，用来装满石油并点火，但这依赖于不间断的石油供应。后者因输送系统遭受空袭被弃用。伊拉克步兵前线部队大部分隐蔽在沙坑里，但是这种遮蔽性很差的防御很容易被美军的炮火所破坏。因此沙特边界的"萨达姆防线"充其量是偶然事件；然而，共和国卫队位于后方的防御阵地也好不了多少，在某些方面甚至更糟（往往缺乏前沿防御的基本障碍系统）：Robert Zirkle, "Memorandum for the Record：Information Obtained during West Point/IDA Janus 73 Easting Session, 8 – 10 April 1992," Institute for Defense Analyses, April 15, 1992, pp. 1, 2。

② Orlansky and Thorpe, *73 Easting*, p. I – 54；Gordon and Trainor, *The Generals' War*, pp. 407 – 8；Scales, *Certain Victory*, pp. 210, 261, 269, 294；Steve Vogel, "Metal Rain," *Army Times*, September 16, 1991, p. 22.

③ 实际上，这是第 2 装甲骑兵团的标准操作程序，向任何护堤开火，无论背后是否有目标被确认：Zirkle, "Memorandum for the Record," p. 2。关于护堤，见 TRAC brief, slide 10 text。

毫米的坦克炮弹穿透伊拉克的护堤，击中护堤后面远处的装甲车辆。[①] 美军的坦克乘员是不会让自己这样暴露在外的。

伊拉克的指挥系统非常古板、高度集中，下级军官几乎没有主动性，很少有能力以小部队独立开展行动。[②] 这使得伊拉克部队很难根据纵深和预备情况及时做出决定：纵深、以预备队为导向的现代军事体系防御，要求士兵和下级领导者自主行动。1991 年伊军在这个问题上已证明了其系统性能力的不足。

或许表现最明显的例子，就是前沿部队无法提供攻击的战术警告。在纵深防御的前沿阵地上，观察哨和掩护部队应该是小型的、暴露的小分队，他们在远离主要防御地带之处开展行动。至少从 1917 年开始，所有的西方军队都借此为后方预备队确定主要阵地，并发出进攻警告。理想的情况下，这些掩护部队还可以提供其他功能（例如：清除敌方的侦察人员、减缓进攻方的前进速度，或分析攻击行动），但他们必须完成的最基本任务就是为主要的防御力量查明攻击者的进攻方向。虽然原则上看似简单明了，[③] 但这需要纪律性和独立性的结合：在上级指挥无法直接观察到的情况下，小型分散编组必须在强

---

① 参见：Orlansky and Thorpe, 73 Easting, p. I – 54；Peter Tsouras and Elmo C. Wright, Jr., "The Ground War," in Bruce W. Watson, ed., Military Lessons of the Gulf War (Novato, CA: Presidio Press, 1991), pp. 81 – 120；Operation Desert Shield/Desert Storm, Hearings Before the Committee on Armed Services, United States Senate (Washington, DC: USGPO, 1991), S. Hrg. 102 – 326, henceforth SASC, p. 115。足够深的坚硬土壤可以阻止任何现有的坦克炮，但这需要往地面下挖掘，而不是在沙堆后面栖息。

② Scales, Certain Victory, p. 118；Gordon and Trainor, The Generals' War, pp. 352 – 3；James Pardew, "The Iraqi Army's Defeat in Kuwait," Parameters 21, 4 (Winter 1991 – 1992), pp. 17 – 23.

③ 参见 Kenneth Macksey, First Clash (New York: Berkeley Books, 1988), p. 102。

大的敌军面前执行命令，并且要机动地分散开，在被击溃之前撤退。1991 年的伊军尚无法做到这一点。例如，在东线 73 位置，观察哨所被部署在主要防御系统的前方，但它并未对第 2 装甲骑兵团的接近给出任何警告。事实上，一名来自主要防御系统的被俘中尉后来报告称，他判断美国发起进攻的第一条线索是"他旁边的坦克炮塔被炸飞了"[①]。

因此，伊拉克的防御力量并没有准备好对抗多国部队的攻击。至少，这延长了他们的反应时间。但同时也给美军的进攻力量提供了机会，在关键战斗开始的几分钟内，他们就能为己方提供空中轰炸的目标。伊军战斗车辆上很少有人值守，只有一些人在站岗或者处于警戒状态——例如，真主机械化师在 24 日下午就没有人值守。因此，最多只会有一些值班的车辆是人员齐全的，而其他车辆上空无一人或只有地勤人员。事实上，伊军许多人以为，东线 73 防区的炮火只是一次空中打击（他们事先没有得到会发生地面进攻的预警），因此，在地面进攻开始的那一刻，就连一些骨干人员也正在附近的防空洞中躲避。随着地面袭击性质变得清晰，许多人试图重新登上坦克，但那时

① Steve Vogel, "A Swift Kick: 2d ACR's Taming of the Guard," *Army Times*, August 5, 1991, p. 30; 亦见 Krause, *Battle of 73 Easting*, p. 32. 其他例子很常见，参见 Vogel, "Metal Rain," p. 16: "（在麦地那岭被抓的）伊拉克战俘后来说，他们以为大炮是空袭，许多人弃车前往防空洞……在热气中，美军士兵可以看到伊拉克士兵离开掩体，重新启动坦克和 BMP 步兵战车。第 3 旅的执行长官哈里斯少校说：'许多人在试图返回战车时被击倒了'"；参见：Title V, pp. 139 - 140; Atkinson, *Crusade*, p. 466; Gordon and Trainor, *The Generals' War*, p. 359; USNWR, *Triumph without Victory*, p. 384; Steve Vogel, "Hell Night: For the 2d Armored Division, It Was No Clean War," *Army Times*, October 7, 1991, p. 15; Krause, p. 19, describing 2d ACR engagements prior to 73 Easting.

已经有数十辆伊军坦克和 BMP 步兵坦克被摧毁——而且，很多能够使坦克投入战斗的人员已经在突袭中伤亡。①

　　伊拉克人也未能系统地协调他们所拥有的各式武器。无论是为了防御美军的攻击，还是为了支援他们自己的反击，火炮与直接火力的结合都尤其糟糕。伊拉克人试图用火炮来阻止美军的前进，但事实证明，他们既不能调整火力对抗移动目标（这是一项艰巨的任务），也无法在美军穿越阵地时，向固定的地点开火（这是一项相对容易的任务）。② 伊拉克人只在东线 73 处进行了初步的反攻尝试，即试图用伊拉克火炮来压制美军的火力，或者利用炮火制造的烟雾来掩护伊军的前进。③在反击开始之前，并没有侦察美军装甲骑兵团的阵地，没有利

138

---

① Krause, *Battle of 73 Easting*, pp. 21, 32; Orlansky and Thorpe, *73 Easting*, p. I-117; Turrell interview. 注意有一段幽灵部队时间，例如在美国袭击者与"真主师"主要防线之间首次接触，到首次看到伊拉克人回击之间已过了 18 分钟：Krause, p. 16. 完全人为控制的防御车辆通常会立即向敌方回击（确实，防御者通常在战术机械化的战斗中最先开火）。不是所有的"真主师"车辆都是空的，至少一些第 2 装甲骑兵团人员从战斗开始就报告看到伊拉克火力或观察到坦克炮塔的移动：interview, CPT H. R. McMaster, USA, January 1994。然而，相当多的证据表明，伊拉克预警失败常给多国部队袭击者提供了与空袭目标交战的机会。事实上，海军陆战队估计，在海军陆战队前线毁缭的大部分伊拉克装甲车在被击溃时都没有人驾驶：U. S. Marine Corps Battlefield Assessment Team, *Armor/Antiarmor Operations in Southwest Asia* (Quantico, VA: Marine Corps Research Center, July 1991), Research Paper No. 2 - 0002, henceforth USMC BAT, p. 18. 大多数人已从战前位置转移到遭遇海军陆战队的位置，因此，临阵脱逃不能解释当坦克遇袭时乘组人员不在场，这表明未及时预警可能是主要原因。

② 见 Krause, *Battle of 73 Easting*, p. 28; Scales, *Certain Victory*, pp. 117 - 18, 257, 293; Atkinson, *Crusade*, p. 212; Gordon and Trainor, *The Generals' War*, pp. 287, 360; Scales, "Accuracy Defeated Range," pp. 473 - 481。

③ Krause, *Battle of 73 Easting*, pp. 17 - 18. 当伊拉克人无法有效躲避"射击和扫射"战术时，美国的反击迅速压制了伊拉克人试图提供火力支援的企图。Orlansky and Thorpe, *73 Easting*, p. I - 145。

用工兵制造烟雾或其他遮蔽物来进行掩护，也没有协调固定的
值守人员与突击部队的行动，并提供掩护火力。① 总体来讲，伊
军在战术层面上根本没有执行现代军事体系。

进攻行动

沙漠风暴进攻行动密切遵循现代军事体系的规则。这里有
四个方面值得注意。

第一，该规则要求在防御前线持续取得传统的突破。多
国部队有时被描述为发动了"非线性"的或"机动"的战
争，或者是绕过了伊拉克的防御，而非正面直接发起攻击。②
然而，这一行动却以传统的内部突破开始。虽然事实上确实
有5个师迂回到伊拉克防线的右翼，但这一迂回行动的距离
拉得过大，致使有关部队无法在同一条路线上获得补给。因
此，有必要在东部再开辟一条补给通道，这就要求美军第1
步兵师在第7军进攻之日，对萨达姆防线进行直接、正面的
突破。③ 英军第1装甲师随后利用这一突破，迅速向东北偏东
的方向挺进，并加入了侧翼部队，此时第7军的右翼部队正
向伊拉克在科威特战区的后方推进。如果没有这一场传统的

---

① Krause, *Battle of 73 Easting*, pp. 17 – 18.

② 见 Freedman and Karsh, *The Gulf Conflict*, p. 437；Norman Friedman, *Desert Victory：The War for Kuwait*（Annapolis：Naval Institute Press, 1991）, pp. 235, 246, 252 – 253；James Blackwell, *Thunder in the Desert：The Strategy and Tactics of the Persian Gulf War*（New York：Bantam, 1991）, pp. 220 – 223；Harry G. Summers, Jr., *On Strategy II：A Critical Analysis of the Gulf War*（New York：Dell, 1992）, pp. 155, 265。

③ Scales, *Certain Victory*, p. 149. 该规则还要求美国海军陆战队第1师和第2师在沿海公路附近进行正面攻击，尽管其意在吸引伊拉克后备力量前进以使其遭受第二波打击，即使其更易受到第7军的主要攻击：Gordon and Trainor, *The Generals' War*, p. 374。

突破性战斗，第 7 军在与共和国卫队交战之前，就会失去其后勤保障，沙漠风暴行动也将很难展开。[1]

第二，突破的前线在后勤限制允许的情况下尽可能狭窄。第 1 步兵师在 6 千米的前线突破了伊拉克的前沿防御，美军出动 341 辆装甲车穿越伊拉克人设置的障碍带，清出了 8 条通道。[2] 然后，这些部队向外扩张，通过在侧翼占领伊拉克人的前沿防御工事来扩大差距；最终，萨达姆防线的整个右翼就这样被瓦解了，为部队向共和国卫队的进攻提供了一条宽阔而清晰的补给线。然而，最初的进攻战线只占战区前沿的不到 1%，这促使多国部队能够集中力量，以压倒性的数量优势利用第 1 步兵师的突破通道，且不会造成通道的拥塞。[3]

第三，沙漠风暴行动采用广泛的深度战斗计划保障了其突破行动。伊拉克人的指挥所、通信系统、交通要道、后勤节点，以及预备队的集结，几乎同时在整个战区内遭到攻击，这使伊拉克人的指挥陷入瘫痪，并阻断了伊拉克人集结

---

[1]　用机动作战作为超低损失的解释，见讨论。

[2]　Scales, *Certain Victory*, p. 229. 相比之下，在古德伍德行动中，仅在第 8 军团走廊的突破点上集结的 3 个装甲师中的 1 个装甲师，在方圆 2 千米的前线布置了 300 多辆坦克，装甲车数量与第 1 步兵突击师装甲车数量相同，但前线只有后者的三分之一：TDRC‑7725, pp. A‑4 to A‑5；Sweet, *Mounting the Threat*, p. 112. 在古德伍德行动中的英军希望将第 8 军团的所有三个装甲师全部放在前线战场，这一设计要求沙漠风暴突袭行动车辆数量的 3 倍，以及其前线的三分之一。尽管沙漠风暴前线窄得足以实现大量的差异化集中，但它并没有如古德伍德数理逻辑般的前线窄得那么令人窒息。

[3]　Scales, *Certain Victory*（p. 229），估计攻击点的局地兵力比为"营对排"，或者至少 9∶1。

反击力量。① 这一行动只取得了部分成功：一些伊拉克部队的行动被阻止，一些伊军被摧毁，尽管多国部队开展了深度打击，但仍有一些部队完成了主要行动。尤其是在地面进攻开始后，伊军在进攻轴线内重新部署了大约 6 个师，并反击了第 7 军的攻势。② 2 月 26～27 日，第 7 军占领了该阵地，伊拉克的这支机动部队参与了主要的地面作战。尽管沙漠风暴深度作战计划取得的成功并不完全，却明显阻碍了伊拉克的反集结，代表了 20 世纪最广泛的现代军事体系所实施的深度攻击。

第四，也是非典型的一方面，沙漠风暴中最艰苦的战斗发生在拓展战果行动期间，而不是在突破阶段。第 7 军和共和国卫队之间的战斗发生在沙特边界的萨达姆防线后方，伊拉克的预备部队参与了这些行动，以防止美军封锁伊军通过巴士拉逃跑的路线。因此，重要的是要将美军与伊拉克共和国卫队交战时的战术和在突破行动中所使用的战术区分开来：前者——通常是现代军事体系进攻者在攻击阶段采取的战术——比后者要谨慎得多。③

---

① 概述参见 *GWAPS*, vol. 2, pt. 1, pp. 249–326。并非多国部队所有的空中轰炸都是为了直接支持突破，其中大部分或者明确是战略性的，或隐含是战略性的（某种意义上说，入侵前大多数对伊拉克地面部队的空袭至少部分是为了诱使其做出让步而不需要地面入侵）。然而，一旦地面战开始，多国部队的大部分空中力量就转向支持和拓展其成效。

② Scales, *Certain Victory*, pp. 232–236, 266; Swain, "*Lucky War*," pp. 244, 247; Gordon and Trainor, *The Generals' War*, p. 387; USNWR, *Triumph without Victory*, p. 335; Kindsvatter, "VII Corps," p. 34.

③ 突破阶段的急于求成与现代军事体系不符，压制阶段则不然。突破的全部目的在于提供加速压制的机会，用对事先准备的前方防御的从容攻击代替对勿忙准备的后方防御的仓促攻击，这通常是在最开始的突破中遇到的。快速追击是现代军事体系作战的重要组成部分。见第三章对"突破与追击"和第四章对"提升的机动性"的讨论。

进攻战术

美国广泛使用现代军事体系的兵种一体化，以及独立的小型部队进行机动、分散、掩护和隐蔽的战术。例如，第 1 步兵师的突破行动是由作战工程师在随行坦克的掩护下进行，在部队后方前进的布雷德利步兵装甲战车（Infantry Fighting Vehicle，IFV）中有随时可支援的步兵。三个满员的野战炮兵旅、两个师的炮兵部队和十个多管火箭炮发射连（multiple launch rocket system，MLRS）摧毁了伊拉克人的炮兵部队，并压制了前线的防御阵地，直到攻击部队推进至 200～300 米范围内，再由迫击炮和攻击营的直接火力进行攻击，并占领阵地。固定翼与旋翼飞机提供空中掩护和远程的超视距反坦克火力；电子战部队干扰了伊拉克的通信，并利用伊拉克的电磁辐射来为火力支援提供目标数据。[①] 经过广泛的预演，这一多兵种的复杂组合使所有的努力集中于目标领域的行动，利用各自的优势来弥补其他方面的不足，并使伊军几乎没有机会以有利的条件将这一组合各个击破。[②]

多国部队的突破性行动还充分利用地形进行掩护和隐蔽。这一点在海军陆战队于海边高速公路附近的进攻中表现得尤为明显，在执行主要攻击前的晚上，在黑夜的掩护下，步兵徒步进入了伊拉克的防御地带。[③]

140

① Scales, *Certain Victory*, pp. 226 – 232.
② 类似例子来自战区其他地方，参见：同上，Scales, Certain Victory, pp. 233 – 320；Charles Cureton, *U. S. Marines in the Persian Gulf, 1990 – 1991: With the 1st Marine Division in Desert Shield and Desert Storm*（Washington, DC: History and Museums Division, Headquarters U. S. Marine Corps, 1993），pp. 26 – 121。
③ Gordon and Trainor, *The Generals' War*, pp. 346 – 348, 357 – 361；SASC, pp. 66 – 68.

美国下级军官，甚至士兵，都接受过训练，可以独立地以小规模部队作战，利用其自身对战术的判断来解决问题，持续发动攻击。即使没有接到上级的命令，部队也不会简单地放弃前进。战场的领导者自己做出决定，抓住稍纵即逝的机会，并善于利用特殊的当地条件。这在压制阶段尤其重要。例如，在东线 73 位置，第 2 装甲骑兵团靠前部队的指挥官是一名 29 岁的上尉，他登上一处较低的高地，发现了许多伊拉克坦克，立即下达了攻击的命令，打得伊军措手不及。他及时地利用了这一机会，而不必等待上级明确的命令。① 在整个战区中，下级领导者都力图了解上级的意图和行动理念，并运用自己的判断和对当地情况的了解来找到前进的最佳途径。

在推进的过程中，美军的小型部队尽管会在人迹罕至的荒漠上行进 10～20 多千米，但通常仍会保持阵形。② 通过避免聚集或过于突进，他们利用分散方式，来降低面对伊拉克火力攻击时的脆弱性，同时保留了一旦与敌方接触的反击能力。

最后，战争中最激烈的一场战斗是在黑夜的自然隐藏和恶劣的天气下展开的。例如，2 月 26～27 日，整个战区的沙尘暴使得在与共和国卫队对抗的许多关键战斗中，能见度至少降低了 200 米。③ 其中一些行动，如第 1 步兵师在诺福克战

---

① Krause, *73 Easting*, pp. 11 - 12；interview, CPT H. R. McMaster, USA, January 1994.

② 例如，在东线 73 千米处，第 2 装甲骑兵团从 17 千米处的行进直接转入攻击：Krause, *73 Easting*, p. 15；有关东线 73 的战斗编队，参见 Krause, 73 Easting, pp. 51 - 55。

③ Scales, *Certain Victory*, e. g., pp. 237 - 240, 247, 253, 259, 261, 265, 273, 276, 281.

役中的攻击，以及第 1 和第 3 装甲师沿巴廷干河行动的战役，
都是在黑暗中进行的。[①] 对这种情况的利用大大减少了美军的
暴露。

综上所述，这些方法大大降低了美军面对伊拉克火力时的
脆弱性。然而，这样做会以速度为代价。当美军部队在突破完
成后加速行进（特别是在与伊拉克后方预备部队接触的时候）
时，针对准备好的防御工事的攻击，则以更有节制的速度进
行。举例来说，根据新理论，第 1 步兵师的突破性行动，以每
天约 3 千米的净速度推进。[②]

结果和重要性：过程跟踪测试

考虑到这些特征，结果如何与理论的预测相一致？如上所
述，新理论和传统理论都预测了同样的结果：突破。此外，从
理论上讲，每一种理论都可以解释历史上的低伤亡率。例如，
多国部队的技术优势，基本达到大规模机械化战争的空前水
平。多国部队的数量优势显然也是巨大的。尽管这可能不是前
所未有的，但也不能完全排除这种可能性。新理论认为，科技
放大了对兵力部署的影响，这无疑解释了由于沙漠风暴的新技
术和兵力部署不匹配造成的空前结果。更正式地来讲，附录中
给出的模型预测，面对防御纵深 15 千米、储备率 0.7、预备

141

---

① 同上，pp. 267 – 270，273 – 284。

② 同上，pp. 224 – 232 注意，第 7 军团针对共和国卫队的行动发生在成功突破后
的追击阶段，因此以明显高于初始突破的速度进行。正式模型中规定的 Va 只
适用于突破阶段。

速度为 50 千米/天、暴露水平 0.9 的防御，进攻将会以速度 3
千米/天、战线 6 千米来突破，损失的伤亡人数将不到 1200 人
（相比 1116 人的实际人数而言，其中美国伤亡人数为 148 人），
达到 20 世纪机械化战争的历史低点。①

虽然总体预测相似，但是这些预测的原因非常不同，这些
差异很大的原因提供了通过过程跟踪测试的机会。这就是理论
家所阐述的，为什么以美国为首的多国部队的突破——尤其是
为什么其损失达到历史最低点——与战役中所观察到的行为最
为一致？为了回答这个问题，我依次考虑了每一个主要的原
因，将技术分为两部分来反映史学中的两个主要子论点（一
个侧重于航空技术，另一个侧重于地面武器）。

美军优越的航空技术

也许最常见的一种解释就是多国部队的空中技术。许多人
认为，新的防御压制和隐身能力使多国部队飞机几乎瞬间就获
得了制空权，而新的目标获取和精确制导系统急剧增强了它们
的杀伤力。这种技术被认为是伊军无力抵抗的技术，不是击垮

---

① 给定 $T_R = 7.39$，$Y_B = 6.19$，$R = 120000$，$B = 60000$，$W_{th} = 750$，$w_a = 6$，以及
表 A-1 中的常数（根据第四、五章的逻辑，除 $k_s = 0$ 外）。这意味着攻击者的
损失 $d^* C_a = 1157.3$（回忆一下，附录中方程式 20 中给出的 C_R 仅包含进攻）。
$V_r = 50$ 假设预备行动限于夜间，正如伊拉克人所做的那样：GWAPS, vol. 2,
pt. 2, pp. 192, 200。该模型实际上预测了在这些条件下对任何 V_r 和 f_e 值的突
破。为了防止在这种数字和技术劣势下的突破，防御者需要更大的纵深：即令
$f_e = 0.05$，$V_r = 15$，$f_r = 0.7$，例如，在 $V_a = 3$，$W_a = 6$ 的情况下，要防止突破，
也需要 $d \geqslant 145$（回忆一下，在"沙漠盾牌中多国部队防御"的 d 值超过
150）。

他们的战斗意志，就是毁灭他们的战斗手段。[①]

然而，相对联军航空技术来说，更需要解释的是，在地面入侵时，历史上空前的低伤亡率。按说，幸存的伊拉克射击者的数量必须是历史上最低的。[②] 但是，以历史标准衡量，当时幸存的伊拉克装甲部队仍然是庞大的，而且他们中的许多人在受到攻击时均进行了反击。

有多少伊拉克装备在空战中幸存下来？

目前已知的是，大约有 2000 辆伊拉克坦克和 2100 辆其他装甲车在空战中幸存，并有可能在 24 日被用于抵抗多国部队的地面进攻。在空战期间，设备的消耗具有高度可变性。虽然一些部队的坦克遭受了将近 100% 的损失，但有些部队的坦克则几乎完好无缺。总的来说，伊拉克的坦克损失率约为 48%，装甲运兵车的损失约为 30%，大炮的损失也在 60% 以下。然而，这些并不是均匀分布的。尤其是，相比于更靠近边界的步兵和陆军重兵师，共和国卫队的坦克损失要少得多，例如，只

142

[①]　参见 Gordon and Trainor, *The Generals' War*, p. 474；Perry, "Desert Storm," pp. 66 – 82；Inman, et al., "U. S. Strategy after the Storm," p. 284；HASC, p. 7；Richard Hallion, *Storm over Iraq: Airpower and the Gulf War* (Washington, DC: Smithsonian Press, 1992), pp. 241 – 268；Dilip Hiro, *Desert Shield to Desert Storm: The Second Gulf War* (New York: Routledge, 1992), pp. 320, 441。

[②]　原则上，如果伊拉克幸存者与多国部队袭击者的比率在历史上很低，或者如果伊拉克的损失率很高，以致他们的幸存者没有战斗力（尽管数量众多），那么即使历史上数量庞大的伊拉克装甲部队残余仍可能造成历史上较低的多国部队损失。例外都不存在。前者参见下文"伊拉克数字劣势"下的讨论。对于后者，因果机制通常被认为是战斗意志的丧失：Leonard Wainstein, *The Relationship of Battle Damage to Unit Combat Performance* (Alexandria, VA: Institute for Defense Analyses, 1986), IDA P – 1903, pp. 1 – 2. 然而，正如下文所述，这不能解释此处的结果。

占战前科威特战区兵力的不到 24%。①

他们是否予以还击？

当然，一些幸存下来的车辆乘员在无战斗的情况下投降了，或者仅仅是象征性地进行了抵抗——但其他人反击了。尽管边境上的步兵缺乏战斗意愿，但共和国卫队和一些军队的重型师试图抵抗多国部队的地面进攻。

例如，在东线 73 战役中，第 2 装甲骑兵团战斗人员报告称，在这次进攻中，大量小型武器的火力攻击他们的车辆，这表明伊军坚守在自己的阵地上，即使距离美军坦克几百米的地方（即小范围内），也会有伊拉克人开火还击。② 事实上，一些共和国卫队的步兵在攻击前一直坚守阵地，直到进攻方已越过他们的阵地，并从后方向他们的车辆发射短程反坦克火箭。③ 除此之外，美军还受到了重武器攻击。虽然大口径武器攻击比较罕见，但有多枚伊拉克坦克炮弹落在美国的目标附近。④

也许最重要的是，真主机械化师不仅在受到攻击时自卫，而且在被逐出阵地后还对第 2 装甲骑兵团发起了反击。夜幕降临后，伊军袭击了美军三个骑兵部队的最北端，在步兵支援

---

① *GWAPS*, vol. 2, part 2, pp. 170, 214, 218 – 219; Summary Volume, p. 106.

② 参见 Krause, *73 Easting*, pp. 11, 12, 13, 15, 16, 19, 21, 22; 亦见 LTC Douglas A. Macgregor, "Closing with the Enemy," *Military Review* 73 2（February 1993），p. 65; 1ˢᵗ Lt. Daniel L. Davis, "The 2d ACR at the Battle of 73 Easting," *Field Artillery*（April 1992），pp. 48 – 53; SSgt. William H. McMichael, "Iron Troop's Trial by Fire," *Soldiers*（June 1991），pp. 8 – 12。

③ Krause, *73 Easting*, p. 12; 亦见 2d Lt. Richard M. Bohannon, "Dragon's Roar: 1 – 37 Armor in the Battle of 73 Easting," *Armor*（May-June 1992），p. 16。

④ 东线 73 数据库，亦见 Krause, *73 Easting*, pp. 12, 16, 17, 22。

下，坦克发动了多次进攻，并不断增强了攻击力量。[1] 当然，这种攻击并未构成严重威胁，而且很快就被击败了。此外，即使真主机械化师的成员，也没有表现出狂热的战斗动机——200多人在战斗中投降。[2]

尽管如此，没有证据表明伊军在东线73战役中选择放弃抵抗。相反，共和国卫队的反击者在如此猛烈的炮火下仍顽强地抵抗，认为他们已经失去了战斗意志似乎不太有说服力。如果愿意的话，真主机械化师有足够的机会投降或逃跑。在边境的伊拉克义务兵在美军的袭击中投降，没受到什么伤害；如果真主机械化师也想放弃，他们完全可以不战而降。还有一个前提，当第2装甲骑兵团停下来进行集结时，至少有一个处于战斗范围内的伊拉克营尚未投入战斗，停顿给他们提供了一个逃脱或投降的理想机会。但他们留了下来，参与战斗，并在午夜之后进攻重新开始时被美军击溃了。事实上，在战场上的任何地方，当大多数战俘被带走

---

[1] 事实上，一些参与者从战斗中的不同角度报告了许多小规模的反击，见 Krause, *73 Easting*, pp. 12, 16, 20, 22; also Lt. John Hillen, "2d Armored Cavalry: The Campaign to Liberate Kuwait," *Armor*（July-August 1991）, p. 11。然而，并不是所有这些都可以被明确地认定为蓄意攻击——美国和伊军的定位混乱，如这可能会导致伊拉克小型孤立队伍针对美军的一些行动。上述分析保守地认为，只有夜幕降临后被幽灵部队击退的行动才是真正的反击，这可被明确地区分为由实施行动的伊拉克部队做出的有意反击（例如，步兵下车、还击和在遭受炮火的情况下继续靠近美军——该行为与故意反击以外的任何解释都不一致）：interview, LTC Robert C. Turrell, USA ret'd., IDA, April 11, 1995。美军参与行动的部队十分强调这一点，正如幽灵部队的基思·加威克中尉所说："我们根本不理解，我还是不明白，那些家伙疯了，他们不会停下来，他们一直在死、死、死"（Krause, p. 15）。

[2] Krause, *73 Easting*, p. 14.

时，他们的装备已然被摧毁——绝大多数俘虏是在战斗结束后才投降的，而且是在伊军的装甲部队被摧毁（大约600人伤亡）之后。[①]

143　　在战斗之前，这些车辆内的人员也没有逃跑。真主机械化师是2月24日从之前所在的地点行进到美军的封锁地点，并于2月26日展开战斗。[②] 缺少乘员的车辆不能移动，因此没有出现在东线73战役的战场上。事实上，阻止第7军前进的伊拉克防御部队在被摧毁的前几天，才刚刚被重新部署到作战地区。[③] 尽管在地面进攻开始时，伊军在科威特战区的力量整体上很薄弱，但是在26～28日这一时间段内，与第7军作战的卫队和陆军机械化部队还是有足够的人员来补充被第7军摧毁的装备。

　　虽然我们对东线73战役了解得比很多战役都要多，但我们知道，从某种角度来看，伊拉克人在此次战役中的行动表现，也可以反映出其他地方的共和国卫队和陆军师的基本作为。例如，在26日、27日和28日的战斗中，关于使用小型武器火力打击美军装甲部队的报道随处可见，包括伊拉克人的反击、大型的坦克和火炮的行动在内的报道

①　TRAC brief, slide 3 text, slide 16 text. 例如，在鹰队区域，直到战斗结束后，美国心理战小组一直在以阿拉伯语广播呼吁投降，但很少有伊拉克人投降: personal communication, MAJ H. R. McMaster, September 8, 1995。鹰队指挥官形容东线73战场 "遍布敌军尸体": Krause, 73 Easting, p. 15。

②　Scales, Certain Victory, pp. 232 – 36; Swain, "Lucky War," pp. 244, 247; Gordon and Trainor, The Generals' War, pp. 387 – 388.

③　Scales, Certain Victory, pp. 232 – 236.

也非常之多。① 所有人都同意，至少东线 73 战役中伊拉克部队为打破封锁而进行的战斗，同样能表明其他伊军的作战情况。

历史背景下积极抵抗的伊拉克装甲部队的规模

我们永远无法确切了解到底有多少伊拉克幸存的坦克进行了反击。但是，我们知道，伊拉克人将绝大多数的装甲装备集中在其最有战斗意志也是战斗质量更高的部队中，而最容易放弃战斗的通常是没有精良装备，特别是没有配备装甲部队的人员。②

作为积极抵抗的伊拉克坦克数量的保守下限，可能仅计算了抵抗第 7 军进攻的伊拉克 5 个师的部队的幸存装备。仅这一项，就可能至少有 600 辆幸存坦克和另外 600 辆装甲车辆在 24 日参加战斗。③ 伊军幸存重型装备的合理范围可能是 600 ～

---

① 见 Nigel Pearce, *The Shield and the Sabre: The Desert Rats in the Gulf, 1990 - 1991* (London: Her Majesty's Stationery Office, 1992), pp. 101, 102, 166; Swain, "*Lucky War*," pp. 247, 254; Gordon and Trainor, *The Generals' War*, e. g. pp. 359, 363 - 368; Atkinson, *Crusade*, pp. 441 - 481; USNWR, *Triumph without Victory*, e. g., pp. 332 - 398; Scales (who overstates the point), *Certain Victory*, e. g., pp. 257, 268, 358, 359, 368; Freedman and Karsh, *The Gulf Conflict*, p. 397。

② *GWAPS*, vol. 2, pt 2, p. 169.

③ 当然，这一下限不包括伊军的其他部队，例如已知参加对布卡反击的伊拉克装甲部队，或 3 月 2 日美国第 24 机械化师与汉谟拉比警卫师之间旅一级的交战（参见: Gordon and Trainor, *The Generals' War*, pp. 363 - 368; and Scales, *Certain Victory*, pp. 312 - 14）。因此，这种计算非常保守。

该估计本身来自弗里德曼所发现的共和国卫队和陆军重型师的标准车辆数量，参见: Friedman, *Desert Victory*, p. 294; MAJ John Antal, " Iraq's Armored Fist," *Infantry* (January - February 1991), pp. 27 - 30; and Richard Jupa and James Dingeman, "The Republican Guards," *Army* (March 1991), pp. 54 - 62; 2 月 23 日警卫师的日均空中消耗量见 *GWAPS*, Summary Report, p. 106; 第 12 和第 52 装甲师的具体空中消耗量来自对被俘伊拉克军官的采访和 *GWAPS* 的报告, vol. 2, pt. 2, p. 214; and Iraqi divisional dispositions as reported, （转下页注）

2000 辆伊拉克坦克和 600～2100 辆其他装甲车。

相比伊拉克的 1200～4100 辆装甲车辆，1944 年 7 月，在诺曼底的整个德国陆军中，只有不到 500 辆坦克。1967 年，伊拉克坦克数量的下限超过以色列军队。上限数量与 1973 年整个埃及军队的数量差不多。[①] 如果伊军的伤亡人数与 1967 年的阿拉伯军队一样多，那么多国部队的损失将会大大增加。[②] 但是伊拉克

（接上页注③）e. g. , in Gordon and Trainor, *The Generals' War*, p. 388。注意，尽管伊拉克陆军步兵师人员和武器力量大大低于名义的授权水平，但共和国卫队和陆军重型师的坦克力量与名义授权水平相近：*GWAPS*, vol. 2, pt. 2, p. 169。还要注意的是，上述估计与美国第 3 装甲师参谋部的分析一致，见 Orlansky and Thorpe, *73 Easting*, p. I‑51；在战场上确定摧毁了 374 辆伊拉克坦克和 404 辆装甲车辆，超过了在与伊拉克拦截力量对抗期间分配给该部队的空军战斗损失评估要求。他们的估计不包括麦地那师和第 52 装甲师（在第 3 装甲区外），并高估了空袭造成的伤亡，因为他们把所有飞行员报告都当真了。采用伊拉克自己关于第 52 装甲师和第 12 装甲师的空袭报告与 GWAPS 的报告，以及 GWAPS 对真主师和麦地那师师空中消耗数据，第 3 装甲师的分析意味着伊拉克人在封锁区域至少有 727 辆现役坦克和 572 辆现役装甲车辆。还要注意的是，阿德南师虽然名义上也参加了战斗，但由于其积极抵抗的证据较少，因此已被排除在上述总数之外，参见 Atkinson, *Crusade*, pp. 465－466。

① Blumenson, *Breakout and Pursuit*, pp. 30, 700；Playfair, *Mediterranean, vol. 3*, p. 220；Playfair and Molony, *Mediterranean*, *Vol. 4*, pp. 9－10, 78, 290, 334；F. W. von Mellenthin, *Panzer Battles* (1956; reprint New York：Ballantine, 1984), pp. 63, 111；Addington, *Patterns of War*, pp. 187, 197；Cordesman and Wagner, *Lessons of Modern War*, pp. 15, 18。

② 引用两个极端的历史事例：在 1967 年的阿以战争中，阿拉伯联军的 2250 辆坦克摧毁了以色列的 300 多辆坦克。而在 1944 年 7 月中旬，拥有 320 辆坦克的德国军队击溃了在古德伍德行动中拥有 400 多辆坦克的英国和加拿大部队。当然，这是一个粗略的比较，但对于 2 月 24 日的伊拉克装甲师来说，类似结果意味着多国部队的装甲车辆损失可能在 160 辆到 5125 辆，而实际总共只损失了 15 辆坦克和其他 25 辆装甲车。关于 1967 年的数据，参见 Cordesman and Wagner, Lessons of Modern War, vol. 1, pp. 15, 18；关于古德伍德行动，参见本书第六章；关于多国部队坦克损失，参见 Title V, p. xiv；关于 M1 坦克与布雷德利坦克损失的比例，见 Kindsvatter, "VII Corps," p. 17。

并没有伤亡这么多人，这种结果很难仅仅用空袭导致伊拉克人装备损失或意志力丧失来解释。[①]

多国部队优越的地面技术

另一种观点认为，红外探测仪、新型装甲、稳定的 120 毫米火炮和贫铀弹，使美国地面部队能够近距离和精确打击伊拉克装甲部队，并阻止了其有效回击。[②] 但是，如果只用技术优势来解释伤亡率如此之低的原因，那是否意味着在没有这些技术的情况下，近距离作战的多国部队应该会损失惨重呢。

但事实并非如此。多国地面部队的技术差别很大，但损失却大致相同。例如，两个美国海军陆战师的主要装备是 20 世纪 60 年代的 M60A1 坦克，但未装备红外探测仪、120 毫米火炮、贫铀弹，或类似陆军 M1A1 那样的复合装甲，然而，海军陆战师损失的坦克要比陆军损失的少，尽管他们遭受到伊拉克重型师的攻击，并进行了还击。[③] 事实上，在一些最激烈的战斗

144

---

① 正如 *GWAPS* 所说："具有讽刺意味的是，在战争期间以设备损失作为轰炸损坏评估的关键指标，并无任何直接决定性作用。伊军的坦克、装甲运兵车或火炮的潜力远未用尽。"（Summary Report，p. 117）亦见 Biddle，"Victory Misunderstood，" pp. 149 - 152; Daryl Press，"The Myth of Air Power in the Persian Gulf War and the Future of Warfare，" *International Security* 26，2（Fall 2001），pp. 5 - 44。

② 参见 Atkinson，*Crusade*，pp. 443 - 448，467; USNWR，*Triumph without Victory*，p. 409; Scales，*Certain Victory*，pp. 364 - 367; Daryl Press，"Lessons from Ground Combat in the Gulf: The Impact of Training and Technology，" *International Security*，21，2（Fall 1997），pp. 137 - 146.

③ 注意，海军陆战队的损失在绝对数量和作为总力量的比率上都较低（尽管陆军和海军陆战队的损失都很低）：SASC，pp. 79 - 80; USMC BAT，pp. v，15. 还要注意的是，配备了 M1A1 的陆军旅（"虎"旅）是为了支持海军陆战队的进攻，但大部分的作战活动都是由海军陆战队的 M60A1 承担的：USMC BAT，p. A - 2。

中，海军陆战队甚至都没有使用 M60 坦克，而是使用轮式轻型装甲车，例如那些在布尔甘油田（Burqan oil field）抵抗伊拉克反击的装甲车。[①] 此外，陆军本身部署了数千辆具有轻型装甲的 M2 和 M3 布雷德利战车，而英军则派出了数百辆类似的轻型勇士（Warrior）运兵车，所有这些车辆都广泛地参与了近距离战斗，却很少遭受损失。[②]

其次，关于地面技术的解释意味着，装备相似的对手之间在战斗中会产生大致相似的结果。然而，在位于莫哈德沙漠（Mohave Desert）的陆军国家训练中心（National Training Center），装备有 M1A1 的美军部队和装备了（模拟的）T72 的假想敌（或"对手部队"）之间进行了数百场战斗，几乎总是装备有 T72 的假想敌部队获胜。[③]

---

① SASC，pp. 66–68；Molly Moore，*A Woman at War：Storming Kuwait with the U. S. Marines*（New York：Charles Scribner's Sons，1993），pp. 239–241，245–248；Gordon and Trainor，*The Generals' War*，pp. 363–368。

② 或者，地面部队的关键技术有时被描述为优越的夜间作战装备，这将适用于陆军的 M2s、M3 以及 M1 坦克，参见 Scales，*Certain Victory*，pp. 366–367。然而，海军陆战队轻型装甲车和大多数海军陆战队 M60 坦克缺少热瞄准器——陆军曾借给海军陆战队一小部分具有更好夜视设备的 M60A3，但绝大多数海军陆战队缺少这些装备：Moore，*Woman at War*；p. 200；Title V，p. 747；Gordon and Trainor，*The Generals' War*，p. 359。这种缺少并未给海军陆战队造成更大的损失。

③ 特别相关的例子，见 Lt.（P）John A. Nagl，"A Tale of Two Battles：Victorious in Iraq，an Experienced Armor Task Force Gets Waxed at the NTC，" *Armor*（May–June 1992），pp. 6–10；关于国家训练中心（NTC）和驻地记录，见 Anne Chapman，*The Origins and Development of the National Training Center，1976–1984*（Ft. Monroe，VA：Office of the Command Historian，U. S. Army Training and Doctrine Command，1992），pp. 89–90；Bolger，*Dragons at War*。

多国部队战区数量优势

通过极端的高战区兵力对比或非常低的战区兵力密度来解释战争历史上的低伤亡率，也就隐含了若进攻方不具备数量优势，那么在其与防御方发生对抗时，会产生更高的攻击损失率。但事实上并非如此。

例如，在麦地那岭（Medina Ridge），一个共和国卫队旅在 10 千米以内的战线上进行了一场有准备的阵地防御，以应对规模大致相同的攻击。[1] 标准的西部防御前线的旅级规模部队分布为 10 ~ 20 千米（约是麦地那岭的两倍），而兵力相等通常被认为是一种非常不利于进攻方的兵力对比。[2] 然而，麦地那旅在没有造成美军伤亡的情况下，被正面攻击消灭了。2 月 26 日，真主机械师的第 29 旅拥有 150 多辆装甲车，却被一支只有其规模 1/4 的进攻部队摧毁，伊拉克人只击毁了美军 41 辆坦克中的 4 辆，且没有造成任何美军士兵伤亡。[3] 在东线 73 战役，真主机械师的第 18 旅在 15 千米的战线上进行了有准备的阵地防御，且只受到了较小规模部队的攻击，然而，防御方在失去自身几乎所有装备之前，只摧毁了进攻方 68 辆装甲车中的 1 辆。[4] 虽然战区力量对比和兵力密度可能对伊军非

---

[1] Gordon and Trainor, *The Generals' War*, p. 407；USNWR, *Triumph without Victory*, p. 380.

[2] 关于正面战场上限，参见 GEN Galvin, "Conventional Arms Control," p. 103，对上限，假设三个旅并排分布在加尔文地区最大的分区战线上。关于下限，参见 Mearsheimer, "Numbers, Strategy," pp. 174 – 185，并假设两个旅位于前部。

[3] Scales, *Certain Victory*, pp. 267 – 270.

[4] 东线 73 项目数据库。

145　常不利，但在许多关键战役中本地的不平衡问题要少得多——然而，多国部队的伤亡人数并未增加。[①] 如果优势是主要的原因，就无法解释这一现象。

新理论

相比之下，新理论足以解释大量积极抵抗的伊拉克装甲车辆在空袭中幸存的现象，也能相当令人信服地说明为何装备较差的海军陆战队同装备精良的第 7 军一样在战斗中损失不大。同时，与在当地占据数量优势的多国部队能够通过正面进攻突袭伊拉克人密集防线的预测是一致的。这是因为，新理论在解释战斗结果时十分重视兵力部署的核心作用。伊军的兵力部署，使其暴露在美军各式武器最大的杀伤力之下，而美国军队部署兵力的方式则限制了伊军利用自己火力的能力。在这种情况下，武器的性能如何并不是最重要的，关键是不能暴露在火力之下。同样，数量上的不平衡也不重要，重要的是能否有效地保护自己的士兵，使其有足够长的时间发挥作用。

然而，尽管在新理论中，技术和数量优势的因果关系并没那么强大，但两者也都是重要的。新理论和传统理论都认为，先进的美国技术是解释美国历史上前所未有的低伤亡率的必要条件。[②] 但是，在新理论中，科技所发挥的作用是非常不同

---

① 其他例子，见 Pearce, *Shield and Sabre*, pp. 102, 110。

② 如新闻"地面战斗中的教训"认为技术或兵力部署都足以解释"沙漠风暴"的损失率，但两者都不是必需的。新闻界进一步认为，伊拉克的兵力部署与以前的阿拉伯军队没有根本的不同，但是，如果不找出一些前所未有的原因，就无法解释史无前例的损失率。按上述理论，多国部队的技术是前所未有的因素。尽管还不够，但与兵力部署的互动是必需的。

的，这与1991年实际战斗中的细节更为一致。在传统理论看来，先进的技术既可以在地面战争开始之前就消灭了伊拉克的抵抗力量，也可以在地面作战中不费吹灰之力地击溃伊军，因为伊军已无招架之力。空战之后仍有大量幸存的伊军有能力抵抗多国部队的地面攻击，这与前者相矛盾；拥有轻型装备的多国部队的地面部队激战后才取得彻底成功，这与后者相矛盾。

相比之下，在新理论中，科技的进步更加彰显了兵力部署的影响：非现代军事体系的兵力部署使目标暴露，从而使先进的技术充分发挥其自身价值，目标越暴露，技术对其惩罚的力度就越大。此外，在任何方面都可以利用暴露状态。例如，缺少掩护和隐蔽，使得T72容易受到M1A1的攻击，尽管前者的有效射程远远超出后者。技术和兵力部署的相互配合可能更加复杂。例如，伊拉克小型的观察分队不能独立运作，从而使T72在没有战术性警告的情况下，被部署在主要的防御战线上；这在任何技术层面都是有害的，但对于能够持续却无法精确打击的飞机来说，它具有新的意义。伊军洞悉这一点，知道此类车辆是空中攻击的目标，因此他们合理地减少了车辆上的人员配备，减少了值班的车辆，并且更加倚重战术警告，以便在开始地面进攻的情况下，让更多的战斗人员进入坦克和装甲车。由于警告没有及时发出，结果在攻击的时候，车辆中无人防守的比例很高，这是为躲避空中打击而致。这反过来有助于装备轻型武器的海军陆战部队通过正面进攻消灭伊拉克剩余的装甲部队。伊拉克未能让独立的小规模部队有效运行，使他们在空中和地面技术的联合攻击中十分脆弱。空袭本质上起到抑制的作用——它诱导伊拉克采取保护性手

146

段，削弱了其还击的能力，虽然未能直接消灭他们，却能降低其作战的有效性。伊军未能实施现代军事体系，这使他们暴露在多国部队现代军事体系联合作战的新变化中，美国的新航空技术更加剧了双方地面兵力部署不对称的影响。

多国部队伤亡率的其他解释

对数量优势和技术的分析，与一些最常见的对多国部队低伤亡率的解释相矛盾。但是，还有其他三个解释需要进行简短的论述。

"机动战" 和 "左勾拳"

一些人认为，多国部队的 "左勾拳" 战术是通过迂回，在伊拉克人的侧面攻击伊军，迫使他们打了一场准备不充分的机动战，从而造成了很低的伤亡率。① 但事实上，与共和国卫队交手的关键战役采取的是一种正面进攻的形式，进攻的方向正是伊拉克人在建立阻击阵地时所预料到的。② 美国第 1 步兵

---

① 见 Freedman and Karsh, *The Gulf Conflict*, p. 437; Friedman, *Desert Victory*, pp. 235, 246, 252 – 253; Blackwell, *Thunder in the Desert*, pp. 220 – 223; Summers, *On Strategy II*, pp. 155, 265.

② 见 Swain, "Lucky War," pp. 244, 246。许多组成这些行动的个人行为也是简单的正面攻击。例如，伊拉克在东线 73 的防御工事，是应对来自西方的攻击。第 2 装甲骑兵团的前进轴是一条几乎从正西到正东的直线：Krause, *73 Easting*, pp. 1 – 15; Orlansky and Thorpe, *73 Easting*, pp. I – 121 to 136；东线 73 数据库。诺福克战役、麦地那岭战役和巴丁河战役也是直接的正面攻击：Scales, *Certain Victory*, pp. 267 – 270, 282 – 284, 292 – 300; Gordon and Trainor, *The Generals' War*, pp. 407 – 408; Atkinson, *Crusade*, pp. 465 – 467; USNWR, *Triumph without Victory*, pp. 377 – 386。

师意图明确地对伊拉克在沙特边境的防御进行了正面攻击。[①]
此外，整个海军陆战队的进攻是对萨达姆防线直接、正面的渗透，其面对的是伊拉克各重型师在后方的主要战斗阵地。[②] 然而，正如人们所看到的，如果将侧翼机动解释为造成历史上最低伤亡率的关键因素，那为何正面进攻方也都没有遭受重创呢。

伊军的不足

另一些人则将其归因为伊军的技能不足和士气低落。[③] 伊拉克军队的士气显然远弱于多国部队，伊军在战术和兵力部署方面犯了许多严重的错误。不过，这些错误只是这一历史事件的一部分，无法单独解释历史上的低伤亡率。

用这种方式来解释历史上前所未有的战果，就意味着在此前的任何一场战争中都不曾有如此严重的技能不平衡。多国部队的伤亡率还不到以色列在六日战争中的 1/10，也低于英国 1941 年在北非对意大利军队的战争，或者低于 1982 年英国皇家海军对阿根廷军队的行动。[④] 与 1991 年多国部队和伊拉克军

147

---

① Scales, *Certain Victory*, pp. 224 – 232; Gordon and Trainor, *The Generals' War*, pp. 379 – 380, 382 – 383.

② 见 Gordon and Trainor, *The Generals' War*, pp. 341, 358。

③ 见 John Mueller, "The Perfect Enemy: Assessing the Gulf War," *Security Studies* 5, 1 (Autumn 1995), pp. 77 – 117; Michael J. Mazarr, Don M. Snider, and James A. Blackwell, Jr., *Desert Storm: The Gulf War and What We Learned* (Boulder: Westview, 1993), pp. 113 – 117, 177 – 178; Jeffrey Record, *Hollow Victory* (Washington, DC: Brassey's, 1993), pp. 6, 135; Pardew, "The Iraqi Army's Defeat," pp. 17 – 23; Moore, *Woman at War*, e. g., pp. 224, 275 – 276, 292, 302。

④ Cordesman and Wagner, *Lessons of Modern War*, vol. 1, pp. 15, 18; vol. 3, pp. 255 – 256, 261, 267; Bruce, ed., *Harbottle's Dictionary*, p. 232。

队的技能差异相比，这些军队之间的不平衡更为明显。① 在每种情况下，进攻方在人员素质和士气方面都有很大的优势，但进攻方的损失从来没有低到1991年这场战争的程度。考虑到这一点，更有可能的是，技能和士气只是更大图景中的一部分。

原因的线性结合

新理论提供了一种解释，即在更大的图景下讨论兵力部署和技术相互作用的效应。但这一相互作用真的有必要吗？现有史学中一个简单的、非交互的线性组合原因又是怎样的呢？事实上，很多文献都含蓄地提供了这样一种情况：引用多个原因，通过一系列单一原因和单一效应的单变量论证来处理它们的影响，然后将这些变量论证串联起来，形成一个多元的线性解释。

这能提供一个满意的数值结果吗？也许能，但它在逻辑和经验上面临着许多困难和障碍。从定义上讲，没有理由指望原因的线性组合能产生超过单个部分总和的结果。然而，用于解释沙漠风暴行动的各种单独部分的总和非常巨大。多国部队的伤亡率远低于以往任何的胜利者，即使是在一边倒的历史战役中。要解释1991年与1967年或1982年战争中的伤亡率数量级的差异，根据相关原因的线性组合就需要一系

---

① 事实上，尚没有系统地努力去证明1991年的技术差异在历史上是非常大的。相反，例如穆勒，他暗示伊拉克人的无能是以前中东战争中其他战败军队的典型（"The Perfect Enemy"，第79页）。虽然这看起来似乎是合理的，但将伊拉克人的无能作为对历史上前所未有结果的解释，是极其困难的。

列的因素，或者至少需要有一些起到巨大作用的因素。然而，现有的每一种解释都与历史记录严重不符。例如，1991年和1967年战争中进攻者伤亡率的差异，可参照如下原因的线性组合：

- 1991年空中打击的效果（或不抵抗）

- 1991年地面战的技术

- 部队的技能或战斗动机

- 多国部队在数量上的优势

分析认为，在1991年的伊拉克战争中，后三种优势是1967年阿拉伯战争中的四倍多[①]——尽管事实是

- 多国部队的地面技术在战场上各不相同

- 1967年阿以之间在技能/士气失衡方面可以说与1991年的情况相同或近似

- 1991年的许多关键性战役都是在没有明显本地数量优势的情况下进行的。

148

---

① 1967年，拥有2250辆坦克的阿拉伯部队摧毁了约300辆以色列坦克；1991年，伊拉克部队在遭受空袭后仍至少有600辆坦克和600辆装甲车辆保存完好，但多国部队只损失了15辆坦克和25辆其他装甲车辆。即使我们认为没有以色列对阿拉伯车辆造成的空袭消耗，结果也意味着防御装甲的杀伤力至少是四倍［即（2250／300）／（1200／40）］，这一定会被解释为1967～1991年地面技术、技能、士气或数量不平衡的差异所致。当然这是一个粗略的比较，例如，装甲车以外的武器也可以摧毁坦克。但是，如果考虑使用非装甲车辆的反坦克武器，这可能会增加上述后三种影响的差异，因为这种武器的效能自1967年以来一直在增加（使得伊拉克人无法摧毁超过40辆的盟军装甲车更令人惊讶）。当然，如果我们减少1967年阿拉伯坦克的总量来反映空袭消耗（与上述1200辆伊拉克残余坦克数字更为接近），或者假设伊拉克装甲车辆残余量比上述给定的下限更大，那么结果将再次提高性能上的差异。关于1967年的研究结果，参见 Cordesman and Wagner, *Lessons of Modern War*, vol. 1, pp. 15, 18。关于1991年的数据，见上文讨论。

显然，尚未针对所引用的影响因素给出充分的解释力。相比之下，新理论提供了一个充分的解释，而所需的影响因素即可提供因果解释的证据，至少其与现在已知的战争行为是一致的。虽然多元的线性解释也有其意义，但它比新理论所提供的解释要薄弱许多。

结论和意义

因此，沙漠风暴行动为新理论提供了重要且有利的验证，也是对传统观点的最大且不利的验证。与米切尔行动和古德伍德行动不同，用艾克斯坦的话来说，沙漠风暴行动并不是关键的案例；然而，这是当代国防辩论中一个特别重要的案例，其过程追踪对各自理论的有效性产生了清晰和不同的影响。航空技术的解释意味着在地面战争开始之前，伊拉克的抵抗能力已被消除，但是，当第 7 军和海军陆战队第 1 师和第 2 师于 2 月 26 日与伊拉克共和国卫队及陆军重型师交战的时候，伊拉克幸存的 600～2000 辆坦克和 600～2100 辆其他装甲车辆参与了主动反击。地面技术的解释认为，美军的红外探测仪、复合装甲、120 毫米口径的火炮和贫铀弹的优势，使其伤亡率为历史上最低水平，但不具备这些优势的海军陆战队，也没有遭受大的损失。优势理论将之归因于多国部队在人员上的数量优势，但是，在具体的交战地区，人数并不很占优势的战斗产生的结果，与那些人数上更占优势的地区的作战结果相差无几。

相比之下，新理论将沙漠风暴行动中极低的伤亡率归因于兵力部署和新技术的结合：现代军事体系的进攻对抗非现代军事体系的防御，以及20世纪后期以美军为首的多国部队的各种先进武器的运用，产生了一个空前低的伤亡率，尽管部署在多国部队主要攻击轴线的伊军尝试抵抗。新理论的解释比其竞争对手——传统理论更能描述战争行为的许多细节，尽管每个理论都预测了成功突破，但这一案例仍然为新理论提供了决定性的证据。

　　同时，这一结果也为我们提供了利用理论来阐明一个重要案例的机会。事实证明，关于海湾战争的标准解释对美国的国防政策和西方军事思想的发展方向有着极深刻的影响。此处所研究的新理论表明，传统理论是危险的、不健全的，而这反过来又给国防政策和未来战争以非同寻常的启示，我将在第十章对这一主题进行回顾。

149

第八章
统计检验

现在，从小样本案例分析法转向大样本统计分析。较之案例研究而言，统计分析方法有许多优点，包括更强的外部效度以及对概率和偶然事件更为系统的处理分析。然而，统计分析法也有一些缺陷。在我看来，最重要的就是数据的可用性。新理论关注兵力部署，但政治科学却系统地忽略了它在战争中的作用。因此，在此方面尚无规范的数据库可供使用。[①] 此外，即使标准数据也有质量和范围不均的问题。因此，单独来看，大样本检验难以成为充分的测试。

这并不是说有意义的统计检验不能实现，或者说它不能提供重要的洞见。但就目前而言，大样本的检验只能是间接性的，只有结合其他方法的检验结果，才能很好地审视其结果。

"间接检验"不是基于对关键变量的直接观察，而是基于这些变量对其他被观测到变量的推断效果。在天文学中，太阳系外行星就是被间接发现的：因其在现有天文望远镜中过于小

---

① 我对兵力部署的界定是可以测量的，参见第五～七章。然而，没有适当的大样本数据库。

和暗而无法被发现，其存在是从那些可观测恒星的重力效应中推断出来的。① 在我看来，标准数据库中并未包含对兵力部署情况的观测，但新理论预测的兵力部署会对这些数据库中的观测变量产生特定的影响。这种推断与传统理论相悖，这使得在没有明确兵力部署数据的情况下，验证此类对立的理论成为可能。直接检验本应更理想，尤其是这样做可以将兵力部署分离出来，作为影响观测结果变化的唯一因素，不过间接检验也可提供有价值的信息。

　　事实上，我将在下面论证，对现有数据间接检验的结果与新理论的一致性远高于传统理论。我用以下五个步骤来论证。首先，对数据库的优势和劣势进行讨论，同时探讨扬其所长，避其所短的分析策略；其次，结合现有数据库，推出两种理论各自可验证的假说；再者，探讨用以验证上述假说的特定统计方法；然后，给出结果并进行评估；最后，通过评估两种理论各自的应用有效性而得出结论。

150

数据库

　　尽管不算完美，但仍有两个数据库可以用于达成本研究的目的。其中，密歇根大学战争相关指数数据库（Correlates of War，COW）收录了 1815～1992 年发生的所有国家间战争的情况，并提供了每场战争中双方各国的军事支出、服役部队、

---

① Ron Cowen, "Searching for Other Worlds," *Science News* 148（November 18, 1995）, pp. 332 ff.

经济产出、人口、人员伤亡、战争持续时间和胜负结果的信息。[1] 美国陆军的 CDB90 数据库（CAA Database of Battles 1990）收录了 1600~1982 年间所发生的 660 场战争，提供了大量关于战争双方部队实力、武器数量、前线、战斗持续时间、挺进纵深和伤亡人数，以及突袭、士气、后勤等主观评价指标等方面的信息。[2] 由于此处所述理论的适用范围限于 20 世纪和 21 世纪初期，所以我仅使用了各数据库中 1900 年以后的数据，包括 COW 数据库中的 46 场战争和 CDB90 数据库中的 382 场战争。[3]

在这两个现有数据库之外，我还编辑了包括二战后 1956~1992 年间 16 场武装冲突技术水平的有限数据库。这些军事技术数据由国际战略研究所《军事平衡》系列的武器数量推导得出，并提供了攻防双方主战坦克、战斗机及对地攻击机引入日期的加权平均值（即附录定义的 τ_A、τ_B 值）。[4]

优势和劣势：COW

COW 数据库的优点是详尽，其内容囊括了相关时期内发生的所有战争。它也是在国际政治学中被最广泛使用的数据库之一，这使其准确性和有序性得到严格的学术检视。不过，由于其文件出处不明，对其中单个数据的分析会有问题。COW

---

[1] COW 数据库。

[2] Helmbold, Rates of Advance, CAA – RP – 90 – 04.

[3] 原始的 CDB90 数据库包含 20 世纪的 419 场战争，这里清除掉 37 个重复计数的数据，因而纳入了 382 条数据（见下文）。

[4] 数据来自作者，有关文档参见第二章。

数据库也缺乏明确的军事技术或持有武器的信息，这使它在验证军事能力的相对技术优势理论时并无多大用处。[①]

在我看来，COW 数据库最大的缺陷是它的分析单元，新理论关注军事行动层级（战术级），而 COW 数据库是按战争层级编制的。这给战场－战术层面的军事能力分析造成了严重的混淆。例如，战损比被定义为进攻伤亡人数与防御伤亡人数的比率；而在长期作战中，双方中的每一方都在某些行动中是进攻方，而在其他行动中是防御方。在 COW 数据库中，计算战争发起方总损失与其对手总损失之比时，其分子和分母都是战地进攻损失和战地防御损失的合并值，这就很难在军事行动（战术）或更低层级，将结果归因于进攻和防御自身的特性。[②]区分进攻方和防御方是所有关于 COW 数据库的测算所面临的相似难题（比如进攻方损失率或防御方损失率）。[③]

151

优势和劣势：CDB90

相比之下，CDB90 的优势在于其关注战斗而非战争，其

---

① 相比之下，系统性技术理论可以通过将时间作为技术进步的替代变量，使用 COW 数据进行检测：见下文。一些使用军人人均开支作为衡量作战单位级"技术水平"的数据来源于 COW 数据库；但是，本人认为这是不恰当的。因此，本人使用明确的 MILTECH 数据进行此类评估，而不是以人均支出作为替代变量。

② 但是，请注意，COW 数据库中的大多数战争都是短暂的；在短暂的战争中，双方发动总攻的情况并不像长时间多转折点的冲突那样普遍。例如，COW 数据库中 20 世纪战争所需时间的中位数只有 5.1 个月；只有 1/3 的战争时间超过 9 个月。在不能排除来自 COW 分析单位的偏倚的情况下，其规模和重要性也不清楚。

③ 在战术及其以下层级中，很难掌握能力理论；而在战略层面，传统理论可以直接使用 COW 进行分析（见第二章）。

对攻防双方的划分更符合新理论。① CDB90 也提供了一些关于持有武器、进攻前线方面的内容，并提供了更为宽泛的军事指标（特别是领土的占领和损失的指标）。其较大的样本量（这里有 382 条数据，而 COW 数据库仅有 46 条）具有更强的统计效能，因而可以进行精细的效应分析。

　　当然，CDB90 数据库也有一些无法忽视的缺点。即便拥有 n = 382 的样本量，它也只是相关时期内所发生的所有战争中的一小部分。事实上，该数据库并未呈现全部战争的情况：COW 数据库纳入了 20 世纪的 46 场战争，而 CDB90 数据库只纳入了其中的 18 场。而且，这个样本的产生既不是随机选取，也不是采用明确、完善的标准进行筛选的。这造成美国、德国和以色列三国的战例占据了过多的比例：在 382 个战例中有147 个涉及美国（或为进攻方或为防御方），217 个涉及德国，70 个涉及以色列。全部收录战例中的 85% 涉及这三国中的至少一国。

　　这个数据库也缺乏一致的分析单元：其纳入的战例范围小到连营级战术行动，大到方面军总攻。这给研究工作造成了一些潜在的风险。首先，即便不考虑技术、优势和兵力部署，由于分析单元大小的不同，许多军事行动结果的指标会存在差异。考虑伤亡率时，由于连营几乎全部由参战士兵构成，并在

---

① 这个分析单位也符合大多数传统理论的逻辑，默认战略性结果是战术性和战役性结果简单叠加的前提：例如，坦克在战略层面被认为具有攻击性，是因为它们有助于战术层面的攻击：Jonathan Shimshoni, "Technology, Military Advantage, and World War I," *International Security 15*, 3, (Winter 1990/91), pp. 187 – 215. 对于传统理论，战役和战争观察结果的一致性是需要验证的。

一次军事行动中常常全部暴露在敌方火力之下，若是在开阔地带被围困，他们可能遭到全歼。相比之下，集团军中大量的后勤保障人员一般不会暴露在敌方火力之下。此外，集团军中所有营在同一时间参与激烈战斗的情况非常罕见，在任何时候，其中总会有一些营，不是在休整就是被部署在远离军事要点的地区。因此，由于作战单位的规模及其参加战斗人员的占比起到关键作用，即便在重大战斗中，对于大规模编组的部队而言，其每日伤亡率一般也只有几个百分点，而对小规模作战单位而言其伤亡率则很可能过半。[1] 若使用 CDB90 数据库的伤亡率作为因变量，必须控制分析的层级或使用更低的交换比例（它能自然地控制分析层级）。其次，数据库计算单元的不均一性可能导致重复计算。例如，1997 年防务研究所在一次对数据的审核中发现，在其收录的 20 世纪战争数据中，相同的战斗在同一数据库中被记录多次的情况达到了 12%，也就是说，一些战斗在大部队层级被记录一次后，在大部队下属的小部队层级又被记录了一次。[2]

最后，CDB90 数据库的单个数据质量，就其本质而言不如 COW 数据库可靠。美国陆军战争学院军事历史研究所（U. S. Army War College Military History Institute）、美国陆军军事历史中心（U. S. Army Center for Military History）、美国陆军作战研究所（U. S. Army Combat Studies Institute）和美国军事

152

---

[1] George Kuhn, *Ground Forces Battle Casualty Rate Patterns* (McLean, VA: Logistics Management Institute, 1991), LMI FP703TR3.

[2] 此项数据核对在作者指导下实施；作者用于记录的备忘录中可以提供相关凭证。

学院历史系（U. S. Military Academy's Department of History）在 1984 年对最初版本的 CDB90 数据库进行了审核。审核中随机抽取了 8 场战斗，每场战斗有 159 项指标。在 159 项指标中有 67% 被发现存在错误，还有 18% 被认为"存疑"。随后，陆军在 1986 年和 1987 年对数据库中已知的错误进行了修正，而其余未知的错误还无法确证。① 通过进一步的分析，这里对 1990 年版的 CDB90 数据库与前述米切尔行动和古德伍德行动案例研究档案中推导出的数值进行了对比，同时还与美国、英国官方历史中提取的 9 项数值进行了对比。② 对比的结果并不一致。就米切尔行动的数据和 9 项源自官方历史的指标而言，

---

① *Combat History Analysis Study Effort（CHASE）: Progress Report for the Period August 1984 – June 1985*（Bethesda, MD: U. S. Army Concepts Analysis Agency, 1986）, CAA – TP – 86 – 2, pp. I – 2; Trevor Dupuy, *Analysis of Factors that have Influenced Outcomes of Battles and Wars*（Dunn Loring, VA: Historical Evaluation and Research Organization, 1984）, CAA SR – 84 – 6, Vol. 1; also John Mearsheimer, "Assessing the Conventional Balance: The 3：1 Rule and ItsCritics," *International Security 13*, 4,（Spring 1989）, pp. 54 – 89 at 65 – 67. Cf. Joshua Epstein, "The 3：1 Rule, the Adaptive Dynamic Model, and the Future of Security Studies," *International Security 13*, 4,（Spring 1989）, pp. 90 – 127 at 104 – 106; Michael Desch, "Democracy andVictory: Why Regime Type Hardly Matters," *International Security 27*, 2,（Fall 2002）, pp. 5 – 47. Desch, however, incorrectly rejects all uses of CDB90 on grounds of statistical inefficiency（p. 40）. 偏倚损害结果的正确性，但低效则不会。从无错误数据中提取的有效估计值显然很好，不过只要不存在偏倚，即使存在大量噪声数据，也能得出重要的启示，特别是当在噪声数据干扰下，结果仍然能获得统计学意义时，就如此处一样。正如 Desch 指出，没有理由认为这些数据中存在偏倚。

② 后者数据来源：I. S. O. Playfair, *The Mediterranean and Middle East*（London: Her Majesty's Stationery Office, 1954 – 1960）, vol. III, 1960, pp. 383 – 384, 391, map 39; David M. Glantz, *From the Don to the Dnepr*（London: Cass, 1991）, pp. 225, 230（Glantz 并不是官方的历史学家，他作为历史学家被美国陆军雇用，他的成果至少具有相当的权威性）。

CDB90 数据库的数据是高度精确的：CDB90 数据库中 20 项指标中的 19 项（占 95%）与官方数值的差异低于 20%，其中 13 项指标的差异低于 10%。但另一方面，就古德伍德行动的数据而言，CDB90 数据库的指标并不怎么可靠：13 项指标中只有 5 项指标与官方数值的差异在 20% 的范围以内，有 5 项指标的差异在 50% 以上，有 2 项指标完全无法在官方信息中找到。期望数据库中的指标与二手文献能够完全符合是一件不现实的事——由于无法确认计算标准的差异，以及其他不明的前提条件差异，两项二手历史文献中的各项指标能达到完全一致的情况十分罕见。但是，古德伍德行动数据的差异更像是源于错误，而非计算标准的不同。无疑，在 CDB90 数据库中确实存在错误，其错误率很难估计，但影响很大。

优势和劣势：MILTECH

这个新数据库的主要优点在于，只有它的数据可以反映 20 世纪战争中特定武器的技术水平。相比之下，CDB90 数据库虽然提供各类武器（比如坦克、火炮、飞机等）的数量，但是不能提供这些坦克、火炮或飞机的生产厂商、型号或是技术水平。而 COW 数据库未提供任何武器或装备的明确信息。

MILTECH 数据库的缺点在于其着眼的范围仅限于战争层面而非战斗层面，而且其使用的指标不够精确。二手历史文献极少提供单个军事行动中所持武器的厂商与型号。而国家层级的数据库有时会提供更多的细节，但在可靠的二手文献中得到系统全面记录的只有二战后的战例。除了大型跨国档案研究，这些缺陷使新数据库仅限于 1956 年（国际战略研究所开始做《军事平衡》系列报道）以来爆发战争的国家层面的资料数据，这对样本量 n 和分析单元均造成了限制。如第二章所述，此处所用 τ_R 和 τ_B 是最好的衡量技术水平的简略指标。虽说它们是目前可供使用的最好指标（如果技术水平的二分类指标具有潜在的显著效应，那么这种简略的指标也就具有较强的说服力），但其显然远未达到理想的程度。

消弭不足与发挥优势

这些数据库无法用于确定性分析，但每个都能给予一定程度的启示。为了得到最多的启示，同时避免被误导的风险，这里采用四项策略。

第一，尽可能使用多个数据库来处理相同的假说。尽管任何一个现有数据库都可能存在由错误数据得出错误结论的不足，而由多个缺陷不同且来源不同的数据库同时得出相同错误结论的概率要小得多。多个数据库分析如同多种方法分析，可以在一定程度上弥补单个数据库分析造成的不足。

第二，通过对攻守双方国籍的哑变量处理，对 CDB90 数据库中美国、德国和以色列比例过高的问题进行控制。[1]

---

[1] Dan Reiter 和 Allan Stam 没有使用哑变量，而是随机地为每个战争中的每个国家选择单个数据点，并剔除剩余的数据，从而为 CDB90 中的各国创建具有相等代表性的子集："Democracy and Battlefield Military Effectiveness," *Journal of Conflict Resolution 42，3，* (June 1998)，pp. 259 - 77。然而，这大大降低了数据库中的信息量（他们侧重于单方面而非双方面的战斗，并包括整个 1600 ~ 1982 年的时间段，筛选前样本量 n 为 1094；筛选后样本量 n 仅有 82），并造成未解决的样本差异问题。相比之下，使用哑变量保留了更大的样本量 n，保留了数据中的更多信息，且不存在数据库原始构造中固有的抽样问题。

第三，删除了 CDB90 数据库中所有的重复计数，并对米切尔行动和古德伍德行动中的错误数值进行了修正。[①] 所有分析工作都基于这些已经修正的数据。[②]

第四，更看重统计结果的相对说服力，而不是拘泥于统计显著性本身。测量误差会使最小二乘法回归系数发生趋于零的偏倚，并造成标准误差估计量的增高。[③] 如果 COW 数据库或 CDB90 数据库中存在大量的测量误差，无论是验证新理论还是验证传统理论，都会减少发现各类显著统计相关性的可能。而这又会降低阴性结果的证据价值：如果统计分析显示没有相关性，可能是因为真的没有，也可能是因为数据中的噪音使真实存在的关联性变得无法测得。[④] 不过，结论可靠性中的相对差异也有证据价值。[⑤] 在噪声相同的背景条件下，如果一个理论比另一个得到更强支持，这种说服力差异是一个重要的有效性指标；即便由于噪声数据的影响，无法用统计学的非显著性标准彻底否定另一种理论。在有噪声数据的情况下，即便结果具有统计学显著性，也须给予特别注意。测量误差本身并不能

---

① 原始数据库中 419 个数据点中的 50 个被重复计算，删除与子单元相关的 37 项，留下了 382 次的战斗数据。

② 数据可从作者处获得。

③ 假设因变量和自变量的测量误差是不相关的：Potluri Rao and Roger Miller, *Applied Econometrics* (Belmont, CA: Wadsworth, 1971), pp. 179 - 184。

④ 然而，即使非常强的伤亡效应也会淹没在噪声数据之中。因此，第二章里军备的实证失败本身就很重要，因为军力很大程度上归因于军备本身。尽管如此，无效结果在有实质测量误差情况下的影响要比没有实质测量误差情况下的弱。

⑤ 在没有证据支持测量误差系统性地偏向某种理论的情况下，这一点显然是对的。由于这些数据显然不是按照新理论来收集的（数据甚至不考虑其主要的解释变量），似乎没有理由假设编录人员对数据进行了系统的误测，以适应其条件。

否定结果的显著性；相反，一种足以克服噪声数据影响而展现出来的强相关关系尤其值得观察研究。

假说

根据两种理论不同的内涵，推导关于损失交换比（Loss-Exchange Ratios，LERs，进攻方伤亡数与防御方伤亡数之比）、夺取领土面积和战斗持续时间的相关假说，并将上述三项分别作为兵力比、兵力/空间比、总体技术水平和相对技术优势的函数，如表8－1所示。

表8－1　假说

	伤亡数 （COW、CDB90、Miltech）	攻占领土 （CDB90）	战事持续时间 （CDB90）
数量优势 （FFR）	**传统理论** 1a. 损失交换比随FFR值非线性降低 2a. 效应强于国家变量	**传统理论** 3a. 获益随FFR值增加 4a. 效应强于国家变量	**传统理论** 5a. 如进攻方获胜，战事持续时间随FFR值下降 6a. 效应强于国家变量
	新理论 1b. 损失交换比随FFR值上升 2b. 效应弱于国家变量	**新理论** 4b. 获益随FFR值增加，但效应弱于国家变量	**新理论** 5b. 战事持续时间随FFR值增加 6b. 效应弱于国家变量

续表

	伤亡数 （COW、CDB90、Miltech）	攻占领土 （CDB90）	战事持续时间 （CDB90）
数量优势 （FSR）	**传统理论** 7a. 损失交换比随FSR值非线性降低 8a. 效应强于国家变量	**传统理论** 9a. 获益随FSR值下降 10a. 效应强于国家变量	**传统理论** 11a. 战事持续时间随FSR值非线性增加 12a. 效应强于国家变量
	新理论 8b. 损失交换比随FSR值上升，但效应弱于国家变量	**新理论** 10b. 获益随FSR值下降，但效应弱于国家变量	**新理论** 11b. 战事持续时间随FFR值下降 12b. 效应弱于国家变量
技术 （系统）	**传统理论** （进攻-防御理论） 13a. 损失交换比随坦克的大量使用而下降 14a. 损失交换比随对地攻击机的大量使用而下降 15a. 损失交换比随火炮的大量使用而上升 16a. 损失交换比随时间周期波动 17a. 损失交换比与时间是常数方差 18a. 不同时期之间的变量大于同一时期内变量	**传统理论** （进攻-防御理论） 19a. 获益随坦克大量使用而增加 20a. 获益随对地攻击机的大量使用而增加 21a. 获益随火炮的大量使用而下降 22a. 获益与时间是常数方差	**传统理论** （进攻-防御理论） 23a. 战事持续时间随坦克的大量使用而减少 24a. 战事持续时间随对地攻击机的大量使用而减少 25a. 战事持续时间随火炮的大量使用而增加 26a. 战事持续时间与时间是常数方差

续表

	伤亡数 （COW、CDB90、 Miltech）	攻占领土 （CDB90）	战事持续时间 （CDB90）
技术 （系统）	**新理论** 13b. 在坦克大量使用的条件下损失交换比不变 14b. 在对地攻击机大量使用的条件下损失交换比不变 15b. 在火炮大量使用的条件下损失交换比不变 16b. 损失交换比不具有时间周期性 17b. 损失交换比的方差随时间而增加 18b. 不同时期之间的变量小于同一时期之内的变量	**新理论** 19b. 在坦克大量使用的条件下获益保持不变 20b. 在对地攻击机大量使用的条件下获益保持不变 21b. 在火炮大量使用的条件下获益保持不变 22b. 获益方差随时间而增加	**新理论** 23b. 在坦克大量使用的条件下战事持续时间保持不变 24b. 在对地攻击机大量使用的条件下战事持续时间保持不变 25b. 在火炮大量使用的条件下战事持续时间保持不变 26b. 战事持续时间越久方差越大
技术 （二元）	**传统理论** 27a. 损失交换比随攻击方对防御方技术优势的加大而下降 **新理论** 27b. 损失交换比随进攻方对防御方技术优势的加大而下降，但方差大于斜率	无法利用 CDB90 数据进行分析	无法利用 CDB90 数据进行分析

由于关键变量不能直接测量，这里在假说和相关分析中提出三个开展分析的前提。第一，假定浅纵深防御相对于大纵深防御的概率，以及高风险进攻相对于低风险进攻的概率，不随时间的发展而发生系统性变化：在任何给定时期，一些防御纵深浅而其他纵深较大，一些进攻风险高而另一些风险低。因此，在不同时期各国兵力部署选项的统计分布具有恒定方差。[①] 第二，由于没有关于武器种类或型号的数据，假定时间可以代表技术水平，即越是近期的冲突其技术水平也越高。第三，假定兵力部署与军事优势没有太大的关系。总的来说，这些开展分析的前提强调兵力部署并不是物质资源的附带结果。正如第三章所述，各国兵力部署的决策受政治、社会和制度因素差异的影响，通常不表现为对物质资源的确定性最优配置。[②] 虽然无法直接观察到这类兵力部署的情况，但为达成大样本分析的目的，这里仍假定其与技术水平或军事优势的相关性很弱。

兵力优势理论与新理论

基于这些假设，兵力优势理论与新理论之间存在十二个明显的分歧。首先，兵力优势理论中最完备的兰切斯特平方律认

---

① 请注意，这并不意味着随着时代的发展仍有一个恒定的均值。例如，自 20 世纪以来，所有军队的防御深度可能都有所增加，尽管没有消除国家之间的差异，而这些国家会在当时的平均水平上下选择相对较少或相对较多的防御纵深。

② 请注意第五～七章所述案例研究中次优兵力部署（即非现代军事体系）的频率。

为 LER 值和 FFR 值应成反比（假说 1a）。[①] 相比之下，新理论则指出 LER 值应该随着 FFR 值的增加而增加，而不是减少（假说 1b）。[②]

第二个主要分歧是关于 LER 对 FFR 的相对敏感性和国家之间的横向差异。兵力优势理论认为兵力的数量对比是军力的核心决定因素；这也就意味着 LER 值对数量对比（FFR）的变化更为敏感，而在 FFR 值相同的条件下，其对作战时的国家差异不那么敏感（假说 2a）。相比之下，由于新理论认为 LER 值对兵力部署非常敏感，并将兵力部署作为军队作战单位层级的属性，因而新理论认为 LER 值在不同国家之间会有很大差异（假说 2b）。[③]

第三个和第四个分歧是关于领土取得。兵力优势理论认为攻占的领土应随 FFR 的增加而增加，攻占领土对 FFR 值的变化具有显著的敏感性，而在 FFR 值相同的条件下，对作战的

---

① 更具体地说，从基本的兰切斯特差分方程可以看出，进攻方对防御方的损失交换比（dR/dB）将由下式给出：

$$\frac{dR}{dB} = \frac{bB}{rR}$$

（其中，R 是红方射手的数量，B 是蓝方射手的数量，b 表示每单位时间内每个蓝方射手杀死红方射手的人数，r 表示每单位时间内每个红方射手杀死蓝方射手的数量），R/B（FFR）是非线性下降：Lanchester, *Aircraft in Warfare*。

② 这可以从附录的等式 20 和 21 中看出。根据上述假设，从新理论推导的所有假说都假定持续的兵力部署。

③ 参见第三章"为什么兵力部署有变化"中的讨论。

国家差异不那么敏感。① 相比，新理论虽然认同，在其他条件相同时，随 FFR 值的增加，攻占的领土也将增加，但其认为兵力部署具有更强的效应，而且在很大程度上与 FFR 值没什么实质关系。② 这也就意味着，新理论认为攻占领土对参战主体的差异比对 FFR 值本身的变化更为敏感（假说 4b）。

第五和第六个分歧是关于战事持续时间的。兵力优势理论认为，在进攻方胜利的情况下，战斗持续时间会随 FFR 值的增高而出现急剧的非线性下降（假说 5a），其对 FFR 值更为敏感，而在相同 FFR 值条件下对参战国家的差异不那么敏感（假说 6a）。③ 相比之下，新理论认为对所有的 R/B 而言，战事持续时间随着 FFR 值（即具有 R/B）④ 的增高而延长，并对

① 例如，官方战区作战模型通常认为攻占领土与 FFR 成正比。这里不包括定义兵力部署的国家性差异：参见 Battilega and Grange, eds. *Military Applications of Modeling*, pp. 104 – 120; Rex Goad, "The Modeling of Movement in Tactical Games," in Reiner Huber, ed., *Operational Research Games for Defense* (Munich: R. Oldenbourg, 1979), pp. 190 – 214。

② 这可以从附录的等式 18 中看出。

③ 例如，兰切斯特平方定律意味着战事持续时间 d 将由下式给出：

$$d = \frac{1}{2\sqrt{rb}} \log \left(\frac{B\sqrt{b} + R\sqrt{r}}{\left| B\sqrt{b} - R\sqrt{r} \right|} \right)$$

渐近线为 $\frac{R}{B} = \sqrt{\frac{b}{r}}$，因为 $\frac{R}{B} > \sqrt{\frac{b}{r}}$ 随着 $\frac{R}{B}$ 递减；$\frac{R}{B} > \sqrt{\frac{b}{r}}$ 是平方定律中进攻方的胜利条件（即完成战斗的最小 FFR 值，消灭蓝方而不是红方），因此对于足以胜利的进攻方优势，战事持续时间随优势的增加而呈非线性下降。相反，平方定律的战事持续时间在进攻方被击败的情况下随 FFR 的增加而呈非线性增加（即 $\frac{R}{B} < \sqrt{\frac{b}{r}}$，$d$ 将随着在 $\frac{R}{B}$ 递增）。Karr, *Lanchester Attrition Processes*, p. 6，战斗结束时间被定义为失败者被歼灭的时间。

④ 这可以从附录的等式 17 看出。

157 国家差异比对 FFR 值更敏感（假说 6b）。[1]

第七和第八个分歧主要是关于 FSR 和 LER 间的关系。一些认同兵力优势理论的学者假设存在一个 LER 阈值，或称成功防御的最小部队密度。一旦超过这个阈值，防御方将握有很大的优势；如果低于这个阈值，防御将极其困难。[2] 因此，LER 值应随着 FER 值增加而非线性增加（假说 7a）。与之前类似，认同兵力优势理论的学者会认为，军事优势（此处以 FER 表示）比兵力运用对 LER 的影响更为显著（假说 8a）。与之相对，虽然新理论认为在其他条件不变的情况下，LER 值会随 FSR 值的增加而增加；但新理论还认为兵力部署发挥的作用更大，兵力部署可能在很大程度上与 FSR 并不相关。也就是说，新理论认为，参战方的差异比 FSR 对 LER 的影响更大（假说 8b）。[3]

第九和第十个分歧是关于攻占领土。如果低 FSR 值不利于防御，而高 FSR 值有利于防御的话，那么，随着（防御方）FSR 的增高攻占的领土也会减少，攻占领土在更大程度上受 FSR 值的影响，而这种影响大于在 FSR 值相同时国家差异对攻占领土的影响（假说 10a）。与之相对，虽然新理论承认在其他条件不变的情况下，如果 FSR 值上升攻占领土也会减少，但它也认为，参战国的差异对攻占领土的影响比 FSR 值的差异要更大（假说 10b）。

第十一和第十二个分歧是关于战争的持续时间。关注兵

---

① 参见第三章"为什么兵力部署有变化"的讨论。

② 参见第二章。

③ 依照基于上述假说 2b 的逻辑。

力－空间比率的传统理论认为，只要 FSR 值高于防御下限就
会导致消耗战（事实上，由于否认了进攻方有快速突破的机
会，存在认为高 FSR 值有助于防御成功的理论预设）。[1] 因此，
战事持续时间应随着 FSR 值的增高而非线性地增加（假说
11a）。如果兵力优势是军力的核心决定因素，那么 FSR 值的
变化对战事持续时间的影响更为显著，而在 FSR 值相同的条
件下，参战国的差异对战事持续时间的影响就没有那么显著
（假说 12a）。另一方面，新理论则认为战事持续时间会随 FSR
值的增加而缩短（假说 11b）。[2] 而且，与伤亡人数和攻占领土
的情况相同，与 FSR 的变化相比，参战国的差异对战事持续
时间的影响要更为显著。

系统技术（进攻－防御理论）与新理论

攻防理论和新理论在十四个主要方面存在差异。

前六个方面涉及人员伤亡。进攻－防御理论认为，诸如坦
克和对地攻击机这样的进攻性武器作为主导的程度越高，进攻
方消灭防御方的代价就越低，进攻方对防御方的损失交换比 LER
也就越低（假说 13a 和 14a）。而当火炮这样的防御性武器成为主
力的程度越高时，进攻方的 LER 值也越高（假说 15a）。[3]

关于这些武器在不同历史时期的应用情况，进攻－防御理
论也有主张。一般认为武器型号紧随技术创新浪潮，因而只有
在一轮技术创新的时期内，坦克在冲突中成为相对主力的条件

158

---

① 参见 Mearsheimer, *Conventional Deterrence*, pp. 181 – 183。

② 这可以从附录的等式 17 看出。

③ 参见第二章。

下，才会引起 LER 值的降低。当跨越多个技术创新波次，随进攻性技术与防御性技术交替占据主导地位，LER 值会发生周期性的上升和下降。尤其是在 19 世纪末和 20 世纪初，步枪、机枪和速射炮带来了防御优势的局面；而随着坦克和对地攻击机技术的成熟，20 世纪中叶出现了进攻优势的局面。核武器和精确制导反坦克武器的出现则在 20 世纪末抵消了这种进攻性优势。1999 年凡·埃弗拉（Van Evera）的周期分析得出了详细的 LER 值，如下[①]：

- 1872～1918 年的高于 1919～1945 年的（假说 16.1a）
- 1919～1945 年的高于 1946～1972 年的（假说 16.2a）
- 1946～1972 年的低于 1973～1992 年的（假说 16.3a）

在特定时期内，战争的平均 LER 值应随时期上下波动，但是 LER 值的方差在各个时期应保持大致恒定。对攻击－防御理论而言，跨时期方差的显著增加表明，某些非时间相关的变量可能存在特定的错误。因此，在考虑时间的情况下，LER 值的方差应当是恒定的（假说 17a）。

最后，进攻－防御理论把进攻和防御的相对优势作为系统性变量：虽然各个国家的武器拥有量有所不同，[②] 但并没有显著性差异，更大的问题是特定时期可供所有国家使用的普遍技术知识水平。[③] 这也就意味着，不同技术时期之间的差异，应大于任何特定时期不同国家之间的差异。

---

① Stephen Van Evera, "Offense, Defense, and Causes of War," *International Security* 22, 4 (Spring 1998), pp. 5–43.
② 因此，假说 13a–15a 可以检验。
③ Lynn Jones, "Offense-Defense Theory," p. 668.

相比之下，新理论认为，系统技术变革的主要影响是逐渐增加的杀伤力，与任何特定武器型号的主导没有太大关系。因此，LER 值应与坦克、飞机或火炮本身的出现无关（假说 13b，14b 和 15b）。[①] 这又意味着对 LER 值而言不应存在有意义的周期性，任何时期平均指标值的差异应该仅源自偶然性（假说 16b）。另外，新理论预期各个战争指标值的方差随时间变化而发生系统性变化。本书认为随技术的不断进步，进攻成功和失败的程度都会增加，但不会影响进攻成败的相对频数（这一点由兵力部署所决定）。而这就意味着 LER 值的方差会随时间系统性增加（假说 17b）。[②] 由于新理论认为作战单位级的兵力部署至关重要，本书认为在任何特定技术时代，不同国家之间进攻和防御相对优势的差异，应大于时代之间的差异（假说 18b）。

接下来的四个可观察到的差异是关于攻占领土的，这一点与上述损失交换比的情况大体相似。[③] 传统的进攻－防御理论认为，武器越是富于进攻性，攻方就越有可能配置和维持更多

159

----

① 注意，在正式模型中没有任何特定的武器类型变量（见附录）。

② 没有初步的理由预期双方兵力部署之间的差异未随时代的发展而系统性下降。新理论假设的方差增加，见图 4－1；LER 也显示出类似的增加。相反，传统的攻防理论关注技术变革产生的单方面影响：新技术将所有结果转移到一个方向——如果技术是进攻性的那么就对进攻方有利，如果不是就对防御方有利。这个逻辑暗示了平均结果的系统性长期变化，但是随着时代的发展，无论在同时代内还是跨时代间，方差并未发生系统性的变化。

③ 主要的区别在于，本书没有对攻占领土或战事持续时间的周期性或跨时期与同时期的差异假设进行检验。对于伤亡，周期性假设允许使用 COW 数据库检验攻防理论，尽管 COW 数据库不包含特定的武器数量：不同的时期被当作坦克、飞机和火炮持有情况的替代指标。然而，由于 COW 数据库缺乏这些因变量，所以无法通过 COW 数据库来检验攻占领土和战事持续时间假设。因此，没有理由考虑攻占领土或战事持续时间的周期性；这种检验对假说19～21 和假说23～25 中关于武器类型的主张来说是多余的。

的地面进攻人员。因此，要夺占领土就应该提升坦克（假说19a）和对地攻击机（假说20a）的配置，并减少火炮的配置（假说21a）。[1] 而在攻占领土的过程中，LER 只是个常量（假说22a）。与之相对，新理论认为，攻占领土的过程中，LER值与坦克、飞机或火炮无关（假说19b、20b 和21b）[2]，但其方差会随时间的流逝而增加。[3]

此外，与上述情况相似，关于战争持续时间，进攻－防御理论和新理论还存在四个显著差异。进攻－防御理论认为，武器越具有进攻性，进攻方击败防御方的速度越快，事实上，传统理论界定武器的攻击性在很大程度上依据武器平台的速度和快速接近目标的能力。[4] 因此随着坦克（假说23a）和对地攻击机（假说24a）成为战场主力，战争持续时间会缩短；随着火炮（假说25a）成为战场主力，战争持续时间会延长。[5] 与损失交换比和攻占领土的情况相似，随着时间的流逝，战争持续时间应该是个常数（假说26a）。与之相对，新理论认为战争持续时间与坦克、飞机或火炮的大规模应用应该没有关系（假说23b，24b 和25b）。[6] 相反，随着时间的流逝，战争持续时间的方差呈现出增加的趋势。[7]

---

① 参见第二章。

② 注意，在正式模型中没有具体的武器类型（见附录）。新理论的确认为成功运用机动性和大纵深打击能力（在有坦克和飞机的条件下）将增加攻占的领土，但这种效应只能在获得突破的情况下达成，而这种情况并不常见。参见第三章。

③ 按照上文假说17b 提出的逻辑。

④ Glaser and Kaufmann, "Offense-Defense Balance," pp. 62 – 63.

⑤ 参见第二章。

⑥ 注意，在正式模型中没有任何具体的武器类型（见附录）。

⑦ 按照上文假说17b 提出的逻辑。

二元技术与新理论

二元技术理论和新理论有许多分歧，但仅有一个在现有数据中可以观察到。将 COW 数据库与关于技术水平的新数据库合并后，就可以观察到 LER 值随着进攻方相对技术优势而变化的情况。[1] 这是二元技术理论的核心观点，也就是说 LER 值会随着进攻方技术优势的增加而降低（假说 27a）。新理论也认同在其他条件不变的情况下，LER 值会随着进攻方技术优势的增加而降低的观点，并将其视为由各国兵力部署差异外生的二次效应。在新理论看来，任何 LER 值的下降仅与相关数据呈弱相关（假说 27b）。[2]

统计方法

数据的性质和本章的观点需要运用一系列的统计方法，包括：基于对数变换的最小二乘法回归分析、风险分析、方差分

---

[1]　如果检验理论局限在战术或战斗层级并区分进攻与防御，战争（COW 数据库）而非战斗（CDB90 数据库）的 LER 可能会被误导。因为，在长时间的战争中，一国在不同的时间段经常既是进攻方也是防御方（见上文）。然而，对于二元技术理论而言这是不成立的，因为二元技术理论不注重进攻和防御之间的区别：只有优秀的武器才能表现出优越的能力。即便是传统的进攻－防御理论仍然可以用战争层级的 LER 数据进行合理的检验（见第二章），因为传统进攻－防御理论的学者们明确地认为战争是适当的分析单位（参见 Glaser & Kaufmann）。按照理论自身的要求来检验理论是一种适当的途径。

[2]　考虑到 COW 数据库缺少攻占领土数据以及 CDB90 数据库缺少技术水平数据，关于攻占领土和战事持续时间的假说无法得到检验。虽然 COW 数据库包含战事持续时间的数据，但这些是关于战争层级而不是战斗层级，其战事持续时间显然会有很大不同；而新理论的主张仅针对后者。

160   析和非平稳方差的戈德菲尔德－匡特（Goldfeldt-Quandt）检验。

上述假说中有许多是关于连续变量之间的相关性及其显著性，如 LER 值是否随量化的军事优势指标而上升或下降；随着坦克主导战场，LER 值是否不变等。对于这些假说，回归分析是最有力的工具。普通最小二乘法（OLS）是最简单、最明确的回归分析方法，但需要变量具有正态分布的特征。然而，LER 和战争持续时间不可能取负值；攻占领土虽然可以取负值，但在 CDB90 数据库 382 个数值中有 373 个为零或为正值，这使数据偏离了正态性。

对于 LER 与攻占领土的数据，可以通过数学变换校正这些问题并提供一套正态分布数据。LER 是个大致以 1 为中位数且数值绝对为正的比率，而 log（LER）值服从均值为 0 的正态分布。对于攻占领土的数据，通过给数据库中每个值都加上该数据库中不为零的最小值，从而去掉其偏态性（建立数值绝对为正的变量）并进行对数变换。本章专门为 CDB90 数据库构建了如下模型，并对 LER 进行估算[①]：

$$
\begin{aligned}
\log(\text{LER}) = {} & \beta_0 + \beta_1 \log(FFR) + \beta_2 \log(FSR) + \beta_3 tkscap \\
& + \beta_4 sortscap + \beta_5 artycap + \beta_6 natID_1 + \beta_7 natID_2 \\
& + \cdots + \beta_{62} natID_{57} + \varepsilon
\end{aligned}
$$

$$[8.1]$$

其中，

---

① 当然，这个统计模型并不直接对应于附录中提出的正规模型，因为现有数据库中缺少很多后者所需的关键变量。作为替代，这个模型（包括在方程式 8.2 到 8.4 中提出的另外两个模型）基于现有数据中的可观察变量，对正规模型中的一些项目进行了间接检验。

FFR 是进攻方兵力对防御方兵力的比率[①]；

FSR 是防御方兵力与战场空间的比率（每一千米的兵力数）；

tkscap 是人均坦克的数量[②]；

sor，*tscap* 是人均对地攻击机的数量；

ar，*tycap* 是人均火炮的数量；

natID$_i$ 是在 CDB90 数据库中区分攻防双方的 57 个哑变量[③]。

关于攻占领土的情况，采用类似的模型进行估算：

$$\log(G + 28.3) = \beta_0 + \beta_1 \log(FFR) + \beta_2 \log(FSR) + \beta_3 tkscap$$
$$+ \beta_4 sortscap + \beta_5 artycap + \beta_6 bnbelow$$
$$+ \beta_7 rgtbde + \beta_8 div + \beta_9 corps + \beta_{10} army$$
$$+ \beta_{11} natID_1 + \beta_{12} natID_2 + \cdots + \beta_{67} natID_{57} + \varepsilon$$

[8.2]

其中，

G 是进攻方攻占的领土面积（千米）[④]；

bnbelow 是识别营级或营以下级别战斗的哑变量；

rgtbde 是识别团或旅级战斗的哑变量；

---

① 根据 CDB90 和 COW 中的可用数据，FFR 和 FSR 反映部队的数量优势。

② 人均武器数量是进攻方和防御方某种类型的武器总数除以进攻方和防御方的人数总和。数值越大说明该种武器的应用越普遍。为分开计算进攻方和防御方的武器数值，可能会模糊进攻 - 防御理论和兵力优势理论之间的界限：对于进攻 - 防御理论的学者来说，无论是进攻方还是防御方持有，坦克都是进攻性武器；分开计算进攻方和防御方的人均坦克数，可能反映的是双方装备的相对比重，而不是进攻防御态势。如这里所提到的，这些变量因而决定着进攻 - 防御理论对军力的解释。

③ 第 58 个配对组——第二次世界大战中美国进攻德国——被排除，以避免共线性。

④ 最小的数据是（-28.3）。

div 是识别师级战斗的哑变量；

corps 是识别军级战斗的哑变量；

army 是识别方面军级战斗的哑变量[1]；

注意，LER 本质为分析单元提供了自然控制，而攻占领土（战争持续时间）则没有。因此，有必要构建哑变量（营级及以下）对 CDB90 数据集中的因变量进行分析时的明确控制。

COW 数据库中不同的数据结构需要用不同模型对 LER 进行估算：

$$\log(\mathrm{LER}) = \beta_0 + \beta_1 \log(FFR) + \beta_2 1872\_1918 + \beta_3 1919\_1945$$
$$+ \beta_4 1946\_1972 + \beta_5 techedge + \varepsilon \quad [8.3]$$

其中，

1872 - 1918 是区分发生在 1872~1918 年间战争的哑变量；

1919 - 1945 是区分发生在 1919~1945 年间战争的哑变量；

1946 - 1972 是区分发生在 1946~1972 年间战争的哑变量[2]；

techedge 是进攻方对防御方的技术优势（年）[3]

相比之下，战争持续时间具有固定的非正态性。战争持续时间不能为负，且不像比率那样有中位数。因此，采用 OLS 回归分析是不恰当的。而风险分析可以代替 OLS 回归分析，

---

① 为避免共线性，不包括方面军及以上级别的哑变量。

② 为避免共线性，不包括 1973 年至 1992 年间战争的哑变量。请注意，CDB90 数据分析不需要反映时期的哑变量，因为 CDB90 数据库提供了明确的坦克、飞机和火炮数量。

③ 更正式的表达：$techedge = \tau_r - \tau_b$。

为战争持续时间的数据建立正确模型。[1] 就直观而言，风险模型估算一个事件在时间 t 结束的似然值，并以其作为一组自变量的函数。更具体说，风险概率 $h(t)$ 是假定某事件在时间 t 前尚未结束，当 Δt 趋向于 0 时，在区间 $t + \Delta t$ 内该事件结束的概率。有很多用来估算 $h(t)$ 的函数形式，考虑到现有数据，威布尔规范（Weibull specification）最为适用。因此，采用以下模型对战争持续时间进行估算：

$$h(t) = \lambda p(\lambda t)^{p-1} \qquad [8.4]$$

其中，

$$\lambda = e^{-\left[\begin{array}{l} \beta_0 + \beta_1 \log(FFR) + \beta_2 win + \beta_3 \log(FFR) \cdot win + \beta_4 \log(FSR) + \beta_5 tkscap + \beta_6 sortscap + \beta_7 artycap \\ + \beta_8 bnbelow + \beta_9 rgtbde + \beta_{10} div + \beta_{11} corps + \beta_{12} army + \beta_{13} natID_1 + \cdots + \beta_{69} natID_{57} \end{array} \right]}$$

其中，

t 表示战事持续时间（天）；

p 表示确定风险函数的估计参数；

win 表示进攻方获胜的哑变量[2]。

在这个模型中，持续时间由下式给出：

---

[1] 参见 Bennett and Stam, "Duration of Interstate Wars," pp. 239－257；William H. Greene, *Econometric Analysis*, 4th ed.（New York：Macmillan, 1999）, pp. 937－951。

[2] 虚拟变量 win 和交互作用项 log（FFR）win 被纳入刀切（jackknife）模型中，以检验兰切斯特模型相关预测，即战事持续时间在进攻方（"红方"）失败的情况下随 FFR 增加，而在进攻方获胜的情况下会随 FFR 降低。具体来说，兰切斯特模型预测意味着 $\beta_3 < 0$，$|\beta_3| > \beta_1$ 和 $\beta_2 > 0$。如不满足这些不等式的任何一个，都将导致与兰切斯特模型的预测不符。关于刀切模型，参见 Rao and Miller, *Applied Econometrics*, pp. 98－99。

$$E(t) = \left(\frac{1}{\lambda}\right)\Gamma\left[\left(\frac{1}{p}\right) + 1\right] \qquad [8.5]$$

最后，为评估假说 17、22 和 26 中变量时间的平稳性，同时考虑到异方差性的问题，采用 Goldfeldt-Quandt 检验[①]。由于各个假说关注的是原始数据异方差性的问题，而非回归方程中的误差，因而分析中的统计量 F 是高、低两组数据均数的和平方差的比率，而不是两组残差平方和的比率。

结果

分析结果汇总在表 8 – 2 ~ 表 8 – 7 中。

伤亡预测

表 8 – 2 给出了一组 CDB90 数据的 OLS 回归分析结果。在方程式 8.1 给出的基本模型基础上，本章给出了两个变形方程式，其中分别纳入了全部自变量集的两个子集：一个仅包含军备变量和常数，另一个仅包含区分国家差异的哑变量和常数。分析结果更倾向于支持新理论而非传统理论。

例如，在完整的模型中，无论是 log （FFR） 还是 log （FSR） 在通常水平上都不具有显著性，但是 log （FFR） 具有正向趋势，与新理论的预期一致，而与军事优势理论的预期相

---

① 关于 Goldfeldt-Quandt 检验，参见 Robert Pindyck and Daniel Rubenfeld, *Econometric Models and Economic Forecasts*, 2d ed. （New York：McGraw-Hill, 1981）, pp. 148 – 150。

左。① 因此，与传统理论相比，log（FFR）系数更符合新理论，虽然两者都未能完全达到统计学显著性水平。同样，无论是坦克还是对地攻击机的大规模应用，其相关指标也都不具有显著性，两者都呈现与系统技术理论预测趋势相反的情况。这就给出了否定系统技术理论而肯定新理论的证据。在五个装备变量中，只有火炮大规模应用的情况与传统理论的预测一致。

相反，作为作战单位层级兵力运用差异的替代性指标，所属国家的差异在分析中有较强的实质表现。一般认为，这些哑变量并非完美的替代性指标，不仅因为它们只是合并了作战单位层级的一些因素，而非文化、士气等兵力部署的因素；而且，因为它们不代表那些兵力部署范畴的特有因素。例如，埃及和叙利亚的军事学说，在很大程度上吸收了冷战时期苏联的战法，而且可能十分相似。因此，并不是所有哑变量都能在各方面代表兵力部署情况，这使得即便兵力部署是很强的决定因素，也不是所有哑变量都能对 log（LER）值表现出具有统计学显著性的影响。此外，许多哑变量反映的数据点极少：例如，CDB90 数据库中只包含三个关于德国军队在第二次世界大战中进攻法国军队的案例；两个关于德国军队在第一次世界大战中进攻美国军队的案例；两个俄国军队在日俄战争中进攻日本军队的案例；两个保加利亚军队在第一次巴尔干半岛战争

---

① 请注意，按假说 1a 到 7a，log（FFR）和 log（FSR）的公式假定 log（LER）和兵力优势之间为非线性关系。检验各种其他非线性和线性函数形式，包括（1/FFR）、FSR 的二次方以及原始 FFR 值和 FSR 值，但没有一个能显著改善结果。

163 中进攻土耳其军队的案例；以及一个约旦军队在 1967 年进攻以色列军队的案例。

表 8 - 2　采用 OLS 回归对伤亡指标 log（LER）的预测（CDB90 数据库）

因变量：log（LER） 自变量	完整模型	仅有军备	不含军备
常数	0.5773 （0.439）	0.3623 （0.484）	- 0.010 （0.090）
log（FFR）	0.2188 （0.174）	- 0.0430 （0.159）	
log（FSR）	0.1562 （0.123）	- 0.1227 （0.137）	
人均坦克数	2.9655 （6.777）	- 7.4998 （7.564）	
人均对地攻击机数	4.7780 （5.297）	- 4.1834 （6.544）	
人均火炮数	11.2232 （5.464）**	3.4223 （6.705）	
一战中美国与德国	（放弃）		0.122 （0.107）
二战中美国与日本	- 0.9707 （0.122）***		- 0.690 （0.119）***
美国与朝鲜	（放弃）		- 1.124 （0.174）***
一战中德国与美国	- 0.2783 （0.458）		0.062 （0.312）
二战中德国与美国	- 0.2450 （0.116）**		- 0.082 （0.125）

因变量:log（LER） 自变量	完整模型	仅有军备	不含军备
一战中德国与法国	（放弃）		0.119 （0.161）
二战中德国与法国	-0.9527 （0.469）**		-0.786 （0.432）*
一战中德国与英国	0.4842 （0.456）		0.028 （0.183）
二战中德国与英国	-0.1970 （0.164）		-0.015 （0.161）
一战中德国与俄国	-0.4444 （0.334）		-0.402 （0.195）**
二战中德国与苏联	-0.8716 （0.325）***		-0.754 （0.195）***
一战中德国与意大利	（放弃）		-1.173 （0.432）***
一战中法国与德国	（放弃）		0.198 （0.152）
一战中英国与德国	-0.2077 （0.461）		0.001 （0.156）
二战中英国与德国	0.3863 （0.119）***		0.448 （0.127）***
一战中英国与土耳其	0.3273 （0.326）		0.065 （0.161）
日俄战争中俄国与日本	0.4016 （0.456）		0.297 （0.312）
俄国与日本在满洲地区的 战争	0.6529 （0.329）**		0.506 （0.260）*

因变量:log（LER） 自变量	完整模型	仅有军备	不含军备
二战中俄国与日本	− 0. 7872 （0. 458）*		− 0. 546 （0. 432）
一战中俄国与德国	0. 2880 （0. 459）		0. 481 （0. 312）
二战中苏联与德国	0. 4171 （0. 327）		0. 157 （0. 129）
一战中俄国与奥地利	0. 3173 （0. 459）		0. 290 （0. 432）
一战中俄国与土耳其	（放弃）		− 0. 485 （0. 432）
1948 年以色列与埃及	（放弃）		− 0. 112 （0. 230）
1956 年以色列与埃及	（放弃）		− 1. 172 （0. 230）***
1967 年以色列与埃及	− 0. 7793 （0. 180）***		− 0. 754 （0. 174）***
1973 年以色列与埃及	− 0. 5826 （0. 180）***		− 0. 561 （0. 161）***
1948 年以色列与叙利亚	（放弃）		− 0. 499 （0. 432）
1967 年以色列与叙利亚	− 0. 4377 （0. 275）		− 0. 672 （0. 195）***
1973 年以色列与叙利亚	− 0. 4470 （0. 191）**		− 0. 345 （0. 183）*
1982 年以色列与叙利亚	（放弃）		− 0. 574 （0. 432）***

续表

因变量:log（LER） 自变量	完整模型	仅有军备	不含军备
1948 年以色列与约旦	（放弃）		− 0. 163 （0. 312）
1967 年以色列与约旦	− 0. 0943 （0. 200）		− 0. 026 （0. 195）
1973 年以色列与伊拉克	− 0. 2755 （0. 465）		− 0. 291 （0. 432）
1967 年以色列与巴解组织	− 1. 0597 （0. 459）**		− 1. 046 （0. 432）**
1967 年埃及与以色列	0. 7561 （0. 330）**		0. 841 （0. 312）***
1973 年埃及与以色列	0. 2225 （0. 218）		0. 384 （0. 195）**
日俄战争中日本与俄国	− 0. 3291 （0. 243）		− 0. 290 （0. 230）
日本与俄国在满洲地区的战争	− 0. 2864 （0. 462）		− 0. 114 （0. 312）
二战中日本与美国	0. 7563 （0. 480）		0. 890 （0. 312）***
二战中日本与英国	− 0. 2638 （0. 465）		− 0. 291 （0. 432）
巴尔干半岛战争中塞尔维亚与土耳其	（放弃）		− 0. 391 （0. 260）
一战中塞尔维亚与奥地利	（放弃）		− 0. 300 （0. 432）
巴尔干半岛战争中保加利亚与土耳其	− 0. 2581 （0. 455）		− 0. 182 （0. 312）

因变量：log（LER） 自变量	完整模型	仅有军备	不含军备
俄国－波兰战争中波兰与俄国	（放弃）		− 0. 427 （0. 312）
一战中意大利与奥地利	（放弃）		0. 223 （0. 167）
西班牙内战中意大利与西班牙	（放弃）		− 0. 003 （0. 432）
二战中芬兰与苏联	（放弃）		− 0. 856 （0. 432）**
一战中奥地利与塞尔维亚	（放弃）		0. 286 （0. 432）
一战中奥地利与意大利	（放弃）		0. 049 （0. 312）
一战中奥地利与俄国	0. 0729 （0. 249）		0. 092 （0. 230）
1948 年叙利亚与以色列	（放弃）		− 0. 507 （0. 312）
1973 年叙利亚与以色列	0. 2886 （0. 189）		0. 392 （0. 183）**
1973 年伊拉克与以色列	0. 9611 （0. 467）**		0. 964 （0. 432）**
1967 年约旦与以色列	0. 6116 （0. 463）		0. 663 （0. 432）
朝鲜与美国	（放弃）		0. 504 （0. 260）*
北越与南越	（放弃）		（放弃）

因变量:log（LER） 自变量	完整模型	仅有军备	不含军备
调整后的 r^2	0.45	− 0.01	0.45
N	215	215	376
F	5.39 ***	0.48	6.56 ***

注：数字表示 OLS 的回归系数，括号里面的数表示标准差。

$* p < 0.10$，$** p < 0.05$，$*** p < 0.01$ 双尾检验。

因此，即便名义上的影响很大，相应哑变量也不大可能显示出统计学意义。即使新理论是正确的，也不是所有哑变量都能具有统计学意义；如果没有统计学意义，这一理论将蒙受重大打击。事实上，在完整模型分析中，35 个可能具有统计学意义的哑变量中，有 13 个没有达到显著性水平，这可能是因为它们代表的数据点过少：在这些无统计意义的哑变量中，有 80% 的变量只代表了 7 个或更少的数据点。[①]

反映国家差异的哑变量，其效应的强度也超过传统理论的军备变量。表 8 - 2 给出了二战中美国军队进攻德国军队（哑变量，因此作为参考基准）log（LER）的预测值，以及 1967 年以色列军队进攻埃及军队 log（LER）的预测值，在保持其他变量相同的条件下，前者是后者的四分之一强（1.4 对 − 4.1）。这比去除全部火炮的效应还要大得多，或者相当于

---

① 纳入国家差异的哑变量和军备变量之间的完全交互项，将造成过高的自由度，但为了评估有意义的交互可能性，本章实施了一些限于单个进攻 – 防御配对组的数据点分析。结果频繁给出众多不同的军备系数估计值，但其中极少具有显著性意义。

FSR 减少超过 2000% 的效应。事实上，此处凡是具有统计学显著性的哑变量所能带来的影响，均超过军备方面的相对差异所能带来的影响。[①]

为深化对这一观点的认识，对两项基本 log（LER）函数模型中的差异进行探讨：在其中一个模型中，所有关于国家差异的哑变量都被去除，只留下传统理论关于军备的变量；在另一个模型中，关于军备的变量被去除，只留下哑变量。在去除哑变量的条件下，模型的预测效能大幅度下降。完整模型校正的 r^2 值为 0.45，F 值为 5.39；而去除哑变量的模型 r^2 值只有 -0.01，F 值也仅为 0.48；在后一个模型中，没有一个变量在通常水平上具有统计学意义。此外，如果去除关于军备的变量，并不会引起模型统计效能的显著变化。事实上，如果不计算数据库中缺失的某些军备变量，就可以纳入更多的战争样本，使样本量 n 增加，从而使统计量 F 值得到改善，并使得哑变量的数量，从完整模型中的 35 个增加到无军备指标模型中的 56 个，同时使得具有统计学意义的哑变量从 13 个增加到 22 个。

综上所述，表 8-2 的结果否定了传统理论对 FFR（假说 1a 和 2a）、坦克（13a）、对地攻击机（14a）、FSR 相对重要性以及国家差异对 log（LER）影响效应等方面的预测，仅支持了其对火炮效应的预测（假说 15a）。就 FSR 的影响而言（假

---

① CDB90 中 FSR 的最小值为 40.5；人均最低火炮为零。与其他变量一样，将 FSR 设置为 40.5 并将人均火炮设置为零，会导致 log（LER）从 0.15 降低到 -0.21；在所有其他变量均相同的条件下，第二次世界大战期间德军进攻美军 log（LER）的预测值（绝对值最小的哑变量具有统计学显著性）为 -0.59。（FSR 和人均火炮数符合传统军事理论预测趋势，而人均火炮数是其中唯一的军备变量，对此变量的敏感性分析是有意义的）。

说 7a），结果对传统理论的否定性较弱，虽然评估系数的趋势符合预计，但不具有统计学意义，这可能是由于数据中噪声的影响。相比之下，新理论在关于坦克（假说 13b）、对地攻击机（假说 14b）、国家差异的相对优势以及 FFR（假说 2b）等方面的预测，得到了结果的支持。新理论关于 FSR 和国家差异相对重要性的观点也得到了结果的支持；虽然关于 FSR 优势效应的预测具有正确的趋势，但还不具有统计学意义（假说 8b）。尽管评估系数存在趋势但没有达到统计学显著性水平，因而该结果在一定程度上否定了新理论关于 FFR 对 LER 效应的论断（假说 1b）。只有在火炮的指标上，新理论遭到了否定（假说 15b）。

表 8－3 给出了用 COW 和 MILTECH 数据库进行 OLS 回归分析的结果。公式 8.3 模型的三种情况如下：其中之一仅使用 COW 数据评估 FFR 和进攻－防御时期变量对 log（LER）值的影响；另一种使用合并的 COW/MILTECH 数据分析 FFR、进攻－防御时期变量和相对技术优势变量的效应；在最后一种情况中，FFR 和进攻－防御时期变量被排除，仅对双方技术优势进行分析。[①]

分析结果基本不支持传统理论。三个模型中的变量都没有达到通常意义上的显著性水平。在包括了 log（FFR）指标的两个模型中，log（FFR）的趋势与传统理论预测相反（但与新理论的预测一致）。仅在不纳入控制变量的条件下，进攻方

---

① 鉴于 MILTECH 的覆盖范围有限，只能区分 1946～1972 年和 1973～1992 年的差距；1973～1992 年的哑变量被舍弃以避免共线性问题。

技术优势指标才表现出合乎理论的趋势；当 FFR 和进攻 - 防御时期的指标被纳入分析中，就会得出与相对技术理论预测相反的结论。

表 8 - 3　采用 OLS 回归对伤亡指标 log（LER）的预测结果（COW 数据库）

因变量：log（LER） 自变量	模型 1	模型 2	模型 3
常数	0.057 （0.151）	0.063 （0.200）	- 0.164 （0.165）
log（FFR）	0.095 （0.085）	0.321 （0.231）	
1872 ~ 1918 年	- 0.270 （0.188）		
1919 ~ 1945 年	- 0.315 （0.193）		
1946 ~ 1972 年	- 0.326 （0.204）	- 0.698 （0.313）	
进攻方技术优势		0.001 （0.050）	- 0.023 （0.050）
校正 r^2 值	0.02	0.20	- 0.06
N	51	15	15
F	1.22	2.18	0.21

注：数字表示 OLS 的回归系数，括号里面的数表示标准误差。
$*p < 0.10$，$**p < 0.05$，$***p < 0.01$ 双尾检验。

虽然不具有显著性，但三个代表攻防时期的哑变量表现出了预测的相对趋势：1919 ~ 1945 年比 1872 ~ 1918 年更有利于进攻（即产生较低的 LER）；1946～1972 年比 1919～1945 年更有利于进攻。不过，所有的时期都比 1973～1992 年更有利于进攻（被排除的哑变量），这与进攻－防御理论对 1919～1945 年和 1946～1972 年这两个时期的预测一致。大多数传统理论的学者认为，1872～1918 年这一时期确定无疑是防御占据优势的典型，与 1973～1992 年这一时期相比，LER 应该更高而非更低。此外，第一和第三模型的校正 r² 值极低，且三个模型的统计量 F 均不具有显著性。因此，此处传统理论的分析结果没有给出实质性的证据，其预测结果被 FFR 的伤亡效应（假说 1a 和假说 2a）、进攻防御周期性（假说 16.1a，假说 16.2a 和假说 16.3a）和相对技术优势（假说 31a）所否定。这也就支持了新理论的相反预测（假说 1b，假说 2b，假说 16b 和假说 31b）。对 FFR 值，系数的趋势正如新理论的预测，虽然并未达到统计学显著性水平，并出现了微小的矛盾，但仍比传统理论更具优势。①

　　通过 COW 数据库 LER 数据的单因素方差分析，对系统技术理论的战斗结果周期性特征进行了分析，结果如表 8－4 所示。如果战斗结果由主流技术跨时代的系统性变化所驱动，那么不同时期之间的方差应该比同一时期内作战单位之间的方差要大。此外，如果作战单位兵力部署的方差是更重要的决定因素，那么应该得到相反的结果。

168

---

① 可以确定系统性技术变量不具有显著性，因为这里新理论和传统理论的预测结果之间存在显著性差异。对 FFR，两种理论预测结果符号相反。因此，即使系数的显著性略低于通常水平，能够预测正确趋势的理论比没给出趋势的理论要更有意义。

表 8 – 4   基于 1872 ~ 1992 年的战争数据库对假设 18 的
方差分析 （a 为 0.1 时的 F_{crit}）

方差来源	SS	df	MSF	P-value	F crit
组间方差	0.11	30.04	0.14	0.94	2.20
组内方差	13.43	49	0.27		
总方差	13.54	52			

结果显示，与同一技术时期内作战单位之间的方差相比，不同技术时期之间的方差要大得多：组内方差达到组间方差的 100 多倍。[①] 这表明相对技术优势对伤亡有着更大的影响，且比假说 16.3a 中按时期分组的系统技术有着更大的影响。[②] 因此，结果否定了假说 18a （传统理论观点） 并支持了假说 18b （新理论观点）。

攻占领土预测

表 8 – 5 给出了用 CDB90 数据对攻占领土指标进行 OLS 回

---

① 该发现对这里采用的特定时期是不敏感的，这些现有数据中没有哪个时期会在实质上改变结果。

② 当然，并不是所有相同时代的差异都可归因于兵力部署。一些时期内和跨越时期的差异是由于非系统性的随机因素，而不是技术或兵力部署；而且，至少有一些在同时代的系统性因素可以归于非兵力部署相关的作战单位层面的影响。结果强烈地表明，系统性技术对 LER 的影响力较弱，某些作战单位级因素（一个或多个）在发挥强大的作用（当随机效应也会起作用的跨时期差异程度较小时，非系统性随机效应不太可能导致全部或大部分相同时期内的差异）。迄今为止，唯一关于能力的作战单位级理论强调兵力部署，因而与系统性技术和传统理论相比，这些结果更支持该理论，但结果不能将兵力部署作为导致相同时期内高差异性的唯一一作战单位级的因素。这种限制是固有的，因为现有大样本数据中没有任何兵力部署或技术水平的数据。观察这些变量的影响直接要求小样本的事后或事前模拟技术，如第五 ~ 七章和第九章所示。

归分析的结果。在公式8.2的基本模型基础上，本章再次给出两种分别对两个变量子集进行分析的情况：其中一种仅纳入军备变量、分析水平的控制变量及常数；另一种仅纳入区分国家差异的哑变量、分析水平的控制变量及常数。同样，结果更倾向于支持新理论而非传统理论。

例如，在完整模型中，无论是 log（FFR）值还是任何进攻－防御变量都不具有显著性意义（尽管所有变量都具有一定的预测趋势）。对军备变量，只有 log（FSR）值具有显著性意义（以 $p < 0.05$ 为显著性水平）。反映国家差异的哑变量再次呈现重要的解释意义。35 个变量中的 11 个变量在完整模型中具有显著性意义，而那些不具有显著性的变量可能仅代表了极少数的数据点：80% 不具有显著性的哑变量仅代表了 7 个或更少的数据点。反映国家差异的哑变量，其效应规模再次胜过传统理论所看重的军备变量。如表 8－5 中给出的数值，在保持其他变量相同且假定作战行动为军团级的前提下，第二次世界大战中美国军队进攻德国时所攻占领土的预测值是德国军队进攻苏联时攻占领土预测值的四倍以上（35.3km 对 7.8km）；FFR 值、人均坦克数或人均对地攻击机数提高十倍所产生效应，或者 FSR 值、人均火炮数降低 90% 所产生的效应，都远不及上述国家差异所产生的效应。就攻占的领土而言，FFR 值、人均坦克数或人均攻击机数增加 500% 的效应，或者 FSR 值、人均火炮数降低 75% 的效应，都不及此处统计学显著性最低的哑变量所产生的效应。[1]

169

① 与伤亡分析一样，限于单个进攻－防御配对的数据点，本章通过评估可能的哑变量相互作用进行了几次计算；同样，系数各异但很少具有显著性。

表 8 – 5　用 CDB90 数据对攻占领土指标进行 OLS 回归分析的结果

因变量：log（攻占领土 + 28.3）自变量	完整模型†	仅有军备†	不含军备†
常数	1. 9569 (0. 131) ***	1. 6566 (0. 121) ***	1. 9023 (0. 065) ***
log（FFR）	0. 0016 (0. 035)	0. 0635 (0. 037) *	
log（FSR）	– 0. 0592 (0. 024) **	– 0. 0113 (0. 031)	
人均坦克数	1. 3021 (1. 889)	2. 6359 (2. 228)	
人均对地攻击机架次	0. 8779 (1. 092)	0. 4389 (1. 484)	
人均火炮数	– 0. 7849 (1. 121)	– 1. 6957 (1. 563)	
营级及以下	– 0. 4515 (0. 163) ***	– 0. 3273 (0. 192) *	– 0. 2590 (0. 150) *
旅 – 团级	– 0. 2738 (0. 098) ***	– 0. 1097 (0. 065) *	– 0. 3990 (0. 072) ***
师级	– 0. 2658 (0. 094) ***	– 0. 0896 (0. 060)	– 0. 3772 (0. 061) ***
军级	– 0. 2058 (0. 097) **	– 0. 0354 (0. 064)	– 0. 3419 (0. 062) ***
方面军级	– 0. 1446 (0. 067) **	– 0. 0156 (0. 065)	– 0. 1374 (0. 046) ***
一战中美国与德国	（放弃）		– 0. 0335 (0. 057)
二战中美国与日本	– 0. 0377 (0. 025)		– 0. 0493 (0. 046)

因变量:log（攻占领土 + 28.3）自变量	完整模型†	仅有军备†	不含军备†
美国与朝鲜	（放弃）		0.1892 (0.076)**
一战中德国与美国	- 0.0224 (0.091)		- 0.0515 (0.148)
二战中德国与美国	- 0.0292 (0.023)		- 0.0393 (0.050)
一战中德国与法国	（放弃）		- 0.2526 (0.088)***
二战中德国与法国	0.0342 (0.093)		0.1901 (0.144)
一战中德国与英国	- 0.0933 (0.111)		- 0.1889 (0.095)**
二战中德国与英国	- 0.0237 (0.033)		- 0.0621 (0.069)
一战中德国与俄国	- 0.0348 (0.094)		0.1112 (0.100)
二战中德国与苏联	0.2458 (0.091)***		0.1705 (0.092)*
一战中德国与意大利	（放弃）		0.2977 (0.209)
一战中法国与德国	（放弃）		- 0.3691 (0.079)***
一战中英国与德国	0.0349 (0.131)		- 0.1850 (0.084)**
二战中英国与德国	- 0.0110 (0.024)		- 0.0363 (0.051)

因变量:log（攻占领土 + 28.3）自变量	完整模型†	仅有军备†	不含军备†
一战中英国与土耳其	0.1909 (0.066) ***		− 0.0845 (0.076)
日俄战争中俄国与日本	− 1.1020 (0.130) ***		− 0.7811 (0.152) ***
俄国与日本在满洲地区的战争	− 0.1264 (0.070) *		− 0.1918 (0.123)
二战中苏联与日本	0.6863 (0.110) ***		0.5100 (0.208) **
一战中俄国与德国	− 0.3331 (0.091) ***		− 0.3203 (0.147) **
二战中苏联与德国	− 0.0362 (0.071) ***		0.1806 (0.061) ***
一战中俄国与奥地利	0.1807 (0.130)		0.0495 (0.209)
一战中俄国与土耳其	（放弃）		0.2576 (0.208)
1948 年以色列与埃及	（放弃）		（放弃）
1956 年以色列与埃及	（放弃）		0.2360 (0.144)
1967 年以色列与埃及	0.1082 (0.036) ***		0.1117 (0.076) ***
1973 年以色列与埃及	0.1723 (0.036) ***		0.1644 (0.069) **
1948 年以色列与叙利亚	（放弃）		（放弃）
1967 年以色列与叙利亚	0.0384 (0.057)		0.0709 (0.088)

因变量:log（攻占领土 + 28.3）自变量	完整模型 †	仅有军备 †	不含军备 †
1973 年以色列与叙利亚	0.0112 (0.038)		− 0.0015 (0.081)
1982 年以色列与叙利亚	（放弃）		0.2478 (0.204)
1948 年以色列与约旦	（放弃）		（放弃）
1967 年以色列与约旦	0.0793 (0.040) **		0.0619 (0.087)
1973 年以色列与伊拉克	− 0.0296 (0.092)		− 0.0027 (0.201)
1967 年以色列与巴解组织	0.1433 (0.089)		0.1213 (0.201)
1967 年埃及与以色列	− 0.0540 (0.066)		− 0.0624 (0.144)
1973 年埃及与以色列	− 0.1875 (0.080) **		− 0.2749 (0.101) ***
日俄战争中日本与俄国	0.0083 (0.089)		− 0.1507 (0.115)
日本与俄国在满洲地区的战争	− 0.0645 (0.091)		0.0027 (0.148)
二战中日本与美国	− 0.0182 (0.095)		− 0.0733 (0.144)
二战中日本与英国	0.0887 (0.091)		0.0693 (0.201)
巴尔干半岛战争中塞尔维亚与土耳其	（放弃）		− 0.3670 (0.209) *
一战中塞尔维亚与奥地利	（放弃）		0.1991 (0.209)

续表

因变量:log（攻占领土 + 28.3）自变量	完整模型†	仅有军备†	不含军备†
巴尔干半岛战争中保加利亚与土耳其	- 0.0289 (0.111)		- 0.1828 (0.208)
俄国 - 波兰战争中波兰与俄国	（放弃）		0.4778 (0.155) ***
一战中意大利与奥地利	（放弃）		- 0.3919 (0.091) ***
西班牙内战中意大利与西班牙	（放弃）		- 0.1405 (0.204)
二战中芬兰与苏联	（放弃）		- 0.0733 (0.201)
一战中奥地利与塞尔维亚	（放弃）		- 1.2688 (0.209) ***
一战中奥地利与意大利	（放弃）		- 0.3395 (0.155) **
一战中奥地利与俄国	- 0.0602 (0.089)		- 0.2279 (0.129) *
1948 年叙利亚与以色列	（放弃）		（放弃）
1973 年叙利亚与以色列	- 0.0597 (0.038)		- 0.0370 (0.081)
1973 年伊拉克与以色列	- 0.1314 (0.093)		- 0.1052 (0.201)
1967 年约旦与以色列	- 0.0771 (0.094)		- 0.0515 (0.204)
朝鲜与美国	（放弃）		- 0.0846 (0.124)
北越与南越	（放弃）		（放弃）

续表

因变量:log (攻占领土 + 28.3)自变量	完整模型 †	仅有军备 †	不含军备 †
调整后的 r^2	0.62	0.06	0.40
N	214	214	363
F	8.62***	2.45***	5.18***

注:数字表示 OLS 的回归系数,括号里面的数表示标准差。

* $p < 0.10$, ** $p < 0.05$, *** $p < 0.01$,双尾检验。

† 所有模型均包含哑变量分析。

为了强化这一论点,第二个模型去除了区分国家的哑变量,只保留了传统理论的军备变量,分析水平的控制变量和常量。预测效能再次大幅度下降:完整模型的校正 r^2 值为 0.62,统计量 F 为 8.62;而去除哑变量模型的校正 r^2 值仅为 0.06,统计量 F 为 2.45,主要变量中只有 log(FFR)达到了显著性水平(以 $p < 0.10$ 为显著性水平),而且其趋势与传统理论的预测相反。相比之下,在第三个模型中去除军备变量对预测效能的影响要小得多:校正 r^2 值只降低了 0.40,统计量 F 只下降了 5.18,在 52 个哑变量中仍有 19 个具有显著性意义(显著性水平为 $p < 0.10$)。

总之,表 8-5 中的结果否定了传统理论关于坦克(假说 19a)、对地攻击机(假说 20a)和火炮(假说 21a)在攻占领土方面的预测。[①] FFR 和国家差异的相对效应(假说 4a)也否定了传统理论,而 FFR 优势(假说 3a)也部分否定了传统理

172

---

① 同样,系统性技术变量无法满足显著性的问题比兵力优势变量更为严重,因为显著性本身就是新理论和传统理论关于系统技术预测的根本差异。

论。就 FSR 而言，结果支持了传统理论关于 FSR 的优势效应（假说 9a），但在 FSR 和国家差异的相对重要性方面否定了传统理论。相比之下，结果支持了新理论关于坦克（假说 19b）、对地攻击机（假说 20b）和火炮（假说 21b）在攻占领土方面的预测；它们支持新理论关于 FSR 的优势效应，以及国家差异对于 FSR 的相对重要性的观点（假说 10b）。它们尤其支持新理论关于 FFR 的预测（假说 4b），支持新理论关于 FFR 与国家差异相对重要性的观点。仅在 FFR 的优势效应方面部分否定了新理论（尽管具有正确的趋势，但其系数在通常的显著性水平上还不具有统计学意义）。

战事持续时间的预测

表 8 - 6 给出了用 CDB90 数据对战事持续时间的一系列风险分析。与之前相似，本章给出了公式 8.4 基本模型的两种情况：其中一个纳入了军备变量、分析水平的控制变量和常数；另一个纳入了国家差异的哑变量、分析水平的控制变量和常数。同样，结果更支持新的理论而非传统理论。

在完整模型中，七个军备变量中只有一个具有显著性意义（人均坦克数），且其趋势与传统攻防理论所预测的相反。log（FSR）值和人均火炮数的趋势也与其不符（尽管两者都不具有显著性意义）。研究结果也与兰切斯特模型关于 FFR 对战事持续时间影响的预测结果相反。如上所述，兰切斯特的平方法则认为，在攻击者失败的情况下，战事持续时间应随 FFR 增加而增加；在进攻者获胜的情况下，战事持续时间应随 FFR 的增加而减少。在这里用于表示这种非单调关系的法则中，兰切斯特模型要求：（1）交互项［log（FFR）＊进攻者胜利］的系数为负；（2）该系数的绝对值必须超过 log（FFR）系数的绝对值；（3）进攻方获胜的哑变量的系数必须为正。虽然没有一个具有显著性，但结果还是与预测情况相反。

相比之下，国家差异的哑变量再次显示出显著的解释效力。在完整模型的 28 个哑变量中，有 21 个被证明具有显著性。其效应规模再次超越了传统理论相关变量的效应。在保持其他变量相同且假定军事行动为师级的条件下，第二次世界大战中美军进攻德国军队战事持续时间的预测值，是 1967 年以色列军队进攻埃及军队战事持续时间预测值的十倍以上。FFR、FSR、人均对地攻击机数量或人均火炮数量减少 90%的效应，或者人均坦克数量增加五倍的效应，都不及国家差异的效应。[①]

173

176

表 8－6　采用 CDB90 数据通过风险分析对战事持续时间的预测

自变量	风险模型系数估计，战事持续时间的效应		
	完整模型	仅有军备指标	不含军备指标
常数	－ 11. 4634 （2. 182）***	－ 1. 7452 （1. 172）	4. 5798 （0. 385）***
log（FFR）值	－ 1. 3689 （1. 121）	－ 1. 8839 （1. 078）*	
进攻方获胜	－ 0. 5407 （0. 528）	－ 0. 4126 （0. 483）	

① 同样，此处分析仅限于来自单个攻击者－防御者配对的数据点，军备变量的系数各不相同但很少具有显著性。

风险模型系数估计,战事持续时间的效应			
自变量	完整模型	仅有军备指标	不含军备指标
log(FFR)值 * 进攻方获胜	1.0907 (1.151)	0.8910 (1.125)	
log(FSR)值	-0.1602 (0.373)	-0.6998 (0.275)**	
人均坦克数	86.4650 (38.485)**	101.6294 (26.502)***	
人均对地攻击机数	-20.4998 (18.053)	-43.7745 (13.687)***	
人均火炮数	-0.3386 (14.000)	-12.9484 (11.821)	
营级及以下	（放弃）		5.3173 (0.827)***
旅 - 团级	9.3449 (1.603)***	3.7159 (0.659)***	3.6178 (0.368)***
师级	9.6539 (1.532)***	3.1592 (0.604)***	2.8152 (0.324)***
军级	8.6203 (1.561)***	2.1849 (0.634)***	2.5286 (0.332)***
方面军级	6.6325 (1.105)***	2.8867 (0.598)***	1.0597 (0.254)***
一战中美国与德国	（放弃）		1.8320 (0.272)***
二战中美国与日本	-0.2505 (0.404)		-0.1630 (0.231)

续表

风险模型系数估计,战事持续时间的效应			
自变量	完整模型	仅有军备指标	不含军备指标
美国与朝鲜	(dropped)		-0.2272 (0.384)
一战中德国与美国	9.1592 $(1.303)^{***}$		4.4616 $(0.763)^{***}$
二战中德国与美国	0.5946 (0.369)		0.3367 (0.252)
一战中德国与法国	(放弃)		2.3457 $(0.449)^{***}$
二战中德国与法国	2.1280 $(1.212)^{*}$		0.1356 (0.596)
一战中德国与英国	7.3119 $(1.499)^{***}$		-0.0202 (0.477)
二战中德国与英国	0.5327 (0.618)		0.5102 (0.351)
一战中德国与俄国	3.3498 $(1.248)^{***}$		0.8765 $(0.503)^{*}$
二战中德国与苏联	2.4554 $(1.200)^{**}$		-0.3303 (0.475)
一战中德国与意大利	(放弃)		-0.5035 (1.051)
一战中法国与德国	(放弃)		-0.0492 (0.423)
一战中英国与德国	9.4401 $(1.910)^{***}$		-0.9377 $(0.433)^{**}$

续表

	风险模型系数估计,战事持续时间的效应		
自变量	完整模型	仅有军备指标	不含军备指标
二战中英国与德国	0.6092 (0.347)*		0.4653 (0.254)*
一战中英国与土耳其	2.4242 (1.092)**		1.0787 (0.357)***
日俄战争中俄国与日本	（放弃）		1.3091 (0.777)*
俄国与日本在满洲地区的战争	（放弃）		1.3272 (0.642)**
二战中苏联与日本	0.9779 (1.391)		0.4419 (1.047)
一战中俄国与德国	（放弃）		0.9221 (0.769)
二战中苏联与德国	1.3299 (0.865)		0.2189 (0.308)
一战中俄国与奥地利	4.3313 (1.760)**		-0.6402 (1.051)
一战中俄国与土耳其	（放弃）		0.6396 (1.047)
1948 年以色列与埃及	（放弃）		-1.0342 (0.522)**
1956 年以色列与埃及	（放弃）		0.6401 (0.523)
1967 年以色列与埃及	4.0620 (0.630)***		3.3421 (0.414)***

续表

风险模型系数估计,战事持续时间的效应

自变量	完整模型	仅有军备指标	不含军备指标
1973 年以色列与埃及	1.9407 (0.675) ***		1.7670 (0.361) ***
1948 年以色列与叙利亚	(放弃)		0.1384 (1.012)
1967 年以色列与叙利亚	4.8133 (0.876) ***		1.8127 (0.448) ***
1973 年以色列与叙利亚	0.3852 (0.682)		1.0448 (0.408) ***
1982 年以色列与叙利亚	(放弃)		0.4249 (1.024)
1948 年以色列与约旦	(放弃)		- 3.8259 (0.750) ***
1967 年以色列与约旦	3.2608 (0.634) ***		1.7983 (0.454) ***
1973 年以色列与伊拉克	5.8533 (1.282) ***		4.8428 (1.036) ***
1967 年以色列与巴解组织	1.7654 (1.097)		1.4973 (1.015)
1967 年埃及与以色列	(放弃)		3.3819 (0.739) ***
1973 年埃及与以色列	5.9943 (1.238) ***		4.2790 (0.547) ***
日俄战争中日本与俄国	6.3323 (1.293) ***		1.2940 (0.595) **

续表

风险模型系数估计，战事持续时间的效应			
自变量	完整模型	仅有军备指标	不含军备指标
日本与俄国在满洲地区的战争	5.7074 (1.200)***		0.5840 (0.736)
二战中日本与美国	（放弃）		1.2673 (0.726)*
二战中日本与英国	3.8135 (1.160)***		2.4603 (1.019)**
巴尔干战争中塞尔维亚与土耳其	（放弃）		3.2137 (0.668)***
一战中塞尔维亚与奥地利	（放弃）		1.6993 (1.055)
巴尔干战争中保加利亚与土耳其	3.4455 (1.428)**		2.0341 (0.772)***
俄波战争中波兰与俄国	（放弃）		1.2883 (0.781)*
一战中意大利与奥地利	（放弃）		-0.0579 (0.445)
西班牙内战中意大利与西班牙	（放弃）		-0.3312 (1.023)
二战中芬兰与苏联	（放弃）		-3.2199 (1.016)***
一战中奥地利与塞尔维亚	（放弃）		1.5016 (1.054)
一战中奥地利与意大利	（放弃）		0.2413 (0.778)

续表

风险模型系数估计,战事持续时间的效应

自变量	完整模型	仅有军备指标	不含军备指标
一战中奥地利与俄国	2.6537 (1.244)**		1.3720 (0.585)**
1948 年叙利亚与以色列	(放弃)		−1.5645 (0.736)**
1973 年叙利亚与以色列	1.5846 (0.864)*		1.5204 (0.414)***
1973 年伊拉克与以色列	(放弃)		7.4951 (1.064)***
1967 年约旦与以色列	(放弃)		3.4399 (1.033)***
朝鲜与美国	(放弃)		1.7212 (0.638)***
北越与南越	(放弃)		−2.9836 (1.028)***
P(战事持续时间参数)	2.32	1.55	1.48
对数似然值	−106.5	−166.7	−448.2
卡方	231.2***	110.9***	478.8***
N	150	150	382

注:数字表示风险模型系数, 括号内为标准误差;
$*p < 0.1$, $**p < 0.05$, $***p < 0.01$;双尾检验;
所有模型均包括分析水平的哑变量。

　　由于风险分析的局部模型中缺少与校正 r^2 值相当的统计量,因而对风险分析模型统计结果的解释比较困难。尽管如

此，分析军备效应的局部模型，其结果显然与传统理论的预测相悖。虽然其中大部分军备变量具有统计学意义，但其趋势是确定的——FFR、FSR、人均坦克数和人均火炮数等指标都表现出与理论预测相反的情况。仅有人均攻击机数这一变量符合理论预测结果，并具有统计学意义。排除军备变量的局部模型再次显示，在反映国家差异的哑变量中，有相当一部分具有统计学显著性（即 57 个哑变量中的 33 个具有统计学显著性）。此外，与只有军备变量模型相比，排除军备变量模型的对数似然值较差（前者为 - 166.7，后者为 - 448.2），且二者都不及完整模型的对数似然值（ - 106.5）。与之相反，排除军备变量指标模型的卡方检验结果优于完整模型（前者为 478.8，后者为 231.2）。其原因主要是前者较大的样本 n 中纳入了较多缺少部分军备变量的数据点。然而，不考虑拟合优度，仅纳入军备变量的模型无法得出符合传统理论预测趋势的系数，这对传统理论而言是个严重问题。

　　作为整体，表 8 - 6 中的结果否定了传统理论关于 FFR（假说 5a 和假说 6a）、FSR（假说 11a 和假说 12a）、坦克（假说 23a）和火炮（假说 25a）对战事持续时间影响的预测。虽然关于对地攻击机变量的结果并不明确，但在排除国家差异的条件下该变量不具有统计学意义，因而也倾向于否定传统理论。与之相反，结果支持新理论关于对地攻击机（假说 24b）和火炮（假说 25b）效应的预测。尽管关于 FFR 和 FSR 的结果并不明确，但仍支持新理论关于国家差异比兵力优势效应更强的预测（假说 6b 和假说 12b），不过结果也否定了新理论关于战争持续时间随 FFR 增加的预测（假说 5b），并部分否定了新理论关于战事持续时间随 FSR 减少的预测（假说11）。结果还否定了新理论关于战事持续时间与坦克大量使用无关的预测，不过在这方面的结果也并不支持传统理论。

方差变化预测

最后，表8–7给出了关于伤亡、攻占领土和战事持续时间固定方差的戈德菲尔德–匡特检验结果。结果按照数据库和因变量分类，其中，CDB90数据可以对三个因变量进行分析，COW数据库只能用于 log（LER）值的分析。

表 8–7　固定方差的戈德菲尔德–匡特检验

	COW 数据	CDB90 数据
log(LER)	0. 1376	0007 ***
攻占领土(千米)：		
团级/团以下		< 0. 0001 ***
师级		< 0. 0001 ***
军级		0. 8484
方面军级/方面军以上		< 0. 0001 ***
战事持续时间(天)：		
团级/团以下		< 0. 0001 ***
师级		0. 9999
军级		< 0. 0001 ***
方面军级/方面军以上		0. 0002 ***

注：数字是拒绝方差不变的零假设的显著性水平；
＊p ＜0.1，＊＊p＜0.05，＊＊＊p ＜0.01。

结果总体上支持新理论关于 log（LER）、攻占领土和战事持续时间的方差随时代发展不断增加的预测。在已经实施的十

177　项检验中，有七项检验拒绝了方差不变的零假设（以 p <
0.001 为显著性水平）。COW 数据库的分析显示方差增加的趋
势，但并未达到显著性水平（以 p < 0.1 为显著性水平）。这
是由于 COW 数据样本量 n 小（只有 46 个，而 CDB90 数据库
样本量为 376 个）——较高组与其较低组方差和之间的比率对
于 COW 数据库 log（LER）的值，比 CDB90 数据库的要高。

　　此外，两项明显与新理论相悖的结果（军级攻占领土，
以及师级战事持续时间）是由存在少数极值造成的。对前者，
只要从 38 个现有案例中去除孤立的数据点（1918 年 9 月的
Megiddo 战斗），就可以使结果从否定新理论转为支持该理论
（p = 0.053）。对后者，只要从 168 个数据点中除去 2 个（1939
年芬兰战役中的苏奥穆斯萨尔米战斗，以及 1943 年北非战役
中的 Sedjanne-Bizerte 战斗），就可以使结果从否定新理论转为
支持该理论（p = 0.011）。[①]

　　总的来说，结果总体上支持了新理论在 LER、攻占领土
（假说 22b）和战事持续时间（假说 26b）的方差随时代发展
而不断增加的预测。相反，结果总体上否定了传统理论关于上
178　述指标方差的预测（假说 17a、假说 22a 和假说 26a）。

启示

　　那么，这些分析对于两类理论的正确性而言意味着什么？

---

　　① 表 8 - 7 中没有其他结果对几个数据点如此敏感：即便移除四个最极端的数值，
　　　结果也没有从支持到否定的变化（或从显著到不显著的变化）；除了一种情况
　　　（军级的战事持续时间）之外，可以删除八个极端值而不会实质改变发现结果。

表 8 – 8 调查结果摘要

	伤亡（COW、CDB90、Miltech）	攻占领土（CDB90）	战事持续时间（CDB90）
数量优势（FFR）	传统理论 1a 否定 2a 否定	传统理论 3a 部分否定 4a 否定	传统理论 5a 否定 6a 否定
	新理论 1b 部分否定 2b 支持	新理论 4b 很大程度上支持	新理论 5b 否定 6b 支持
数量优势（FSR）	传统理论 7a 部分否定 8a 否定	传统理论 9a 支持 10a 否定	传统理论 11a 否定 12a 否定
	新理论 8b 基本支持	新理论 10b 支持	新理论 11b 部分否定 12b 支持
技术（系统性）	传统理论 （进攻 – 防御理论） 13a 否定 14a 否定 15a 支持 16a 否定 17a 否定 18a 否定	传统理论 （进攻 – 防御理论） 19a 否定 20a 否定 21a 否定 22a 否定	传统理论 （进攻 – 防御理论） 23a 否定 24a 否定 25a 否定 26a 否定
	新理论 13b 支持 14b 支持 15b 否定 16b 支持 17b 总体支持 18b 支持	新理论 19b 支持 20b 支持 21b 支持 22b 总体支持	新理论 23b 否定 24b 支持 25b 支持 26b 总体支持

续表

	伤亡（COW，CDB90，Miltech）	攻占领土（CDB90）	战事持续时间（CDB90）
技术（二元）	**传统理论** 27a 否定	［无法用 CDB90 数据分析］	［无法用 CDB90 数据分析］
	新理论 27b 不确定		

虽然还不够完善，但这些涉及各类指标、跨数据库的分析结果给出的压倒性证据有力地支持了新理论。

表 8-8 总结了关于上述假说的结果。总体而言，研究结果彻底否定了由传统理论推导出的 27 项假说中的 23 项，部分否定了其中的另外 2 项；只有 2 项传统理论的观点（FSR 对攻占领土的影响和火炮应用对 LER 的影响）得到了支持。[①] 相比之下，在新理论推导出的 24 项假说中有 18 项得到了证实或部分证实，仅有 3 项（FFR 对战事持续时间的影响、火炮应用对

[①] 这些发现与之前对传统理论的检验大体一致。极少有进攻－防御理论的实证性检验特别关注进攻－防御平衡的后果而非原因，因此并不适当：Hopf，"Polarity，" pp. 475-494；Fearon，"Offense-Defense Balance"。FSR 和相对技术优势理论先前都没有关注大样本。先前的实证文献主要关注兰切斯特理论中的 FFR 问题。而这些进攻－防御或 FSR 变量均未设置控制变量，当然也不关注兵力部署，其结果往往会与上述研究发现相悖。值得注意的是，Robert Helmbold 发现 FFR 和损失交换百分比值（进攻方伤亡百分比除以防御方伤亡百分比）之间存在显著性关联，而 FFR 和 LER（进攻方伤亡数除以防御方伤亡数）之间则不存在关联：Personnel Attrition Rates。Helmbold 还发现了胜利的概率与他所称"优势"的复杂参数之间存在显著性关联："The Defender's Advantage Parameter：Final Thoughts，" *Phalanx* 30，3（September 1997），pp. 27，29。尽管控制变量和因变量结构之间的差异使得不同分析之间的关系变得难于理解，但这些结果并不一定与上述发现不一致。

LER 的影响以及坦克应用对战事持续时间的影响）被完全否定；另有 1 项假说（技术优势对 LER 的影响）的结果模棱两可，在预测结果的不同方面造成了矛盾；还有 2 项假说（FFR 对伤亡的影响以及 FSR 对战争持续时间的影响）由于相关结果只存在一定的趋势，但没有达到统计学显著性水平，因而也只能算是被部分否定。

没有哪类理论能够完全符合数据，当然这是理论的固有性以及现实世界的混杂性所致——更不必说现有数据库的不完善性。然而，在相同的噪声数据下，新理论更为充分地解释了方差，该理论还对几个不同数据中输出指标的差异做出了更为充分的解释。尽管这些差异可能源于劣质数据的人为因素，但假说和数据源的多样性足以否定这种可能性的存在。总体而言，结果在很大程度上支持了新理论。

180

第九章
实验检验

　　本章我们将用最后一种方法，即计算机仿真实验法对新理论进行检验。在本书所涉及的所有方法中，实验法得以对在理论上具有重要意义，但在历史上几乎不会发生的情况进行检验。运用实验法，可以在一定程度上避免战争选择的难题，同时也能在没有可用历史案例的情况下，直接运用新理论进行重要预测：如果一支拥有先进的、20 世纪后期精准武器装备的部队面对的是一个完全应用现代军事体系的对手，会发生什么？

　　与其他方法一样，实验法也有其缺陷。最重要的缺陷在于实验法只是对现实的模拟而不是对实战的真实观测。当然，将实验方法应用于其他领域时也同样存在这个问题。比如，医学研究人员在进行药物测试时，不会直接对人体进行试验，而是通过在培养皿内培养人体组织、模拟人体生理机能的体外实验开始。飞机设计者会利用风洞模拟飞行来测试机翼结构，而不会在测试前拿飞行员的生命去冒险。物理学家在设计核武器时，同样也是通过精细仿真的方法提前于或代替现场测试来预测武器的威力。

　　在上述任何一个领域，实验方法的有效性都取决于模拟的逼真程度。基于这个原因，我采用了劳伦斯·利弗莫国家实验室开发的雅努斯系统（Janus System）。该系统是目前国防分析学界中最严谨、有效的战争模拟系统。我从美国陆军、美国国防部高级研究计划局以及国防分析研究所联合承担的"东线73项目"——一个史无前例的、详细的数据收集工作——中获取了关于"东线73战役"的场景和数据资料。"东线73战役"是1991年海湾战争中非常具有代表性的一场战役。虽然几乎所有的仿真在对战争进行模拟时都会存在失真，但是雅努斯系统和"东线73项目"相互搭配能够最大限度地重现真实的战况。

实验结果支持了前文所述的多个大小样本分析的发现。一系列旨在分开这两个理论关键差异的实验结果表明，新理论优于传统理论。笔者通过四步对这些发现进行介绍。首先，对雅努斯仿真系统和"东线73项目"进行详细描述。其次，介绍实验设计。第三步是对仿真结果的讨论。最后总结了新理论的应用。

模拟

实验系统由雅努斯计算机仿真系统和"东线73项目"数据库两部分组成。雅努斯是个高度分解的、随机的、交互的、双边的包括单个武器系统的旅一级战斗模拟系统。输入数据包括武器装备系统的有关参数（比如装弹速度、车辆速度、特定范围内的打击和致死率、态势，以及狙击手和目标的匹配）；双方武器的数量和种类；数字化地形参数（比如地形海拔，森林、城镇、公路和河流的位置）。军力应用是由用户

181

（而非模型）输入的兵力部署、行军轨迹、开火顺序等来决定，用户可以在模拟中随时改变以上输入值。输出包括目标伤亡数和射击者类型、最终的部队位置，以及根据部队位置和射击活动进行的实时可视化展示。用于确定物体间相互作用的工程算法已通过现场和实验室实验来验证；通过将模拟结果与位于加利福尼亚州欧文堡的美国陆军国家训练中心营级和旅级的演习结果对比，已经确定了模型的有效性。雅努斯系统设计的初衷是帮助核武器设计者分析战争中敌方的行为，如今雅努斯则主要被应用于美国陆军、海军陆战队和国民警卫队指挥官的作战训练。同时也被广泛应用于军事和民用分析机构的系统分析或为北约盟友的军事训练提供服务。①

需要强调的是，雅努斯既不是关于作战的理论，也不是附录部分所述的闭式数学模型。正如风洞不是关于升力的理论一样，雅努斯也不是关于战争的理论。雅努斯和风洞都是没有明确定义的、可以通过不断试错来获取复杂系统中行为信息的实验工具。雅努斯系统没有明确的关于"当一组独立、外源的武器相互作用时将会发生什么"或"应该如何部署兵力"的假定；只有个体 — 武器交互表现的物理特性是内生的。成百上千个独立的机动要素将会在三维地形表面进行交互，

---

① 模型文档见 *Janus (A) 2. 0 User's Manual*, Janus (A) 2. 0 Model, prepared for the Department of the Army, HQ TRADOC Analysis Command ATRC – 2D, Ft. Leavenworth, KS, by TITAN Corporation, Ft. Leavenworth, KS. On Janus validation, see L. Ingber, H. Fujio, and M. S. Wehner, "Mathematical Comparison of Combat Computer Models to Exercise Data," *Mathematical and Computer Modeling* 15, 1 (1991), pp. 65ff; L. Ingber, "Mathematical Comparison of Janus (T)," in S. E. Johnson and A. H. Lewis, eds., *The Science of Command and Control, Part II* (Washington, DC: AFCEA International Press, 1989), pp. 165 – 176。

而根据这些交互的特征来预测是非常复杂的，雅努斯存在的意义就是处理这一复杂的过程。雅努斯不会试图建立交互理论，相反，模型制造者会以尽可能分解的方式对这些交互进行模拟，使得用户在展开时可以看到这一复杂的交互过程。因此，雅努斯是个强大的、能够用于测试模型外部建立的聚合战争交互理论的工具，但它本身也是一个没有明确定义的关于战争的理论。雅努斯设计的初衷既不是检验能力理论，也不是作为非常典型的检验能力理论的工具；但它非常契合我的研究目的，将雅努斯应用到本章涉及的实验中是其设计者未曾预料到的，因此将雅努斯应用于解决本章所涉及的问题不会带来有意识的偏差。

"东线73项目"是由美国国防分析研究所、美国国防部高级研究计划局以及美国陆军联合承担的研究项目。该项目的主要目的在于建立一个关于"东线73战役"的前所未有的、详细的数据库，然后通过计算机模拟技术，根据数据"虚拟再现"每分钟内坦克、装甲车、卡车或者步兵的活动情况。[①] 数据收集采用的是传统的历史纪录片式的分析技术、战后立即对战场进行的广泛工程调查以及对战争参与者的详尽访问等，然后通过模拟对数据进行整合。换言之，参与者可以通过模拟结果来识别数据的漏洞和差异；模拟结果是以三维的实时视频呈现的，参与者可以根据自己的需要对视频进行缩放或重复播放，来修正每一场战斗的细节信息。根据所有已知信息，战争参与者和分析团队对那些前后矛盾或缺

182

---

① 见第七章。

失的信息进行处理，然后将它们加入数据库，这个过程不断
重复直至数据收集过程完成。[①] 最终得到的数据可能是对历史
上战斗行动的最完整和最可靠的描述。

实验设计

本章旨在通过模拟解决两个与现实相反的问题：

1. 如果伊拉克完全应用现代军事体系，结果会怎样？
2. 如果美军没有如此先进的技术，结果会怎样？

本书提出的新理论与传统理论针对这两个与现实相反的情
况有完全不同的答案。新理论认为，沙漠风暴行动的失败是由
伊拉克没有采用现代军事体系和美军的先进技术共同决定的。
缺少其中的任何一个都不足以对结果进行解释。如果新理论是
正确的，那么这两个反事实中的任何一个成立都会造成与历史
完全相反的结果。

与之相比，传统理论认为，多国部队之所以能在海湾战争
中获得胜利，其核心在于技术上的优势，即美国拥有比伊拉克
先进得多的武器装备。按照这个观点，任何一方的战术都不会
影响作战结果；也就是说第一个反事实对作战结果的影响微乎

---

① 出于这些目的，DARPA/IDA 仿真网络（Simnet）系统被运用，雅努斯系统由
于其强大的灵活性、快速周转以及对视觉保真度的要求低从而被用于反事实分
析。关于雅努斯和仿真网络在"东线 73 项目"中的应用，见 W. M.
Christenson and Robert Zirkle, *73 Easting Battle Replication* (Alexandria, VA:
Institute for Defense Analyses, 1992), IDA P‑2770. 关于"东线 73 项目"方法
更详细的描述，见 Orlansky and Thorpe, eds., *73 Easting*, pp. I‑65 to I‑79; II‑
1 to II‑118; on the criteria by which the battle was selected for simulation, see pp. I‑
70, I‑71。

其微。除非美军的技术优势被削弱，否则结果不会发生实质性的改变。

因此，我选择了一个"参照组"。这个参照组就是对实际战斗情况的反映。同时设置了不同的场景，包括假定伊拉克武装力量采用现代军事体系、美军的技术优势被削弱，然后将不同的场景下的模拟结果与参照组进行比较。[①] 不同的场景设置见表9－1，主要包括：

- 本书第七章介绍了伊拉克在两方面违背了现代军事体系的战术：缺乏防御准备（装甲车隐藏在暴露的沙坑后面），以及掩护部队未能提供警报；
- 本书第七章也对美军的技术优势做了分析，美军的技术优势主要表现在两个方面：M1A1坦克的红外夜视仪，以及保障了美军在超过六周的战斗中对伊拉克武装进行精准打击的空中技术。

请注意参照组中的战斗技术、作战部署、行军以及美军的作战技能等参数都是根据实际战斗设定的，但是伊拉克则拥有比实际战斗中更好、更接近现代军事体系的作战技能——尽管伊拉克在战争中犯了缺乏防御准备和掩护部队未能提供警报的两个错误。这是因为除非另有说明，雅努斯会默认所有其他国家的士兵都会像美国士兵一样训练有素，因此，在实际模拟中，我们必须重视这一误差。通过将这两类错误引入参照组，

183

---

① 在所有场景中，历史部署和移动跟踪被保留（尽管在场景G中，一部分美军的抵达被延迟，从而形成了一个串接编队）。平均来看，参照组中的模拟结果与历史上的结果比较近似。针对雅努斯仿真结果和历史结果的详细讨论见Christenson and Zirkle，73 Easting Battle Replication。

表 9 - 1　模拟实验结果

场景	主要特征	美军装甲战车损失			伊拉克装甲战车损失			损失交换比(伊∶美)
		均值	标准误	损失占比	均值	标准误	损失占比	
参照组	伊拉克应用现代军事体系：两种错误被修正	2.00	0.94	0.03	85.80	3.46	0.77	42.90
A	伊拉克其中一个错误被修正：提前布局阵地	48.30	4.30	0.71	31.20	5.98	0.28	0.65
B	伊拉克其中一个错误被修正：提供战术警报	5.30	1.83	0.08	57.20	4.24	0.51	10.79
C	美军没有使用红外夜视仪；伊拉克能够提供警报	1.80	0.92	0.03	86.10	3.70	0.77	47.83
D	美军没有使用红外夜视仪；伊拉克两种错误均未被修正	39.10	2.18	0.58	38.30	3.23	0.34	0.98
E	美军没有使用红外夜视优势；伊拉克空中技术优势，伊拉克两种错误均未被修正	15.90	5.13	0.23	59.80	5.35	0.53	3.76
F	不具备空中技术优势且伊拉克两种错误均未被修正	40.00	2.10	0.59	38.00	3.30	0.34	0.95

备注：损失交换比＝伊拉克装甲战车战损失／美军装甲战车损失；损失占比是各方装甲战车战损失平均值占战前装甲战车总数的比例。

参照组能够反映伊拉克在实际战斗中犯下的一些（远不是全部）错误（不包括伊拉克糟糕的坦克炮兵、火力协调和车辆维修）。如果不考虑这两个错误，那么基于参照组的模拟结果就是当伊拉克完全应用现代军事体系的作战战术、不犯任何错误的结果。但这并不意味着只要伊拉克修正了他们在阵地布置和掩护部队预警中犯的错误就能够达到这样的结果。对伊拉克共和国卫队（更别提伊拉克的步兵）来说，他们还需要进行全面的改革。

　　还原"东线 73 战役"的场景，还需要对美军的兵力部署加以详细解释。"东线 73 战役"是发生在沙漠风暴追击阶段的突然袭击。不像其他发生在突破阶段的经过周密计划的攻击。在"东线 73 战役"中，第 2 装甲骑兵团的行动没来得及利用现代军事体系中能减少暴露的方式。这是典型的追击（见第三章对追击的描述），即便如此，美军依然应用了现代军事体系中的重要元素（肆虐的沙尘暴为美军提供了伪装，以及在延长的行军中通过维持编队来保证火力协调）。然而，美军既没有进行精准的前期侦察，也没有遵循现代军事体系突破战术的预备火炮方案、有条不紊的火力支援和移动或步兵紧随其后的行动。同时，美军在当地也不具备现代军事体系非常重视的数量优势。作为重要的观测要素，在"东线 73 战役"中，美军在数量上被伊方超越。通过雅努斯工具和"东线 73 项目"资料的结合，实现了强大的反事实分析，同时克服了模拟中常见的一些挑战，但是反过来也会造成一些约束：现代军事体系中一些重要的要素可在美军的战术中得以体现，将追

184

击阶段的匆忙攻击转换成突围阶段经过周密布置的攻击将会完全改变情况，以至于不能支持反事实分析中其他情况不变的假定。①

针对每个情境，我们都进行了十次模拟。② 双方车辆损失的均值和标准误差如表 9 - 1 所示并以图形展示（见图 9 - 1）。

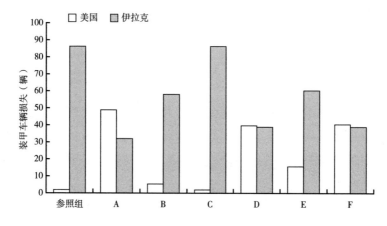

图 9 - 1   东线 73 战役模拟实验结果

---

① 相比之下，这里控制的变量都不会改变战争的其他方面：无论是美军还是伊拉克的移动都不能通过红外夜视仪、空中优势或伊拉克糟糕的掩护和位置准备进行预测——因此没必要针对不同的场景对移动做出不同的假定。至少有一名第二装甲骑兵团的连级官员明确表示，无论是否发生如文献 interview, Captain H. R. McMaster, USA, January 1994 中所述的变化，他的机动计划都是相同的。而且，在不改变兵力地形分布和移动跟踪的条件下，伊拉克的位置准备和掩护部队训练可在雅努斯系统中进行改进以接近现代军事体系的标准。关于有效的反事实推断的要求，见 Philip Tetlock and Aaron Belkin, eds., Counterfactual Thought Experiments in World Politics (Princeton: Princeton University Press, 1996)。

② 作为随机模型，针对同样的场景，雅努斯会输出不同的结果。随机仿真实验的重要优势在于通过多次运行观测结果的差异来区分系统和非系统的随机偏差。

结果

模拟结果与新理论高度一致，而与传统理论相悖。通过模拟实验可以得到以下三个方面的结论。

1. 当伊拉克采用现代军事体系进行防御时，第 2 装甲骑兵团的技术优势并未使美军能够以较小的损失获得胜利

场景 A 假定伊拉克在战争中所犯的两个错误被修正，因此，伊拉克的防御战术完全是遵循现代军事体系的（也就是说，在实际战争中，伊拉克军队采取的地上防御掩体被低于地面的、炮塔下方的位置取代，这样伊军可以沿着山坡向上移动，对目标进行观察；同时假定观测站能够提供攻击者靠近的战术警报）[①]。与参照组相比，除了以上两个错误被修正之外，盟军的技术、兵力部署以及其他方面都保持不变。从模拟结果来看，即便假定美军拥有 M1A1 坦克的技术优势、空中优势以及熟练的进攻技能，场景 A 中美军的战车损失仍从参照组中的 2 辆增加到将近 50 辆（超过美军装甲战车总数的 70%），

185

---

① 在炮塔下或炮塔遮挡的位置，整个车辆是低于地面的，因此提供了掩护，能够免遭敌人的侦察和炮火，只有指挥官的观察口高于地平面。因此一个处于炮塔下方位置的坦克不能朝着主要目标开火（或者是被当地的坦克射中），但是车辆指挥官能从高于地面的观察口借助望远镜四下观测搜索目标。在"车体下部"或"车体遮蔽"位置，车身是低于地面的，但是炮塔是暴露的。处于"车体下部"位置的坦克因此能够开火或者不被炮火击中，掩体通过减少车辆的暴露区域降低了其脆弱性。在西方的实战中，预先准备好的坦克位置通常位于斜坡下方，连接较深的炮塔的位置和较浅的"车体下部"位置；几乎不采用高于地面的护坡：Headquarters, Department of the Army, FM 5 - 103, pp. 4 - 14 to 4 - 15; Richard Simpkin, Tank Warfare (New York: Crane Russak, 1979), pp. 97, 112, 160, 167。

然而伊拉克的战车损失从 86 辆下降到 30 辆左右。[①]

为什么兵力部署对进攻者的伤亡有如此大的影响？答案在于，正是因为伊拉克没有采用现代军事体系，才使美军的技术优势得以充分发挥。

一些人认为是先进的红外夜视仪使得美军在"东线 73 战役"中具备强大的观测目标的优势。但实际情况是，沙尘暴的存在使红外夜视仪的技术优势得以凸显，因为沙尘暴使得伊拉克简单的光学仪器失效，但美军先进的红外夜视仪没有受到沙尘暴的影响。[②] 只有当观测目标暴露时，红外夜视仪的观测范围优势才会真正发挥作用。在参照组中，伊拉克搭建的糟糕的地表护坡恰恰满足了观测目标暴露这一条件。因此在美军先进的红外夜视仪下，是糟糕的防护使伊拉克士兵的位置暴露无遗。在场景 A 中，假定伊拉克遵循现代军事体系，提前做好阵地部署，将车辆隐藏在炮塔下方的位置，除非他们自己主动暴露目标，否则即便有先进的红外夜视仪，美军也很难发现他们。当双方距离较远时，红外夜视仪能使进攻者即便在有沙尘暴的情况下依然能够进行观察，而防御者的简单光学仪器会失去作用，但是当防御者处于隐蔽状态时，进攻者就会由于无法观测到目标而难以展开攻击。只有当进攻者不断靠近直至能被防御者看见，防御者开始从炮塔

---

① 然而需要强调的是，"东线 73 战役"是一场发生在不利地段的匆忙的袭击。虽然很难分析在其他假定不变的情况下，如果"东线 73 战役"发生在有利地段将会产生什么影响，但是第五章到第八章的事后实验解释了经过周密部署的、积极应用现代军事体系的战争能在很大程度上减少伤亡（与场景 A 相比）。相比之下，无论如何，伊拉克的损失都能够大幅度下降。

② 见 Scales, *Certain Victory*, pp. 261 - 262；Atkinson, *Crusade*, p. 443；USNWR, *Triumph without Victory*, p. 409.

下方的位置向上移动到开火位置时才会暴露，最终结果是双方在较近的距离范围内交火。在这样的条件下，红外夜视仪所具有的远距离观测优势，也就难以发挥什么作用了。

与之类似，伊拉克掩护部队未能针对多国部队的空中技术提供预警，导致缺乏有意义的纵深。先进的空中技术使得多国部队在科威特战区拥有绝对的优势。虽然在"东线73战役"中，这种空中优势并未给伊拉克造成广泛的直接的空中消耗，但是确实间接降低了伊拉克军队人员配备的平均水平（见第七章）。这会有效削弱在开战最初关键的几分钟内伊拉克的还手能力，从而使得进攻者能在伊拉克做好战斗准备之前就摧毁那些甚至都来不及配备人手的车辆。但是我们应该意识到，这是建立在防御者被意外攻击的前提下。纵深防御通常会提供主要战场的警告，因此能够有效防御突然袭击。假如伊拉克士兵能够及时得到警告，那么他们能在开战之前就做好充分的准备，这必然会消除多国部队空中技术优势的间接影响。然而在历史战役（也就是参照组）中，伊拉克的掩护部队从未能提供警报，导致其在主要的防御中都是被突然袭击的。场景A假定伊拉克掩护部队提供了充分的警报，防御者有时间为车辆配备人手，当进攻者出现时他们已经为战斗做好了准备。结果是多国部队的空中技术优势并不能完全得到发挥，尽管美军拥有技术优势，但双方的交火不会出现一边倒的状况。

2. 对抗先进技术，部分应用现代军事体系远远不够

场景B和场景C假定伊拉克部分应用现代军事体系。① 在

① 事实上伊拉克在战争中所犯下的错误远非此处的两种；场景B和场景C中分别只涉及一种错误，这意味着与事实表现相比，伊拉克在战术体系上得到提升。

场景 B 中，假定伊拉克能够提前布置好阵地，但是掩护部队仍然不能够提供防御警报；在场景 C 中，假定掩护部队能够提供警报，但是未能提前布置阵地。在这两个场景中，进攻者为歼灭防御者而遭受的损失均略高于在参照组中的损失（在场景 B 中，美军损失为 5；在场景 C 中美军损失为 1.8）。

这是因为美军的先进武器是高度致命的，以至于充分使用美国军械库中的部分武器就足以对战争产生决定性的影响。在实际战斗中，M1A1 坦克的红外夜视仪能在沙尘暴中看见 1600 米之外的物体。如果伊拉克没能充分做好阵地部署，那么无论伊拉克军队是否获得警告并做好战斗准备，红外夜视仪的这一优势都能得到充分发挥；单靠红外夜视仪的观测范围优势足以歼灭防御者，即便防御者从一开始就已做好充分准备。美军的空中技术优势使得许多伊拉克士兵弃车而逃。如果伊拉克未能避免己方被突然袭击，那么进攻者有机会在战斗开始的关键几分钟内与毫无准备的对手交战，而在此期间产生的结果将会是决定性的——无论毫无准备的防御者是在 2000 米之外松散的沙堆上，还是懒散地待在挖好的、低于地面的战壕中，他们都会被摧毁。

3. 降低进攻者技术的复杂性和多元化有助于减少未应用现代军事体系的防御者的损失

模拟结果表明，如果进攻者的技术很落后，即使防御者对现代军事体系的应用不完全，也不会导致灾难性的后果；相反，如果进攻者的技术很先进，防御者要想避免灾难就必须应用现代军事体系。在模拟中，如果美军能够充分利用实际战斗中的技术优势，伊拉克只有在完全采用现代军事体系的情况下，才能避免灾难的发生，这一结论可以通过与参照组与场景

A、B、C 的模拟比较得出。但是如果进攻者的技术优势被削弱，尽管伊拉克方面没有彻底应用现代军事体系，进攻者也会遭受惨重的损失。比如在场景 D 中，进攻者没有使用红外夜视仪，仅能依赖空中技术优势产生间接作用，同时伊拉克只犯了其中一种错误：假定他们能够获得足够的警报，在车辆位置掩护上的错误即便未被修正，进攻者的伤亡数（39 辆）与参照组（2 辆）相比也会大幅增加。

187

当进攻者的技术水平较低时，伊拉克军队能够承受一定程度的错误，但即使如此，错误也不能太多。在场景 E 中，假定进攻者没有使用红外夜视仪，且伊拉克方的两种错误同时出现；进攻者的伤亡数（16 辆）比伊拉克只犯其中一个错误时伤亡数（39 辆）的一半还少。

如果多国部队的技术优势被削弱得足够多，即便防御者的两种错误同时存在，进攻者仍需要付出惨痛的代价。在场景 F 中，进攻者缺乏红外夜视仪且不存在空中技术优势，而伊拉克方面同时犯两种错误，美军最终损失车辆数（40 辆）远高于参照组中损失的车辆数（2 辆）。

意义

综合来看，反事实有以下两个重要的意义。

第一，模拟结果与新理论的观点一致而与传统二元技术理论相悖，即认为技术与兵力部署之间存在非线性的关系。防御者未应用现代军事体系为进攻者技术优势的发挥提供了突破口，使得本来不具备数量优势的进攻者可以用较少的伤亡获得战争的胜利。但如果防御者采用现代军事体系，进攻者以同样的武器带来的影响则远不会是致命的，即便进攻者的技术再先进，也无法避免己方的重大伤亡。① 此外，进攻者的技术越先进，防御者所犯错误的后果就越严重，为了避免灾难性的后果，防御者能承受的失误也就越少。在模拟中，技术放大了兵力部署的影响——随进攻者技术先进程度的提高，对未采用现代军事体系兵力部署的惩罚就越严重（边际影响增加），但是对采用现代军事体系、暴露程度低的防御者的影响要小得多。因此，技术提高了现代军事体系要求的技能的溢价，同时提高了应对具有先进技术的敌人时所必须具备的最低技能水平的要求。

　　第二，模拟结果与海湾战争结果的标准解释不一致。正如在第七章所提到的，关于沙漠风暴行动的文献认为，多个变量对盟军的低损失率有线性的影响。这些文献研究了影响战争结果的多种因素，但是认为，不同因素的影响机制几乎是单一的，也没有解释多因素组合的影响等于单因素影响之和的原因。伤亡、技术和兵力部署之间的线性关系意味着无论是否存在其他因素，任何一个因素的边际影响都是不变的，且各因素的影响都是相互独立的（也就是说不存在递增或递减的边际回报：假定两种技术对伤亡的独立影响是相等的，两种技术中的任何一种是否存在都不会改变另外一种技术对伤亡的影响）。然而，实际情况是，进攻者武器技术的价值会根据是否采用现代军事体系战术而有所不同。防御者兵力部署的任何一

---

① 完全没有遵循现代军事体系原则的、发生在追击阶段的突然袭击会增加进攻者的假定损失。

种错误对伤亡的影响也与是否犯另一种错误息息相关。当防御者同时犯两种错误时，美军在只有红外夜视仪或者只有空中技术优势的情况下，伤亡结果是一样的，但如果防御者的其中一种错误被纠正，两种技术产生的影响则完全不同。在模拟中，这些因素的影响不是简单的线性叠加，而是彼此之间以强有力的、非线性的方式交互影响。

　　总的来说，将案例分析和统计分析的结果汇总，可以为新理论的有限性提供一定程度的支持。这反过来又要求对理论在政策和学术领域的应用进行认真的思考，本书的结论章节将探讨这一问题。

189

第十章
结　论

迄今为止，关于军力的最具影响力的观点都集中在物质力量因素上：哪一方拥有更多的军队或武器，谁的武器更加先进，各自的技术有多成熟，技术更有利于进攻还是防御，这些问题为公众讨论国防政策和军力运用提供了框架。它们主导着美国国防部和许多其他西方国家政府所做决策的正统模式。在国际关系（international relations，IR）理论中，它们构成了军力和权力的基础。

不过，我认为，仅凭物质因素无法解释我们在过去一个世纪中所观察到的军力。如果要做得更好，就需要有系统的理论来解释物质和非物质变量如何相互作用。

我尤其认为，第一次世界大战的熔炉锤炼出了一个非常稳定的、本质上是跨国界的理论思想。这些思想是为了减少对现代战场激进火力的暴露，并在减缓敌人速度的同时促进各兵种一体化发展。综合来看，这些方法打破了1918年"堑壕战"的僵持局面，并为1918年后成功的军事行动确立了标准。但是，从整体上掌握现代军事体系的军力部署极其困难：有些国家已经操控自如，但有些国家仍不尽如人意。掌握它的国家基本上不受技术变化的影响：其减少暴露的军力使其伤亡率保持在较低水平，即使武器的名义杀伤力已经增加。另一方面，未能实施现代军事体系的国家则完全暴露于对手武器日益增加的杀伤力、速度和射程之下。因此，未能实施现代军事体系一方的伤亡率随技术的进步而攀升。随时间推移，实施现代军事体系和不能实施现代军事体系的国家之间的军力差距不断扩大，但在相互均能实施现代军事体系的对手之间，其战斗结果几乎没有变化。

在这种观点中，技术的影响仅次于兵力部署，其只有在与兵力部署交互作用下才能得到正确的理解：技术本身是军力较差的预测指标。数量优势的影响，也如技术一样，在很大程度上是由兵力部署决定的。只有通过实施现代军事体系的兵力部署，才能充分利用资源优势，但许多国家尚无法做到这一点。装备本身并非毫不相关——先进的技术和数量优势都是有价值的，人们必须知道这两者都对准确地预测结果有一定的作用——但是，它们的作用与新理论中兵力部署的作用完全不可同日而语。兵力部署是最具影响力的非物质因素：现代军事体系的兵力部署可以弥补装备上的重大不足，但无论是技术上还是数量上的优势，都不能使非现代军事体系的军队打败实施现代军事体系的对手。

这些理论通过各种不同的方法，在许多具有挑战性的测试中得以证实。在有关米切尔行动和古德伍德行动的详细案例研究中，新理论在现实条件下表现出了唯物主义的观点，如果可以确认的话，这将为唯物主义理论提供便于预测的成功。对沙漠风暴行动来说，新理论和传统理论都预示着多国部队的胜

190

利，但是多国部队的获胜方式与新理论更加一致。在一系列大样本统计分析中，在 27 个可测试假设中，有 25 个的数据与传统优势制胜理论和技术理论相矛盾，只有 2 个假设得到了印证。与此形成对照的是，新理论在 24 个假设中有 18 个得到了证实；24 个结果中有 3 个属于模棱两可或相互矛盾；在 24 个结果中，只有 3 个结果与新理论的预测完全不一致。在美国陆军、国防部高级研究计划局和国防分析研究所对 1991 年海湾战争中"东线 73 战役"实施计算机重建的一系列模拟实验中，历史性战役条件的系统性控制变量产生的结果，更符合新理论而非传统理论的观点。

当然，没有一种检验方法是完美的，新理论也不完全符合证据。然而，在充斥着不完全数据、随机变量，且人类行为带有自由意志的杂乱无章的世界里，追求完美的确证是个不现实的目标。正确的愿景是抓住普遍的趋势，来获取更多的数据，而不是理论的相互竞争。根据这一标准，新理论不仅超越了传统的理论，而且在三种不同的观察模式下，也表现出与现代战争记录的显著一致性。这并不是一个有效的证明，但显示出新理论充分影响政策和学术的潜力。

学术影响

在对国际政治的理解方面，新理论对我们产生了重大影响。军力是国际关系理论中的一个重要解释变量。现实主义传统认为，军力是国家行为最重要的决定因素；对自由主义传统来说，其中心地位则是反对合作理论的主要依据。对上一代国际关系学术研究更广泛的主题而言，在面对新的受众成本、信号传递、议价动态、国内政治、集体行动问题、风险认知、规范、文化和身份建构等理论时，其相对因果关系的重要性被削弱。虽然几乎没有人会认为这是无关紧要的，但很多文献都认为，军力与摩根索（Morgenthau）或华尔兹（Waltz）等早期理论家所认为的相比，其核心作用已经小得多了。

然而，所有这些都建立在根本不合理的军力概念上。现实主义者和自由主义者视军力为物质力量的产物。一些人（主要是攻防理论家）视材料的性质为关键，但对大多数人来说，它是军队规模、人口、军事开支或创造军力的经济潜力的相对集合。这从根本上来讲是错误的。军力主要不是装备的问题，它主要是国家如何利用其物质资源的问题——这在很多方面有极大的不同，而不仅仅是物质约束的附带产物。因此，在装备平衡方面的经验模式不太可能揭示国家间军力分布的真实情况，所以，使用这种物质指标来衡量军力的大量分析是错误的。将更重要更宏大的理论主张建立在这种对军力来源的错误概念上，就有可能在分析国际政治时产生严重的错误。

事实上，无论其假设的原因是什么，这一文献中的军力概念本身就存在着问题。根据国际关系理论，军力是个简单的单一实体：它可以在联盟成员之间有所增加，与对手达成平衡，或者通过计算，确定一国的大国地位和在国际体系中的极性。掌握得越多就越能彰显一般用途的军力，该军力在特定任务和地缘政治环境下具有高度可替代性：存在一种"权力平衡"，涉及一个特定国家是作为进攻方还是防御方，对伤亡最小化或领土控制是否产生影响，以及是否选择一年期的轰炸以保持低伤亡率，还是必须完成持续数周的地面战争。

单一"军力"的概念从本质上误解了军事潜力，而后者在本质上来讲是多维度的。不同的军事任务是千差万别的——具备执行好一件任务（或几件）的能力，并不意味着就具备了执行其他任务的能力。因此，所有具体的任务能力都是它的附属物，不存在这种通用的、单一的基本"军力"。能够成功攻击的部队可能在防御上是无效的。如果需要快速取胜，只有在持久战中才能具有强大力量的部队可能毫无价值；能在可接受的伤亡范围内迅速征服对手的部队，在需要付出惨重代价时，可能会寸步难行。以以色列军队为例，他们在短时间的进攻作战中具备很强的能力，但无法持久作战，不能承受巨大的损失，更不太适合战区防御。因此，其真正的战斗力在不同任务中会有所不同——在此背景下，以色列与其邻国之间的"力量平衡"并无意义。完成军事任务的能力在任何简单的任务或环境中都是不可取代的。这就是为什么此处提出的军力理论要通过三个不同的且不能简化的能力来进行阐述：控制领土的能力、限制（和造成）伤亡的能力，以及迅速取胜的能力。与之相比，国际关系文献中简单、单一的军力概念，在逻辑上存在问题；寻求概括性的理论无法用这种术语来解释政治结果。

当然，政治决策的制定是基于认知而非客观现实。上面我只是研究了军力的客观决定因素，这又如何能说明那些依赖认知而非现实的政治结果呢？事实上，大多数文献研究——尤其是国际政治的实证研究——都依赖客观的标准来衡量决策者的实际认知。鉴于认知的复杂性和不透明性，大样本分析可能总是需要一种标准。这种方法以前就受到过批评：对实际认知的详细研究通常会显示出更有鉴别力的过程，真正的领导者会评估自身和其他人的能力。[①] 然而，大多数国际关系理论家会继续使用总物质力量这个单一衡量标准作为领导者对军力的基本认知，他们认为这个衡量标准更接近真正的军事潜力，而那些不符合这一标准的国家将被自然选择所淘汰。[②] 上述发现削弱了这两种说法：物质力量只是衡量真实军事结果的一个非常弱的指标，所以，物质上处于劣势的国家通过军事失败而灭亡的可能性不大。国家通常好像不会被选择所驱使而看重总物质力量的优势，即使某个国家认可这的确是有意义的因果机制。然而，这一发现主要取决于对实际军事成果及其决定因素的分析。只有考察客观的军事现实，才有可能更广泛地处理国际关系理论文献中针对军力的正统主张。

建立在军力概念上的大量国际关系文献面临着严重的经验和逻辑问题。例如，对于军力因果关系重要性的挑战，在缺乏

---

① Wohlforth, *Elusive Balance*; Aaron Friedberg, *The Weary Titan Britain and the Experience of Relative Decline, 1895 – 1905* (Princeton: Princeton University Press, 1988); Wesley Wark, *The Ultimate Enemy* (Ithaca: Cornell University Press, 1985); Herrmann, *Arming of Europe*; Ernest May, ed., *Knowing One's Enemies* (Princeton: Princeton University Press, 1984); Williamson Murray and Alan Millett, eds., *Calculations: Net Assessment and the Coming of World War II* (New York: Free Press, 1992); Williamson Murray, *The Change in the European Balance of Power, 1938 – 1939* (Princeton: Princeton University Press, 1984); Rosen, "Net Assessment," pp. 283 – 301; Pickett, Roche, and Watts, "Net Assessment," pp. 158 – 88.

② 相关评论，参见 McKeown, "Limitations of 'Structural' Theories," pp. 43 – 64; 关于现代国家的死亡率，参见 Karen Ruth Adams, "State Survival and State Death: International and Technological Contexts" (Ph. D. diss., University of California, Berkeley, 2000)。

更有说服力的军力衡量标准的情况下，许多观点难以自圆其说。然而，反对这种论点的现实主义文献也存在问题：在一个有缺陷的度量标准基础上，既不能挑战原有论点，也难以论证军力的真正影响。

更狭义地讲，现实主义理论中的各种特殊主张与上述分析并不一致。例如，许多现实主义者认为，严峻的竞争压力迫使各国均选择最优的做法。这意味着，除权力等级制度中的地位外各国在所有层面上都是可互换的，不过，假设权力地位相同，不同的国家都会有相同的表现。[①] 然而，上述结果对这种说法提出了挑战。即使在军力——在现实主义理论中保证国家生存的最重要的功能——的使用中，关键性的区别仍然存在。现代军事体系为大多数国家提供了接近最佳的军事理论。但是，直到 1991 年，在异常危险的地区，主要的区域力量却在没有充分利用现代军事体系的情况下，进行了两场主要的战争：伊拉克在 1980～1988 年的两伊战争和 1991 年的海湾战争中从根本上缺乏现代军事体系准则。[②] 1944 年，在古德伍德行动中，英军未能实施现代军事体系的进攻方法，德军有时也无法实施现代军事体系：尽管他们在古德伍德行动中所使用的方法与现代军事体系相一致，但在眼镜蛇战役一周后，他们的防御系统却变得更加薄弱，只有很少一部分部队幸存下来。[③] 在

---

① 参见 Kenneth Waltz, *Theory of International Politics* (Reading, MA: Addison-Wesley, 1979), p. 127。

② 关于 1991 年伊拉克的兵力部署，参见第六章；关于伊朗—伊拉克战争，参见 Cordesman and Wagner, *Lessons of Modern War*, Volume 2: *The I,an – I,aq War*。

③ 关于德国在古德伍德行动中的兵力部署，参见第五章；对于眼镜蛇行动，参见 Blumenson, *Breakout and Pursuit*, pp. 224 – 228, map 5。

第八章的统计分析中，国家身份变量的重要性强烈暗示了20世纪各个国家在兵力部署方面存在的严重差异。虽然各国的做法有时会趋同——现代社会制度本身的形成就是一个特别突出的例子——但它们往往很难完全一样，而且，鉴于现实主义因果机制中军事激励的重要性，这种趋同即便在军事领域也是失败的，而且问题还相当严重。[①] 更广泛地来讲，本结果提供了另一种方式，在这种方式中，单位层面的变量与国际政治相关，与当代现实主义的核心主张相反。[②]

上述发现也对传统的攻防理论之于政治结果的预测构成了重大挑战。攻防理论家认为，攻防平衡系统的转变会对从战争因果关系到军备竞赛、联盟形成、贸易政策和国际体系结构等产生一系列深远的影响。然而，系统技术变革是相对较容易确定攻击和防御程度的弱决定因素，攻防理论的核心是因果互动。攻防理论家正确地区分了进攻和防御，并坚持认为国际关系理论中也包含了这种区别，它表明，进攻能力未必等同于防御能力，如果军力对国际政治存在影响，那么两者就不能混为一谈。[③] 但是，从系统技术中观察这种差异的根源是错误的，

---

① 一种选择的论据也不能解决这种矛盾：尽管纳粹德国在二战中因战败退出了国际体系，但英国和伊拉克却没有离开，这很大程度上取决于对手的兵力部署和战争的利害关系。

② 因此，人们可以同时得出结论，武力在国际政治中是重要的，单位层级的现象也很重要。关于单位层级变量在军力产生中的作用，见 Rosen, Societies and Military Power; Stam, Win, Lose or Draw; Reiter and Stam, Democracy and War (Princeton: Princeton University Press, 2002); Biddle and Zirkle, "Technology," pp. 171 – 212。

③ Glaser, "Realists as Optimists," pp. 50 – 90.

而且从技术开始，并以战争因果关系、军备竞赛或联盟形成而告终的逻辑思路，从根本上说是存在缺陷的。考虑到进攻与防御存在区别的重要性，保留其作为健全的国际关系理论的核心特征是有意义的，但要做到这一点，就需要新的攻防理论，它不是建立在技术标准之上，而是建立在技术和兵力运用间的相互作用上。①

但是，如何建立这种新的理论体系呢？从更广泛的角度看，国际关系理论在总体上如何体现出对军力的更有力的认识呢？理论家们将客观的军事事实作为领导者认知的代替物，其具备三个要求。②

第一，必须将"军力"分解为控制领土的能力、造成人员伤亡的能力，以及控制战事持续时间的能力，并直接指定这些能力的因果关系，而不是将其混为一谈。或者，分析可以保存军事能力的一个单值索引，通过三个冲突维度（定义、有效性、国家的军事结果效用）确定国家的偏好，或通过限制因果来表现单一维度的影响（尽管这需要一些理由来证明，排除重要的国家关注点以关注其他问题是合理的）。无论如何，充分说明军力作用的理论，必须避免相互矛盾的结果，

---

① 参见 Biddle, "Rebuilding the Foundations"。
② 无论理论对现实的理解有多强，认知理论比使用现实代替认知的理论能更准确地预测决策。然而，使用对现实有缺陷的理解的理论会是最糟糕的。使用军事现实代替认知的最有力的例子是，错误认为领导者将被自然选择（即军事失败）所取代。建立在对军事现实有缺陷理解基础上的理论将会错误地预测失败，从而破坏了首先将现实作为替代的选择逻辑。对任何以现实代替认知的理论来说，正确把握现实均至关重要。下面的讨论将瞄准该目标。

这就需要对这种固有的异质观念进行更多的分解处理。①

第二，分析必须区分进攻能力和防御能力。正统的攻防理论和上文的新理论都暗示，国家有时能够保卫自己的领土，但不能征服邻国；有时能够征服，但无法成功防御；有时既能够征服他国又可以防御本土；但有时两者都无法做到。② 考虑到这一点，一国即使在伤亡、领土利益或时间持续方面都具备"高度军事能力"也毫无意义，这意味着其进攻能力和防御能力相同，即使它们并非如此。因此，将一维"军力"假定为一个变量的分析，武断地排除了在政治上重要的军事可能性。

---

① 此外，现代军事体系并不是能力的多维概念的可行的单维替代。乍一看似乎也是如此：毕竟，对几乎所有国家来说，现代军事体系比非现代军事体系更适合使用武力。也许其存在与否可被视为对所有国家三维军事能力的近似值。但这并不能使现代军事体系成为充分的替代。现代军事体系军事吸引力的广度主要源于其在突破中的作用。突破是能力的核心，因为它是攻击者同时最大化所有三维能力的唯一方法（见第三章）。对防御者来说，阻止突破对任何维度的高能力（因此现代军事体系对防御能力非常重要）都是必要的——但是单靠阻止突破不足以实现所有维度的高能力。如附录所示，对于被控制的进攻，进攻者和防御者在军力层面相互抵销。如果防御者允许突破，那么这是无关紧要的，否则它会更强大：防御者如果被突破，可以在所有方面同时失败，但面对现代军事体系的进攻者，即使防御者采用现代军事体系的方式也不能在所在维度上同时取得成功。因此，现代军事体系是任何军力评估的必不可少的第一步，但对开启军力的国际政治分析来说，这不可能是最后一步。因此，这里的分析将军力的各个维度视为不同的变量，如果不具体说明一国在各维度上的偏好，这些变量就无法聚合（没有突破的特殊条件）。

② 例如，在新理论中，以色列（以其他方式执行现代军事体系，但其地理因素排除了现代军事体系的防御深度）或许能够征服邻国的领土，但保卫自己的领土就比较困难。相反，两个具有相当规模的完全现代军事体系的对手各自都能够拥有大部分领土，但无法征服大部分的对手。

第三，实证分析必须在其能力测量上反映兵力部署的情况。[①] 这并不需要对纵深、预备比率、预备或攻击速度，或者暴露比率进行明确的测量，虽然是可以这么做的。另一种方法是开发辅助理论，预测此类兵力部署的选择将成为更广泛国家状态的函数，这些国家可能会更方便地开展经验性观察，在其他层面的分析中处理，或对和平时期和战争时期加以描述。[②] 但无论如何，明确考虑如何使用兵力，对于实证研究中的任何军力呈现都是至关重要的——没有它，统计结果既不能反映实际认知，也不能反映客观的近似值。

对历史学家来说，上述发现隐含了除第一章所述内容之外的两种主要影响。第一，这里的研究结果进一步印证了这样一种观点，即世界大战的结果比人们通常认为的更有偶然性且具有更低的预测性。在战后大部分时间里，主流观点认为，西方盟国的巨大工业优势，使得德军在这两场冲突中都无法获胜。[③] 近期，理查德·奥弗里（Richard Overy）认为，事实上，战争中任何一方做出的看似不同的决定，都可能导致

[①] 或恢复决策者的实际感知，而非依赖客观代理。然而，准确表征感知特征的努力表明，在可预见的未来大样本研究可能仍会依赖客观代理。

[②] 虽然主要的国际关系数据库不存在兵力部署，但可能会包括军民关系、政权类型或人力资本等协变量。因此，在后一个（或类似的）术语中指定的辅助理论将使涉及军力的国际关系命题更容易统计检验，这对评估和平时期的军力尤有帮助。实际的兵力部署只能在战争中观察到，根据和平时期可观察到的因果变量来预测战时兵力部署的理论对事前评估军事潜力是必要的。同样，关于兵力部署起决定作用的理论可以帮助理论工作者在分析层面而非作战层面工作。例如，在战争层面而非作战层面解决军力问题，需要评估兵力部署如何跨战区变化（如有的话）以及战役作为可观察特征的函数。

[③] 例见 Ellis, *Brute Force*; Parker, *Struggle for Survival*, pp. 86, 131 – 150; Pointing, *Armageddon*, p. 163.

产生截然不同的结果，这一点在第二次世界大战中表现得尤为突出。[1] 上述分析表明，一般来说，物质优势的重要性被夸大了，而使用这些装备资源的变量所起的作用被低估了。这反过来暗示了理论和战术上看似合理的差异很可能会导致军事上的巨大差异——很有可能，这种差异甚至大到足以改变两场战争中的战胜国和战败国，从而又会对我们今天所处的政治、社会和世界产生深远的影响。

第二，上述分析表明，对第一次世界大战历史的重新解读具有更广泛的适用性。最近的史学研究显示，较之以前，所有的大国军队都接受了更多的有效的理论。这种理论上的适应逐渐被认为是通过在 1918 年恢复战场机动性而加速战争结束的原因；相反，1915~1917 年时未使用 1918 年的方式，愈发被认为是导致西方战线出现僵持局面的主要因素。[2] 因此，在战争早期，相对于占主导地位的物质因素，兵力部署的理论获得了更大的解释力。然而，兵力部署的极端重要性远远超出了西线甚至整个世界大战的范畴。为应对堑壕战僵持局面而形成的兵力部署模式，是理解 20 世纪军事历史进程的核心，至少在 21 世纪的最初几十年里仍是至关重要的。火力、暴露、机动和隐蔽问题并未因不断变化的技术而有所减弱，在西线僵局中所形成的解决问题的方

195

---

[1] Richard Overy, *Why the Allies Won* (London: Jonathan Cape, 1995). See also Niall Ferguson, ed., *Virtual History* (New York: Basic Books, 1999), pp. 228 – 347。

[2] 例见 Bidwell and Graham, *Firepower*; Prior and Wilson, *Command on the Western Front*; Griffith, *Battle Tactics*; Lupfer, *Dynamics of Doctrine*; McInnes, *Men, Machines*; Bailey, *First World War*; Sheffield, *Forgotten Victory*。

式，继续在精确制导武器、网络信息和隐形飞机占主导地位的时代起着作用，仍然是定义军力的关键议题。因此，第一次世界大战理论调整的后果席卷了随后的 20 世纪军事史，其影响甚至可能更为深远。

政策影响

政策也受到了重要的影响。这里关注六个问题：战争的未来、国防预算的优先级、部队的结构、武器开发和采购、联合战役评估，以及军事理论。我会提供最终的观察结果，并明确进一步的研究方向。

战争的未来与军事革命（RMA）主题

也许最广泛的影响涉及军事革命主题。现在，许多人认为，技术正在创造新的战争形式，远程精确空中打击和导弹打击将主导战斗，地面部队将大幅度减少侦察兵的数量，而争夺信息霸权的斗争将取代突破性战斗，成为战争成功的决定性因素。有人认为，这种全新的战争样式可能给掌控这一因素的国家提供强大的军力。美国在关键技术方面的优势使其在竞争中处于领先地位，但仅仅领先一步。人们认为，最终的成功需要组织和理论的彻底变革，以发挥新技术的潜力——然而，伴随着领导层的自满情绪，再加上军方固有的保守主义，很容易阻止这种激进的变革。看到这个机会并接受彻底变革的其他强国，可能会超越美国，使美国有可能会步 19 世纪法国和英帝国的后尘，走向军事衰落。[①]

这一观点已被证明非常具有影响力，在美国的许多国防规划领域都成为共识。[②] 如果这个看法正确，其影响将是十分深远的。如果我们确实处于军事革命之中，那么美国的国防政策需要彻底变革。现今的国防设施是为应对海湾战争之前的那种战争而设计的；如果未来会截然不同，那么就需要进行彻底的反思。

但是，上面的分析显示了一个非常不同的未来。这并不是对过去的革命性突破，在过去只有彻底的变革才能避免军事衰落，本研究发现，战争的本质并没有突然中断。军事革命的倡

196

---

① 关于军事革命的文献很丰富。较有影响的成果包括：Krepinevich, "Cavalry to Computer," pp. 30 – 42; Tofflers, *War and Anti-War*; Cohen, "Revolution in Warfare," pp. 37 – 54; James R. Blaker, *Understanding the Revolution in Military Affairs* (Washington, DC: Progressive Policy Institute, 1997); Michael Vickers, *Warfare in 2020: A Primer* (Washington, DC: Center for Strategic and Budgetary Assessments, 1996); Mazarr, *Military-Technical Revolution*; James R. Fitzsimonds and Jan M. Van Tol, "Revolutions in Military Affairs," *Joint Force Quarterly*, no. 4 (Spring 1994), pp. 24 – 31; Daniel Goure, "Is There a Military-Technical Revolution in America's Future?" *The Washington Quarterly* 16, 4 (Autumn 1993), pp. 175 – 192; Jeffrey Cooper, *Another View of the Revolution in Military Affairs* (Carlisle Barracks, PA: U. S. Army War College Strategic Studies Institute, 1994); Bracken, "The Military after Next," pp. 157 – 174. 有关评论见 Biddle, "Past as Prologue."。

② 例见 Bradley Graham, "Battle Plans for a New Century," *Washington Post*, February 21, 1995, pp. 1ff; John Barry, "The Battle over Warfare," *Newsweek*, December 5, 1994, pp. 27ff; Jeff Erlich, "One on One: Interview with Secretary of Defense William Perry," *Defense News*, May 1 – 7, 1995, p. 38; "Deutch Gets Report Card Letter on the Revolution in Military Affairs," *Inside the Navy*, October 24, 1994, p. 11; 例如，为应对革命性的战争变革，布什政府就要求美国应跳过一代增量式武器现代化，把重点放在更先进的系统上：Thomas E. Ricks, "For Rumsfeld, Many Roadblocks," *Washington Post*, August 7, 2001, p. 1.

导者认为，根本性的变化事实上呈现出连续性和多样性——而这些潜在的连续性为美国未来的军事政策提供了一套截然不同的方案。

最常被提及的技术革新——精确制导武器杀伤力的大幅提高、空中和导弹系统深度打击的射程增加，收集和处理信息的能力增强——都是长期趋势的延伸。现在，军队已经被迫应付一个世纪以来不断增长的杀伤力、范围和监视能力，这些都不是带来主要新问题的突然进展。事实上，20世纪以来，大部分战术和理论变化都是关于如何应对这些变革的，以及如何做到更好地应对。在80多年的实际战争中，许多军队在不同的条件下已经对现代军事体系的兵力运用进行了广泛测试。在这场火力不断增强的试验中，它被证明在武器、平台和传感器的巨大历史变化中非常强大。但在这段时间里，真正决定战斗结果的重要差异不是源自技术上的改变，而是来自特定的国家未能实现现代军事体系所要求的（非常困难的）方法。如果军队能充分利用现代军事体系减少暴露，那么，80年来不断增加的武器杀伤力只是适度地增加了一些脆弱性；另外，如果军队不能利用现代军事体系，那么暴露在这种致命武器下则可能会产生极端的——而且是越来越多的痛苦后果。

从军事革命的视角来看，这一分析暗示了一种不同的策略方案。在下文会分析许多细节，但总体来讲，本书研究的军力理论表明，传统的作战方法实际上在新兴战场上也是必不可少的，因为新兴战场是从传统作战设计的战场拓展而来。这并不是说国防政策不应有变，或者未来的军队应该和今天的一样，后面将概述所需的一些更改。但上述分析的中心主题是，对连

续性的需要比通常认为的要强烈得多；这种大规模的变化不会
由技术的持续变化来决定；未来的战争仍会延续至少已保持了 197
100 年的那种作战趋势和关系，而不是与历史先例背道而驰。

那么，为什么军事革命的倡导者认为，未来与过去会截然
不同呢？[1] 在 21 世纪初期，新的致命性武器、空间领域或信息
革命这些独特的变化难道不会带来什么不同之处吗？例如，近
年来，技术变革的步伐似乎更快了；尽管自 1900 年以来武器
的致命率持续增长，但在过去的 10 年里，并没有发生爆炸式
的增长，是否有必要在这方面加速改变呢？又怎么能排除这种
加速不会带来革命性的改变呢？

当然，永远不能排除未来可能会出现令人意想不到变化
的可能性，而且可以肯定的是，致命性最终会超过现代军事
体系的适应极限（下文在讨论研究和发展时会有更多论述）。
然而，重要的是，要从今天的角度来看待变革的步伐。人们
总有一种想法，认为自己所处的时代是前进道路上的关键岔
路口，或是相对以往而言不寻常的变化期。这其中有些是与
生俱来的，需要提请人们注意自己的主张；如果是建立在对
指数增长的错误反应前提下，有一些则是可以理解的。例如，
第四章描述的杀伤力和范围的增加显示了指数增长模式。[2] 指
数增长的数学特性是，无论在什么时期，它总是显示快速增

---

[1] 在其他地方，我更详细地考察了军事革命的情况：Biddle, "Past as Prologue"; "Victory Misunderstood"; and *Commentary on Victory Misunderstood* (Alexandria, VA: Institute for Defense Analyses, 1997), IDA D-2014, available at www. ida. org /DIVISIONS/ sfrd/crp/commentary_ on_ vm. htm (accessed February 3, 2003)。 下面的讨论是对它的补充，并不意味着取代其中更详细的处理。

[2] 参见 Biddle, "Past as Prologue," figs. 2-5。

长的变化速度，在周期结束时出现急剧上升。如果考虑 20 世纪的杀伤力，我们将会发现，20 世纪末杀伤力迅速增加，但是，如果从观察者的角度观察同样的数据，如 1950 年的数据，结果也会像一个迅速增长的变动率，在这一年结束后出现显著上升。规模上将会有差别，但关系的形态是一样的，而且两者似乎都会显示在观察者所处的时代出现爆炸性增长。从某种程度上说，人们正在看到指数增长，这对任何时候的观察者来说都是真实的——它告诉我们 2004 年的世界没有什么独特之处。

事实上，对即将到来的革命性变化的预测在军事史上是司空见惯的。阿尔弗雷德·诺贝尔（Alfred Nobel）认为，相比过去，炸药的出现是一种彻底性变革，将使武装冲突变得不再昂贵，并导致战争结束。[1] 伊凡·布洛赫（Ivan Bloch）认为，机关枪也发挥了这样的作用。[2] 法国的新学派（*jeune ecole*）海军至上主义者认为，19 世纪 80 年代，鱼雷轻型水面舰艇的发展将会把主力船从海浪中清除，并导致全新海战时代的到来。[3] 在第一次世界大战前，空中力量的空想家们研究了飞机的新技术，并认为这改变了整个局面：面对从空中直接

---

[1] Nicholas Halasz, *Nobel: A Biography of Alfred Nobel* (New York: Orion Press, 1959).

[2] Jean de Bloch, *The Future of War*, trans. R. C. Long (New York: Doubleday and McClure, 1899).

[3] Theodore Ropp, *The Development of a Modern Navy: French Naval Policy, 1871 – 1904*, ed. Stephen S. Roberts (1937; reprint Annapolis: Naval Institute Press, 1987); William Mc-Neill, *The Pursuit of Power: Technology, Armed Force, and Society since A. D. 1000* (Chicago: University of Chicago Press, 1982), pp. 262 – 265; Van Creveld, Technology in War, pp. 204 – 205.

攻击城市的轰炸机，陆战将变得更难。① 然后，战略轰炸的拥护者们又犯了同样的错误，因为他们在两次世界大战期间改进了航空技术，认为新的轰炸机将在第二次世界大战开始的几周内，以"致命一击"的方式攻击敌方城市。② 战后，美国陆军和空军得出结论称，原子弹将彻底改变战争，这使传统的陆地作战变得不可能。两个团体都放弃了传统的方式，并进行了重组，以应对未来的核战争。对空军来说，在随后朝鲜和越南的非核战争中，代价沉重；对陆军来说，其导致了对1961年原子武器优化的五群制师（Pentomic Division）体制的不光彩放弃。③

所有这些案例都显示了有远见的思想家预见到了其所处时代的爆炸性技术变革，意味着军事革命的到来；所有这些都是错的。从那些认为无线电或计算机只是昙花一现的保守派战舰

198

---

① Michael Paris, *Winged Warfare: The Literature and Theory of Aerial Warfare in Britain, 1859 – 1917* (Manchester: Manchester University Press, 1992); Robert Wohl, *A Passion for Wings: Aviation and the Western Imagination, 1908 – 1918* (New Haven: Yale University Press, 1994); Timothy Travers, "Future Warfare: H. G. Wells and British Military Theory, 1895 – 1916," in Brian Bond and Ian Roy, eds., *War and Society* (New York: Holmes &Meier, 1975), pp. 67 – 87.

② T. Biddle, *Rhetoric and Reality*, pp. 69 – 76; Sir Charles Webster and Noble Frankland, *The Strategic Air Offensive against Germany, 1939 – 45*, Vol. 1 (London: Her Majesty's Stationery Office, 1961), pp. 52 – 64, 144 – 154; Malcolm Smith, *British Air Strategy between the Wars* (Oxford: Clarendon, 1984); Richard Overy, "Air Power and the Origins of Deterrence Theory before 1939," *Journal of Strategic Studies 15*, 1 (March 1992); Anthony Verrier, *The Bomber Offensive* (London: Batsford, 1968), pp. 33 – 78.

③ Caroline Ziemke, "In the Shadow of the Giant: USAF Tactical Air Command in the Era of Strategic Bombing, 1945 – 1955" (Ph. D Diss., Ohio State University, 1989); Andrew Bacevich, *The Pentomic Era* (Washington, DC: National Defense University Press, 1986); Robert Doughty, *Tactical Doctrine*.

将领、骑兵将军或商业高管的著名反例中，很容易就会得出这样的假设：真正的危险是低估技术变革的影响。然而，这并未考虑许多例子，即预测者高估了关键使能技术明显的指数增长所带来变化的影响，而且它也无法解释那些高估的实际成本。在现代历史中，技术变革看起来非常迅速。它常常未能带来许多人过去所期望的革命性军事变革，而且它本身也没有足够的理由期待出现军事革命。①

　　此后阿富汗战事的情况如何？许多人认为，在美军空袭下，塔利班遭受重创是发生军事革命的佐证。如果精确轰炸摧毁了塔利班的据点，使衣衫褴褛的民兵很难在轰炸中前进，并在仅损失几个美国突击队员的情况下征服了整个国家，那么这

---

① 另一方面，军事革命的倡导者有时认为，即便渐进的技术进步也会带来类似物理阶段变化的根本性变化：正如水温逐渐持续降低，最终会不连续地转换成冰，所以有人说，杀伤力或信息量的增加最终会累积造成战争性质的不连续变化。在无任何明确逻辑来确定阈值的情况下，很难评估这一论点，但仍有足够证据表明我们可能还远未达到这一点。例如，在1991年的海湾战争中，技术不足以对多国部队的损失造成革命性影响。正如第六章所述，1991年的情况更符合新理论的描述，而不是新技术带来的革命性间断的模型。1999年的科索沃空袭也提供了另一个例子。超过38000架次飞机78天的轰炸，仅摧毁了30~93艘塞尔维亚坦克，153辆装甲车，以及389枚火炮、迫击炮和防空武器——分别不到塞尔维亚持有总量的9%、20%和9%：Cohen and Shelton, "Joint Statement," p. 1; Gen. Wesley Clark, "Kosovo Strike Assessment," NATO Headquarters, Brussels, Sept. 16, 1999; International Institute for Strategic Studies, *Military Balance*, *1998/99*, pp. 99 - 100; Barry Posen, "The War for Kosovo: Serbia's Political-Military Strategy," *International Security* 24, 4（Spring 2000）, pp. 64 - 5n; Daniel Byman and Matthew Waxman, "Kosovo and the Great Air Power Debate," *International Security* 24, 4（Spring 2000）, pp. 5 - 38。2001 ~ 2002 年的阿富汗也没有带来革命性的中断。总的来说，几乎没有证据表明战争性质可能很快发生阶段性变化。

似乎意味着战争出现了革命性变化。①

然而，实际情况并非如此。阿富汗战役并不完全是远程战斗，也没有足够的精确打击来击败塔利班。在阿富汗，实际上有很多近距离战斗。此外，这一近距离战斗的过程是由地面部队的兵力运用变化所决定的，其结果对这场战役至关重要。因此，在许多重要方面，战争都出奇地与传统理论一致。

塔利班并不是一个采用现代军事体系的军队（在美国参战之后，无法掌握现代军事体系是其迅速失败的原因）。但其外部因素——尤其是基地组织——确实采纳了足够多的现代军事体系的组成要素，从而在大规模的精确轰炸中存活下来。轰炸虽对塔利班造成了严重伤害，却无法击败他们。部分现代军事体系的应用不能击败多样化的现代武器技术（参见第九章），但它可以挫败单独使用的特定技术。② 为了击败在阿富汗的部分采用现代军事体系的对手，需将现代精确打击技术和地面行动结合在一起，那些掌握现代军事体系原则的军队至少可以和对手近距离对抗。阿富汗部队并不都是传统上的无能之辈，他们实际上是各种动机和技能或强或弱的队伍混合体。总的来说，美国的阿富汗盟友在现代军事体系中发挥了足够大的作用，使其能够利用美国空军的杀伤力，从而

199

---

① 参见：Thomas Ricks, "Bulls-Eye War," *Washington Post*, December 2, 2001, pp. 1ff; Jim Hoagland, "All Aboard in Afghanistan," *Washington Post*, November 20, 2001, p. 23; John Barry, "A New Breed of Soldier," *Newsweek*, December 10, 2001; John Diamond, "Pentagon Plumbs Lessons from War," *Chicago Tribune*, January 14, 2002。

② 从涉猎 D 的反事实分析中可以看出：当美国技术组合沦为单独的空中优势时，部分伊拉克现代军事体系的实施证明足以将其损失减少二分之一，并将美军的伤亡人数增加 20 倍：第九章。

取得胜利。但是，各方军队也提供了兵力运用差异及其对现代高技术战争造成影响的多样化案例。研究结果表明，即便是在 21 世纪，单靠技术本身也并不能决定未来发展，现代军事体系的兵力部署仍然至关重要。

例如，在行动初期，阿富汗塔利班几乎没有试图掩护、隐蔽或分散其军队。美军特种作战部队一抵达，就对这些目标进行了精确打击，结果就是发生了一边倒的战斗，例如：2001年 10 月 21 日的比什卡布（Bishqab）、10 月 22 日的科巴基（Cobaki）和 11 月 4 日的阿卡普鲁克（Ac'capruk）。①

但是，塔利班——尤其是其外国和基地组织的成员——很快意识到这种暴露是自杀性的，并开始分散，寻找掩体和隐蔽，限制他们自身的无线电传输，并实施严格的伪装训练。也就是说，他们采用了现代军事体系的一些关键要素。例如，在第一次以特种作战部队为导向进行空袭的几天内，美国突击队报告称，塔利班正在用泥涂抹他们的车辆，以减少红外信号。② 在 11 月 5 日的白贝切（Bai Beche）、12 月 2 日至 4 日的赛义德·斯利姆·卡莱（Sayed Slim Kalay）、12 月 6 日 4 号高速公路沿线的战斗，以及 2002 年 3 月的蟒蛇行动（Operation ANACONDA）中，现在大多数外国塔利班和基地组织战士已减少了战斗点的暴露，在该战斗点，他们可以凭借有意义的数量优势在西方的多日轰炸下存活。例如，在白贝切，20 世纪

---

① MHI, Tape 032602p, CPT M. int.；Tape 032802p, CPT D. int.

② MHI, Tape 032602p, CPT M. int. 这在战区中迅速普及，参见：MHI, Tape 032802a, MAJ D. int.；Tape 032602a, CPT H. et al. int.；Tape 032602p, MAJ M.，MAJ K. int。

80 年代苏联创建的主要由基地组织武装使用的防御系统被西方飞机轰炸了两天。然而，大量防御部队幸存下来，阻止了美国的阿富汗盟友阿卜杜勒·拉希德·杜斯塔姆（Abdul Rashid Dostum）将军发动的攻击。① 在 4 号高速公路上，基地组织的守卫者藏身于涵洞和被烧毁的车辆中，在道路上未被任何联军监视系统发现，也未被西方飞机发现，直到他们向联军步兵开火并后撤。基地组织的反攻使用的是水渠河谷（wadis）防御系统，他们的战士在其中隐藏和隐蔽，在被发现前离联军阵地只有几百米，更不用说开火了。② 在赛义德·斯利姆·卡莱，基地组织的反攻部队在被发现前，与联军小股部队一度靠得很近。③ 在蟒蛇行动中，在与联军步兵部队直接接触前，美国情报部门只发现了不到一半的基地组织防御阵地。④

这并不是说基地组织已经掌握了现代军事体系：至少在 2002 年 3 月，他们在重要方面远未达到其理论所述。⑤ 但在 2001 年 11 月中旬，他们已充分意识到，对峙不足以将联军驱逐出去。

这又意味着，有能力执行类似现代军事体系进攻手段的相

---

① MHI, Tape 032602p, CPT M. int.; Tape 032602p, MAJ M., MAJ K. int.

② MHI, Tape 032602a, CPT H. et al. int.

③ MHI, Tape 032802a, MAJ D. int.

④ MHI, Tape 041902p, LTC Briley int.; Tape 042002p, LTC Gray int.; Tape 041802p, LTC Lundy int.

⑤ 参见：MHI, Tape 032802a, MAJ D. int.; Tape 041902a, CPT Lecklenburg int.; Tape 041902a, CPT Murphy int.; Tape 041902a, MAJ Busko int.。基地组织在阿富汗对现代军事体系的应用在许多方面比共和国卫队在 1991 年海湾战争中的应用要好，例见 compare the descriptions of al Qaeda fighting positions in Biddle, *Afghanistan*, pp. 19 – 21, 26 – 33, 包括第七章中对共和国卫队状况的描述。

当数量的联军地面部队，有必要驱逐幸存的、积极抵抗的塔利班防守力量。在美国式联军地面部队能控制自我暴露并与美军空袭行动进行协调时，获得了对抗敌方的快速胜利。敌方掌握的现代军事体系原则足以保护其免遭空中歼灭，但不足以抵抗在现代武器技术下的陆空联合进攻。[1] 在白贝切、4号高速公路、蟒蛇行动和其他战斗中，采用这种精确火力打击和有限暴露的地面攻击相结合的方式，联军最终击败了塔利班抵抗力量，并迅速征服了这个国家。[2]

相比之下，联军地面部队面对的是活下来的防御者，没法不暴露自己，也不能与美军的空袭行动很好地协调。即使是在21世纪精确火力的支持下，结果往往也是失败的。例如，12月5日在阿尔盖斯特桥（Arghestan bridge），一支隶属美国联军但未经训练的普什图（Pashtun）民兵组织，即便在美国精确空中火力的支援下且耗费了一整天的时间，也未能突破基地组织的防御阵地。[3] 在蟒蛇行动的第一天，一支战术技能有限的联军阿富汗部队，遭遇了隐藏的堑壕式基地组织的防御，无法前进。在猛烈的炮火下，联军阿富汗部队最终撤退了，基地组织的据点后来被训练有素的西方步兵占领。[4]

---

[1]　关于阿富汗的军事能力，参见：esp. MHI, Tape 032602p, CPT M. int.；Tape 032602a, CPT H. et al. int.；Memorandum for the Record, CPT H. int., July 2, 2002；Memorandum for the Record, COL J. int., July 2, 2002。

[2]　MHI, Tape 032602p, CPT M. int.；Tape 032602p, MAJ M., MAJ K. int.；Tape 032602a, CPT H. et al. int.；Tape 032802a, MAJ D. int.；Tape 041902p, LTC Briley int.；Tape 042002p, LTC Gray int.；Tape 041802p, LTC Lundy int.

[3]　MHI, Tape 032602a, CPT H. int.；Memorandum for the Record, CPT H. int., July 2, 2002.

[4]　MHI, Memorandum for the Record, COL J. int., July 2, 2002.

因此，阿富汗战役和前一个世纪的军事经验具有重要的连续性因素。[1] 但是，2003 年的伊拉克战争又如何呢？如果阿富汗的持久自由行动（Operation ENDURING FREEDOM）不是一场革命，那么伊拉克的自由行动（Operation IRAQI FREEDOM）是吗？

在本研究中，证据表明后者也并非如此。当本书出版时，公开发布的信息还不足以对伊拉克战争进行详细评估，以便与阿富汗战争进行比较。我正在进行一项研究，以在伊拉克、科威特和美国收集的主要证据的基础上，提交伊拉克自由行动的报告，但这项研究不能及时完成，无法在这里进行充分讨论。与此同时，战争行为和结果的大体轮廓似乎符合这种假设，即战争是上述趋势的进一步延续。

上述理论阐述了 1991 年海湾战争的结果是非现代军事体系的伊拉克兵力部署、现代军事体系的多国部队兵力部署，以及联盟先进技术间相互作用的产物。这一理论会如何预测技能和武器自 1991 年以来可能没有明显改善的伊拉克军队与技能和 1991 年相当但武器技术更先进的联军部队在 2003 年遭遇时的情况？答案是联军一方取得重大胜利——当然，这确实是在 2003 年行动高强度阶段所取得的结果。

2003 年联军伤亡率为每 2500 名军事人员死亡 1 人，略高于 1991 年的每 3700 人死亡 1 人的比例，但 2003 年的任务更苛刻，要求联军摧毁整个伊拉克的国家军队，并占领疆域为 437000 平方公里、人口达 2400 万人的整个国家。相比之下，

201

---

[1] 有关阿富汗作战更详细的说明，参见 Biddle, *Afghanistan*。

1991 年的任务只要求将伊拉克军队的一个分支从疆域只有伊拉克的 1/24、人口为其 1/12 的国家中赶出去。① 为了完成这一伤亡率不高于 1991 年的更艰巨任务，这隐含了现代技术对抗非现代军事体系杀伤力的持续增长——正如这里所提出的理论所预测的那样。虽然这远不是对该理论的最终检验（或对伊拉克自由行动的最终评估），但这至少表明，2003 年行动中提供的证据并不会损害这里提出的论点。

即使在今天，军事经验也表明，1918 年的教训仍然是战争胜利的关键。伊拉克那样的军队无法利用现代军事体系减少暴露，他们会暴露于现代武器之下，这是非常致命的。相反，即使是非常先进的武器技术也无法击败那些利用现代军事体系方法来减少暴露的军队，就像基地组织在阿富汗所做的那样。当然，技术非常重要——塔利班在联军的空袭下遭受了沉重打击，而精确打击空中力量的介入，使陷入僵局的内战变成了塔利班的最终失败。但技术并不能预先决定结果，其作用与设想的不同，而且比通常认为的更为有限。在阿富汗和伊拉克的自由行动中，就如在之前的沙漠风暴行动中一样，先进的技术放大了未全面实施现代军事体系的后果。但西方技术无法弥补阿富汗联军偶尔未能减少的自身暴露，而且在阿富汗，即使是针对部分现代化的反政府武装，如果没有那些战术上至少与其敌

---

① 关于 2003 年 5 月 1 日联军部队兵力和伤亡人数，参见 dior. whs. mil/mmid/ casualty/OIF – thru – 20030501. pdf and usinfo. state. gov/regional/nea/i，aq/ text2003/0329dod. htm；关于地理统计，参见 *CIA World Factbook 2002*, available at www. cia. gov/cia/publications/factbook；each was downloaded July 17, 2003。1991 年多国部队损失率，参见第六章。

人一样接近现代军事体系的友邻地面部队进行重要的近距离交战，西方技术也无法将其击败。这两次战争的结果确实不同于人们在 1918 年、1944 年甚至 1991 年进行的战争，然而是在程度上不同，而不是在类型上不同。新技术加深了 1918 年的教训，加大了对那些不完全了解该教训的人的惩罚。但它并未推翻他们。因此，这并不意味着技术与兵力运用之间的关系出现了革命性的不连续。

任何预测的力量都在于它能解释观察到的现象，并将可论证的趋势投射到未来。军事革命预测是基于对关键可观测趋势的误读，因此存在严重的问题。过分预测未来变化的程度也是不安全的。在我们之前，其他人也做出过类似的预测，有时其错误也会带来严重的影响；此外，对未来变化进行过度预测的具体政策影响，尤其对 21 世纪初的美国国防政策构成挑战。因此，这里将关注点转移到几个关键细节。

国防预算优先级

在 "9·11" 恐怖袭击之后，美国的国防开支很可能会持续增加。然而，没有任何可预见的支出增长可以让决策者从痛苦的选择中解脱出来：即使是每年超过 3000 亿美元的预算，也不能同时使传统的 "遗产" 系统（如榴弹炮和有人驾驶的战斗机）现代化，加快 "转型" 采购（如信息基础设施、无人驾驶飞机和精确武器），扩大军队规模，增加培训和战备完好性支出，并为正在进行的行动提供支援保障（可能会在多个战区同时进行）。即使在 9 月 11 日之后，强大的激励措施仍然会至少削减预算的三个主要组成部分（战备完好性、兵力结构和现代化）之一，以保护其他国家。军事革命的倡导者一直认为，现代化必须在未来占据更高的优先地位——这必然意味着在战备完好性和兵力结构方面支付的机会成本有所减少。①

然而，人们应警惕以牺牲战备完好性为代价来保护现代化的建议。这并不是说，现代化应该停止：和其他的资本储备类似，武器同样会有磨损，所以必须加以取代。这个问题体现的是现代化的相对速度。上文分析表明，放缓现代化速度，以换取在培训、教育和生活质量资金（即有助于培养和保留技能人员能够实施高要求的现代军事体系兵力部署的预算部分）方面较少削减的做法，要比反过来的做法更好。在边缘地带，低技能军队要比技术不甚先进的部队更为危险。美国的武器非常致命，以至于任何非现代军事体系的对手若对美国构成轻微威胁，都有可能被消灭；快速的现代化可对类似的敌人进行打击，却不能给采用现代军事体系的对手带来戏剧性的变化。相比之下，使今天的战斗技能衰变的战备完好性预算削减，不仅会丧失利用当前技术优势对抗低技能对手的军事能力，也会使未来的挑战者转弱为强，通过获得更好的技术和使用其潜能来对抗技术不足的美军。这两种风险都不值得去冒。

---

① 有关描述参见：Goure, "Military-Technical Revolution," p. 178; Johnson and Blaker, "1997 – 2001 Defense Budget," pp. 3 – 4. See also, e. g., Richard J. Newman, "Warfare 2020," *U. S. News and World Report*, August 5, 1996, pp. 34 – 41; Jim Hoagland, "Ready for What?" *Washington Post*, March 28, 1996, p. A27; Bracken, "The Military after Next"; Frank Kendall, "Exploiting the Military Technical Revolution: A Concept for Joint Warfare," *Strategic Review* 20, 2 (Spring 1992), p. 29。

兵力结构

许多军事革命的拥护者呼吁对美国军队进行彻底重组，使其远离直接火力地面部队，并更加依赖空中和纵深打击的导弹系统。[1] 另一方面，这里的分析表明，此类重组可能非常危险。有时这样做非常有效：对抗非现代军事体系的对手，美军基本上以空中和纵深打击为主导，实际上是最为理想的解决方案。然而，对能更好地控制其暴露的对手来说，这个不平衡将会使美军处于严重的不利地位。通过放弃直接火力，以换取更深入的打击系统，这种军队将会比今天的对手更弱，对手能在极端的范围内逃脱，并与美军地面部队近距离接触（经证明在阿富汗是可以做到的，如基地组织那样）。这样的结构调整将使美国本就强大的军事能力部分变得更强，几乎不会受到任何挑战（这是指对抗暴露的、非现代军事体系的对手），但同时会在其他地方制造弱点。除非美国确定再也不会面对有技能的对手，否则这将是一种危险的做法。

因此，上述发现预示着不会出现由近距离作战的军事能力向纵深打击转变的重大重组，但这并非意味着现在的近距离作战部队应该保持不变。由于装甲部队在公开地域变得越来越脆弱，潜在敌人可能会将更多的活动转移到可进行掩护的地形

203

---

[1] 参见：Vickers, *Warfare in 2020*, pp. 1, 8, 9, 14；Blaker, *Understanding the Revolution*, pp. 16, 19 – 20, 22；Cohen, "A Revolution in Warfare," p. 45；Mazarr et al. , *Military-Technical Revolution*, pp. 34 – 53；MAJ Terry New, "Air power Enters Decisive Era," *Defense News*, May 6, 1991, p. 28。

上。许多人将被证明无法完全利用该类地形，也无法在不暴露的情况下执行复杂的行动，但所有人都面临着越来越多的刺激，欲将尽可能多的行动转移到森林、山区、城市地区、难民营或其他能够提供掩护、与平民混在一起的环境中，或两者兼而有之。在此过程中，美国的激励机制从通常认为最适合相对开阔地形的重型装甲部队，转向通常认为最适合在封闭地形和建筑密集地区作战的轻型、步兵密集部队。① 不管地形如何，联合武器仍是必不可少的，但在任何给定的地形中，武器的最佳平衡却可能会发生变化。随技术变更，反对者们将会远离开阔地域（或者允许暴露的对手被更小型的纵深打击力量摧毁），这反过来又为减少美国近距离作战部队和增加徒步步兵的可用性提供了强大的动力。

当然，轻型地面部队也具有其他优势，尤其是优越的战略机动性。冷战后的地缘政治使得战略机动性对美军尤为重要，这为转向更轻的"中型"部队提供了强大的后勤动力。② 然而，一些人认为，这样的部队相比更强大的对手过于脆弱，因此，美国应保持现有的兵力结构，接受更缓慢的兵力

① 有人现在认为，重型装甲在2003年伊拉克自由行动中的巴格达战场成功破坏了城市战争的正统观念，因为需要更轻型、更密集的徒步部队。然而，重型装甲在巴格达的生存能力可能与2003年伊拉克部队兵力部署的缺点有很大关系；现在还不清楚，在任何城市战役中，技能较强且对徒步步兵依赖程度不大的对手是否可能被进攻者击败。在本书付印之际，伊拉克自由城市战争的完整故事还没有写完。然而，目前来看，比1991年或2003年的伊拉克人更好地掌握现代军事体系原则，谨慎地将巴格达的经验运用在未来对抗敌人的战斗中是明智的。

② 正如美国陆军参谋长 Eric Shinseki 将军最近提出的：www. house. gov/hasc/testimony/106thcongress/99－10－21shinseki. htm（accessed February 3, 2003）。

运用，以换取运用后更强大的军事能力。① 以上分析表明，这是种错误的二分法。抛开地缘政治不谈，技术变迁为更轻型的部队创造了动力，轻型部队更适合近距离以分散状态作战，而所有军队都越来越需要在 21 世纪的火力下生存。那些坚持在公开领域进行大规模军事行动的部队过于脆弱，很容易受到精确打击系统的攻击，从而威胁到联军地面部队；美国的平衡力量结构将为技术进步等目标提供越来越充足的空中和导弹能力。近距离作战部队的真正使命是对付那些实行了充分现代军事体系以对抗远程火力的对手。而对付这些对手的最佳选择就是更轻型的部队力量，它具备更多的徒步步兵力量，而且在生存能力上对兵器本身重量的要求也更低。②

研究、开发和系统采购

以上分析也为系统的采购、研究和开发提供了不同的方向。尤其是建议试点项目对森林覆盖地区和住房地区的目标进行远程监测，这值得优先考虑。相对其他正在进行的监测行动，此项目应得以加速发展。类似地，在这种地形中有效打击分散目标的新型精确弹药也值得更多的关注。

如果他们能以合理的成本取得成效，这样的发展可能会产生深远的影响。唯一能预见未来可能导致战争真正发生革命性变化的技术开发，也就是推翻兵力运用主导地位，打破 20 世

---

① 参见 Richard Newman, "After the Tank," U. S. News and World Report, September 18, 2000。

② 这并不意味着任何给定的力量设计是最好的选择；更轻型的力量肯定是有意义的，但问题是多"轻"超出了我们的研究范围。

纪采用现代体系的对手之间缓慢变革模式的技术开发——这将是一种能使地形、分布和多兵种的联合无关紧要的发展。如果纵深打击系统真的能摧毁任何目标，无论其暴露程度或集中程度如何，将颠覆技术娴熟的军队在敌方火力下保持有限脆弱性的能力，并带来全新的局面。目前还不清楚这些发展是否能够实现，但应该对这些努力给予最高优先权。

联合战役评估

目前，许多国防规划者认为，传统的兵力规划和联合战役评估方法过于关注单一的武器本身，且没有足够关注支持信息基础设施和高度集成的跨军种、跨分支"系统之系统"（systems of systems）的作用，而这正是军事革命的重要组成部分。[①] 因此，国防部最近开始推出一项重大计划，以更新现有的方法并克服其不足之处。[②]

然而，尽管目前的方法存在问题，但主要的困难在于其他方面。即使新模型对信息技术和联合精确打击做了详尽解释，但如果他们忽视了技术和兵力运用之间的关键联系，仍会面临严重的错误。[③] 事实上，通过聚焦军事革命思想的高新技术部分，忽视真实军队在面对此类系统时的脆弱性，新方

---

① 参见 James Cooke, "Admiral W. A. Owens Issues Challenge to Military Operations Research Community," *Phalanx* 28, 1 (March 1995), pp. 1ff; Charles Marshall and Randy Garrett, "Simulation for C4ISR: Command, Control, Communications, Intelligence, Surveillance, and Reconnaissance," *Phalanx* 29, 1 (March 1996), pp. 1ff; Cohen, "A Revolution in Warfare," p. 53。

② 参见 Prosser, "JWARS Role"。

③ 例如，最近的 JWARS 简报没有提到兵力部署变动的影响，Prosser, "JWARS Role。"

法会使国防部的情况变得更糟。为了捕捉实际战争的动态，新方法必须考虑到新技术与不同敌人实际使用武力方式变化之间的关键相互作用。这不是不可能完成的任务，但如果没有持续的、系统的分析工作，就无法实现这一目标。

军事学说

最后，关于军事革命的诸多文献主张彻底的理论变革，认为利用军事革命的主要障碍是军事组织本身的保守主义。[1] 然而，这种情况并没有发生。如果以上新理论是正确的，那么激进的理论变革既不必要也不可取。这种做法没有必要，是因为战争不会处于革命的边缘。这种做法不可取，是因为许多拟议的创新将有赖于那些只对非现代军事体系对手有效的技术；对更强大的对手来说，依赖这些技术的学说可能会面临很大的问题。

事实上，并不是只有在技术进步的情况下才会面临真正的风险，主要的挑战也并不是诱导不情愿的组织做出改变。尽管历史上存在很多适应缓慢的军事案例，但也存在一些变化太快或太多的案例。本书已经提到了战争时期的英国皇家空军、"五群制"时期的美国陆军、20 世纪 40 年代后期的美国空军，以及 19 世纪 80 年代的法国新学派（*jeune ecole*）海军至上主义者。也可以将 20 世纪 30 年代末的英国军队算进来，该军队的大规模重型坦克装甲师机构比德国的联合武器装甲师背离先例的程度还要大，但英国

---

[1] 见 393 页脚注①②。

创新并没有因为过于激进而更加有效。① 所有这些案例都表明，庞大的、专业的军事官僚机构自身或国家的利益调整得太快了。

这并不意味着理论应该停滞不前。自二战以来，美国的军事学说已经发生了变化，而且肯定会继续变化。② 确保这种持续演变是健全和充分的，是国防规划界一项重要且具有挑战性的工作，无论军事还是民用。相反，我的观点是，这种逐步适应不断变化技术的正常过程完全符合这个时代。保留那些在先前冲突中行之有效的方法，并不是毫无希望的短视的标志，新奇本身也不是具有视野和远见的标志。分析的衡量标准是其推论的严谨及其在证据中获得的支持——而不是它的不一致性或明显偏离当前实践的程度。

未来的研究方向

最后，对学者和政策制定者来说，一个重要的启示是未来研究兵力部署差异的原因和后果的重要性。对学者来说，该问题几乎涉及与兵力部署相关的所有国际政治问题。对政策实践者来说，它是准确评估外国军队、审慎发展军事学说和美国国家战略，并明智决定从兵力部署到武器开发和获取、兵力结构或军种角色和任务等一系列问题的核心。在本书中，

---

① House, *Combined Arms Warfare*, p. 89; Robert Citino, *Armored Forces: History and Sourcebook* (Westport, CT: Greenwood, 1994), pp. 49 – 50.

② 例如，第二次世界大战后美国陆军的学说包括联合武装机动，五群制师及其相关理论，重组装甲部队及其相关理论，以及主动防御和空降作战，参见：Doughty, *Tactical Doctrine*; Romjue, *Active Defense*。

我已经试图（1）清楚地说明这个问题的重要性，（2）表明现行的政策和学说对其处理不够充分，并（3）阐明具体的主张和证据，以期获得更好的理解。然而，还有许多工作要做。单位层面的因素导致兵力部署出现重大变化是一件事，而建构系统的理论，以预测兵力运用是国家和机构中可观察到的差异性函数则是另一件事。建立一个关于实际兵力部署历史模式的适当的数据库至关重要。除了中高强度的大陆战争之外，还需要考虑其他形式的冲突。额外的非物质变量如组织、士气或战斗动力，需要被给予系统的理论关注。需要对国际关系理论和联合战役评估模型进行调整，以反映一个关于军力的逻辑上合理的概念，以及兵力部署经验的重要性。

也许最广泛的是，战争的行为和结果需要接受其他社会现象已接受的相同的持续、明确、严谨的理论分析——不仅是因为战争影响了政治或社会，而且是因为战争成败本身在客观上是一个重要课题。战争的原因已得到了深入研究，希望能找到预防的办法。防止战争至关重要，但不是所有的战争都可以避免。当战争无法避免时，制胜而非失败，才是极其重要的。胜利与失败的区别就意味着自由与压迫，是生死攸关的大事。美国现在正在实施潜在的全球战争，成千上万人的生命可能会因此而终结。解释这样的斗争中的成功和失败对一国来说极为重要——单凭其内在意义，它应该得到现代学术所能提供的最具洞察力的研究。

然而，至少在一代人的时间里，对战争行为的研究已在现代学术界和政府的体制结构之间落空。政治科学家经常把战争本身当作他们研究对象之外的事务。虽然它的原因被认为是政治的，因而是该学科合法的研究对象，但战争的行为和结果往往被排除在外。自 20 世纪 70 年代以来，历史学家们就不再关注战争行为本身，转而关注战争对社会、经济和政治结构的影响。军官拥有很深厚的学科知识，却很少被训练成理论专家，他们有迫切的运筹层面的专业要求。政策分析师和运筹研究人员如此紧密地关注短期限的决策分析（政府应该购买 F22 还是取消它？军队应该有 10 个师还是 8 个师?），而潜在的原因和具有影响的问题常被忽视——即使分析中的决策是基于对军事结果原因的内在假设。军事运筹研究也逐渐失去了原有的大多数经验焦点，现在，建模是主要的演绎任务，很少有系统工作根据真实世界的证据去测试演绎观点。① 四十多年前，托马斯·谢林（Thomas Schelling）和伯纳德·布罗迪（Bernard Brodie）认为，没有军事科学的学科建设，对战争行为的研究就不会有大的进展;② 时间的流逝几乎没有推翻他们的评估。然而，这一主题极为重要，不能把它放在其他问题的边缘，用代理和假设来对待。在缺乏战争研究制度化学科体系的情况下，更重要的是，现有学

① 虽然有例外：关于政治科学的战争研究，参见第二章脚注（32 页脚注①②，33 页脚注①②③，42 页脚注②，43 页脚注②）；关于军事运筹学的历史，参见第一章脚注；关于运筹学中军事理论的研究，参见 DuBois, Hughes, and Low, *Concise Theory of Combat*；关于运筹学研究中的经验主义，参见 references cited in chapter 2, n. 24；also Helmbold, *Rates of Advance*；Helmbold, "Defender's Advantage Parameter," pp. 27, 29。

② Thomas Schelling, *The Strategy of Conflict* (1960; reprint Cambridge: Harvard University Press, 1980) pp. 8 – 9; Bernard Brodie, "Strategy as a Science," *World Politics* 1 (July 1949), pp. 467 – 488.

科分析人员要认识到其重要性，并直接和严格地开展调查军力及其来源的任务。① 很少有比这更重要或更少被理论科学家研究的课题，面对如此重大的风险，我们当然必须做得更好。

208

---

① 关于学术界战略研究的现状，参见：Richard Betts，"Should Strategic Studies Survive？"*World Politics* 50（October 1997），pp. 7 – 33。

附　录
军力的范式模型

本书第三章和第四章对理论进行了定性的描述，我将在附录中通过十步对理论进行正式的阐述。第一步，对主要的变量和符号进行介绍。第二步，描述名义上的战场并勾勒发生在该战场上的典型陆地军事行动的动态变化。第三步，对第一步定义的变量设定初始值。第四步，分析军事行动的动态变化，或者说初始条件如何随时间变化；根据动态变化推导因变量——领土收益、伤亡数、战争持续时间的表达式。第五步，介绍关于空袭造成地面消耗的简单的辅助模型（我使用辅助模型作为对正式模型的一个预处理，用于对正式战斗开始前的大规模空袭进行分析）。第六步，分别讨论了领土收益最大化和最小化时的兵力部署方案。第七步，以表格的形式呈现了用于模型静态比较的变量取值。第八步，阐述静态比较结果。其中兵力部署方案被看作外生变量，即假定不同国家遵循特定的逻辑——我并不打算在这里解释这些逻辑——选择战术和指导。因此，对任何运行模型的人而言，这些方案都是给定的，而且我在对结果进行描述时没有解释哪些国家选择了哪些方案。尽管如此，结果暗含了不同国家以特定方式——遵循现代军事体

系通过军事激励——来进行兵力部署。第九步通过构建包括两
个玩家的零和博弈模型将理论发现系统化，其中博弈的策略是
双方的兵力部署方案，博弈的结果是通过模型计算双方在特定
选择方案下的军力。结果表明，现代军事体系构成了博弈中鞍
点的解——也就是说，现代军事体系的兵力部署确实能同时使
双方获得最佳利益。最后一部分针对模型的关键常数做了敏感
性分析。

主要的符号和变量

令：

R ≡进攻者兵力（战场中直接参与作战的武装人员总数）[①]

B ≡防御者兵力（战场中直接参与作战的武装人员总数）　　209

τ_R ≡进攻者主要武器系统引入日期的加权平均（单位：年）[②]

[①] 使用传统的命名法将战场中的进攻者看作红方，以 R（red）表示，防御者看作蓝方，以 B（Blue）表示。该方法可以追溯至 19 世纪中期，是美国国防规划机构的标准用法。

[②] 采用第二章描述的公式对 τ_R 和 τ_B 进行计算：

$$\tau_i = \frac{1}{2}\left(\frac{\sum_a y_{a_i} n_{a_i}}{\sum_a n_{a_i}} + \frac{\sum_t y_{t_i} n_{t_i}}{\sum_t n_{t_i}} \right)$$

其中：y_{a_i} 为 i 方 α 型飞机的推出年份

n_{a_i} 为 i 方 α 型飞机的数量

y_{t_i} 为 i 方 t 型坦克的推出年份

n_{t_i} 为 i 方 t 型坦克的数量

$\tau_B \equiv$ 防御者主要武器系统引入日期的加权平均（单位：年）

$d \equiv$ 防御者前线阵地的深度（单位：千米）

$f_r \equiv$ 预留的机动兵力占防御者总兵力的比例

$f_e \equiv$ 防御者前线驻军暴露的比例

$V_r \equiv$ 防御者后备部队移动的速度（单位：千米/天）[1]

$V_a \equiv$ 进攻者在攻击点的攻击速度（单位：千米/天）

$\omega_a \equiv$ 进攻者的攻击战线（单位：千米）

$\omega_{th} \equiv$ 战场总的战线（单位：千米）

$k_1 \equiv$ 常数项：当能够得到足够的增援和掩护时，每一个防御者能够阻止的进攻者的人数

$k_2 \equiv$ 常数项：方程 A–5 的拟合参数（无量纲）

$k_3 \equiv$ 常数项：进攻者在攻击点之外牵制一名防御士兵需要的人数

$k_4 \equiv$ 常数项：方程 A–7 的拟合参数（无量纲）

$k_5 \equiv$ 常数项：进攻方离轴（off-axis）伤亡数（在行动中伤亡的人数）

$k_6 \equiv$ 常数项：防御者离轴（off-axis）伤亡数（在行动中伤亡的人数）

$k_7 \equiv$ 常数项：方程 A–11 的拟合参数（无量纲）

---

① "速度"被用作衡量移动单元实施现代军事体系战术的指标。如第三章所述，高速度意味着应用现代军事体系减少暴露方法的机会有限，同时低速度意味着机会增加。因此速度越高，对现代军事体系的实施程度越低。速度是由进攻点和目标之间的距离（对防御者而言是从集合区到部署战斗位置的距离）除以从预备行动（比如侦察或火炮射击）到初始兵力到达目的地的时间得出的。

$k_8 \equiv$ 常数项：攻击速度为 0 时每个防御者每天造成的进攻者伤亡数（在行动中伤亡的人数）

$k_9 \equiv$ 常数项：从侧面攻击防御者时进攻者需要在每千米针对每个后备士兵部署的士兵数〔进攻者人数/（防御者人数 * 千米）〕

战场几何 （Theater Geometry）

假定了名义上的战场，以攻守双方间的边界长度（ω_{th}）来描述。进攻者会选择一个进攻点，然后将整体兵力的很大一部分集中在这一选定的战斗前线上（ω_a）。最初，防御者不知晓进攻者攻击战线所处的位置。在防御者发现进攻者的确切位置之前，防御者会在战场内均匀布置兵力。

一旦防御者找到攻击地点，就会试图将后备部队移动到受到威胁的位置来反集结。但是这一过程是需要花费时间的。在

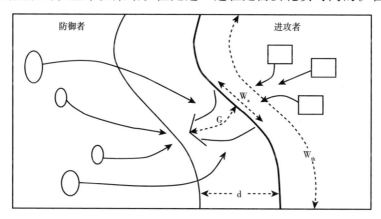

图 A–1 理论上的战场几何

预备部队到达前，进攻者在该攻击战线有非常大的数量优势。进攻者试图利用在该处的数量优势压制住防御者并在防御者后备部队的增援到达前冲破防御。

210 　　随着进攻者不断向前挺进，不断冲破预先准备好的防守造成的人员伤亡以及应付两翼的防守造成的兵力分散会使进攻者在攻击地点的兵力不断被削弱。同时，防御者前线的兵力随后备增援部队的到来而不断加强。① 当在某处进攻者不断削弱的兵力遭遇防御者不断增强的兵力以至于进攻者无法冲破防御者的防守时，进攻者的攻势会遭到遏制，战斗就此停止。正式模型的目的在于区分进攻者能够突破防守的条件和攻势被遏制的条件，然后计算战争停止时进攻者渗透的深度、伤亡数和战争的持续时间。②

初始条件

　　为描述战争的动态变化，我设置了几个重要的初始条件。

---

①　假定前线防御是从前向后均匀分布的，从攻击一开始沿着防御纵深预先开始部署，占领阵地的守军被摧毁。随着进攻者沿纵深继续前进，将遭遇因为防御者后备部队陆续到达目的地而不断增强的兵力（直到整个后备部队全部抵达，兵力不再继续增加），尽管整个战场上防御者的兵力因为伤亡而总体下降。

②　这一处理遵循的是克劳塞维茨（Clausewitz）对战争尾声的分析：Clausewitz, On War, pp. 194 - 197, 204, 528 - 529。类似观点参见 Jomini, Art of War, esp. pp. 67 - 70; Sun Tzu, The Art of War, trans. Samuel B. Griffith (London: Oxford University Press, 1963), esp. p. 98, verses 13 and 14; 更多类似观点见 Richard Betts, " Conventional Deterrence: Predictive Uncertainty and Policy Confidence," World Politics 37, 2 (January 1985), pp. 153 - 179; 以及 Basil Liddell Hart, Europe in Arms (London: Faber and Faber, 1937), pp. 83, 334。

首先，需要将双方武器引入日期的加权平均值（τ_R 和 τ_B）转换成更能反映 1900～2020 年这一时间段内时间差异的指数：

$$T_R = \frac{\tau_R - 1900}{10} \qquad [A-1]$$

$$T_B = \frac{\tau_B - 1900}{10} \qquad [A-2]$$

紧接着，定义了两个能够反映双方技术差异的表达式。其中，T_C 反映的是在攻击点的战斗情况（进攻者是战术进攻方）；T_ρ 则反映所推断的进攻者两翼的情况（进攻者是战术防御方，进攻者在侧翼的主要角色是防守）：

$$T_C = \frac{T_B^{\,2}}{T_R} \qquad [A-3]$$

$$T_\rho = \frac{T_R^{\,2}}{T_B} \qquad [A-4]$$

当双方技术相当时，T_C 和 T_ρ 都会降低到双方技术复杂度的水平。如果战术防御者的技术处于劣势，双方技术的不平衡会使得表达式的值低于防御者的值；双方技术越不平衡，该值越小。当战术防御者技术处于优势，那么表达式的取值将会高于防御者的值；且优势越大取值越大，比如，当进攻者（R）和防御者（B）双方部署的技术平均都是于 1950 年引入的，T_C 和 T_ρ 都等于 5。当进攻者的技术大约处于 20 世纪 50 年代的水平，而防御者的技术大约处于 20 世纪 70 年代的水平时，那么

$T_B = 7$，$T_R = 5$，$T_C = 9.8$，$T_\rho = 3.6$。[1]

紧接着定义了反映能够活着到达目的地的预备部队的比例 P_s。该表达式必须满足几个条件：第一，取值必须随敌方技术复杂度的增加单调递减；第二，取值必须随后备部队移动速度的增加单调递减；第三，无论技术水平和移动速度取何值，该表达式取值始终非负。满足上述条件的简化表达式为：

$$P_s = T_R^{(-k_2 V_r)} \qquad [A-5]$$

H 是指在得到充分增援的情况下躲藏在战壕中的防御方士兵能够阻击的进攻方士兵的最大数。H 必须随防御者暴露程度的增加而减少，且取值非负。满足上述条件的简化表达式为：

$$H = k_1(1 - f_e) \qquad [A-6]$$

紧接着定义了两个兵力密度。其中，ρ_1 描述了进攻者为了防止防御者以阻止突破和切断进攻为目的的反击，需要在两翼部署的兵力的线性密度（人/公里）。该密度必须随潜在反击力量的增加而增加，随双方技术不均衡地增加而降低，且该变量的取值始终非负。满足上述条件的简化表达式为：

212

$$\rho_1 = \frac{k_9 B f_r P_s}{T_\rho^{k_4}} \qquad [A-7]$$

---

① 针对双方技术的不平衡，这一测度方法能够反映各自武器的绝对复杂性，以及在其他条件保持不变时的相对水平：T_c 和 T_ρ 均随着己方技术的提升而增加，随着敌方技术水平的提升而减小（然而一个简单的比率，如 $\tau_R : \tau_B$ 反映了双方的相对技术水平而非绝对值）。因此，T_c 和 T_ρ 同时包含了技术对能力影响的系统和二元性概念。

ρ_2描述了进攻者为阻止防御者沿国界线继续前进所需要在单位千米部署的人数。该密度会随防御者兵力的增加而增加，且该密度的取值始终非负。满足上述条件的简化表达式为：

$$\rho_2 = \frac{k_3 B (1 - f_r)}{w_{th}} \qquad [A-8]$$

进攻者在攻击点的初始兵力r_0可被定义为总兵力减去在该攻击点之外的其他地方部署的用于对抗防御者的兵力差：

$$r_0 = R - \rho_2 (w_{th} - w_a) \qquad [A-9]$$

防御者在攻击点抵抗进攻者所需要的初始兵力b_0的表达式为：

$$b_0 = \frac{B(1 - f_r) w_a}{w_{th} d} \qquad [A-10]$$

进攻者每公里的伤亡C_a随进攻速度和防御者兵力的增加单调递减，[①] 且随防御者暴露速度和双方技术不平衡程度的增加而降低，取值始终非负。满足上述条件的简化公式为：

$$C_a = k_7 (1 - f_r) T_c b_0 (V_a + k_8) \qquad [A-11]$$

---

① 我认为入侵者的部队将在进攻点被编成梯队，超过当地密度所限的部队，在集结地立即留守后方，等待交战梯队精疲力竭时投入战斗。由于局部密度限制与兵力无关，而且进攻者的初始兵力通常会超过这些限制，局部兵力优势差异对攻击点战斗伤亡的影响将仅由防御者的局部力量决定（入侵者的交战力量是密度限制常数，直到且除非入侵者在该区域的总力量低于密度限制）。因此，这里的表达式中只显示包含防御者的局部力量，通过常数k_7含蓄地处理进攻者（常数）投入力量。关于攻击点的密度极限，见 Biddle et al., *Defense at Low Force Levels*, P-2380。

动态变化

　　决定进攻者最终进展和成本动态变化的因素包括进攻者在进攻地点兵力的衰减及防御者兵力随时间的增强。我在此建立了能反映双方兵力随时间变化的模型，然后将方程对时间求解可知，随时间推移，双方的兵力不断接近，最终使进攻者不再有优势（也就是说战争的拖延阻碍了进攻者的突破）。然后根据战争的持续时间，推导损失和获得的领土。

　　进攻者在攻击点兵力的变化 Δ_r（每天离开战场的兵力）是伤亡数和在两翼兵力分散度的函数：

$$\Delta_r = C_a V_a + 2 \rho_1 V_a \qquad [A-12]$$

213

　　进攻者于给定时间点 t 在攻击点的实际兵力 r_t 等于初始兵力减去每天兵力变化乘以战斗持续时间：

$$r_t = r_0 - \Delta_r t \qquad [A-13]$$

　　对防御者来说，在攻击点兵力的变化 Δ_b（每天增加的兵力）为：

$$\Delta_b = \begin{cases} \dfrac{B f_r V_r P_s}{w_{th}} & \text{当 } 0 < t < \dfrac{w_{th}}{V_r} \\[2mm] 0, \text{否则} \end{cases} \qquad [A-14]$$

　　当 t 大于后备部队到达所需的时间（ $t > \dfrac{w_{th}}{V_r}$ ）时，防御者的兵力不会继续增加。

防御者于任意给定时间 t 在战斗点的实际兵力 b_t 等于初始兵力加上每天增加的兵力乘以后备部队全部到达前战斗持续的时间，直至后备部队全部抵达；当后备部队全部抵达后，兵力等于初始兵力加上存活的后备兵力。

$$b_t = \begin{cases} b_0 + \Delta_b t & \text{当 } 0 < t < \dfrac{w_{th}}{V_r} \\[2mm] b_0 + B f_r P_s & \text{当 } t \geq \dfrac{w_{th}}{V_r} \end{cases} \qquad [\,A-15\,]$$

令 t^* 为进攻者兵力下降到临界比率时的时间；H 等于进攻者进攻停止时防御者的兵力：

$$t^* \equiv t, s.\,t.\; :$$
$$r_t = H b_t \qquad\qquad [\,A-16\,]$$

将 r_t 和 b_t 的表达式代入方程 A–16 中，可得到 t 的解：

$$t^* = \begin{cases} \dfrac{r_0 - H b_0}{\Delta_r + H \Delta_b} & \text{对 } \dfrac{r_0 - H b_0}{\Delta_r + H \Delta_b} < \dfrac{w_{th}}{V_r} \\[4mm] \dfrac{r_0 - H b_0 - HB f_r P_s}{\Delta_r} & \text{对 } \dfrac{r_0 - H b_0}{\Delta_r + H \Delta_b} \geq \dfrac{w_{th}}{V_r} \end{cases} \qquad [\,A-17\,]$$

进攻者在攻势受到阻止之前的净渗透深度 G 的表达式：

$$G = t^* V_a \qquad\qquad [\,A-18\,]$$

只有当满足方程 A–19 的条件时，即渗透深度大于攻守双方的距离时，突破才会发生：

$$t^* V_a > d \qquad\qquad [\,A-19\,]$$ 214

进攻者的伤亡数 C_R 以及防御者的伤亡数 C_B 都与 G 和 t^* 相

关。这里只是估计了当进攻者无法突破时的伤亡数；当进攻者的突破和追击都成功时，进攻者能力的三个因变量都比防御者更优（且差距随进攻者技术水平的增加或防御者技术水平的降低而增加）。如果攻势被防御者遏制住，那么进攻者的伤亡是在攻击点的伤亡和在其他攻击中的伤亡之和：

$$C_R = C_a G + k_5 \qquad [A-20]$$

防御者的伤亡数是在攻击点的伤亡数、后备部队移动至攻击点过程中的伤亡数以及为了阻止进攻者的攻势而遭遇的伤亡数：

$$C_B = b_0 G + (1 - P_s) \Delta_b t^* + k_6 \qquad [A-21]$$

从方程 A-17 到方程 A-21，因变量——战争持续时间、获取的领土以及伤亡数——是由自变量——数量优势（R/B，B/w_{th}）、技术（τ_R 和 τ_B）和兵力运用（d，f_r，f_e，V_r，V_a，w_a）——决定的。

空袭时地面损耗的辅助模型

以上对战争动态变化的描述假定战争是以进攻者在攻击点的行动开始。然而进攻者是享有空中绝对优势的（这种空中优势能保证地面部队免遭防御者破坏），因此有时战争是以进攻者的空袭为开端，空袭的目的是在地面部队开战之前迫使防御者暴露。空袭的结果主要是减少防御者在战场上的兵力 B。因此，可以建立简单的辅助模型去计算防御者兵力的减少，防御者减少的兵力是由进攻者空中力量规模、突袭速度、净效力

（考虑到防御者掩护能力情况下的武器的实际杀伤力）、防御者部署的区域范围（进攻者的空中力量必须在这些区域范围内搜索目标）以及空袭持续的时间决定的。

用指数形式去计算由于进攻方的空袭带来的防御者地面伤亡数：[1]

$$EK = 1 - (1 - P_k)^n \qquad [A-22]$$

其中，$n = \dfrac{N_a\, S_d\, \alpha_S\, N_d}{\alpha}$。这里，$n \equiv$ 进攻者迫使每一个地面防守力量暴露需要攻击的次数

$P_k \equiv$ 目标在某次空袭中丧生的概率

$N_a \equiv$ 进攻者地面攻击机数量

$S_d \equiv$ 每架飞机每天攻击次数

$\alpha_S \equiv$ 每次袭击搜索的面积（平方公里）

$N_d \equiv$ 空袭持续时间（天）

$\alpha \equiv$ 进攻者需要搜索的区域面积（平方公里）

$EK \equiv$ 在空隙中丧生的防御方人数占总人数的期望比例

领土收益最大和最小时的兵力部署

接下来静态对比了领土收益最大化和领土收益最小化时的兵力部署。通过构造简单的两人零和博弈予以解答。其中博弈双方的战略选择包括纵深、后备部队保留、防御者后备部队速

---

[1] 该模型假定每次袭击的最大弹药载荷不是地面目标杀伤力的限制条件——目标获取才是。

度、进攻者攻击速度。博弈结果是根据战略选择计算的领土收益，计算公式如 A－18 和 A－19。① 假定防御方的目的是使进攻者获得的领土最小而进攻者的目的是最大化己方获得的领土，进一步假定由于进攻者在进攻时间和地点选择上掌握主动权，防御者必须在进攻者选择攻击速度前进行兵力部署，同时进攻者能观察到防御者所处位置的纵深以及防御者在前线部署的兵力占总兵力的比例，进攻者因此能在充分掌握防御者战略选择的情况下做出决策，但是防御者在部署兵力时却没办法获取进攻者的实际决策信息。理性、保守的防御者在这种情况下将会采取极小极大方法（使对方获益最低以使自己获益最高的战略——编注），针对进攻者最可能采取的速度进行兵力部署，从而使领土损失最小；而进攻者会在防御者上述推断的基础上选择攻击速度，以使己方领土收益最大化。②

防御者的极小极大化方案可通过在相关参数范围内，将参数等分获得的离散的有限集合来近似。③ 进攻者速度最优解是根据防御者的具体选择依据传统优化法计算的——也就是说，将方程 A－18 对 V_a 求偏导数，同时令偏导数等 0，求得的值 $\hat{V}_a$ 即为领土收益最大化时的攻击速度：

---

① 防御者对 f_e 的增加不感兴趣，因此在该模型中考虑防御者的暴露比率是没必要的。

② 这些信息和行动次序假定相对于防御者采用现代军事体系阻止突破的能力而言是非常保守的：更实在的假设可能意味着比以下静态比较中所示的更有效的防御。由于现代军事体系有效否定了在广泛的军备物资条件下的突破是我的一个更重要发现，因此这些假定相对于论证的可行性而言也是保守的。

③ 相关参数的范围为：$f_r \in (0,1)$；$d > 1$；$V_r \in (0,100)$（考虑到行军和到达之后挖掘战壕需要的时间，100 千米/天被认为是实际的最大值）。

$$\hat{V}_a = \sqrt{\frac{H \Delta_b}{k_7 (1 - f_e) T_C \, b_0}} \quad for \frac{r_0 - H b_0}{\Delta_r + H \Delta_b} < \frac{w_{th}}{V_r} \quad [A-23]$$

216

当方程 A-24 成立时，进攻者会以最小速度前进，这是因为防御者的预备部队已消耗殆尽（这个时候加速前进并没有任何实际意义，只会造成更大的伤亡）。为了对满足方程 A-24 的防御者兵力部署进行计算，将 V_a 取值设为任意小的 0.0000001 千米/天，以此对进攻者的最佳进攻速度予以近似。

$$\frac{r_0 - H b_0}{\Delta_r + H \Delta_b} \geq \frac{w_{th}}{V_r} \quad [A-24]$$

静态比较的系数值

用于静态比较分析的系数值汇总见表 A-1 和 A-2。

静态比较

第三章和第四章定性总结了该模型的一些重要应用，有了上面的正式版本，我现在可以给出一个更完整的分析。我尤其关注影响程度和相互作用的几个问题，这对于定量分析是非常有用的：如果只是部分应用现代军事体系或某一部分没有得到彻底实施，将会产生怎样的结果呢？定性讨论往往将现代军事体系看作不可分割的整体，然而现代军事体系是由多个元素组成的。假如军队在现代军事体系的某些方面表现较好而在其他方面表现糟糕，或者只是应用了现代军事体系中的某些元素将

表 A - 1　图 A - 2 ~ A - 9 的系数值

图

	$A-2$	$A-3$	$A-4$	$A-5$	$A-6$	$A-7$	$A-8$	$A-9$
R	1250000	=	=	=	=	=	=	Param.[†]
B	1000000	=	=	=	=	=	=	=
τ_R	1910	=	=	=	=	=	=	=
τ_B	1910	=	=	=	=	=	=	=
d	Param.	=	=	Gminimax	Gminimax[††]	=	10	Gminimax
fr	Param.	0, 0.25	0.45	Gminimax	Param.	Gminimax	0.5	Gminimax
fe	0	=	0	=	=	Param.	0	=
V_r	100	=	=	=	=	=	=	=
V_a	Gmax[†††]	=	Param.	Gmax	=	=	Param.	Gmax
w_a	25	=	=	=	=	=	=	=
w_{th}	500	=	=	=	=	=	=	=
k_1	2.5	=	=	=	=	=	=	=
k_2	0.01	=	=	=	=	=	=	=
k_3	0.4	=	=	=	=	=	=	=
k_4	0.5	=	=	=	=	=	=	=
k_5	200000	=	=	=	=	=	=	=
k_6	200000	=	=	=	=	=	=	=
k_7	5	=	=	=	=	=	=	=

续表

	A-2	A-3	A-4	A-5	A-6	A-7	A-8	A-9
k_8	0.1	=	=	=	=	=	=	=
k_9	0.01	=	=	=	=	=	=	=

注：† "Param." 表示参数值的变化；†† "Gminimax" 表示获得领土最少时的 G；††† "Gmax" 表示获得领土最多时的 G 值。

表 A－2　图 A－10～A－17 的系数取值

	A-10	A-11	A-12†	A-13	A-14	A-15	A-16	A-17
R	1250000	=	=	=	=	Param.	1250000	=
B	1000000	=	Variable††	1000000	=	=	=	=
τ_R	Param.	=	2000	Param.	1910, 2000	1910	Param.	1910
τ_B	Param.	1970	=	Param.	1910, 2000	1910	Param.	1910
d	Gminimax	=	=	Gminimax	8, 15	Gminimax	=	=
fr	Gminimax	=	=	Gminimax	0.45, 0.7	Gminimax	=	=
fe	0	=	=	=	=	=	=	=
V_r	Gminimax	=	=	Param.	100, 20	Gminimax	=	=

续表

图

	A–10	A–11	A–12†	A–13	A–14	A–15	A–16	A–17
V_a	Gmax	=	CRmin†††	Gmax	Param.	Gmax	=	Param.
w_a	25	=	=	=	=		=	=
w_{th}	500	=	=	=	=		=	=
k_1	2.5	=	=	=	=	1.25, 2.5, 5	=	=
k_2	0.01	=	=	=	=	0.005, 0.01, 0.02	=	=
k_3	0.4	=	=	=	=	0.2, 0.4, 0.8	=	=
k_4	0.5	=	=	=	=	0.25, 0.5, 1	=	=
k_5	200000	=	=	=	=	1E5, 2E5, 4E5	=	=
k_6	200000	=	=	=	=	1E5, 2E5, 4E5	=	=
k_7	5	=	=	=	=	2.5, 5, 10	=	=
k_8	0.1	=	=	=	=	0.05, 0.1, 0.2	=	=
k_9	0.01	=	=	=	=	0.005, 0.01, 0.02	=	=

注：图 A－12 仅使用了空袭辅助模型对 B 做预处理，B 是空袭持续时间的函数。辅助模型的系数取值为：P_k = 0.005，N_a = 100，S_d = 2，$α_s$ = 10000，$α_t$ = 50，对 N_d 进行参数化。选择这些值对北约在科索沃实施的为期 78 天的空袭中，塞尔维亚实际地面武器的损失数据进行拟合：Clark and Corley，"Press Conference on the Kosovo Strike Assessment"。

†B 值是根据只有空袭的辅助模型的输出计算的，B = 10000 是 N_d = 0 的基准值。

††如图 A－12 所示，给定 G 条件下：V_a 是在攻击者渗透到特定距离约束条件下伤亡数的最小值。

会怎样？应用现代军事体系在多大程度上能够实现突破？技术
或优势变化将会带来哪些影响？定性讨论认为兵力部署和军备
物资是不能相互替代的，但是要在两者之间做出权衡。那么在
多大程度上技术或数量优势能够替代兵力部署的不完美，以及
在多大程度上现代军事体系的兵力部署能弥补数量上的劣势和
技术上的落后呢？军备物资的数量和质量（也就是数量优势
和技术）如何权衡，以及兵力部署如何影响它们间的相互作
用呢？

　　下面分三步对这些问题予以回答：首先，保持技术和数量
优势不变，改变进攻者和防御者的兵力部署；其次，保持双方
兵力部署不变，改变技术和数量优势；最后，同时改变兵力部
署，以及技术和数量优势。

217

兵力部署变化的影响

　　图 A－2 到图 A－4 刻画了技术和数量优势保持不变时，
进攻者成功突破时双方的兵力部署。图 A－2 区分了进攻者
采用现代军事体系战术条件下，进攻者能够成功突破以及
进攻被阻滞时防御者的预备部队和纵深。① 通常来说，防御

218

者未能很好实施现代军事体系意味着预留部队比例低且采
取近线防守，使得采取现代军事体系的进攻者能够实现突

---

　　① 更正式地，图 A－2 假定领土收益最大化时进攻者的速度是由防御者的纵深和
　　　 后备部队配置决定的。进攻者速度保持不变意味着更大的牵制区域（比如防
　　　 御者的纵深为 15 千米，且后备部队的比例处于 0.3～0.99 范围内时，进攻者
　　　 速度为 1 千米/天时，其进攻将会被遏制，而在图 A－2 中，防御者后备部队
　　　 比例处于 0.4～0.85 范围内才能遏制进攻者的攻势）；因此这里的假定是从防
　　　 御者角度根据最糟糕的情况做出的。

破；如果防御者能够更好地实施现代军事体系，意味着其能够部署更高比例的预备部队和更深的防御，这样即便进攻者采取现代军事体系战术，防御者依然能阻止其攻势。在某种程度上，防御者可以用更深的防御来弥补预备部队的不足，反之亦然。但是两者的替代性比较差。举例来说，如果防御纵深为 15 千米且预备部队的比例为 0.4 可以阻滞进攻者的攻势，当预备部队的比例为 0.3 时要阻滞进攻者的攻势防御纵深需要两倍多（大于 35 千米）。当纵深少于 5 千米时，无论预备部队的比例多大都无法阻滞采用了现代军事体系进攻者的攻击。

尽管纵深防御和大规模预留部队通常能够阻止进攻者的突破，但是也有特例。比如，保持纵深不变而只增加防御者预留部队的比例（或是两者都增加，但预留部队比例增加得更快），原则上突破可以替代阻滞。防御纵深为 10 千米且预留部队比例为 0.45 能够阻滞进攻，但在同样的防御纵深下预留部队的比例为 0.75 时可以产生突破；类似的，防御纵深为 20 千米同时预留部队比例为 0.95 可以产生突破。这些例外要求非常高的预留部队比例，然而：如果防御纵深超过 10 千米，则预留部队比例必须超过 0.75 才能产生突破；如果纵深超过 15 千米，预留部队比例必须超过 0.9 才可以产生突破。而且，防御纵深单方面增加并不会将结果从阻滞进攻变成突破。逻辑上来说，很明显，这些例外必须包括：如果将整个兵力预留作为后备部队，那么将不会有兵力被部署在战场上，进攻者会在无伤亡的情况下以较快的速度拿下防御阵地。① 为增加对模型极端行为的理解，必须以防御者极端的预留部队分配为例，在这种极端情况下，进攻者能够越过纵深区，但不会越过防御者最深的阵地。然而在特殊情况下，这些特例几乎是没有实证结果的。即便是非常注重预留部队的德军，其在 1917～1918 年间的预留部队比例都很少超过 0.60；更常见的预留部队比例在 0.3 和 0.45之间。② 二战期间库尔斯克战场上的苏联军队被认为是非常注重预备部队的，预备部队的比例也低于 0.5。③ 20 世纪 80 年代后期北约中央区域的防御计划要求的后备部队的比例为0.45。④ 第三章讨论的政治和组织的压力都驱使军队采用更低而非更高比例的预备部队。理论上极端地采用现代军事体系能够使得进攻者实现突破，但凭经验观察到这一点的概率很小。

　　图 A - 3 分析了防御战术的变化对突破可能性的影响。图 A - 2 假定采用现代军事体系可使防御暴露度最低；该条件与防御者采用非现代军事体系、前线阵地三分之一暴露在

---

① 更普遍的，增加防御者后备部队的比例意味着前方防御力量被削弱，但不改变进攻者实现突破所需要穿过的距离。然而适度的警卫部队足以迫使进攻者的速度远低于潜在速度，在其他条件不变的情况下，警卫部队规模下降会使进攻者速度增加。当警卫部队规模非常小时，进攻者的速度会增加，以至于防御者的后备部队无法及时抵达目的地时进攻者已经完成突破。相比之下，如果防御者纵深增加，那么进攻者要前进的距离增加（前方警卫部队的密度降低）。这反过来使得进攻者的两翼拉长，兵力需求增加，同时给防御者后备部队抵达受威胁区争取了更多的时间。这些影响弥补了前方兵力密度的下降，使得任意纵深的防御都能够阻止突破——虽然代价是使进攻者在进攻被阻滞之前能渗透的深度增加（见图 A - 5 以及随后的讨论）。

② 见图 5 - 9。

③ Jukes, *Kursk*, p. 53

④ David G. Gray, *IDA Unclassified Conventional Forces Database* (Alexandria, VA: Institute for Defense Analyses, 1989), IDA D - 708.

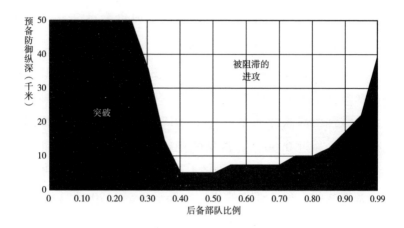

图 A - 2　纵深、预备与突破

进攻者的远距离观测和炮火下这一条件并列。[①] 结果表明防御者在战术层面越少使用现代军事体系，在行动层面就要越多采用现代军事体系才能避免进攻者的突破。当战术暴露最低时，防御者的纵深为 10 千米且预留部队的比例为 0.45 时可以阻止进攻；当战术曝光度为 33%、纵深为 15 千米且预留部队比例为 0.55 时才能阻止突破。对防御者而言，现代军事体系的行动因此能在一定程度上弥补战术部署上的暴露，但所需要的纵深和预留部队可能是难以负担的。这反过来说明仅部分采用现代军事体系很难获得成功——但仍是有可能的，需要采取的补偿措施往往超过国家或组织的限制。因此不采用现代军事体系的防御者很难阻止采用现代军事体系进攻者的突破。

221

---

①　这代表了现代军事体系战术范式相当温和的放宽情况，更多极端的例子见第五章，尤其是第七章。

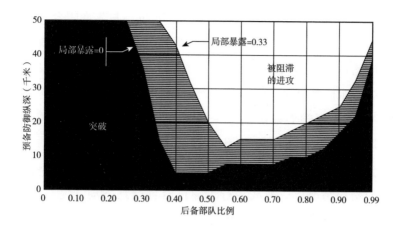

图 A – 3　防御暴露与突破

图 A – 4 保持防御者的后备部队的位置不变、改变防御者的纵深和进攻者的战术。[1] 进攻者的战术通过进攻者的净闭合速度来表示，高速意味着采用现代军事体系减少暴露的机会非常有限，低速意味着该机会增加；因此速度越高，采用现代军事体系的机会越低。结果表明进攻者要想突破需采用现代军事体系的进攻战术，同时防御者采用近线防守。当纵深小于 3 千米，闭合速度低于 6 千米／天时通常会导致进攻者突破。当速度超过 7 千米／天时，无论纵深为多少都能阻滞进攻；当纵深超过 8 千米时，无论进攻者的速度是多少都能够阻止其突破。近线防御因此为进攻者的突破创造了机会，但是只有当进攻者使用现代军事体系时才有此推定。如果防御者采用现代军事体系的深度防御，即使进攻者采用现代军事体系也没办法实现突破。

---

①　特别地，按照表 A – 1，f_e 取值固定为 0.45。

正如图 A－2 所示，这里也存在例外。尤其当闭合速度非常低时，无论防御深度多大都可以阻止突破，同时随着深度的不断增加，能够阻止突破的可选择的低速度范围增加，从深度为 3 千米时的 0～0.5 千米/天增加到深度为 7 千米时的0～2.5 千米/天。逻辑上来说，这一例外必须包含：闭合速度为 0 时可以阻止进攻者前进，因此可以阻止突破；在另外一个极端，闭合速度为 100 千米/天时，进攻者需要在没有炮火准备和事先侦察的情况下以非战斗行军编排沿着公路行动并完全暴露。这两种极端情况都不会导致进攻者的突破，只有当进攻者的净闭合速度处于适中水平时才有可能。然而，在 1918 年之后的案例中，由于闭合速度不足导致突破被阻止的频率是很小的。但在 1918 年之前，盟军炮兵笨重的脚步（0.001～0.0001 千米/天）是陷入僵持的主要原因[①]；自 1918 年开始，这些极端案例就很少见了。能够在速度不足时阻止突破的可选择的纵深范围是非常小的：在图 A－4 中，当攻击速度足够低但未低到难以置信时，只有当防御深度在 3 千米和 7 千米之间时才能阻止进攻。

高防御能力是阻止突破的必要但不充分条件。然而那些产生主要的领土收益、有利的伤亡比率或进攻者快速前进的被阻滞的进攻通常意味着低防御或高进攻能力。因此，后面的图将会从关注导致突破的条件转为就领土收益、伤亡和战争持续时间对被阻滞的进攻进行评估。

---

① 见图 5－7。

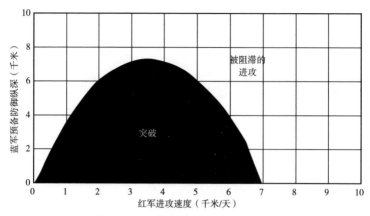

图 A-4　进攻速度、纵深与突破

图 A-5 考虑了在被阻滞的进攻中防御纵深的影响。[①] 进　223
攻者人员伤亡数在右侧坐标轴上表示；领土收益、战斗持续
时间，以及攻守双方损失交换比的值见左侧坐标轴。[②] 只有能
够阻止进攻的值才在坐标轴中予以展示（当纵深低于 10 千米
时会导致突破，因此没有在坐标轴中显示）。结果表明防御纵
深越大，攻击者获得的领土越多、人员伤亡数越少，战争持

---

① 图 A-5 假定防御者领土损失最小化时后备部队的比例以及速度、进攻者领土收
　益最大化时的速度是防御纵深的函数。采用这一方法避免了针对固定选择的人
　为因素，这些固定选择本质上是种战略互动。精明的进攻者会通过提高速度来
　利用防御者的极端纵深，从而提高领土收益；保持进攻者的速度不变但是提高
　防御者的纵深将会夸大纵深的优势。事实上，该图假设，在给定外部防御深度的
　约束下双方会做出理性的选择（服从于最大化领土控制的优先目标）。替代假设
　是保持防御者后备部队的比例（为 0.45）和净闭合速度（4 千米/天）不变，防御
　者纵深为 50 千米时领土收益最大可增加至 14 千米，进攻者损失最小可下降至
　353000，损失交换比（LER）最小可降低至 1.7，同时战争持续时间会增加至
　3.4 天。

② 损失交换比较之防御者原始伤亡数的优点在于能对进攻者和防御者双方的绩效
　进行对比，防御者原始伤亡数是根据模型计算的，可以通过损失交换比和进攻
　者人员伤亡数进行推导。

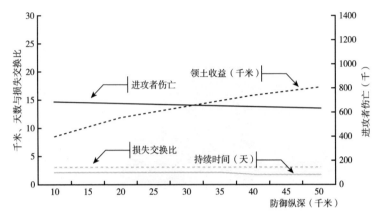

图 A-5　阻滞进攻中的纵深

续时间越短：根据假设条件，防御纵深增加 40 千米将会使进攻者的渗透增加 2 倍，伤亡数减少 5%，战斗持续时间减少 15%（防御者人员伤亡数也会减少，因此损失交换比几乎不变）。①

————————

① 这是因为不断增加的纵深是以防御者在前线的警卫部队的密度为代价的；力量稀薄的警卫部队对进攻者的牵制能力非常有限且每公里对进攻者造成的伤亡较小。进攻者可以以不同的方式利用这一机会。进攻者可以将他们的速度维持在应对更加坚固防御时的水平（可以减少伤亡），行军时间延长（进攻者存活率提高要求防御者有更多的后备力量才能阻止进攻，调集规模庞大的后备部队需要花费较多的时间），同时渗透的深度也会增加。或通过提高速度将人员伤亡维持在遭遇更顽强抵抗时的人员伤亡水平，从而在同样（或更少）的时间内增加渗透的深度。图 A-5 假定进攻者的速度选择能最大化最终渗透的深度，最终结果是速度的适度增加，人员伤亡和战争持续时间都降低。进攻者在领土收益、人员伤亡和战争持续三个因变量之间的另一个偏好（比如针对某一渗透深度不变情况下最小化人员伤亡和战争持续时间）将会使针对特定的渗透深度的这些变量有不同的取值。但无论进攻者的偏好如何，防御纵深的增加意味着进攻者在边缘的进攻能力增加。然而防御纵深增加了进攻者要想实现突破必须前进的距离，也增加了他们能够前进的距离——对前者的影响更大：进攻者要想完成突破需要渗透的距离随纵深的增加线性增加〔纵深 20〔转下页注〕

在边缘上，防御纵深超过能够阻止突破的最小值时，随着纵深的增加，防御者的防御能力不断下降而非提高。现代军事体系的纵深因此是个权衡：更深的防御阻止进攻者的突破（见图A-2~图A-4），但是是以应用现代军事体系进攻者能以较低成本获得较多领土为代价的。反过来，现代军事体系并不能使防御者守护每一寸国土——阻止进攻者的突破必然会牺牲领土。防御者唯一保证其领土完整的机会是不断向前推进，但存在突然断裂、使进攻者能突破并造成整个国家国土流失的风险。因此现代军事体系的兵力运用不仅是"好的实践"的同义词，而且总的来说是在同时考虑成本和收益的条件下与其他选择相比产生的结果更优[①]。

图A-6分析了后备部队的影响[②]。结果表明随后备部队比例从0.1增加到0.3，进攻者的领土收益显著下降，在0.3~0.6之间进攻者获得的领土基本保持不变，大于0.6时缓慢上升。随后备部队比例增加，进攻者的人员伤亡数和损失交换比基本上保持不变，但战争持续时间快速下降[③]。在有实证意义

（接上页注[①]）千米，进攻者完成突破需要前进的距离即为20千米，纵深为30千米，进攻者完成突破需要前进的距离即为30千米]，但是正如图A-5所示，进攻者可完成的渗透距离不是线性和递减的（当纵深从10千米增加至20千米时，渗透深度增加了3.2千米，当纵深从40千米增加至50千米时，渗透深度只增加了1.6千米）。增加的防御纵深使得进攻者在优先目标的攻击中能获得更多的领土，但让进攻者离突破越来越远。

① 关于额外成本的讨论见第三章。

② 假定源自图A-5，除了为了给定的后备部队比例，防御者选择领土增益最小的纵深和后备部队速度（受限于攻击被遏制而没有突破）。

③ 这是因为两种极端情况（没有后备部队或全是后备部队）都不允许反集结，而反集结对现代军事体系的防御行动是至关重要的。没有（或几乎没有）后备部队的防御缺乏反集结措施，但是没有（或几乎没有）前线警（转下页注）

的后备部队的比例取值范围内（也就是从 0.1 到 0.7），后备部队比例高会减少进攻者获得的领土，这是因为攻击目标有限且战斗时间会缩短。当进攻者获胜时，缩短战斗时间导致进攻者能力更强，这时进攻者能够很快停止战斗并获得较少的领土，这样的结果对防御者而非战斗者更有利。

　　图 A－7 分析了防御战术的影响。[②] 结果表明军力对防御者的战术是高度敏感，非现代军事体系的暴露会削弱防御能力同时增强进攻能力。比如防御者的战术暴露度从 0.0 增加到 0.3，进攻者获得的领土几乎翻倍，人员伤亡数、损失交换比和战斗持续时间几乎保持不变。当防御暴露度为 0.6 时，进攻者获得的领土是零暴露时的四倍，然而进攻者伤亡数降低 20%，损失交换比降低 15%。暴露比例为 0.9 会使进攻者获得

224

　　（接上页注③）卫部队则不能够迫使进攻者放缓速度，因此防御者便没有足够的时间来反集结。在这两种极端情况下，进攻者可以将其初始数量优势保留相当长的时间，最终会获得超多的领土。在某种程度上，防御者能够通过增加防御纵深来弥补过大或过小的后备部队比例：通过迫使防御者暴露（并保护）延长的两翼，防御纵深非常深，最终能够阻止进攻是因为进攻者的兵力由于两翼的防御任务而过于分散。当后备部队比例很高时，这一影响比后备部队比例很低时更强，这是因为如果后备部队比例非常低，能够用来反击的后备部队规模将会很小：反击的后备力量越小其威胁性越小，进攻者只需要较少的力量就能将其打败。当后备部队比例非常高时，更深层次的防御也有助于通过增加攻击者必须穿越的距离来弥补攻击者的高攻击速度，同时为后备部队的部署赢得时间，但与此同时，进攻者会获得更多的领土。综上分析，非常小的后备部队比例是更危险的。在这两种极端情况下，在所涉及的预备部队比例的范围内，纵深的增加都能够阻止突破，尽管有时候需要的纵深可能非常大（当后备部队比例为 0.1 时纵深需求为 30 千米，当后备部队比例为 0.9 时纵深需求为 18 千米，当后备部队比例为 0.4 时纵深需求为 8 千米），最终有限目标攻击者的领土收益也会实质性增加。

②　按图 A－5 和图 A－6 的假设，在给定的暴露水平下，防御者会依据领土收益最小化来部署纵深、后备部队速度以及后备部队的比例。

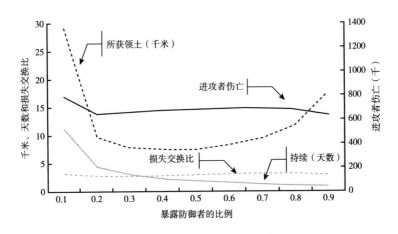

图 A-6　阻滞进攻中的防御后备部队

的领土是零暴露时的 8 倍，进攻者的人员伤亡数减少 60%，损失交换比降低 55%，战争持续时间缩短 15%。只有纵深或预留部队比例显著增加，才能使防御者在高战术曝光度下阻止进攻者：比如当暴露比例为 0.3 时，纵深必须从零暴露时的 8 千米增加到 14 千米，且后备部队比例必须从 0.45 增加到 0.55；当暴露比例为 0.6 时，纵深必须增加到 31 千米且预留部队比例必须增至 0.7；当暴露比例为 0.9 时，纵深必须增加至 59 千米且后备部队比例必须达到 0.9。在任一场现实战役中，达到如此纵深防御和后备部队比例的能力还远远不够清晰。

这反过来强化了早先的观察，即防御者行动层面的技术精湛无法轻易弥补战术上的缺陷。对非现代军事体系战术的补偿要求在行动层面彻底应用现代军事体系，但由于政治和组织限制，现实中的军队往往无法做到这一点。即使这种极端的纵深

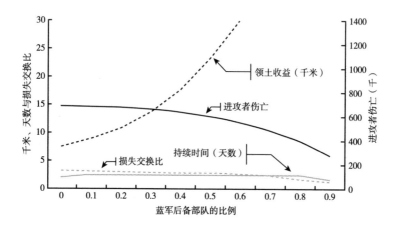

图 A-7　阻滞进攻中的防御者暴露

和预备部队比例可行，它们也不足以对抗采用现代军事体系有限目标的进攻者以避免大规模领土损失。

图 A-8 分析了进攻者战术（以进攻者的攻击速度表示）的影响。[①] 结果表明当攻击速度低于 0.01 千米/天时，进攻者获得领土为 0；但当攻击速度为 4~5 千米/天时，获得的领土会迅速增加至 8.5 千米，然后随进攻速度的继续增加逐渐下降，当进攻速度为 10 千米/天时，获得领土下降为 6.5 千米，进攻速度为 20 千米/

---

① 图 A-8 假设防御纵深保持为 10 千米不变，防御者后备部队比例为 0.5，防御者后备部队的移动速度为 100 千米/天，防御者的暴露比例为 0。然而进攻者在选择进攻速度之前能够观察到防御者的兵力部署，而防御者在布置防御时必然对进攻者的战术进行推测。因此这里将防御者的兵力部署看作常数，而不随进攻者速度的变化而变化。这里假设的防御者选择要确保无论进攻者速度如何都能阻止进攻，而且对计算失误留有适度的安全余量（针对这里假定的条件，8 公里的防御纵深和 0.45 的后备部队比例足以阻止进攻者的突破）。如果防御者能对横轴上所对应的进攻者速度选择做出预测，那么进攻者的领土收益在 4.5 千米/天时会显著下降，该点的进攻者人员伤亡和 LER 较高且战争持续时间较短。

天时，获得领土下降为3.8千米。[①] 进攻者的人员伤亡和 LER 值随着攻击速度的增加陡峭、单调地增加：当进攻速度由 1 千米/天增至 20 千米/天，进攻者人员伤亡和 LER 值各增加 5 倍左右。相反，战争持续时间随速度增加而缩短：当速度为 20 千米/天时，战争持续时间仅为进攻速度为 1 千米/天时的 5% 。

226

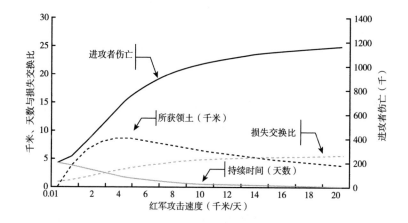

图 A-8　阻滞进攻中的攻击速度

因此进攻战术在有限目标的攻击中对军力有非常复杂的影响。在其他条件不变时，低攻击速度（对现代军事体系的应用更完整）能够降低进攻者的伤亡，同时使得进攻能力更高。

---

① 这是因为攻击速度为 0 时防御者在进攻者的任何显著渗透发生之前有充足的时间反集结。这种谨慎策略可以最大限度地减少进攻者的伤亡，但相对会使防御得到强化，进攻者举步维艰。这种办法可以最小化人员伤亡，但不能最大化任务目标——后者要求进攻者能够平衡人员伤亡和快速前进，不给防御者留出过多反应时间。相反，移动过快意味着暴露水平会非常高，会使人员伤亡数过大，同样没办法完成任务目标。因此进攻速度是在考虑领土收益下的局部最优：最大或最小进攻速度都不会使渗透深度最大化。

进攻速度越低通常会使领土收益越大，也会提高进攻者的能力，但当进攻速度低于 3 ~ 4 千米/天时，将会产生负面作用。在其他条件不变时，低进攻速度总是会增加战斗的持续时间，导致能力降低。高进攻速度明显与高进攻能力不一致，这是因为持续时间较短的战斗只有在获胜的情况下才有益，当获得的领土少且伤亡多的时候，较短的战斗并无多大价值。因此进攻速度高的非现代军事体系战术是有问题的。低进攻速度的现代军事体系战术毫无疑问是有益的，但存在一种例外情况：如果攻击速度低于 3 千米/天，进攻者为了减少伤亡必须降低目标成就（也就是说降低领土获得的能力）。随防御纵深增加，现代军事体系战术不单是"好的实践"的同义词——那些不注重减少暴露和企图采取高攻击速度的进攻者通常会失败，低攻击速度和现代军事体系战术在产生成本的时候也会带来收益。

数量优势和技术变化的影响

图 A - 9 到图 A - 12 假定双方都采用现代军事体系的战略部署，分析了军备物资变化的影响。图 A - 9 分析了攻守双方数量的不平衡度从 0.75∶1 到 3∶1 时的影响。拥有的数量优势越大，意味着即便防御者采用现代军事体系，进攻者依然能够获得更多的领土：攻守双方兵力比从 1∶1 增加到 1.5∶1 时，进攻者的渗透深度为两倍还多；数量优势从 1∶1 增加到 2.5∶1 时，渗透深度增加了 8 倍。① 然而如仅有数量优势，在面对采

---

① 然而，需要注意的是，即便进攻者不具有数量优势，在面对采取现代军事体系的防御者时依然可以获得领土：比如进攻者和防御者的兵力之比为 0.75∶1 时，进攻者仍可以向前渗透 2 公里左右。

用现代军事体系的防御者时，即便兵力之比为3∶1，攻击依然被阻滞（尽管进攻者渗透深度显著增加）。而且，领土收益的增加是有代价的。进攻者的人员伤亡也会随双方兵力之比的增加而增加，当双方兵力之比从1∶1增加至1.5∶1时，进攻方的人员伤亡数也会增加41%；当兵力比从1∶1增加至2.5∶1时，进攻者伤亡人数增加100%。同时，LER值分别增加43%和113%（战争持续时间几乎保持不变）。[①] 进攻者可以提前结束战斗（或采取更谨慎的战术）以降低人员伤亡，但领土收益相对于此处的最大值有所减少：例如双方兵力之比为1.5∶1时，进攻者可以通过提前一天终止战斗将双方兵力的名义之比降低到1∶1来减少伤亡，这时候领土收益将会减少3.4千米（但是仍然比兵力为1∶1时的领土收益多3.6千米）。[②]

　　当进攻者和防御者都采用现代军事体系，数量优势关乎规模——一个拥有数量优势的采用现代军事体系的进攻者可以通过连续行动，非常轻易地将数量上处于劣势的防御者驱逐出战

[①] 需要注意的是，随数量优势的增加，进攻者人员伤亡数的增加速度不如进攻者兵力增加的速度快（比如双方数量之比从1∶1增加为1.5∶1时，进攻者兵力增加50%而人员伤亡数仅增加41%）。因此进攻者的损失率（损失占总体兵力的比例）随着数量优势的增加而下降，即便伤亡数的绝对值在增加。类似地，尽管随着数量优势增加，防御者人员伤亡的增加速度不及进攻者（即LER值增加），但防御者的伤亡率（伤亡占总体兵力的比例）会随数量优势的增加而增加。

[②] 因此具有更大数量优势的进攻者在多个维度上总是会有同等（甚至更好）的表现，但是在面对采用现代军事体系的防御者时，要想在某一方面做得更好，则要求进攻者能够接受在其他方面的表现降低。想要在所有方面都同时做得更好且要求突破，在面对采用现代军事体系的防御者时几乎是不可能的。

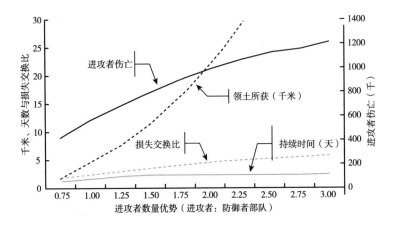

图 A‐9　数量优势的影响

场，但是这一过程是需要付出昂贵代价的，且是一个缓慢的过程。[①] 总的来说，数量优势将会促使军力增加，但是面对采用现代军事体系的防御者数量优势时，无论进攻者的兵力运用如何，也不能确保一边倒的、快速的胜利。

图 A‐10 分析了假定双方都采用现代军事体系条件下系统技术变化的影响。结果表明随着技术复杂度的提高，军力任何维度的微小变化都会节约战斗时间：在大约一个世纪的技术变革中，领土收益在 5 千米范围内变化。进攻者伤亡数变化少于 20%，LER 值变化仅为 7%。然而战争持续时间从 1900 年到 2020 年间增加了超过 670%。

这是因为现代军事体系的兵力部署保护了双方军队免于对方杀伤力不断增加的复杂武器的打击，但现代军事体系的应用

---

① 这实际上是 1918 年夏末和秋季发生在德军防御者身上的事情，联军一系列优先目标的攻击迫使德国人远离法国和比利时：见第三章。

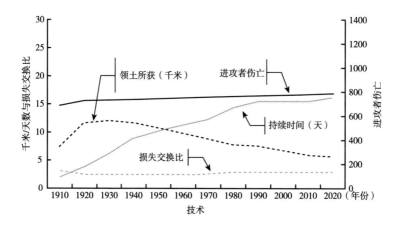

图 A - 10 二元技术的影响

要求显著降低了双方的移动速度。进攻者地面收益最大化的速度自 1900 年至 2020 年降低了 90%；防御者选择地面收益最小化时后备部队的速度在此期间降低了 85%。最终结果是战争时间拉长。如果进攻者放弃降低暴露来保持高速前进，那么战争持续时间将会缩短，进攻者的损失会增加，其中领土收益下降得尤其快，这将不利于先进武器的产生。到 2020 年，一个进攻者的速度为 3.5 千米/天（相当于 1910 年的技术条件下地面收益最大时的速度，但是比 2020 年的技术条件下地面收益最大化时的速度高出一个数量级）将会导致战争时间缩短99%，但是领土收益将会少于 1/10 千米。在 21 世纪的技术条件下试图维持后备部队高速前进的防御者将会遭遇悲惨的命运。面对 2020 年的技术，防御者后备部队的速度为 100 千米/天时，将会导致后备部队还远未到达目的地时就已被歼灭了，从而使进攻者能在任何条件下——无论防御者选择何种纵深和预备部队——实现突破。因此当双方都采用现代军事体系时，系统技术变化对最终结果的影响非常有限，但如任何一方未能很好地实施现代军事体系，随着时间流逝和技术进步，结果都会越来越悬殊。

图 A－11 分析了双方都采用现代军事体系条件下技术不均衡的影响，然而图 A－10 假定双方拥有同样的技术，图 A－11假定进攻者在技术上领先，以横轴上的年份表示。[①] 结果表明技术优势是有用的，但其影响远不是决定性的。将结果结合现实的战争情景，平均 30 年的技术领先是有历史记录的最大差距的两倍多（也就是说，1991 年的海湾战争中，多国部队比伊拉克军队拥有平均 12 年的技术优势）。[②] 不出所料，这个优势使得多国部队具有更好的进攻能力。然而能力增长的幅度却不是革命性的：与双方技术相当相比，平均三十年的技术领先使进攻者的领土收益增加了 75%，人员伤亡数减少了不到 5%，LER 减少了 4% 左右。战争持续时间实际上增加了 20%，但是进攻者未能在战争中首先突破。[③]

双方技术不平衡不会对结果产生很大影响的原因在于防御

---

① 假定防御者部署的是 1970 年的武器装备，如果进攻者部署的是 1985 年的武器装备，那么双方的武器装备有 15 年的差距，以此类推。对于其他参数值，见表 A－2。

② 然而可用的数据最早只能追溯至 1956 年：见第八章。

③ 当采用现代军事体系的进攻者遭遇具有技术优势、采用现代军事体系的防御者时，类似的结果也会产生：相对于双方技术水平相当且都处于 1970 年水平的情况，防御者 30 年的技术领先意味着进攻者的领土收益能下降 60% 左右，进攻者人员伤亡增加 4%，同时 LER 增加 5%（战争持续时间下降 4%）。然而，这些影响是重要的，因此采用现代军事体系的进攻者在面对具有三十年武器装备技术优势的防御者时仍然能够获得领土。

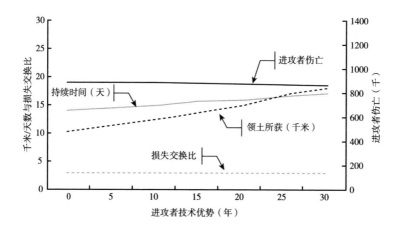

图 A–11　双方技术影响

者使用了现代军事体系。① 积极降低暴露的措施使得防御者免
受进攻者具有致命性武器的最严重影响：比如拥有 30 年技术
优势的纵深打击武器名义上可以造成防御者后备部队 90% 的
伤亡，但防御者采用现代军事体系减少暴露的措施可将损失减
少三分之二甚至更多。当然，这一减少暴露的措施是以牺牲后
备部队的移动速度为代价的，但是更深的防御能为缓慢移动的
后备部队顺利到达赢得时间。防御者仍受到缓慢的反集结、攻
击点战壕有效性降低以及分散的兵力部署的伤害，但是这些伤
害不足以让进攻者突破——没有突破，进攻者能快速低成本获
取土地的能力就非常有限。

　　技术不平衡的最重要影响在于防御者为了避免灾难性的后

---

① 　一个采用非现代军事体系的防御者即便拥有三十年的技术优势仍可能被采用现
　　代军事体系的进攻者突破（当双方技术相当时，采用现代军事体系的进攻者
　　同样能突破）。

果须提高现代军事体系应用的程度。比如双方都处在 1970 年
的技术水平上，要想阻止突破就必须将兵力至少部署在 9 千米
远，同时要将预备部队的速度降至 20 千米/天左右以减少暴
露。与之相比，防御者以 20 世纪 70 年代的技术要想阻止具有
21 世纪技术水平的进攻者，其防御深度需要增加至少 70%，
且需要继续将后备部队的前进速度降低 15% 以彻底避免暴
露。[①] 因此，技术劣势越大，越需要彻底实施现代军事体系以
230 避免军力的彻底丧失。

图 A-12 分析了越来越重要的特殊情况：具有空中优
势的技术先进的进攻者越来越倾向于伤亡最小化。尤其是
图 A-12 假定进攻者拥有 2000 年的先进技术，而防御者的
武器水平仍停留在 20 世纪 70 年代。进一步假定进攻者愿意
推迟地面行动，从而为削弱防御者兵力为目的的空袭腾出
时间，使得地面战争一旦开始，进攻者的地面伤亡得以减
少。当然，防御者可能在进攻发起之前选择投降。在这种
情况下，进攻者可以不通过战争就达到目标。这种解决方
案的可能性会根据所处的危急形势，以及对抗双方的特点
有所变化。然而就我们的目的而言，关键在于进攻者如何
快速和低成本地在战争中取得胜利，以及采用现代军事体
系与否会对结果产生何种影响。

答案是，如果防御者采用现代军事体系方法，进攻者需要
花费较长的时间才能成功。拥有先进武器的空中力量能够逐渐
削弱防御者的兵力；如果进攻者有足够的耐心等待，任何防御

---

① 防御者的后备部队比例维持在 0.6。

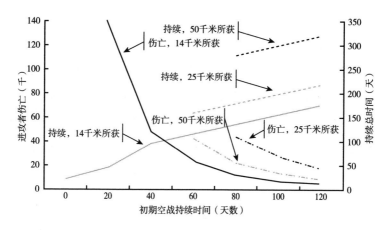

图 A－12　空战延伸的影响

最终都能够被空袭摧毁。事实上，这并不是新鲜的发现：早在
1944 年，美军拥有空中优势，如果美军愿意，可以推迟其在西
北欧的地面行动直至纳粹德国的国防部队被空中力量摧毁。采
用这种方法的主要问题是**时间**——仅通过空中行动打击防御者
需花费的时间比政客考虑的时间要长。但是，今天对这一措施
的兴趣不断增加的主要原因在于其暗含的假设，即随着新技术
的发展，空袭所需要的时间已大幅下降。① 然而，如果防御者采
用现代军事体系可以降低其暴露，这种情况下空袭的影响尚不
清楚。图 A－12 假定每次空袭的致死率与北约在科索沃战争中
的水平相当，同时空袭的目标范围与北约盟军在科索沃战争中

231

———————

① 或者说冷战之后延误的风险降低，我们愿意等待的时间更长。不过，在海湾战
争和科索沃战争中，决策制定者显然不愿等待空袭成功：在海湾战争中，一次
空中轰炸伴随着六周的陆地袭击。在科索沃战争中，据报道，在米洛舍维奇投
降时，克林顿政府正在为陆地袭击做准备：见 O'Hanlon and Daalder, *Winning
Ugly*, pp. 155－164。

的搜索范围相当。① 结果表明，采用现代军事体系的防御者在遭受空袭打击之后仍能对采用现代军事体系的进攻者造成沉重的打击。比如，采用现代军事体系的防御者即便在经历为期120天的空中打击之后（比北约在科索沃战争总共为期78天的空袭还要长50%），仍在50公里的行进中对250万规模的进攻者造成了近2万人的伤亡（或者说伤亡率比1991年美军在海湾战争中的伤亡率还高出一个数量级）。② 在面对采用现代军事体系技能优良的防御者时，要想将伤亡率降低到1991年海湾战争的水平之下，要求进攻者的空袭持续数年（之后是持续几个月的小心的地面行动）。当面对采用现代军事体系的防御者时，这种办法可以实现目标，但是时间要比预计的长得多。③

兵力部署和技术的交互作用

图 A－9 至图 A－12 的讨论已涉及兵力部署和物资的交互作用，有以下发现：（1）现代军事体系的防御能够阻止拥有数量优势或技术优势的进攻者的突破；（2）随着物资条件变得不太有利，越想避免灾难性的后果，越需要广泛采用现代军事体系。图 A－13 和图 A－14 系统分析了交互作用的几个方面。

---

① 使用科索沃规模的杀伤率近似反映了地面战争中现代军事体系掩护对空袭效力的影响：塞尔维亚人可能未完全利用现代军事体系的潜力，但天然的地形特征使他们能够很好地隐藏起来。因此，其武装力量在任何一天都很少暴露：Cohen and Shelton, "Joint Statement," pp. 11－12; Clark and Corley, "Press Conference on the Kosovo Strike Assessment," p. 2。

② 在海湾战争中，总共有606名美军伤亡（其中死亡148，受伤458），或者说战场上每1000名美军中有一名伤亡：Atkinson, *Crusade*, pp. 491, 492。

③ 相比之下，面对暴露的防御者，持续时间较短的战争仍能导致进攻者较低的损失率。

图 A－13 分析了领土收益、系统技术和防御者预备部队净速度的交互作用。前文指出后备部队的速度越快，越容易暴露于进攻者的深度进攻之下，但存活下来的预备部队也可以越快地到达目的地。20 世纪早期，深度进攻能力非常有限，暴露带来的危险很小，在开阔地面的迅速移动是防御者的最佳选择：在 1910 年，预备部队的移动速度越快，进攻者的净领土收益越低，因此防御者的最好选择是尽可能快速地移动。然而随着技术的进步，纵深进攻变得越来越致命，防御者的最佳选择是将后备部队的速度从 1910 年时的水平逐渐降低到较低的水平：比如 1930 年左右防御者为了将进攻者获得的领土降到最小，采取主动将后备部队的前进速度降至 30 ~ 40 千米/天（通过白天停止前进的方法降低暴露，使用迂回但能获得隐蔽的线路前进等方法）。尽管快速前进是可能的，但是节约的时间被增加的损失抵消：防御者后备部队的前进速度从 40 千米/天增加到 80 千米/天，进攻者的领土收益从 12 千米增加到 50 千米多。在这种情况下，防御者为了降低军队的脆弱性，而故意减缓车辆的移动速度这一做法是可以理解的。即便这样，最低速度也是个糟糕的选择：如果后备部队最终不能到达目的地，他们就无法在关键时刻对前线部队提供增援，最终也会导致进攻者领土收益增加（比如，防御者后备部队速度从 40 千米/天降低到 5 千米/天，进攻者的领土收益从 12 千米增加至 40 千米）。防御者的最佳选择必须兼顾生存和速度这两个相互冲突的目标，而这两个目标的平衡本质上是由技术决定的：武器的杀伤力越大，防御者最佳选择方案对应的前进速度越低（比如到 21 世纪，这种趋势的延续使得 20 千米/天成为一种最

232

佳的选择，尽管车辆的名义速度要比这快得多）。同时，技术复杂性的不断增加使得应用现代军事体系的需求增加——更加完整的应用现代军事体系的技术能够减少后方部队在移动过程中的暴露。

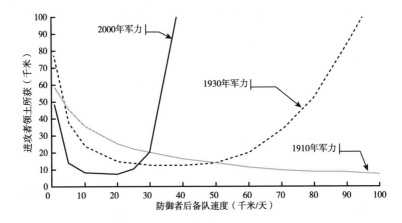

图 A－13　速度和技术的交互作用

　　图 A－13 还表现了另一个重要的交互作用：技术水平越高，不采用现代军事体系的后果越严重。比如，如果技术处于 20 世纪 30 年代水平的防御者将后备部队的移动速度从 40 千米/天提高到 80 千米/天，那么进攻者的净领土收益将增加 41 千米（从 12 千米增加到 53 千米）。如果一个技术处于 21 世纪前 10 年水平的防御者犯同样的错误，后果将更严重：进攻者的领土收益暴涨至 800 千米多，是速度为 20 千米/天时领土收益的 100 倍。即便是处于 20 世纪 30 年代的技术水平，没有采用现代军事体系的暴露都是有破坏性的，当技术水平为 21 世纪前 10 年时，损害会更糟——技术会放大兵力部署的影响。

图 A – 14 从另一方面分析了进攻者地面收益最大化时速度随技术变化的改变。① 对进攻者而言，同样面临生存和速度的权衡：其他条件保持不变的情况下，渗透速度越快，暴露越多。随着技术变得越来越致命，意味着暴露后果的严重性将增加——最佳选择将会向着减缓渗透但相应减少暴露的方向移动。比如，20 世纪 10 年代面对采用现代军事体系的防御者时，进攻者的最佳速度选择在 3 ~ 5 千米/天；到 2000 年，最佳选择的速度值降至 1 千米/天。这反过来又减轻了防御者降低后备部队移动速度的后果，如图 A – 13 所示：越来越先进的武器迫使双方放缓速度，并为生存而采取掩护措施。这再次证明了技术水平越高，越需要积极地应用现代军事体系来降低暴露。同样地，先进的技术放大了兵力部署的影响：对 20 世纪 10 年代的技术而言，过度暴露并以 15 千米/天的速度攻击的进攻者领土收益减少了近 50%（从 8 千米降至 4 千米）；对 21 世纪前 10 年的技术而言，同样的选择可以使进攻者的领土收益减少 85%（从 11 千米降至 1.5 千米）。

兵力部署的军事动机

现代军事体系有其重要优势，但也有一些缺陷。第三章介绍了其在政治、组织和社会方面的一系列不足，即便在严格的军事术语中，现代军事体系也有重要缺点。防御纵深阻止了进

---

① 正如图 A – 2 到图 A – 13 的假设，在 20 世纪 10 年代和 21 世纪前 10 年的两个例子中，防御者的纵深分别为 8 千米和 15 千米；后备部队比例分别为 0.45 和 0.7，后备部队的速度分别为 100 千米/天和 20 千米/天；见表 A – 2。

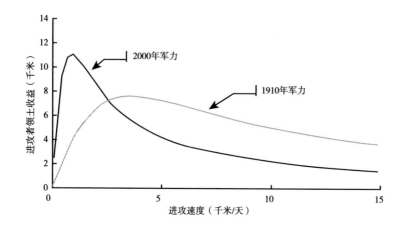

图 A - 14　进攻者速度与系统技术交互作用

攻者的突破，但将阵地放弃给有限目标的进攻者。防御者后备部队有利于反集结，但削弱了前线的防御。速度放缓减少了暴露，但减缓了移动速度。总而言之，这些优点和缺点的最终会导致何种结果？国家是应该采取现代军事体系还是不采用现代军事体系才能够获得更好的军事利益呢？

　　有许多案例表明，是非军事因素阻碍了现代军事体系的应用。不过，一旦现代军事体系被采用，其能够为任何发动中、高强度陆地战来对抗有同样潜力的理性对手国提供军事上的最佳选择。更正式地，现代军事体系构成了两人零和博弈的鞍点解，零和博弈中的任何一方都可采用或不采用现代军事体系。表 A - 3 以矩阵的形式对博弈进行了展示，如采用现代军事体系以"M"表示，否则以"N"表示，博弈的结果是给定双方战略选择条件下的进攻者净领土收益（单位"千米"），如前文计算结果所示。[①]

如果任何国家推测另外一方会采用现代军事体系，如果进攻者的目标是实现领土收益最大化，而防御者的目标是实现领

表 A－3　兵力部署动机的博弈论分析

防御方

进攻方		M	N
	M	11.6	200.9
	N	3.2	0.1

土损失最小化，如果双方根据上述假设采取理性、保守的策略，防御者会根据极小极大化（minimax）选择 M，进攻者也会根据极大极小化（maximin）选择 M，最后达到均衡，这时的领土收益为11.6 千米。尽管从防御者的角度来讲，11.6 千米不是最小的领土损失，但双方都没有动力去背离这种均衡。现代军事体系不可避免地会造成领土流失，这是纵深防御和后备部队本身的副产品。防御者必须将他们的兵力集中在预先准备好的前线位置，才有希望将战争阻止在国界线。除非进攻者采取暴露的非现代军事体系，否则，防御者不可能将战争阻挡在国界线。如果进攻者采用现代军事体系的攻击，防御者能够期望的最好结果是领土损失，更可能的是进攻者彻底的突破和防御者的整体溃败。[②]

没有哪个兵力部署系统是无缺点的，但现代军事体系

235

---

① 采用现代军事体系和不采用现代军事体系这两个例子是为图 4－1 到图 4－3 定义的，简单假定技术处于 20 世纪 40 年代的水平。其他参数值见图 A－13 和图 A－14。

② 这里假设的非现代军事体系只是略微背离了现代军事体系的原则。严重背离现代军事体系的原则将会导致突破而不是遏制，以及 200 千米的领土收益。

的缺点被其重要的优势平衡掉了。在任何一方可以应用现代军事体系的世界中，现代军事体系对进攻者和防御者双方而言都是最优的军事方案，在对抗理性、适应性强的对手时将军力发挥到最大可能。

敏感性分析

常数 $k_1 - k_9$ 代表假定而非观测值。前文的发现对这些常数项的敏感性如何？由于涉及的变量比较多，因此做完整的敏感性分析是非常难的，但为了提供初始评估，这里根据两组 k_1 到 k_9 的值重新计算了领土收益随数量优势、系统技术和进攻者攻击速度（攻击速度作为兵力部署的代表性维度）变化而产生的变化。在第一组中，所有常数项的值都是表 A－1 和表 A－2 的两倍；在第二组中，常数项的值都是表 A－1 和表 A－2 值的一半。结果如图 A－15 到 A－17 所示。[①]

通常而言，常数项取值的改变影响的是曲线的高度而非曲线的形状。如在图 A－15 中，当进攻者和防御者双方兵力数量之比为 2∶1 时，常数项取值翻倍使得进攻者的领土收益从 22 千米下降到 4 千米；但常数项取值减半使得领土收益从 22 千米增至 100 千米。然而在这两种情况下，随着数量优势的增加，曲率和斜率都单调增加。在图 A－16 中，常数项取值翻倍使得具备 20 世纪 50 年代技术的进攻者的领土收益从 11 千米下降至 0.4 千米；将常数项取值减半则会使领土收益从 11

---

① 所有变量的值分别如图 A－8、图 A－9 和图 A－10 所示；见表 A－1 和表 A－2。

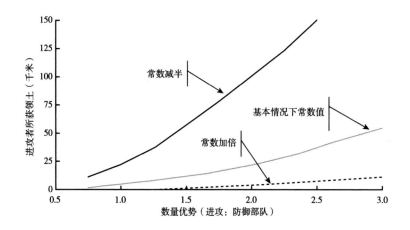

图 A-15　敏感性分析：数量优势

千米增至 64 千米。在这两种情况下，20 世纪早期的技术进步是对进攻者有利的，但 20 世纪 30 年代之后的技术对防御者更有利。同时，在这两种情况下，技术进步本身对渗透深度影响的差别非常小（当常数项减半，一个世纪的技术变革使得领土收益从 37 千米增加至 64 千米；如果常数项取值加倍，100 年的技术进步则使得领土收益从 0.7 千米减少至 0.2 千米）。

236

　　图 A-17 介绍了一个例外情况，尽管只适用于部分相关领域，当常数项取值减半时，曲线的形状改变。正如图 A-15 和图 A-16 所示，曲线的高度随常数项的变化而变化（如当攻击速度为 20 千米/天，常数项取值减半会使渗透深度从 14 千米下降至 6 千米，当常数项翻倍时渗透深度则从 12 千米增至 30 千米）。然而将常数项取值减半会在攻击速度取值为 6 左右时产生领土收益的局部最小值，而在常数项取值加倍和基准参考中，这一局部最小值并不存在。曲线形状改变的原因在于

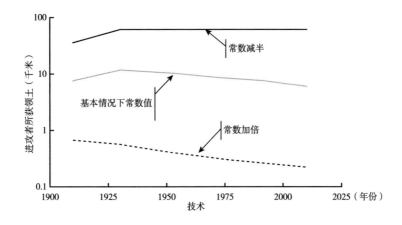

图 A-16　敏感性分析：系统技术

当进攻速度低于 6 千米/天时，常数项取值减半满足了方程 A-24 的不等式，也就是说常数项取值减半使进攻者即便在防御者完全反集结的情况下仍能够继续前进，这反过来能使进攻者将速度降至 6 千米/天以下，来增加领土收益（由于这样做可以阻止防御者后备部队到达目的地而减少己方人员伤亡）。因此，领土收益在起点变得渐近。在方程 A-24 中扮演某种角色的六个常数项 k_1，k_2，k_4，k_7，k_8 和 k_9 中，图 A-17 中的曲线形状对 k_1 的敏感度比其他常数项更高：如果其他常数项取值减半，但 k_1 的取值返回到基准值，那么曲线的形状将会回到基准形状；如果 k_1 减半，而其他常数项取值回到基准值，则曲线形状不会回到基准形状。更详细地说，将方程 A-24 对 k_1 求解，得到的表达式表明，当其他常数项取值减半，k_1 取值小于 1.81（也就是说比基准值低 73%）将会导致曲线的形状发生变化（其他常数项取值为基准值，只有 k_1 取值小于 1.73，即比基准值低 69%，曲线的形状就会发生改变）。k_1 取值为大于临界值的任意值时，无论取值多大都不会影响曲线的形状。进攻速度和领土收益的关系对某些常数项比较敏感，尤其是 k_1，但是 k_1 取值的显著降低才会导致曲线形状的变化，而且只针对部分相关领域才成立。

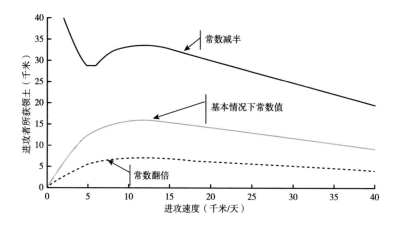

图 A-17　敏感性分析：进攻速度

　　伤亡数和战争持续时间也有类似的结果。[①]　通常是曲线的高度而非形状对常数项的取值比较敏感。技术、数量优势、兵力部署和军力之间的关系因此大体上是稳健的，尽管针对特定值的特定结果会随 k_1 到 k_9 常数项取值的变化而变化。

239

---

　　① 除了一个例外：当常数项取值均减半时，进攻速度和伤亡人数、战争持续时间之间的关系保持不变，同时选择早期技术作为基准（常数项取值减半）或近期技术（常数项取值加倍）作为基准时，系统技术和进攻者伤亡数之间的关系有略微差异。

索 引

（索引页码为原著页码，即本书边码）

黑体数字指代表格或图形

译后记

没有人喜欢战争，但为了和平，必须研究战争！战争、国防绕不开军力，没有强大的军力做支撑，勿论国防，更难言战争。

这本书有一个吸引人眼球的副标题——现代战争的胜败解释。的确，新技术的发展、冷战的结束，以及正在兴起的针对全球恐怖主义的战争，这些变化容易使人们无所适从。然而，正如本书作者所言，自 1900 年以来主要战争发生的实质变化远小于现在很多人的假想，而未来的连续性也会远超过许多人的预期。人们总期望"海市蜃楼"般的军事革命，然而这既是对现代军事史的严重误读，也是当今防务政策的危险"处方"。这多少有点颠覆了人们对军事革命的幻想，在人类的战争认识史上，军事人力的数量优势论和军事技术优势论都曾甚嚣尘上，然而，相对这些物质的力量，本书认为，兵力部署却至为重要，它决定了物质因素在战争中的作用，也往往决定了战争的胜败。

提出观点是一回事，观点是否反映真实的世界却又是另一回事。人力、技术、兵力部署在战争中的重要性不言而喻。然而，迄今为止，人们对该众所周知的不稳定变量到底如何影响战争结果，却一直没有系统且可验证的解释，这导致许多外显理论仅关注易处理的物质因素。因此，本书提出针对兵力部署作用的系统性解释，并通过主动检验对其进行证实。书中运用了历史案例研究、正规理论、大样本统计分析、仿真模型与现代计量实证检验分析等多种方法，大胆假设，小心求证。此外，本书也是把军事学与经济学两个学科门类较好结合，把国防研究对象与经济学研究方法较好结合的分析典范，而国内该领域在这方面的研究尚显贫乏，这也是我们努力把本书译介给国内读者的目的。

翻译不是一件容易的事，特别是对这样一个跨军事学、经济学等多个学科门类的著作，知识、变量、工具的巨大差异几乎时时都在挑战着我们的工作，因此，我们要感谢每一位译者。全书由陈波、夏明负责翻译工作，除两位主译者外，王心怡负责第七章的翻译；闫仲勇负责第八章的翻译；王萍萍负责第九章、附录部分的翻译；邢政君负责第十章的翻译；陈颖、娄云飞整理了全书的注释并进行了部分注释的翻译、校对工作；王萍萍、刘晋豫、李潇潇参与了全书的审校、修改工作。译事不易，译好犹难。自 2017 年接手翻译工作，迄今已度过了 1000 多个寒来暑往的日子，由于疫情和其他各种原因，几位译者甚至难有时间一起讨论翻译中的问题。感谢当代世界分社祝得彬社长，他一再热情地邀请我们参加翻译工作；感谢刘学谦编辑，他的专业、敬业确保了本书编校质量；也感谢这本书的读者，希望我们的译文不致使大家失望。

陈　波

2023 年 2 月

图书在版编目（CIP）数据

军力：现代战争的胜败解释／（美）斯蒂芬·比德尔（Stephen Biddle）著；陈波，夏明主译. －－北京：社会科学文献出版社，2024.1

（思想会）

书名原文：Military Power：Explaining Victory and Defeat in Modern Battle

ISBN 978－7－5228－2274－7

Ⅰ.①军… Ⅱ.①斯… ②陈… ③夏… Ⅲ.①战争理论 Ⅳ.①E8

中国国家版本馆 CIP 数据核字（2023）第 218925 号

·思想会·

军　力

——现代战争的胜败解释

著　者／〔美〕斯蒂芬·比德尔（Stephen Biddle）
主　译／陈　波　夏　明

出 版 人／冀祥德
组稿编辑／祝得彬
责任编辑／刘学谦
责任印制／王京美

出　　版／社会科学文献出版社·当代世界出版分社（010）59367004
　　　　　地址：北京市北三环中路甲29号院华龙大厦　邮编：100029
　　　　　网址：www.ssap.com.cn
发　　行／社会科学文献出版社（010）59367028
印　　装／北京联兴盛业印刷股份有限公司

规　　格／开本：880mm×1230mm　1/32
　　　　　印　张：15.375　字　数：343 千字
版　　次／2024 年 1 月第 1 版　2024 年 1 月第 1 次印刷
书　　号／ISBN 978－7－5228－2274－7
著作权合同
登 记 号／图字 01－2016－6125 号
定　　价／98.00 元

读者服务电话：4008918866